武汉大学人文社会科学重大研究项目
获武汉海德广告公司研究资助

单向度、超真实、内爆

——批判视野中的当代西方传播思想研究

石义彬▼著

珞珈新闻学与传播学丛书
丛书主编 罗以澄 张金海 单波

WUHAN UNIVERSITY PRESS
武汉大学出版社

图书在版编目(CIP)数据

单向度、超真实、内爆:批判视野中的当代西方传播思想研究/石义彬著. —武汉: 武汉大学出版社,2003.2(2018.11 重印)
武汉大学人文社会科学重大研究项目
珞珈新闻学与传播学丛书/罗以澄　张金海　单波主编
获武汉海德广告公司研究资助
ISBN 978-7-307-03762-5

Ⅰ.单…　Ⅱ.石…　Ⅲ.传播学　Ⅳ.G206

中国版本图书馆 CIP 数据核字(2002)第 086089 号

责任编辑:宋玲玲　高　璐　　责任校对:张　昕　　版式设计:支　笛

出版发行: 武汉大学出版社　(430072　武昌　珞珈山)
(电子邮件: cbs22@ whu. edu. cn　网址: www. wdp. com. cn)
印刷: 北京虎彩文化传播有限公司
开本:720 × 1000　1/16　印张:23　字数:306 千字
版次:2003 年 2 月第 1 版　2018 年 11 月第 11 次印刷
ISBN 978-7-307-03762-5/G · 607　定价:46. 00 元

目 录

绪　论
在“媒介、社会和文化”的场域中审视西方传播理论

在西方，传播理论是一个多样化的、处于多学科以及多种思想方法相交叉的“十字路口”式的公共领域，诚如美国学者迪莉娅(J. Delia)所言，西方传播学从未依赖单一的知识来源，也从未统一过。① 因此，它是一个难于把握的学术领域。自20世纪50年代以来，西方学者对此领域进行了方方面面的清理，但至今仍然没有统一的认识。他们大多偏重于用抽象的、有普遍意义的理论框架和方法来涵盖具体的、历史的、呈现文化多样性的传播理论表述，这就难免产生各种各样“以偏概全”的研究模式，而在科学主义的视野下，这些被总结出来的研究模式又不断遭受广泛的质疑，以至于得出“传播科学尚处于‘前范式阶段’”② 的判断。其实，问题并不在于传播理论有没有范式或能否用单一的研究范式来界定，而在于传播研究的“场域性”(contextuality)和人类传播活动的

① J. Delia: “Communication Research: A History”. In C. R. Berger & S. H. Chaffee (eds.): Handbook of Communication Science. Beverly Hills, CA: Sage, 1987, pp. 20-99.

② R. Craig: “Communication As a Practical Discipline”. In B. Dervin et al (eds.): Paradigm Dialogues in Communication: Vol 1: Issues, Beverly Hills, CA: Sage, 1989, pp. 97-122.

“不确定性”（indeterminancies）摧毁了为建立抽象的研究范式而设立的权威性学术话语。

1981年，丹尼斯·麦奎尔（Denis McQuail）和斯文·温德尔（Sven Windahl）的《大众传播模式论》（Communication Models for The Study of Mass Communication）一书出版时，西方学者构建传播研究模式的热情还没有减退，他们对模式的遵从依然建立在模式的构造功能、解释功能、启发功能和预测功能之上，但这两位学者当时还算比较清醒，认识到“模式不可避免地具有不完整、过分简单以及含有某些未被阐明的假设等缺陷，适用于一切目的和一切分析层次的模式无疑是不存在的”①。同时还看到，“因为大众传播研究的不同途径涉及到互不相容的不同侧重点，有时涉及到前后矛盾的理论，因此，任何一个全面性模式都可能混淆各种科学的探讨，不可能正确说明现实真实的思想状况”，另外，“一个单一的全面性模式可能会无形中肯定一种单一分立的传播过程的存在，即由作为信息来源的社会传向作为受众的社会”②。到1994年麦奎尔的《大众传播理论导论》第三版面世时，研究模式的思想已淡化，开始以人文主义研究方法和科学主义研究方法为横轴，以媒介和社会为纵轴，把传播研究切割成媒介—文化论、媒介—唯物论、社会—文化论以及社会—唯物论四个不同的面向。显然，这种分析把西方传播研究带到了由“媒介、文化和社会”构成的“场”，呈现出传播研究的“场域性”，放松了主流传播学那种以“传播者—讯息—通道—受众—效果”为模式的操纵力量。

事实上，这也可以说是知识的一种后现代状况，甚至在自然科学方面（尤其是物理学和数学方面），一些理论家倾向于把注意力更多地放在关于“无序”的微观模型上，而较少关心“有序”的

① ［英］丹尼斯·麦奎尔，［瑞典］斯文·温德尔：《大众传播模式论》，祝建华，武伟译。上海译文出版社1985年，第4页。

② 同①，第13页。

精致理论视野①。让-弗朗索瓦·利奥塔（Jean-Francois Lyotard）在《后现代状况：关于知识的报告》一书中说，“后现代知识不是权威的一种工具，它提炼我们对于差异性的敏感性，并且强化我们容忍那些无共同尺度标准而无法比较的事物的能力”，同时，人们也对先前曾给予科学的规则以合理性的“共识”产生了怀疑，“大理论”模式的权威开始消解，更关注场域和社会生活的意义等问题②。文化批判研究在西方传播学领域的兴起与扩散与其说是某种研究模式的扩散，不如说是在后现代知识潮流的推动下，西方传播研究向“媒介、社会和文化”场域、意义的转向。其实，任何传播研究模式都是在特定的“媒介、社会和文化”场域、意义中产生的，只不过我们对这一事实不够重视，总是习惯于泛化传播研究模式或制造适应全球传播的大传播理论模式，以至于传播理论之争常常被简化为研究模式和研究方法之争，很少把目光投注到特定的“媒介、社会和文化”场域、意义中去，从而在权威话语的操纵下描述传播现象。这可以说是现代传播理论表述的危机，它意味着传播理论转变过程的开始，即向“媒介、社会和文化”场域、意义的转向。因此，从某种意义上讲，我们不应仅仅局限在理论模式和方法的层面，还应在“媒介、社会和文化”的场域、意义中去重新审视西方传播理论，或者说，我们要把西方传播理论的解释由以前的理论模式和方法之间的冲突和矛盾问题，转换成特定的“媒介、社会和文化”场域、意义中的表述问题，以真实地理解其发展的历史和逻辑。

---

① James Gleick：Solving the Mathematical Riddle of Chaos. New York Times Magazine, June 10, pp. 30-32.

② 转引自［美］乔治·马尔库斯、米开尔·费彻尔：《作为文化批评的人类学：一个人文科学的实验时代》，王铭铭，蓝达居译。生活·读书·新知三联书店 1998 年版，第 27 页。

第一章
单向度的传播
——早期法兰克福学派的传播思想

对于传播学批判学派而言，法兰克福学派无疑是其始作俑者。从早期的阿多诺、霍克海默、本雅明到第二代的马尔库塞、哈贝马斯等，法兰克福学派众多知名思想家都致力于从马克思主义的早期文本中理解马克思主义。他们以马克思主义的异化理论和人道主义为出发点，整合弗洛伊德、阿图舍等人的精神分析、结构主义等现代思想，对现代社会，尤其是处于后工业时代的发达资本主义工业社会的文化形态进行了跨学科考察，并提出尖锐的批评，从而为我们从历史、文化的视角对现有媒介传播活动及其文化进行批判提供了背景广阔的模本。

第一节　绝望中寻找“希望”的边缘人

法兰克福学派源起于 1923 年 2 月 3 日在德国法兰克福大学成立的“社会研究所”，它以哲学思辨见长。早期的法兰克福学派和“社会研究所”是不可分的。该所由费里克斯·韦尔（Felix Weil）创建，当时研究所的成员们希望能在德国正规大学生活之外，从事被高等教育忽视的一些学术研究，如工人运动史、反犹太起源等。

研究所不与任何官方的党派建立联系，以较强的思想独立性闻名。不过，在以哲学流派丰富、哲学底蕴丰厚而闻名于世的德国，研究所在成立之初并没有引起人们太多的关注。

1923年至1929年间，当时著名的"奥地利马克思主义者"卡尔·格吕堡担任了研究所的所长。在他的带领下，马克思主义成了"社会研究所"的理论基础。但是，由于没有什么理论创新，而研究所成员又经常在咖啡店等公共场所争论马克思主义理论问题，因此研究所被学生们笑称为"咖啡店马克思"。①

在研究所的历史上，霍克海默是历时最久的所长。阿多诺也曾在1955年协助过霍克海默管理研究所。他们都是早期法兰克福学派的代表人物。

从30年代起，"社会研究所"的命运就变得漂泊多舛。1933年，为了躲避纳粹的迫害及其对德国思想界的禁锢，研究所迁往瑞士的日内瓦。到了1935年，随着欧洲战事的蔓延，"社会研究所"又不得不离开欧洲大陆，迁往美国的加州。面对新的受众和新的社会环境，研究所成员被迫改为用英文写作。自1939年出版《惩罚和社会结构》后，研究所的所有出版物都以英语的形式和读者见面。"社会研究所"的成员在美国感受到离开母语和熟悉的环境的重重困扰。因此，在1953年，"社会研究所"迁回法兰克福大学，法兰克福学派的大多数成员也追随研究所回到了重拾和平的德国。

与"社会研究所"的命运一样，法兰克福学派成员在学术岁月中也经历了多次漂泊流离。法兰克福学派的成员几乎都是犹太人，生于19世纪末期，在德国成长学习。他们和他们的民族一起在德国度过了多灾多难的20世纪初。在最富激情的青年时代，他们遭遇了第一次世界大战，很多人在这次战争中成为激进的青年运

① ［美］马丁·伊杰著：《法兰克福学派史》，单世联译。广东人民出版社1996年版，第19页。

动分子；中年进入学术研究的黄金时期时，他们又遭遇了第二次世界大战，受到纳粹的迫害。第一次世界大战以后，他们中的不少人对无产阶级革命失去了信心，而第二次世界大战中德国浓厚的反犹色彩又把他们作为德国社会“边缘人”的地位无情地凸现出来。为了躲避日益猖獗的纳粹反犹主义，他们迫于生存的压力不得不远离故土，流亡美国。马尔库塞在1934年流亡到美国，后转移到哥伦比亚大学的法兰克福社会研究所工作；阿多诺则在1938年接受了拉扎斯菲尔德提供的主持音乐节目研究的工作，后又辗转到加州继续他对美国大众文化的研究，直到1949年回到德国。战争结束后，霍克海默、马尔库塞、阿多诺等人还加入了美国籍，研究所的德语刊物《社会研究杂志》也停刊了。

流亡的生活中，法兰克福学派的思想家们在两个不同的大陆高举批判的大旗，播洒了批判的种子。他们还在两个大陆上不懈地寻找理想的“乌托邦”家园。但是，战火纷飞的欧洲大陆和歌舞升平的美洲大陆都没有给他们以“希望”。

到美国前，法兰克福学派的成员对这个国家是很有好感的。阿多诺在1937年第一次踏上纽约的土地时就决定一旦有机会就到美国来。霍克海默在为第二次世界大战期间出版的英文刊物写序言时，也憧憬满怀地写道：“哲学、艺术和科学在欧洲的大部分地区已失去了他们的家园，英格兰正在为反对集权国家的统治而战。美洲，尤其是美国是科学生活可能继续的惟一大陆，我们在这个国家民主机构的框架内，文化仍然享受着自由。我们坚信没有这种自由，文化就不能生存。”①

可是，随着对美国大众文化研究的日渐深入，研究所成员被另一种绝望所笼罩。他们发现欧洲法西斯的高压和恐怖统治，在美国是以一种和缓的强求一致的方式进行着。这种手段在文化领域表现

① ［美］马丁·伊杰著：《法兰克福学派史》，单世联译。广东人民出版社1996年版，第193页。

得最有效也最明显。资本主义依然继续着它对工人阶级的剥削和压榨，而这个事实似乎被8小时以外喧嚣热闹的大众文化掩盖了。因此，“社会研究所”30年代的工作主要是对法西斯主义的揭露、分析和反抗，而到了40年代，美国的大众文化就成为法兰克福学派的主要研究对象。

在研究主题发生变化之后，法兰克福学派的思想家们发现，随着垄断资本主义越来越成熟，推翻现存资本主义制度对人性的束缚，建立一个理想的“乌托邦”之国已经变得越来越艰难。如果说过去的纳粹是用高压和强制来建立和维护极权的话，那么美国的资本主义制度已经不需要这种明显的恐怖主义了。因为在这个社会里，人们已经被纳入到统治阶级意识形态之内，被大众文化所麻醉，根本就没有探求另一个幸福世界的斗志和欲望，“机会越来越少了”①。

其实，在没有流亡美国之前，研究所有的成员已经预感到了这样的状况。在著作中表现得最为乐观的法兰克福学派大将本雅明对美国的文化生活一直感到一种压迫，即使在纳粹最猖獗之时，他也一直拒绝研究所要他加入纽约办事处的要求。1940年，本雅明的寓所被盖世太保侵占，他不得不翻越比利牛斯山到西班牙再转道美国。带着旅途的疲惫、对盖世太保的精神恐惧和对美国前景的毫无信心,本雅明吞服吗啡复合物自杀，研究所就此痛失一员主将。

今天，法兰克福学派成员的研究环境发生了很大的改变，尤其是以哈贝马斯为代表的第二代成员已经成为批判理论的代表人物，在对现代性的批判层面继续着法兰克福学派的历史精神。哈贝马斯的传播理论将在其后章节中具体论述，本章将致力于对第一代法兰克福学派传播思想的梳理和总结。

---

① Adorno and Horkheimer: The Enlightenment of Dialectic. http://www.uta.edu/huma/illuminations，2000年2月22日浏览。

第二节　那个时代的“理性”和失去理性的传媒

一、人的异化和那个时代的理性

法兰克福学派的批判理论来自对马克思的早期文本的理解，其理论渊源继承了早期马克思主义的异化理论和人道主义思想。青年时代的马克思曾经在《1844年经济学哲学手稿》中通过对人的本质活动和存在方式进行正面和负面的分析，弘扬了人类理性的自我批判精神，揭露了资本主义社会对人性的摧残。法兰克福学派在道德伦理意义上继承了马克思主义对资本主义的批判。他们面对着西方人所面临的普遍的文化—历史困境，冷眼观察着纳粹铁骑控制下的德国和看似民主自由的美国。带有深刻的欧洲大陆人文主义传统的法兰克福学派的学者们一直热切关注现实社会问题，并目睹到人的理性向“工具性理性”转变的过程。

对“理性”的讨论本来就是西方人文主义传统。人类漫长的历史可以说就是一个理性逐渐战胜感性、突破感性的过程。按照阿伦·布洛克的观点，用人类历史上几个思想极度繁荣解放的时期作为分界点，我们可以将人类文明史划分为文艺复兴时期、启蒙运动时期和19世纪工业革命时期以及新世纪等。文艺复兴前的第一代思想家们用他们骄人的工作唤醒了一个真理，那就是人是可以思考和总结的。人具有理性，人可以用理性来关注自己，而不仅仅是由上帝或神灵主宰。经过了长期而艰苦的酝酿后，我们第一次见到了带着人间悲苦色的基督和圣母画像，有了将人类自身作为分析对象的莎士比亚戏剧。进入启蒙时期后，人们对理性的认识又深入了一步。人类不仅相信自己可以拥有理性，而且用理性演绎方法，得出了叫做“科学”的答案，运用到生活的方方面面。于是我们有了褒扬和预言“科学”的培根，还有一生为科学做注释的天才——牛顿。“大自然和大自然的法则躲在黑夜里，上帝说：‘让牛顿干去！’一切就大放光明了。”①

理性向一切过去由感性占领的领地发出挑战，不断地解除神秘，不断地构建一个由理性定义的社会。在工业革命时期以及以后的岁月中，人们不再信仰任何神灵而是有了新的膜拜对象，那就是“理性”自身。一个“理性”不断膨胀的时期从此展开。在这样的时期，人们的真实需求被压缩成条例与法规，冰冷的机器压迫在每个人身上。马尔库塞认为当代西方社会的技术理性将人改造成越来越畸形的生物。机器成为政治工具，工业产品灌输、控制并促进一种新的生活方式并由此加强劳动阶级与资本主义社会的文化整合。结果，劳动阶级不再为物质的匮乏而发愁，不再知觉到自己的被奴役性，反而相信自己很幸福，过着富裕的生活。但这所谓幸福却是虚假的，是机械化掩盖了人被物化的本质。劳动阶级仍然是受剥削、受奴役的阶级，仍然是作为工具和“物”存在，工业社会虽给劳动阶级带来了生活的富足，但本质上并没有改善他们的命运。

受到法兰克福学派成员关注的尼采毕生着迷于非理性研究，醉心于对理性的攻击。他在其早期著作《悲剧的诞生》中让读者看到了希腊文化除了有极受重视的理性的太阳神面孔以外，还有人生中阴暗的、非理性的酒神。他以他派给自己的狂人角色对世界宣称：“上帝死了！上帝仍旧死了！是我们杀死他的！我们怎样才能安慰自己……我们，一切凶手中最大的凶手？”他要用异乎寻常的震撼力表达在19世纪末期许多知识分子和作家要与那个过分有组织和过分理性化的文明决裂的冲动，要让本能和感情超越理智的冲动。同样，让法兰克福学派冠以“弗洛伊德马克思主义”的弗洛伊德认为理性是超自我，因为理性是自我的控制，是强加于自我的。现代文明中理性的进步是以对本能的隐抑为代价，是痛苦的。因此弗洛伊德认为在进步、文明与不幸之间必然有某种联系。

① ［英］阿伦·布洛克著：《西方人文主义传统》，董乐山译。生活·读书·新知三联书店1997年版，第75页。

法兰克福学派承认理性的多样性，但它强烈地反对被它称做是“工具性理性”的理性，因为这是一种用来创造和实现某种目的的方法的理性，同时它还把其他东西变成方法，变成工具。所以，这种理性给人带来的结果是坏的而不是好的。在人类的历史发展过程中，人类的意识被不断启蒙。人从崇拜神到自认为神，经历的过程是人类获得“理性”的过程，但是在这个过程中人类获得的只是“技术理性”，一种“工具理性”，而不是真正值得骄傲的理性。阿多诺和霍克海默撰写《启蒙时期的辩证法》意在提醒大家对这种理性进行反省，对曾被人们津津乐道的启蒙运动的理性精神提出后现代学者的质疑。马尔库塞对人的“异化”的反复论述也是对在充满“技术理性”的世界里，人越来越脱离人的自然本质状态的不满与抗争。

早期的法兰克福学派学者对“异化”、“理性”等概念的论述与他们所处时代的历史背景也不无关系。因为他们的主要活动是在上个世纪的三四十年代，对他们来说，这是一个理性和科学都已经发展为“荒谬”的阶段。纳粹的统治是理性被极权利用的一个极端的典型，其象征之一就是奥斯威辛集中营的杀人场。纳粹的谬论是鼓吹“理性”的，他们极其“理性”地规划人类的未来，甚至连人种都要“理性”地安排。纳粹在德国的猖獗就是理性屈服于强权的象征。如果说理性使人们获得科学，发展科学，使人们享受便利与舒适的生活，那么它同时又像一项技术一样不分选择地被不同的观念利用，诱使人们沉迷于科学的进步而忘却了科学进步背后人类生活的本质和人之为人的真实需求。

二、失去理性的媒介

在当时的历史背景下，法兰克福学派认为媒介成了被工具的、主观的理性纳入技术统治下而被操纵的典范。纳粹德国时期是个收音机的时代，无线电广播是最具技术含量和宣传效果的媒介机器，也是希特勒控制和操纵媒介文化的主战场，所以霍克海默和阿多诺认为：无线电之于法西斯正如印刷术之于文艺复兴。①

从1933年起，无线电的生产技术取得了长足的进步，一种价格低廉的“大众收音机”开始源源不断地进入当时德国普通消费者的家庭，使德国的广播事业得到了很大的发展。而正是在同一年，为希特勒主管宣传的戈培尔在欢呼的人群中点燃了焚烧书籍的烈火，并作了这样的演说：“如果你有权利把一大堆知识分子的垃圾扔到火堆去的话，那么你也有责任为真正的德国精神开辟出一条道路来！”② 为开辟这实质上就是纳粹主义的“德国精神”，戈培尔马上把无线电广播列入“每日活动的中心”，并使它具有倾向性，从而积极地、无条件地为希特勒政权服务。他断言：“电台是种手段，它使我们能够把民族社会主义的意志向人民灌输。”③ 到了1941年，全德国已经有1600多万台收音机几乎遍布德国的每个家庭。为此，戈培尔在国民教育部内设置专门管理电台的第三处，并多次到电台进行宣传。在第三帝国存在的12年里，第三处为德国法西斯监督和控制着德国人民的精神生活，剥夺和蚕食人民自由思考的能力。直到欧洲战争的最后阶段，戈培尔还在电台编造德国领土上所谓的大规模“血洗”，威胁德国人民继续为第三帝国效命。

希特勒在《我的奋斗》中曾宣扬：“在战时，语言就是武器。”战争期间，德国的电台用53种语言对欧洲和拉美等国进行宣传。如美国妇女吉拉丝在战时就受雇于德国电台，她用纯正的英语向美国士兵作“回家去吧，忘掉战争！”的专题广播，产生了很坏的影响，战后被判刑12年。被占领国的电台也被戈培尔全面控制为帝国的宣传工具。荷兰沦陷的次日，希尔沃叙姆电台就重新开播，为德国宣传。法国沦陷后，全国的无线电广播网都被德国牢牢地控

---

① ［美］马丁·伊杰著：《法兰克福学派史》，单世联译。广东人民出版社1996年版，第249页。

② 金重远著：《炮火中的文化——文化和二次世界大战》，浙江人民出版社1991年版，第367页。

③ 同②，第52页。

制，有些电台甚至用德语广播，直接为占领军服务。德军还在法国颁布了所有收听英国电台者处以重罚的命令。

第三帝国拥有着当时世界上最发达的科学，拥有着大批优秀的科研人才，他们受到严格训练，具有最严密的逻辑思考能力，有理性地判断事物的能力，但却容易受到法西斯主义的迷惑。这一方面是因为科学家们只潜心于自己的研究领域，使各门学科相互之间处于隔绝的状态，即使察觉到希特勒的荒谬理论没有科学根据，也无法从各自从事的科研领域中对此作出共同的反应；另一方面是由于统治阶级的意识形态利用完全控制的媒介手段侵蚀和改变了他们正确判断的能力。文化领域的统治阶级意识形态利用媒介无孔不入地宣扬不成体统的法西斯理论，人们曾经如此信任和依赖的科学成果因此就有可能成为毁灭人类的武器。

法兰克福学派的成员认为，在美国，由媒介一手策划出的大众文化也从另一个层面表现着我们的时代人被“异化”，人沦陷于“工具性理性”的特点。

为了逃避纳粹的迫害，犹太人居多的法兰克福学派成员带着目睹理性被极权利用的痛苦流亡到了美国，而事实上美国虽然给他们的研究提供了避难所，但他们仍然不能无视一个事实，那就是这里依然是一个他们极力反对的资本主义社会，只是这个社会比另一个社会更成熟、更巧妙地运用了“工具理性”奴役人的精神。人在这样的社会“异化”得更严重，甚至对于自己的处境根本不自知。

如果说纳粹时代的媒介是一个收音机时代，那么20世纪50年代美国的媒介就是一个电视时代。这个时代的文化渗透已经不单纯依赖语言，文化渗透的最终屏障已被打破。

战后的美国文化生活从某种角度来说，就是以好莱坞为代表的流行文化向各阶层文化入侵的历史。虽然在资本主义社会中，依然存在着阶级压迫，但是在五光十色的媒介世界里，引人入胜的电影、电视节目逐渐让大众忘却了痛苦。好莱坞的明星们在屏幕上展现着迷人的微笑，鼓动大家到金钱之都纽约或阳光灿烂的加州去历险；迪斯尼的老鼠和鸭子鼓励大家努力工作，赚钱给自己买个从小梦想的卡通娃娃；电视给上班族播放反映上班制度的节目……在法兰克福的批判学者们看来，这不仅剥夺了人们的休息时间，混淆了休息与工作的界限，而且将私人空间变成公共场所，将休息变成工作的延续。电视还为在家操持家务的妇女提供了"肥皂剧"，仅这个名称就暴露出电视剧的真实用意，向妇女推销她们的劳动工具：肥皂。电视对孩子们的贡献是卡通片，这是无需语言的启蒙教育。孩子们从卡通片中受到英雄主义的熏陶，潜移默化地接受孤胆英雄的"理论"：用武力解决争议。对于在行为上在文化上不符合自己所处社会的标准的人，要用力地抽打他们，直到他们听话为止。资本主义社会制度本质上的不平等是造成两次战争的根源，但战后的孩子们在卡通片中学会的却是单打独斗，流行文化把他们的力量自小就给瓦解了。

这些被电视文化培养、伴随的人有可能在自己未来的社会职务中成为贝尔在《文化帝国主义》中描写的"文化大众"，他们是一群人数众多到能够独自消受一套文化产品的庞大观众群。从职业的角度来说，他们成为知识与传播工业系统的雇员。从社会学角度分析，他们供职于文化的创造部门，还有它的传播部门，例如高教、出版、杂志、广播、戏院和博物馆等这些加工和扩散严肃文化产品的部门。这些部门本身就足够形成一个文化市场，供人们购买诸如图书、印刷物和音乐唱片等。这些人还可能作为作家、杂志编辑、电影制片人和音乐家等等，为更多的大众文化观众生产普及的产物。但这仅仅是文化大众的多数，不可缺少的还有较小的一个层次，即托马斯·沃尔夫称做"文化弄潮儿"的那伙人。他们力图为文化定调子，追求"新潮""入时"或"赶浪头"。如果说青年文化受众着迷的是流行服饰，那么文化弄潮儿喜爱的便是新潮或兜售新潮。他们使得资本主义的美术和文学中，资产阶级的趣味倾向于平庸无聊的英雄崇拜。创造的冲动逐渐松弛，反叛的激情被"文化大众"加以制度化。这种新潮的试验形式也变成广告和流行时装的符号象征，它作为文化象征扮演着激进时尚的角色，使得文化大众能一面享受奢侈的“自由”生活方式，一面又在工作动机完全不同的经济体制中占有舒适的职位。

这个十分标准化的后现代文化体现在美国的各种媒介、电视、快餐以及人们生活的方方面面。在美国，不管你属于什么意识形态，你都得生活在这样的文化中。媒介无时不在、无处不在地向你推销着这些概念。在这样的商品消费时代，只要你消费，那么你有什么样的意识形态都无关紧要了。不管你在这个社会中受到什么样的压迫，在迪斯尼乐园的亲身经历仍然有可能成为你最美好的游戏回忆。旧式的意识形态之争已经被忘却，只有商品消费，而商品消费同时就是其自身的意识形态。正如阿多诺所说：“商品已经成为它自己的意识形态。”①

法兰克福学派的学者对德国法西斯操纵大众文化有切肤之痛，对文化工业操纵大众意识特别敏感。在美国的流亡生涯中，他们又目睹了美国的大众文化更是欺骗性地操纵社会意识形态，将意识形态完全商业化，连否定的声音和抗议都可以在媒介的大规模复制下变成一场闹剧。“工业社会最发达的地区始终如一地表现出两个特点：一是使技术合理性完善化的趋势，一是在已确立的制度内加紧遏制这一趋势的种种努力。发达工业社会的内在矛盾正在于此，其不合理成分存在于其合理中。”② 马克思当年所描述的几种存在于劳动生产领域的异化形式不仅仍然存在并有了新的发展，而且还产生了许多新的异化形式，诸如自由异化、消费异化、政治异化、精神异化和社会关系异化等等。所以，当代发达资本主义社会是一个不合理的、畸形的、人性严重异化的病态社会。在工业文明社会，科学技术异化为社会控制的工具这一事实同时表明技

---

① Adorno and Horkheimer: The enlightenment of dialectic. http://www.uta.edu/huma/illuminations，2000 年 2 月 22 日浏览。

② ［美］赫伯特·马尔库塞著：《单向度的人》，刘继译。上海译文出版社 1989 年版，第 52 页。

术合理性成了统治的合理性，技术合理性正趋向于变成极权主义，并且这种具有极权主义特征的技术合理性已经扩展到发展工业社会的各个领域，以至于使“潜在自由和现实压抑之间的脱节日趋严重”，① 人已变成了缺乏否定精神、没有批判意识、更无超越欲望的单向度的人。

第三节 “多元决定论”与媒介意识形态

以社会意识形态和文化作为理论研究的主题，在机械的经济决定论外寻找一种多元的批判理论视角，补充马克思主义社会政治经济研究，这是早期法兰克福学派“社会批判理论”的基本特征和目的。早期法兰克福学派对文化和媒介文化的分析，体现了西方马克思主义学派企图在理论和实践上突破马克思主义的尝试和无法从根本上超越马克思主义理论的困惑。

在将政治经济结构视角带入对大众文化的批判过程中，法兰克福学派的许多干将对政治经济决定论持有他们自认为辩证的赞同态度：一方面继续从政治经济的角度声讨媒介文化现象，一方面又尝试从不同角度突破政治经济决定论的束缚。即他们对媒介文化声色俱厉的讨伐，体现出他们将文化看做是与经济同属一层次但又存在差异的“多元因果决定观”；而他们的“媒介意识形态决定阅听人意识形态”观点又回到他们所批判的“经济基础决定上层建筑”的马克思主义理论中来。为了解决这个矛盾，他们只有将弗洛伊德主义和存在主义糅合在一起，提炼出人的本质是“爱欲”的思想，推崇他们发现的早期马克思著作中人本主义、人道主义观点，将文化分成“艺术”与“大众”文化两个阵营分别讨论，认为只有“艺术”和“审美”是个人突破意识形态束缚，获得解决的途径和

① ［美］赫伯特·马尔库塞：《爱欲与文明》，黄勇，薛明译。上海译文出版社1987年版，第70页。

方法，以此向他们痛恨的商品社会不断发出绝望的怒吼。

为了充分理解法兰克福学派对媒介文化的社会作用和意义的论述，我们必须了解西方马克思主义学派对意识形态的理解和阐释。

意识形态理论是马克思对异化的认识中一个不可缺少的组成部分，同时也是马克思主义对意识分析和文化分析最有独创性的贡献之一。马克思在1859写的《〈政治经济学批判〉序言》中说道："人们在自己生活的社会生产中发生一定的、必然的、不以他们的意志为转移的关系，即同他们的物质生产力的一定发展阶段相适应的生产关系。这些生产关系的总和构成社会的经济结构，即有法律的和政治的上层建筑树立其上并有一定的社会意识形态与之相适应的现实基础。物质生活的生产方式制约着整个社会生活、政治生活和精神生活的过程。不是人们的意识决定人们的存在，相反，是人们的社会存在决定人们的意识……在考察这些变革时，必须时刻把下面两者区别开来：一种是生产的经济条件方面所发生的物质的、可以用自然科学的精确性指明的变革，一种是人们借以意识到这个冲突并力求把它克服的那些法律的、政治的、宗教的、艺术的或哲学的，简言之，意识形态的形式。"①

这段话的简缩理解即"经济基础决定上层建筑"，是马克思主义的经典理论之一。杰姆逊认为，对这个论断的认识和理解一般包括这样三个方面：一是认为经济基础和上层建筑是人类社会结构最基本而又两相对立，并通过其对立推动社会发展的概念；二是认为在经济基础和上层建筑中存在时间先后问题，即先有经济基础再有上层建筑；第三，在经济基础和上层建筑中存在因果对应关系，即社会上层建筑的变化是社会经济基础变革的结果。

但一些西方马克思主义学派认为这一原理是生活在前工业社会中的马克思考察前工业社会后得出的结论。正如马克思的历史唯物

① 《〈政治经济学批判〉序言》，《马克思恩格斯选集》第2卷，人民出版社1972年版，第82~83页。

主义所说，人不能脱离他所存在的社会孤立地表达思维，人类的思维和科学都会受到历史阶段和历史发展水平的决定和限制。马克思生活在前工业时代，而根据对资本主义发展阶段的分析，现在的资本主义已经进入“后工业社会”阶段。这个阶段的资本主义已经呈现出了与以往不同的政治环境：世界进入“冷战时期”。在阶级斗争的表现方面，资本主义社会出现了大型商贸企业的工会联合，宣布放弃政治斗争，从而导致了“阶级斗争已经过去”的观点出现并流行。企业的形式也出现了很大的改变，如不仅有垄断资本主义，而且有比垄断资本主义更巨大的商贸企业形式，如《全球性区域》中明确提出的多国化的资本主义。这个阶段的资本主义已经得出多个版本的分析和阐释，其中之一就是媒介资本主义。因为这个阶段的资本主义有了完全不同的媒介技术。美国人在五六十年代发现了信息、媒介的作用，现在又加上了无所不在的因特网。而根据媒介资本主义的观点，媒介技术对第三阶段的资本主义发展提供了新的剥削武器，“媒介即讯息”。第三阶段的资本主义没有再像第二阶段那样实行赤裸裸的地域开拓和地域侵略，而是在所有具有发展潜能的地区实行一种更深刻的渗透。过去用暴力和强权做的事情现在被文化的扩张所代替，媒介在创造一个“文化帝国主义”，资本主义强权从而变得更有隐蔽性也更有威力。这样的社会现实使很多人在对资本主义的理解上感到了新的困惑。

既然马克思的学说已说明马克思本人对后工业社会的资本主义社会不可能有完全意义上的考察，因此西方马克思主义者认为，马克思主义理论需要生活在后工业社会的理论家们发展和修正。法兰克福学派所处的时代和历史事实就使他们对机械的“经济决定论”持怀疑态度。在考察纳粹的极权统治和美国文化渐渐成为资本主义社会主导文化的过程中，他们发现了“文化帝国”的扩张，认识到文化领域中隐含的意识形态渗透可能比赤裸裸的经济侵略更具威胁。所以，他们迫切需要一个比单纯的“经济基础决定上层建筑”更有说服力的、关注于文化领域的多层次分析。

作为西方马克思主义学派的一部分，法兰克福学派认为自己是师承马克思主义的，在现代工业社会里批判的精神已经被熄灭，他们有责任恢复马克思主义批判理论的本质。法兰克福学派对媒介意识形态的分析和关注体现着这个学派和马克思主义的理论渊源，尤其是他们对马克思早期著作的关注和研究。例如1932年马克思的《1844年经济学哲学手稿》公开发表时，马尔库塞就曾撰文说它必将成为马克思主义研究史上的一个划时代的事件，并把他的早期哲学研究从黑格尔哲学过渡到《手稿》。法兰克福学派把他们的观点称为"社会批判理论"，就是因为在他们看来马克思主义理论的主线是批判，因为马克思不仅写了《〈黑格尔哲学批判〉导言》等著作，而且还把《资本论》的副标题定为"政治经济学批判"。

被称为西方马克思主义学派中最注重社会理论和政治实践、影响力最大、最有代表性的法兰克福学派也非常强调对社会历史的"主观"因素和意识形态的研究，主张对经济基础和上层建筑的关系进行重新考察。他们的意识形态分析在杰姆逊为意识形态模式做出的7种分类中归为日常生活的意识的代表性理论，① 在理论构建方面，他们的理论与传播学批判学派另一个马克思主义者阿图舍的结构主义有着理论上的渊源，虽然在很多关键问题上阿图舍的结构主义和法兰克福学派有重大的分歧。

法国哲学家阿图舍被认为是摆脱传统马克思主义经济决定论束缚，促进马克思主义文化批判和意识形态研究兴起的重要人物。他在其《意识形态与国家》论文中对意识形态研究提出了一个崭新的认识，即认为"意识形态是个体与他或她的现实存在条件之间的想像性关系之再现。"（Ideology is a representation of the imaginary relationship of individuals to their real condition of existence.）② 在他

① ［美］弗雷德里克·杰姆逊：《后现代主义与文化理论》，唐小兵译。陕西师范大学出版社1986年版，第220页。

② 张锦华著：《传播批判理论》，黎明文化事业公司1994年版，第106页。

这里，意识形态不再是悬浮在社会结构之上的意念系统，而是一种再现，一种存在于组织和实践中的再现方式，这种再现由个人完成。社会整体中的每个个人都在自己的政治、经济、文化活动甚至日常行为举止中再现这种关系，不管他是否主动意识到这一点。因此，我们以前对社会的认识是否科学，我们的意识形态理论是否正确这样的讨论本身反而是不科学的，是对意识形态的误解，因为不管你对意识形态的认识是否得到了科学理性的证明，意识形态永远没有正确和错误之分。马克思对意识形态的分析不能因一时或一次的革命胜利就归为正确的意识形态并强加于人，马克思以前的其他意识形态论述我们也不能把它说成是谬误，因为每个人都永远处于意识形态之中，依靠自己的实践行动拥有自己的意识形态。

阿图舍的意识形态理论的突破在于它可以帮助我们合理地解释个体与意识形态机构之间的关系。人的主观世界中意识形态的作用与意识形态外部的起源及其在社会现实各种历史性制度中发挥的功用也都得到了一个理论上的解释。即通过阿图舍的“质问”理论方法：意识形态国家机器为每一个体在这架机器中准备好了一个位置，唤出个体并赋予他一个名称。然后，通过自我形象或再现的形式给个人提供一种抚慰性的关于整体的幻境，一种抚慰性的一致感。这就是作为意识形态的个人与意识形态结构之间的关系：个人受控于意识形态，但意识形态必须通过个人的再现产生效果。

然而这个理论也有一个问题没有解决，那就是阿图舍把意识形态由一个集体的概念丢到了个人的手中，并借此抹杀了马克思主义意识形态观的阶级性。马克思主义的意识形态观本是有强烈的阶级意识的理论观点，马克思本人就曾强调自己是工人阶级的意识形态，并以此对工人阶级的行为予以肯定。可是在意识形态的再现理论中，个人的意识形态取代了阶级的意识形态，阶级意识形态消失了。

但是，从个人具有意识形态的观点中，阿图舍顺其自然地发展了使法兰克福学派思想者深受启发并一直探讨的方向：多元决定观，即任何历史事件或现象的产生从来都不是只由一个原因决定的，因为历史事实上是一个多元决定的现象，这就是“多元决定”(overdetermination)① 的概念，我们必须坚持找出比马克思主义政治经济观更多元的理解世界的方法。与政治经济决定论不同，阿图舍认为对人类社会的研究和分析并不能仅仅依靠对经济基础和上层建筑分析就能够解决。人类社会由经济、政治和意识形态这三个次级结构构成，这三者之间没有绝对的互为因果关系。在阿图舍提出的多元决定的结构总体中，政治、经济和意识形态三层次间是“表现性因果关系”，即：它们是由某种最终的决定因素决定的不同层次，由相似性联结到一起，每一个层次都与其余的截然不同，但又没有不同到完全脱离某层次的程度。每一个层次又都有自己的规律，因而构成自己的亚系统。在每个亚系统中都有自己的原动力，且具有半自律性。所以虽然每个层次间的变动都会影响到其他的每一层次，但这些层次间没有最终的压倒一切的决定性本质。

西方马克思主义学者在对阿图舍的意识形态理论分析中认为，阿图舍的意识形态观点对理解马克思所阐释的意识形态理论，发展马克思主义是有其特别贡献之处的。阿图舍认识到并充分运用了马克思主义考察生产方式的共时性方法。

他们认为：经济基础和上层建筑是马克思主义中一对关键性的对立概念。“历时性”和“共时性”是从历史语言学里发展出的一种思维方式。如在考察生产方式时，我们把生产方式的发展看成是一个历史的系列，从原始部落的生产方式到亚细亚生产方式，到封建生产方式，直至资本主义生产方式，这就是历时性的方法。而把每一生产方式作为一个包含不同层次的共时系统来考察，就是共时性方法，用这样的方法考察生产方式，一个社会中便会有下层建筑和上层建筑。下层建筑指的是生产力、经济基础，而上层建筑便是所谓政治、文化、宗教、意识形态等。正是由于马克思主义对生产

① 张锦华著：《传播批判理论》，黎明文化事业公司 1994 年版，第 106 页。

方式的考察运用了共时性分析，所以马克思主义理论十分注意对每个社会，特别是对资本主义社会的不同层次进行研究。马克思认为每一种生产方式都具有一定的结构，包括生产关系和生产力，也包括一个“上层建筑”，即文化、宗教、政治等。而这里的经济基础其实是某种技术和某种劳动方式的结合，包含着对物质的利用和对人的利用两个方面。所以用简单的经济决定论理解经济基础和上层建筑的关系是对马克思主义理论的简化和误解。

阿图舍痛恨将马克思主义简化为经济主义，但他依然承认最终决定因素的存在。不管这个世界的结构有多么复杂，归根结底还是有一种成分占统治地位的，这就是“经济”，只是不要把这种经济理解得太简单。这种决定作用是在经济、政治等主要作用的相互调换中体现的，是受统一的社会结构内部关系制约的“经济决定关系”，即：虽然经济结构无法决定其他范畴如何运作，但却可以决定哪一个层面占主导性地位，以及发挥影响力的程度。所以经济结构在最终状态下“优先决定”其他社会活动。

因此，用这样的理论来看待文化，就会得出这样的结论：文化是有其自身发展规律的，且这个规律可以使它以不同于经济和政治的速度发展。所以在资本主义社会的不同阶段中，无论从表现方式和社会功能上，资本主义文化都可能有极大的不同，但归根结底，它们还是对资本主义经济本质的反映。这也说明了资本主义进入后工业时期后，人们已经不能接受与现实状况脱节的早期资本主义社会的文化分析，所以对大众文化，尤其是紧密围绕媒介文化现象进行的批判不仅没有失去意义，反而显得更为迫切。

法兰克福学派吸收了阿图舍分析社会结构亚层次因素的理论方法，认为应该建立政治经济决定论以外的，更科学更接近真理地分析社会的理论，所以对和政治、经济同属一个亚层次的文化投入了极大的关注。但是在解答“最终决定因素”的问题和提出解决现实社会问题的途径时，他们与阿图舍产生了巨大的分歧，他们强调用艺术保持知识分子的独立，跳出资本主义社会知识分子顺从社会制度的状态，保持批判的意识，为推动无产阶级革命提供理论应有的攻击性力量，用文化的方法解决社会存在的问题。只有恢复真正的文化，只有通过真正的艺术才能承担此重任，突破经济决定论的束缚。

对阿图舍社会亚层次因素理论分析的吸收和运用，与法兰克福学派如此关切被媒介控制的大众文化有着内在的联系。按照法兰克福学派的观点，如果一个社会真正的文化已经被媒介煽动的大众文化弄得堕落，迷失自己应有的角色，那么这个社会就失去了更新机制的机能，彻底地操纵在垄断媒介意识形态的阶级手中。

媒介文化属于上层建筑。根据马克思主义学说，一个社会的政治经济结构决定这个社会的文化意识形态。以资本主义社会为例，马克思主义者视资本主义社会为由政治经济结构决定的阶级社会，虽然不同的阶级有着不同的阶级观点，并都力图在这个阶级社会中互争短长，但在统治阶级处于主导地位的情境之下，对文化最终的控制将逐渐集中在垄断资本家手中。资产阶级社会与众不同的特征是它所要满足的不是需要，而是欲求。欲求超过了生理本能进入心理层次，就成了无限的要求。社会是个人各自追寻自我满足的混杂场所。亚当·斯密在《道德情感论》中宣布，如果人只受到经济利益驱动的话，将不会有足够的刺激力来生产超出本能必需的产品。正因为人受到地位冲动力的推动，经济的“发展”才成为可能。而为了维护已有的地位，已经在政治经济上占主控权的阶级在意识形态上将不遗余力地进行操纵和控制。所以，正如约翰·汤普森所说:“只有当你把意识形态当做统治阶级的意识形态来理解时，你才真正正确理解了什么是意识形态。”① 在政治和经济上拥有绝对权力的统治阶级为大众选择好他们所希望的思考方式，利用自己的权力通过不同渠道将这些已选择好的思想传播开来，并由此形成社会的主流意识形态，维护他们的阶级利益。主流意识形态的制造

① James Lull：Media，Communication，Culture. Columbia University Press，2000. p. 8.

者真可谓“信息精英”。

在传播学这种典型的跨学科研究中，热衷探讨马克思主义早期著作的法兰克福学者认为在“文化工业”的社会里，媒介不是通过暴力和恐怖，而是通过意识形态控制来影响媒介阅听人的。“意识形态”是在传播中表达的一套系统化的概念，它决定人们的价值判断和倾向性选择。在商品已经客观化为意识形态的资本主义社会，媒介的意识形态受资本主义政治经济制度决定，因而媒介被掌握在资本主义社会统治阶级手中，成为统治阶级的统治工具。“单向度思想是由政策的制订者及其新闻信息的提供者在系统地推进的。他们的论域充满着自我生效的假设，这些被垄断的假设不断重复，最后变成了令人昏昏欲睡的定义和命令。”①

统治阶级为了本阶级的意识形态成为所有阶级的意识形态，使本阶级的价值观最广大范围地传播开去，如何影响他人是必须研究的环节，所以操纵现代媒介成为统治阶级获得和维护本阶级意识形态的最主要的手段之一，尤其是在现代社会。因为从来没有哪个社会的媒体像今天资本主义社会的媒介一样拥有如此广泛而强大的力量。

大众传播媒介在总体上是统治阶级利益和统治阶级思想文化的中转站。在资本主义传播制度下，大众传播媒介的受众尽管时时都想改变不合理的现状，但却无法拥有自己的传播工具来宣传自己的主张，与占统治地位的思想文化相对抗，因为几乎所有媒体均沿用与统治阶级利益相应和的话语。媒体阅听人虽然也有可能部分地不同意这些话语，但多数人不会反对团体的语言或意义体系，以拒绝来自媒体的定义。媒体专业工作者自以为自己享有自主权，沉浸在自治的幻想中，其实作为意识形态领域中的一环，统治阶级文化早已透过社会化过程而内化于媒介文化之中。大众传播的专业工作者

① ［美］赫伯特·马尔库塞著：《单向度的人》，刘继译。上海译文出版社 1989 年版，第 14 页。

不断受到占统治地位的阶级思想和价值规范的影响，有着越来越被同化的倾向，甚至对媒体进行专业性科学研究的传播学研究自身也难逃被控的命运。事实上，作为大众传播理论的滥觞之地，美国的多项传播研究成果，就是在为美国统治阶级政治、经济服务的过程中产生的，如传播学经典理论之一的两级传播论，就是传播学四大先驱之一的拉扎斯菲尔德带领同事，为美国总统大选而进行研究时发现的。美国一些有经济实力的大公司、大财阀为市场竞争的需要，不仅设立专门性机构如公关部等，而且将传播学理论当做这些部门的基础理论，将传播学当成服务于它们的应用学科，所以不少传播学者在美国被一些大公司聘请为顾问。

把传播研究从效果研究的微观谈论中解放出来，在真实宏观的世界里看它的理论成果和理论意义是传播学批判学派对传播学研究的最大贡献，虽然这些研究目前也许还有这样那样的缺陷。但法兰克福学派提出，大众媒介就是对人的精神奴役和全面控制，文化由“双向度”转变为“单向度”，不再是以提升人类灵魂境界为已任的圣贤，而成为帮大众消磨时光的“时间杀手”，这都是文化被纳入工业运作轨道的必然结果。大众文化不仅丝毫不能动摇资本主义制度，反而加强了它的意识形态控制。“整个世界都得通过文化工业这个过滤器。”① 由于任何文化产品都不可避免地被统治阶级控制，它不可避免地带着虚伪和欺骗的面具，为统治阶级培养支持统治和维持现状的顺从意识，成为巩固现存制度的一种粘合剂。

受控制的媒介既是统治阶级意识形态驱使的傀儡，又是维护主控阶级意识形态的有力工具。而依据马克思关于“一个阶级是社会上占统治地位的物质力量，同时也是社会上占统治地位的精神力量；支配着物质生产资料的阶级同时也支配着精神生产资料”的著名论断，已经发展到垄断阶段的资本主义对媒介意识形态的控制

① Adorno and Horkheimer：The Enlightenment of Dialectic. http：//www.uta.edu/huma/illuminations，2000年2月22日浏览。

只会越来越严密，这种控制越来越集中于垄断资本主义手中并为其服务，因为大众媒介担负着社会意识形态斗争的重要一环。既然媒介已经成为大众媒介，成为统治阶级的意识形态工具，那么只有打破文化工业中的政治经济霸权，才有可能突破由此带来的文化霸权。在法兰克福学派看来，这个理想只要资本主义不灭亡就不可能真正地实现。

第四节　文 化 工 业

文化研究在早期法兰克福学派的理论研究中占有举足轻重的地位，这不仅因为不少早期法兰克福学派的思想家是有很高艺术造诣的文艺评论家，还因为他们提出的文化工业批判话语是文化研究后来者必须研究和评价的思想，而不管他们对这些思想是否赞同，如对英国文化研究学派来说，早期法兰克福学派的理论一直都是最频繁的比较对象。

在早期法兰克福学派中，阿多诺是最早将眼光投注到大众文化的人，他“最早把大众文化和高等文化同时纳入到现代文化的理论研究视野”。[①] 1947 年，他和霍克海默在阿姆斯特丹一起出版了法兰克福学派的经典著作《启蒙时期辩证法》，其中“文化工业：作为欺骗群众的启蒙”一章是社会批判学派对大众文化发出的第一记重炮，不仅奠定了法兰克福学派对大众文化尤其是媒介文化批判的基调，而且“文化工业”一词也成为传播学批判学派在论战中最广泛采用的词汇之一。

“文化工业”是由阿多诺和霍克海默在撰写《启蒙时期辩证法》时自创的一个词汇，阿多诺后来在《文化工业再思考》一文中谈到：“1947 年，我与霍克海默在阿姆斯特丹写《启蒙时期辩证法》时，我们的原稿中用的是‘大众文化’（mass culture），后来

① 徐贲著：《走向后现代与后殖民》，中国社会科学出版社 1996 年版，第 91 页。

我们决定用‘文化工业’取代它，因为大众文化和它字面上鼓吹的含义是有所区别的。大众文化一词总让人误解为文化是从‘大众’中产生的，而事实上它只是在大众中自发产生的类似文化的东西，是流行艺术的短期表现形式。在这个意义上，必须用‘文化工业’一词来与‘大众文化’划清界限。”①

文化不应该从大众中来，大众中产生的文化只是“类似文化的东西”，那么到底什么是文化，我们应该以什么为标准评判文化？大众文化又是什么？这些问题都是“文化工业”的概念一提出就应该予以说明的。对此，阿多诺等法兰克福学派的学者并没有从大众文化的具体形式和具体现象中提供答案。他们对大众文化的任何表现形式都持鄙视的态度，这使他们一直被人们认为是“精英主义分子”，甚至被认为对大众文化怀有“无情的敌视”。其实，作为文化批判先驱，阿多诺等人对大众文化提出质疑的起点，也是他们将文化批判与意识形态控制联系在一起分析研究的出发点。我们应该从他们对“文化”的理解入手，一步步深入到他们的理论中去。

一、早期法兰克福学派的“文化观”

“文化”的定义，在研究界一直都是仁者见仁，智者见智。近代文化人类学著名学者泰勒认为：“文化或文明……就其在民族志中的广义而论，是个复合的整体，它包括知识、信仰、艺术、道德、法律、习俗和个人作为社会成员所获得的其他能力及习惯。”即文化是人类征服自然活动的所有成果，是社会生活的自然史。随着人类学在20世纪的崛起，这种将文化等同于文明的观点在很多学者中流行，正如人类学家A. 古德汶所说：“人类出生后所获得的每件事都是文化。”我国著名的社会学家费孝通先生在《九十新

① Adorno and Horkheimer：Reconsideration of Culture Industry. http：//www. uta. Edu/huma/illuminations，2000年2月22日浏览。

语》中也认为："什么是文化？用人工把自然的土变成用具，变成能服务于人的生活的东西，这就是文化。"①

以法兰克福学派为首的西方马克思主义流派显然不同意这种人类学意义上的文化概念。美国著名的马克思主义者弗雷德里克·杰姆逊在《后现代主义与文化理论》中这样谈及西方学界对文化的定义："在欧洲语言中，文化起码有三种含义。首先是个性的形成，个人的培养……还有就是文明化了的人类所进行的一切活动，文化与自然是相对的……但是文化还有第三种含义，即日常生活中的吟诗、绘画、看戏、看电影等。"他分析道："第一种文化是精神、心理方面的，是个人人格形成的因素；而第二种是社会性的，日常的行为举止和生活习惯，是社会形成的；第三种则是一种装饰。如果第三种意义上的文化意味着看戏、看电影，那么在现在的社会里，这种文化和工业、贸易和金钱不正是紧密相联的吗？所谓媒介、大众文化和法兰克福学派所称的'文化工业'，难道不是像生产汽车一样制造出来的吗？"② 的确，如果人类的一切活动都可以说成是文化的话，那么即使是像汽车一样大批量生产出的每种产品都应该被当做是文化，而且是被最广泛接受的一种文化。难怪现代社会中会有如此多的人自认为是文化大家。

阿多诺和霍克海默提出"文化工业"的概念，正是出于他们对这种"文化"定义的反感。阿多诺年轻时常常参加文化标准最严格的坚持者克劳斯的读书会和维也纳先锋派的秘密音乐讨论会。对在这样的环境中成长的学者来说，文化绝不简单地等同于劳动生产，也绝不是任何人都可以无差异享用的产品，更不是以"可用"为标志甚至为目的的人类活动。文化是高尚的，它给予人全面的教育，帮助人类发扬那些纯粹属于人和人性的品质，只有付出了艰辛

---

① 费孝通著：《九十新语》，北京大学社会学人类学研究所 2000 年版，第 22 页。

② ［美］弗雷德里克·杰姆逊著：《后现代主义与文化理论》，唐小兵译。陕西师范大学出版社 1986 年版，第 3 页。

的劳动和不懈努力的人才能获得它和完善它。人类文化活动的成果应该是艺术。

与人类学家刻意强调文化的实用性相反，法兰克福学派学者认为文化的基本功能是“否定”和“对幸福的承诺”。①

“否定”是指文化应该从根本上具有对现实的批判性和否定性。即文化必须超越现实，表达目前现实没有而应该有、不是而应该是的事物，从而鼓励人们探求一个目前还不被现实所容的美好世界。所以，文化对现实始终持有一种批判的距离，以求艺术性地反映人们对现实生活的不满和对理想生活的向往。法兰克福学派理想中的文化产品非常类似于前技术时代的建筑、音乐和绘画，它们从产生到被大众接受都经历过艰难的过程，因为它们不是为人所用而产生，也不会为了让大众接受而向大众妥协。正如格罗塞在《艺术的起源》一书中描述的那样：“狩猎民族在他们非常困苦的生活环境之下，北极人从他们冻冰的荒原中，澳洲人和布须曼人从他们亚热带的猎场中抽出空间来做这种没有实用的艺术创造实在是很难得的。……创造所给予的愉快，对于原始民族的价值是不容忽视的。”它所希冀唤起的“不是行动，而是感情，并且除了感情以外毫无别的希冀”。② 人类在精神领域的探索和不断进步正是有赖于文化的这种特质。因此，阿多诺说：“文化，在真实的意义上，不仅只是适应人类，同时也向它与人类共生，并藉此向获得荣耀但又已僵化的关系提出抗议。只要文化在这种僵化的关系中被完全吸收和整合，人类的地位就会再一次降低。”③

法兰克福学派在对文化的分析中使用的另一个词是“幸福的承诺”，即文化应该让人们看到一个真正有价值的世界，与将生存作为目标的现实生活有着本质不同的世界。文化应该不断地向我们

① Adorno and Horkheimer：Reconsideration of Culture Industry. http：//www. uta. Edu/huma/illuminations，2000 年 2 月 22 日浏览。

② ［德］格罗塞著：《艺术的起源》，蔡慕晖译。商务印书馆 1996 年版，第 174 页。

③ 同①。

反映这个世界的存在，探索和追求使人们达到这个完美世界的方法和途径。文化的“否定”功能是文化赐予我们“幸福的承诺”的前提，因为只有不断地否定，再现现存社会不公正的现实，揭露阶级社会不平等的本质，人类才有可能从“生活越来越好了”的表象中突围，继续反省社会制度中存在的问题，继续对另一种幸福世界的追寻。这个幸福世界也许是“乌托邦”，但向人们描述一个“乌托邦”世界以及它存在的无限可能，始终是文化的职责。

马尔库塞在对文化的论述中经常使用“异化”一词。马尔库塞在他的多部著作中提到：真正的文化是“异化”的，并用“单向度”的著名比喻对已失去“异化”特征的“文化工业”进行了更形象更深刻的解析和表述。

“异化”一词是个哲学概念，异化问题本是黑格尔、费尔巴哈的哲学和马克思《1844年经济学哲学手稿》中所论述的重要问题。黑格尔从人的本质的丧失这个意义上理解异化，认为人的本质的丧失，是人与其所创造的客体的分离；人的异化就是本来由人所生产和创造的应当属于人的东西不再属于人，反而成为异己的、与人对立的和反对人的东西。马尔库塞从青年时代开始研究黑格尔哲学，他的异化思想明显地受到黑格尔异化理论的影响，将自由当做人类存在的最高形式。马尔库塞对工业社会进行分析得出的结论是：工业社会中人们越来越不自由，而且还不自知，这就是人的异化。要改变这种状态，需要文化的异化，所以在对人与文化的表述中，异化的含义是不同的。“文化的异化”是指文化中应包含与社会现实的不合理现象相互排斥而不是相互调和的成分。与人的异化相对应，“文化的异化”帮助人们摆脱人的异化，文化的同化将最终导致人的异化。

马尔库塞还认为，文化中的异化成分是对异化了的存在有意识、有步骤的超越。前技术时代的文化中本来就具有对立、异己和超越性的因素，所以前技术时代的文化和社会现实之间存在着对立。只有由这种对立产生的文化才可能产生既来自现实又高于现实，既反映现实又批判现实的“双向度文化”，表现出对现实既肯定又否定的特征。而在后工业时代，文化产品沦落为商品，文化中的异化因素被商业化取代，我们的思想被塑造成了“单向度”，我们拥有的也只是“单向度”的文化。

然而，法兰克福学派对文化的“否定”功能和“异化”本质的论述并没有得到大众的接受。尤其是今天，随着大众传媒技术的发展，人人都有可能感到自己是传媒的主人，掌握着文化传播的工具。人们被自己每时每刻“创造”的“文化产品”包围，并从中得到乐趣，尽管这种乐趣在法兰克福学派看来，也许只是一种庸俗可鄙的快感，但将文化概念平民化，必然比摆出一副高级文化的面孔来更受人欢迎。

由于媒介技术的功能性越来越明显，媒介文化表现出的“否定”或“异化”特征的可能性也越来越小，所以媒介文化总是首当其冲地成为法兰克福学派研究和批判的“靶子”。虽然大众已经接受了“媒介文化”这个词，可是媒介传播的到底是什么样的文化？按照法兰克福学派文化观的标准，既然它们传播的不是“异化”和给人以“幸福的承诺”的文化，它们不仅应该受到批判，甚至还不应该承认它的“文化”地位。

二、“文化工业”的特征

法兰克福学派的学者们强调文化的等级，并不遗余力地捍卫这种等级，因此被冠以“文化精英分子”的贬誉。他们强调精英文化与大众文化的区别，认为只有精英文化才持有对社会进行批判，从而颠覆现存社会，给人们带来解放福音的特权。出于对大众文化的极端蔑视，他们以彻底否定的态度创造了“文化工业”的概念，并以这个概念奠定了法兰克福学派媒介文化观的基调。

对于自己首创的“文化工业”这一概念，阿多诺和霍克海默从多个角度进行了描述和解释。

首先，“文化工业”时代是一个文化沦落为商品的时代。

阿多诺和霍克海默没有对“文化工业”时代何时出现提出过具体的时间，他们通过描绘这个时代的特征，来说明我们现在所处的正是一个“文化工业”时代。

在这个时代里，“文化工业”的产品生产、流通和消费过程都是严格按照商品的操作模式运行的，“文化工业”的主控者揣摩大众即消费者的需求，根据这些需求对文化产品的生产流程进行分工。为了使利益最大化，对文化产品的生产分工也就随着生产技术的革新变得越来越细致，这就是“文化工业”中所谓的“管理”。文化产品的生产目的是为了与其他商品交换。文化产品的价值由这些产品所能实现的价值，即它们的交换价值决定，而不再取决于它们自身的特殊内容和完美的艺术形式。在这种工业生产体系中生产出的文化产品，具备一切大批量生产和销售的产品特点：商品性、标准性和批发性。“工业”一词在“文化工业”里指的就是文化本身的标准化。虽然文化工业的整体运作将利益动机赤裸裸地编织到文化形式中去，但它们依然被堂而皇之地贴上了“文化”的标签，贩卖到文化市场中去。从这些文化形式作为商品出现在市场上，为它们的生产者赚取谋生银两的那一刻起，它就具备了商品的一切品质，沦落成纯粹的商品。

这种大批量的、在商业利益驱动下生产的文化产品，是与法兰克福学派文化观中的文化产品相背离的。在阿多诺等人看来，具有以上三个特征的文化产品偏离了正常的文化轨道，它以大众消费为对象，以现代传播媒介为手段，一步步趋向物化，直到沦为纯粹的商品。所以，在“文化工业”时代，文化产品不是由“大众”自发产生，而是统治阶级为了维护其统治，在大众文化的包装下，大批量生产又大批量批发到人们文化生活中的精神麻醉剂。文化，如果它只是以大众消费为指导，如果它被生产出来就是为了交换，而不是为了实现它的社会责任，如果它已经沦为了纯粹的商品，那么它与人们真正的精神需求还有什么关系呢？当政治和经济霸权要利用它作为维护自己统治的工具时，它又怎么可能有力量抵抗这样的霸权统治，不使自己成为维护霸权统治的另一种形式呢？文化商品事实上就是商品社会中政治经济霸权的一种反映形式。所以法兰克福学派认为，在这样的时代中生产出的文化产品，对它们的称呼再也不应该落脚到“文化”上，而必须给它们更名。

其次，“文化工业”的文化产品具有其他商品所没有的特质：隐蔽的欺骗性。

由于“文化工业”的文化产品具备这样的特质，所以对它们进行批判很容易让批判者落入尴尬的境地。我们已经如此习惯于生活在这些文化产品的包围之中，以至于对它们的任何一种批评都需要极大的勇气和毅力，承受如潮的议论与责难。

“文化工业”将我们耳熟能详的旧有的文化形式和新技术带来的新形式巧妙地融合到一起。它根据大众的消费小心翼翼地度身定做它的文化产品。虽然大众不是它的第一考虑对象，可它对大众的需求却显得如此体贴入微；虽然它考虑的对象不是真正的人，而是“机器的附属品”，但它却表现得很“人性”；虽然“文化工业”最经典的产品也不掩饰它对“效益”的考虑，但却并不因此而让现代人反感，这无疑已体现出“文化工业”在掩饰自己的真实企图中获得了胜利。“文化工业”的第一个产品是它自己的广告；“文化工业”制造的一个个“美好的愿望”，让人们忍受一个大众化的没有批判意识的舆论，所以阿多诺说：“与自由时代不同，工业化的文化可以像民族文化一样，对资本主义制度发泄不满，但不能从根本上威胁资本主义制度，这就是工业化文化的全部实质。”①

阿多诺等人接着分析了“文化工业”欺骗大众的手段：首先它宣称，为了上亿人平等地享受文化工业的产品，一定的重复生产是必须的，用同样的商品满足不同的人同样的要求也是不可避免的。由于只有为数不多的文化产品生产中心，所以这必然与大规模

① Adorno and Horkheimer: The Enlightenment of Dialectic. http://www.uta.edu/huma/illuminations，2000年2月22日浏览。

的消费数额间产生技术矛盾，解决这个矛盾的方法就是有组织地计划和管理文化的生产过程。因为组织和管理这些产品的标准是消费者的需求，所以他们的做法得到了消费者的理解，极少遇到大众的抵抗。

然后，它以貌似的自由代替不自由，以“快感”麻痹人们思考的神经。阿多诺说：“文化工业的面貌是个混合体，一方面是流水作业，具有如照片一样的精确和硬度，另一方面是个人主义的残余，多愁善感和早已理性地安排好的浪漫主义。”① “文化工业”的产生原则是：什么是最打动人的，就把什么制造出来给人享用，即使明知这是一个骗局。“文化工业”尊奉的信念是：大众社会不需要文化，只需要娱乐，娱乐行业提供消费品就是为了让社会享用。如果荒唐的故事可以取悦于人，那就大量地生产它们吧；如果悲苦人物的命运更有“卖点”，就让天下都高唱苦命人的悲歌吧。卓别林扮演的流浪汉，总被他人愚弄，他的“不幸”是取悦观众的法宝，因为“观众在观看不幸时，感到了平等的因素”。②于是这个流浪汉在他的系列故事中不得不越来越不幸，几乎是厄运缠身。这与其说是在控诉社会的不公平，不如说是在贩卖“不幸”，因为人们居然在他人的不幸中享受娱乐，出钱鼓励生产者们批量制造这种“不幸”。所以当我们动情地为某些作品辩护，说它反映了共同的人性时，不妨想想这“共同的人性”被我们用来干什么了，是被买了个一时一刻的哈哈大笑，还是瞬间的感动，然后抹把脸就忘了。

“文化工业”还不断地向消费者许愿，承诺将不断地改变娱乐的形式和派头。尽管这种种许诺实际上并没有兑现；尽管它让消费者欣赏的，只是让消费者画饼充饥，但“文化工业”表面的华丽与热闹掩饰了它的阴谋。它“用令人兴高采烈的预购，来代替现

①② Adorno and Horkheimer：The Enlightenment of Dialectic. http：//www. uta. edu/huma/illuminations，2000 年 2 月 22 日浏览。

实中禁欲的痛苦”①。我们的“隐私”是大众文化的卖点，我们的情感可以通过大批复制成为人们谈论的话题、参考的模本。在大众文化中，人最终被文化工业异化和同质化了，成了一个个原子。“如今已贬值的深层心理学所规定的内在生命，它整个儿都向我们显示人正在把自己变成无所不能的机器，甚至在感情上也与文化工业所提供的模式别无二致，人类最内在的反应也已经被彻底僵化，任何特殊个性都完全成了抽象的概念：个性只不过是表现为闪亮的皓齿，清爽的体味和情绪，这就是文化工业的彻底胜利。”②

诚然，在大批量产出的文化产品中，文化的“否定理性”是很难保存了，而且“文化工业”的产品积累了越来越丰富的经验，足以掩盖自己的危害。尤其是物质富裕的后现代社会，中产阶级在物质上获得了满足感，成为“文化工业”最喜欢利用和招揽的阶层，直到成为自愿屈服和维护文化工业产品的中坚力量。用麦克唐纳的话说：“大众文化的花招很简单……就是尽一切办法让大伙儿高兴。但中产阶级文化却有自己的两面招数：它假装尊敬高雅文化的标准，而实际上却努力使其溶解并庸俗化。”③ 社会批评学家汉娜·阿伦特进而把这一经典命题同马克思主义的历史分析结合起来。她声称，中产阶级长期视文化为商品，并从它的交换中获得了一种势利的价值观。看看在一个物质方面有所发展的地区，什么文化现象最先萌生，就可以理解到它的真谛。例如今天充斥各种报刊媒体的“白领文化”，实际只是所谓“白领”们对自己地位的一种炫耀。他们的“文化”讨论的是随时可能改头换面的生活技巧、衣着、打扮、谈吐、休闲；他们的字典里只有“流行”和“时尚”两个词，这些词甚至可以随时用某个商品的牌子取代。

---

① ［英］汤林森著：《文化帝国主义》，冯建三译。上海人民出版社 1991 年版。

② Adorno and Horkheimer: The Enlightenment of Dialectic. http: //www.uta.edu/huma/illuminations, 2000 年 2 月 22 日浏览。

③ 同①。

可见，我们对“文化工业”产品已宽容到了只要它们暂时是无害的，就可以容忍了；我们甚至麻木得不再追问这样的“文化”形式将把我们带到何种世界中去？更失去了问一声“它们是否骗走了我们从事更有价值和更为充实的活动的潜力”的习惯。阿多诺用“氯仿麻醉”一词对此进行了形象的比喻。阿多诺说：“有位与诺贝尔奖失之交臂的化学家在一次报告中说：‘人们都以为手术中被氯仿麻醉的病人是不知道疼痛的，其实我研究发现，在氯仿麻醉的作用下，被麻醉的病人只是神经质失去了一部分追踪情感途径的能力，但是神经系统并没有失去感觉力量。相反，由于一般神经系统受到麻痹，痛感反比正常状态下感受得更深。而且，由于疼痛刺激的特质，它可能会扩展到感觉的方方面面，给病人带来永久的精神损伤，甚至导致在麻醉的情况下，病人在无法描述的疼痛中死亡。由于病人手术后，对手术中发生的一切完全不记得了，人们就被这个事实所误导。而如果人们知道事实上发生了什么，也许他们就再不会愿意进行这样的手术了。’……如果博士所说的一切都是真的，那么这个神圣的世界就必须抛弃这种邪恶之路。在这条路上，所有的人都只是参与了一场活体解剖。在我们为技术的进步炫耀欢呼时，我们不知道人类与创造物的关系，就像是接受了这样的一场手术。……在真实与痛苦之间，我们学会的就是忘却这招。”①

三、媒介与“文化工业”

“文化工业”在现代社会发挥着巨大的威力，并具有明目张胆的欺骗性，媒介对此是功不可没的。现代传播媒介是文化物化过程最直接的手段，也是“文化工业”最得心应手的武器。因为当今社会中，文化工业的统治者消除文化中对立和“异化”因素的方

---

① Adorno and Horkheimer: The Enlightenment of Dialectic. http://www.uta.edu/huma/illuminations，2000 年 2 月 22 日浏览。

法，不是否定或拒绝各种与主流价值观相背离的文化价值，“而是把它们全部纳入已确立的秩序，并大规模地复制和显示它们”。这可正是传媒的拿手项目。难怪马尔库塞会发出这样的疑问：“人们当真能对作为新闻与娱乐的工具和作为灌输与操纵力量的大众传播媒介作出区分吗？”①

大众文化在媒介的支持下，无声无息地施行着一种全面的文化控制。现代媒介技术高度发达，“地球村”已不是个科幻术语，几乎没有人能够逃脱媒介的包围而声称自己不受其影响。可以说，现代社会“没有一个人不看有声电影，没有一个人不听无线电广播，社会上所有的人都接受文化工业品的影响。文化工业的每一个运动，都不可避免地把人们再现为整个社会所需要塑造的那个样子”。②

对于不同的媒介，阿多诺曾分析：“每一个自发地收听公共广播节目的公众，都会受到麦克风以及各种各样的电台设备中传出的有才干的人、竞赛者和选拔来的专业人员的控制和受他们的影响。”③媒介猛烈的宣传攻势久而久之就会使大众自动放弃思想，变得麻木平庸，成为文化中的被奴役者，电影用它的内容教育观众，促使观众直接用它去衡量现实；电视用它的价值判断去教育观众接受它的价值标准；报纸更是精心挑选它的内容，在有限的版面上轮番进攻，把报纸塑造成代表民众思考的机构。这样做的后果是“抑制观众的主观创造能力”④，从而导致“文化消费者的想像力和自发性渐渐萎缩”⑤。

由于自小对音乐的爱好，阿多诺对媒介如何利用流行音乐麻痹大众的分析独有见地。阿多诺从不把音乐当做普通的休闲方式，他认为音乐在其结构中包含着社会冲突。音乐的二分法不在“轻”

---

① ［美］赫伯特·马尔库塞著：《单向度的人》，刘继译。上海译文出版社 1989 年版，第 9 页。

②③④⑤ Adorno and Horkheimer: The Enlightenment of Dialectic. http://www.uta.edu/huma/illuminations，2000 年 2 月 22 日浏览。

音乐与“严肃”音乐之间，而是在音乐的市场取向与非市场取向之间。“如果后一种音乐在当代不能为大多数观众理解的话，这也不意味着它客观上是反动的，像理论一样，音乐应当超越大众的流行意识。”① 可是媒介推崇的流行音乐彻底地堕落了。在电台或电视中反复播放的流行音乐结构简单，旋律反复，机械敲打，像刻板的公式一样，瓦解了听众独立的思维和丰富的想像力，听众的听力也退化了，处于一种被动依附的状态。“人们在听流行音乐时，从听到的流行歌曲的第一个章节就可以猜出后面的续曲，往往因为乐曲果然如所猜想的，也就自得其乐。”② 这说明流行音乐降低了个人对音乐的要求，解除了听众赋予听的活动的任何精力或意义上的负担，使听者对社会现实不加批评，最终被这种文化产品催眠，沦落到被操纵和利用的地位。

阿多诺对前资本主义时代和后资本主义时代的音乐进行比较发现，在前资本主义时代的音乐中存在的创作、再创作和即兴创作的连续体在后工业时代已经没有了。后者的作品像孤立的作品一样与表演者分开，表演者的灵活性受到很大的限制。而且进入20世纪，垄断资本主义的兴起使音乐的解释者完全被文本的暴君征服，连反抗的能力都丧失了。别看中产阶级在频频光顾所谓的高雅音乐会，其实音乐会提供的只是主体内在性的虚假感觉，为的是暗示主体财富和教养的虚假协调。至于说无产阶级音乐，阿多诺一样不留情面，他暗示，无论它多么有宣传价值，社会主义现实主义在音乐中，如同在一切其他艺术形式中一样，都只是建立在没有成熟的和谐之上，忽视了社会矛盾的存在。其结果只能是一种功利主义的音乐，依赖技术理性的模式，将启蒙作用让位给消遣。媒介对这个现实是不会披露或提供任何改变机会的，相反地，自从具有大规模复

---

① ［美］马丁·伊杰著：《法兰克福学派史》，单世联译。广东人民出版社1996年版，第210页。

② Adorno and Horkheimer: The Enlightenment of Dialectic. http://www.uta.edu/huma/illuminations，2000年2月22日浏览。

制功能的媒介产生和不断发展以来，就一直在寻求维护现有秩序最独特的技巧和手段。

例如，艺术家在前资本主义时代是与社会现实不相容的反叛英雄，是文化中“否定”或“异化”因素的代言人。但在媒介技术日益进步的工业时代，在文化工业的文化产品中，我们不仅依然可以见到艺术家，而且他们出现的频率越来越高。传媒对他们已经形成了一种自觉的联动机制，凡是在一种传媒中出现的艺术家必然会在其他传媒中不断发布他们的声音，让人们见到他们的形象。可这些艺术家从根本上都改头换面了，他们不再想像另一种生活方式，也不是带着“幸福的承诺”的另一种生活的象征。用马尔库塞的话来说，他们只是“同一种生活方式的不同类型或畸形”①。他们对已确立的制度表面上表现出厌弃，实际被媒介利用标榜自己的公平性，宣扬自己对文化多样性的尊重。当意识到自己的传媒形象将直接给他们带来经济利益后，艺术家中的大多数人掌握了从媒介获取利润的技巧，自觉地将自己对现存社会制度的作用由否定转变成了肯定，这就是马尔库塞所说的“理想物质化”②。

让法兰克福学派感到媒介可怕的正是这一点，连对“文化工业”高呼反对的声音和曾经是“否定”文化的代言人，也能在大众媒介的包装下成为贩卖的商品！而且“文化工业”中的传媒对此已运作得相当娴熟，以至于任何否定的声音都会在或长或短的时间里变成大众媒介获取利润的新契机。“如果大众传播媒介能够把艺术、政治、宗教、哲学同商业和谐地、天衣无缝地混合在一起的话，它们就将使文化领域具备一个共同的特征……商业形式。发自心灵的音乐可以是充当推销术的音乐，重要的是交换价值，而不是

① ［美］赫伯特·马尔库塞著：《单向度的人》，刘继译。上海译文出版社1989年版，第55页。

② 同①，第65页。

真实的价值。从根源上看，现状的合理性和一切异己的合理性都服从于此。"① 在大众传媒的影响下，文化终于变成精神生活的点缀而不是必需，从而"丧失了更大部分的真理"。②

第五节　早期法兰克福学派传播批判理论的现实意义

法兰克福学派的学者是最早从哲学思辨的角度关注媒介文化并对此提出批判的人。他们建立了"文化工业"的批判话语，成为媒介文化批判的代表。长久以来，由于对大众文化的批判过分激烈与无情，他们受到了多方面的批评，不少法兰克福的学者还被指责为文化精英分子。然而，随着世界经济的发展，媒介技术的提高，人们又不得不承认法兰克福学派对媒介的某些评价是对的。媒介为专制服务，媒介帝国主义正威胁着第三世界国家和民族文化的独特性和连续性。

走过动荡中迅猛发展的20世纪，世界由于媒介技术的进步而变成了一个村落。媒介技术几乎让所有人拥有了一种或几种与世界交流的方式，于是媒介文化入侵到我们生活的方方面面。大众文化以利润公式给自己标上价码，用交换原则渗透到一切经济或非经济领域。媒介技术的中心就等同于主流文化的中心。西方学者对此已经提出了"媒介帝国主义"的概念。

21世纪的媒介又有了新宠儿：互联网。从来没有一种新媒介的诞生能为整个世界带来如此巨大的财富，让人们对它充满了希望和幻想，也从来没有一种媒介的诞生能让人们同时体验到如此可怕的平等与不平等共存。

能够享有网络服务的人发现他们每个人都可以是新闻最广泛的传播者，他们的观察和观点可以通过网络来发表，而无需再经过

①② Adorno and Horkheimer：The Enlightenment of Dialectic. http：//www. uta. edu/huma/illuminations，2000年2月22日浏览。

"守门人"的检阅。言论自由从来没有像互联网时代这样得到媒介技术如此强大的支持。网上聊天室的畅行仿佛 17 世纪产生于咖啡屋的"公共领域"再次出现。美国当事者因诽闻而遭弹劾，大众不仅可以在网络上看到整个弹劾的记录，而且可以在网络上自由地表达自己对总统的反对和藐视。对纳粹罪行不满的人可以建立一个缅怀死难者、列举纳粹杀人证据的网站；对纳粹的罪行根本不予承认的人也可以建立一个网站，把他们荒谬的言论公布于众。网络真是让人体会到了知无不言、言无不尽的自由与快乐。

但是另一个不争的事实是互联网的空间并不像它许诺的那样中性地、平等地扩散到所有能够承受它的经济和技术要求的地区，它是后工业社会发达国家的产物，将发达国家文化阶段性地进而更扎实地渗透到经济发展中国家，电子媒介发挥着特有的瓦解作用，把西方发达国家的意识形态与技术控制合流，制造和维护着发展中国家的人们更难反抗的主导文化和话语霸权。互联网世界中 90% 以上的内容来自西方，接受互联网熏陶的年轻人从互联网上体验的几乎全是西方的文化生活，或者就是美国文化的产品。如果说好莱坞电影还只是在有效的时间和空间通过观看它的庞大受众群推行美国文化，那么美国人发明并推广的互联网在将美国文化全球化的过程中则连时空的限制都没有了。网络媒介最不遗余力的鼓吹者美国麻省理工学院媒体实验室主任尼古拉·尼葛洛庞帝就曾说过："信息社会的基本要素不是原子（atom），而是比特（bit），可以以极快的速度传播。在它传播时，时空的障碍完全消失。"① 对于这种"比特文化"的发明者和传播者来说，这当然是让他们欣喜若狂的发现。可是对于在经济上还相对落后，技术上必须依赖他们的发展中国家来说，新媒介互联网全球性普及就意味着美国文化向全人类多样化的民族文化入侵并逐步取而代之。

发展中国家都在苦苦应对这个民族文化受到空前威胁的时代。

① 胡泳、范海燕著：《网络为王》，海南出版社 1997 年版，第 8 页。

经历过贫困的国家一旦放手发展经济就会出现对经济盲目崇拜，用经济标准代替一切非经济领域规则的倾向。精神萎缩、道德失范、艺术颓废等等都将是交换原则、物化机制渗入文化领域的后果。对这一切我们需要一个有着强烈知识分子责任感的群体用批判的理论对现代化过程中呈现的问题发出清醒的呐喊。“客观地说，严格意义的批判理论是现代社会的伴随物，在一个幅员辽阔、贫穷落后的东方国家，批判理论不但是一个奢侈品，而且根本没有自己的对象。于是，当现代化在世纪末真正成为中国社会的主题时，批判理论才终于成为中国社会的内在需要。”①

批判信息社会中美国文化的全球化现象需要一个批判的维度，法兰克福学派的批判理论在美国文化刚刚出现全球化趋势时就提出了他们批判的观点和理论。这些理论聚焦于当代资本主义社会技术、文化工业和经济的相互关系，对于分析文化和社会的现有形式非常有用。所以，“文化工业”的理论在现代不仅没有过时，反而更加符合对“比特世界”传播特点的描述，对信息社会中媒介文化的分析也极有启发意义。

每天，发达资本主义国家的广告和流行音乐遍及媒介可及的每个角落，周到地为现代人服务。但法兰克福学者在战后的美国就看到：在科技日益发达的现代社会，将会有越来越多的人自愿放弃文化的否定功能。文化的背后是意识形态的入侵，而意识形态和经济、政治的统治一样对一个平等世界的出现构成威胁。如果对这样的文化现象没有警觉，整个社会就会成为一个没有反对派的社会，压抑和霸权将深入到被压抑人群的骨髓，一个美好平等的共产主义社会将永远没有实现的机会。所以，法兰克福学派的媒介文化理论——媒介文化是统治阶级在意识形态领域维持其统治和霸权的强有力武器，为面对发达资本主义国家以大众文化入侵取代领土入侵

① ［美］马丁·伊杰著：《法兰克福学派史》，单世联译。广东人民出版社 1996 年版，第 5 页。

的第三世界国家提供了批判发达国家大众文化的基本准则。

虽然，他们的理论结论显得有些高于民众，不切实际，但体现了他们的学者生涯中的欧洲哲学血统。在骨子里他们保守着欧洲人文主义传统，在建立理论体系时以“人”为中心，强调“人”和“人性”，但又对大众没有信任感，从俯视众生的视角探索着解救众生的方法，所以他们的理论往往无法得到最广泛受众的支持。但从另一个角度来看，正由于他们这种自觉与大众保持距离的态度和方法，使他们看到了身处其中的受众无法意识到的大众文化的局限，从而提出独到的观点，让第一次听到这种声音的人感到振聋发聩。

当然，法兰克福学派的理论也有它明显的局限性。

第一，它虽然继承了马克思主义的批判意识，但在构建自己的理论体系时，却没有将辩证的思维贯穿始终。他们的社会批判仅是一种纯理论的批判，而不是马克思所强调的实践批判。他们对当代资本主义社会媒介文化产业合理性的否定无疑是坚决的、彻底的，对资本主义政治、经济、文化、社会关系等诸领域各种异化现象的揭露也是全面的、无情的。尽管如此，他们的这种否定、揭露也只是站在抽象的人道主义立场上对资本主义社会现实进行声讨，而不是立足于科学基础上的剖析。他们的批判是一种价值层面上的道德批判，而在根本上是非科学的，是与马克思的科学批判精神背道而驰的。

第二，早期法兰克福学派对大众文化的分析缺乏辩证的眼光和视角，显得过于片面而且形而上学。在他们的理论中，矛盾就是“非同一性”，就是非此即彼，反对否定之否定规律，主张从同一性转向非同一性。反映到对媒介文化的分析时，只能看到媒介文化中受意识形态控制的一面，看不到媒介文化中的进步力量和革命潜力。媒介文化固然没有艺术那样深刻、具有长久的生命力，但它用简化的艺术形式普及了艺术；媒介文化即使不是全部地反映民众的心声，但也使不同教育层次的人拥有接近艺术的捷径。印刷术的普及使书本不再是奢侈品，让受众广泛拥有接触知识的机会，从而打破了中世纪教会对知识的垄断。现代媒介技术的发展固然有它的狭隘性和局限性，但它让知识普及，对文化的发展作出了贡献。从历史唯物主义的视角来看，在资本主义内部出现并不断壮大的大众文化也将为新的历史阶段的出现做好革命准备。

第三，早期法兰克福学派虽然不断地对文化工业社会提出批判，但却没有提出一个科学的理论体系和建立新世界的科学方法。他们想不遗余力地砸碎这个令人绝望的社会，却没有提出通向希望的途径，只是用整合弗洛伊德主义与马克思主义等方法，探讨建立他们所向往的“乌托邦”世界的可能。阿多诺甚至认为，绝望是历史和社会所造成的最后意识形态。马尔库塞也承认：“社会批判理论并不拥有能够在现在和它的未来之间架桥沟通的概念；不抱任何希望，也不显示任何成功，它只是否定。它要仍然忠于那些没有任何指望地已经献身和正在献身于大拒绝的人们。”① 可见，法兰克福学派是离开了建设性的形而上学批判，他们渴望革命的成功，却又忽视广大受众的力量，把希望寄托于“爱欲与文明”的实现，寄托于人们在高等文化中去领悟和体会，似乎只有具备高度审美情操的人，才有可能走上这条希望之路。事实证明，抛弃批判理论的实际基础——最广大人民的智慧与力量，单靠知识分子孤高的批判，是不可能战胜他们批判的这个世界，建立人民心目中理想的“乌托邦”的。他们的理论孤立了大多数无产阶级，对广大受众不信任，所以无法获得广大人民的信赖和拥护。失去了广大人民的群众基础，再高深的理论也只能是浪漫主义的梦想。

---

① ［美］赫伯特·马尔库塞著：《单向度的人》，刘继译。上海译文出版社 1989 年版，第 257 页。

第二章 从社会批判到理想主义

——哈贝马斯的传播思想研究

引　言

人类传播的最终目的是什么？对此，传播学不同的学派有不同的回答。经验学派（Empirical School）的答案是：取得满意的传播效果，满足人的欲望。批判学派（Critical School）对此断然反驳道：传播的终极目的不在于效果，而在于人的解放，把人从大众传播、文化工业中由于工具理性极度膨胀造成的种种束缚中解脱出来。尤里根·哈贝马斯（Jurgen Habermas）就是这样一位致力于构建人类传播理想家园的批判大师。

哈贝马斯提出的诸如“公共领域”、“交往理性”、“理想言说情境”虽然带有强烈的理想主义色彩，但在人类传播日益扭曲，传播道德沦丧的今天，无疑具有振聋发聩的作用。然而，时至今日，我国对哈贝马斯的研究多集中在哲学界、社会学界和政治学界，新闻传播学界对哈贝马斯的思想则缺乏比较系统的梳理与介绍。探究其中的原因，首先，这是因为传播学在我国仍然是一门非常年轻的学科。传播学自 20 世纪 70 年代末、80 年代初传入中国之后，虽然取得迅速地发展，但基本上还是以美国的经验学派为模版，对起源于欧洲的批判学派，特别是法兰克福学派的理论与思想缺乏应有的关注。其二，当前，我国的社会主义市场经济体制仍然处于待完善阶段，对于传播学来说，经验学派的理论和方法更容易获得企业与大众传媒的青睐，而以社会批判、理性反思为主的批判学派自然不大容易为业界和学界所接受。在此语境中，哈贝马斯的传播学思想“失宠”也在情理之中。其三，还要归结到哈贝马斯学术理论的复杂与艰涩。哈贝马斯的传播学思想往往与哲学、社会学、政治学等学科思想交织在一起，要想把握它，就要求跨越好几个学科，不仅如此，哈贝马斯的理论还建筑在一大批前辈思想家的理论之上，这就要求人们在解读哈贝马斯的理论的时候，要有广博的知识作为依托。此外，哈氏的著作表述比较枝蔓、繁琐，无疑也增加了理解的难度。

如果说哈贝马斯的著作是一枚枚硕大的核桃，那么，他的思想就是隐藏在坚壳之下的核桃仁：甘美而富有营养。霍克海默(Horkheimer)、阿多诺（Adorno）等人开创了传播学批判学派的基业，而把这一事业推向一个新的高峰的则是哈贝马斯。“站在巨人肩膀上”的哈贝马斯的视域更为宽广，理论更加新颖。虽然从某种意义上说，他是法兰克福学派早期理论的背叛者（这种背叛体现在对政治的不同看法，对资本主义矛盾的不同认识等方面)，但无可否认，他又是交往行动理论的开拓者。在传播学的“名人堂”中，凭借他的学术贡献，他应当无可争议地拥有一席之地。

由于对哈贝马斯的学术思想的研究最早是在哲学和社会学领域内展开的，在新闻传播学界虽偶尔有所涉及，但均是零零碎碎，不成体系。因此，本章在写作过程中全面地检索了 1980 年以来的有关哈贝马斯理论的论文与著作，特别是近期出版的哈贝马斯的中文译作，希望能够在此基础上准确地理解哈贝马斯的理论。本章将对哈氏的学术经历、传播学思想的发展过程作出比较客观、公正的评价。本章借鉴了近年来中国社会学界有关中国社会的研究成果，尝试性地用于解释中国传媒公共领域发展过程及其特征，并且对中国传媒公共领域充分发挥民主监督作用的途径进行了初步探索。

第一节　哈贝马斯的传播思想概述

传播和交往在英语中是同一个单词“communication”，然而，如果从传播学的角度来看，传播和交往的差别是比较明显的。传播意味着信息由传播者经由媒介抵达受众，这一过程基本上是单向的，虽然在传播学模式中引入了反馈这一机制，但也无法掩饰以传者为中心进行“灌输”的色彩。而交往则暗示参与传播活动的主体依照一定的行为规范，在平等的基础上进行对话与协商，直到达成某种一致。在哈贝马斯的传播学理论中，交往体现了一种“主体间性”（intersubjectivity），因此交往比传播更能体现哈贝马斯思想的精神实质。基于习惯，本章在谈论一般意义上的传播时，仍用传播一词，在具体谈论哈贝马斯的理论时，则用交往一词。

一、哈贝马斯的学术简历

哈贝马斯是当今批判学派的精神领袖，也是法兰克福学派第二代最杰出的代表人物。1929 年 6 月 18 日，哈贝马斯出生在德国科隆附近的小城谷默斯巴赫（Gummersbach），1949 年他在家乡中学毕业后，先后进入哥廷根大学、苏黎世大学和波恩大学攻读哲学、历史学、心理学、德国文学、经济学等专业，1954 年哈贝马斯以论文《绝对性与历史：谢林思想的二重性》获得了波恩大学的博士学位。毕业后，哈贝马斯从 1954 年到 1956 年任自由记者。记者生涯给哈贝马斯的学术研究带来了两个方面的影响：一是关注现实政治，政治如同影子般投射在哈贝马斯的理论当中；二是理论研究带有新闻政论文体的色彩。哈贝马斯的理论是在同诸多大师的论战中发展起来的，比如与 20 世纪 60 年代统领德国哲学和社会学的卡尔·波普尔（Karl Popper）的“实证主义”论战、与认为解释学适用于社会理论的伽达默尔（Hans-Gerorg Gadamer）的论争，以及与超越系统的卢曼（Luhmann）的辩论等等。① 1956 年哈贝马斯来到法兰克福大学的社会科学研究所，担任早期批判理论的创始者之一——阿多诺的助手，在他和霍克海默的指导下从事研究工作。为了取得在法兰克福大学的授课资格，1962 年哈贝马斯出版了《公共领域的结构转型》一书。② 然而，该书并没有得到阿多诺的认可，哈贝马斯只好在海德堡大学担任教授。1964 年，哈贝马斯重返法兰克福大学任哲学和社会学教授。让哈贝马斯声名远播的是 1963 年出版的《理论与实践》，以及 1968 年出版的《认识与兴趣》。1971 年哈贝马斯离开法兰克福，前往巴伐利亚的斯坦堡，参与了麦克斯-普朗克"科技时代生活条件"研究所的创建工作，后任所长。在此，哈贝马斯出版了《合法性危机》（1979 年）、《交往行动理论》（1980 年），从而获得世界性声誉。1982 年，哈贝马斯返回法兰克福担任哲学教授，1994 年退休。哈贝马斯的著作之丰富令人惊叹，从出道到 20 世纪 90 年代，他出版的著作达四十多部，基本上每年一部，可谓"高产"。③

二、哈贝马斯与传播学

哈贝马斯在哲学、社会学、政治学、传播学等领域都取得重大成就，但是如果对哈贝马斯的思想进行归纳的话，主要集中在两个方面，这就是科学技术意识形态理论和交往行动理论。前者揭示了科学技术作为晚期资本主义社会控制的新形式的意识形态本质，后者则着重从语用学角度论证了人类交往的地位及其意义。如果从传

① ［美］罗伯特·戈尔曼著：《"新马克思主义"传记辞典》，赵培杰等译。重庆出版社 1990 年版，第 385 页。

② ［英］威廉姆·奥斯维特著：《哈贝马斯》，沈亚生译。黑龙江人民出版社 1999 年版，第 3 页。

③ 详细书目可参见［英］霍尔斯特著：《哈贝马斯传》，章国锋译。东方出版中心 2000 年版，第 137~139 页。

播学的角度出发，哈贝马斯的传播学理论可以划分为两个阶段：第一个阶段为20世纪70年代以前，主要关注政治公共领域中被扭曲的交往活动，其代表作为《公共领域的结构转型》；第二个阶段主要研究交往行动理论，其理论主要集中在《交往与社会进化》、《交往行动理论》等著作中，通过对交往行动理论的研究，哈贝马斯意在恢复所谓的交往理性，实现当代资本主义社会的健康发展。

如果以交往为中心考察哈贝马斯的传播学理论，我们可以清楚地看到哈贝马斯的思想呈现一破一立的情形，这表明了哈贝马斯理论的连贯性，现在我们来揭示两者之间的联系。这种有破有立的理论体系，使哈贝马斯的思想有别于法兰克福学派的第一代代表人物如霍克海默、阿多诺等人的理论。早期的批判理论由于过度侧重于社会批判与社会揭露，因此带上了浓厚的悲观主义色彩。相对而言，哈贝马斯的理论更富有建设性，从而使第二代批判理论的悲观色彩有所减弱。从总体上看，哈贝马斯的传播学理论还具有以下特点：

从政治的角度研究交往。关注现实政治是法兰克福学派批判理论的一大传统，然而和早期法兰克福学派的理论相比较，哈贝马斯的理论不是对无产阶级革命斗争的关注，而是更多地关注民主宪政的实现问题。正因为如此，哈贝马斯也就不像一些左派思想家那样亲自走上街头游行示威，而是更多地侧重于从理论上去关注现实的政治问题。晚期资本主义国家虽然在宪政原则下实现了代议制民主和普选制，但是广大民众却不能真正享有民主权利，在哈贝马斯看来，这些最终要归结为交往的异化，即金钱和权力支配了公共领域。哈贝马斯的理论使命是：把颠倒的东西再颠倒过来，这点在哈贝马斯的公共领域理论中有着明显的体现。在哈贝马斯理论发展的第二阶段即交往行动理论阶段，虽然该阶段哈贝马斯的理论已经实现了语言学的转向，但政治仍然是附在理论肉身上的魂灵。英国的约翰·基恩（John Kein）对此有着十分贴切地评价，他说，哈贝马斯的理论试图建立在哲学的基础上，从而使民主的公共生活观点具体化，这种企图已经通过所谓的一般语用学理论作过尝试，考虑到这些，“经常听到这样的说法：一般语用学理论同政治没有多大关系，这不免使人有点惊讶”①。其实，如果我们循着哈贝马斯思想发展的脉络去追寻他关注政治的“源头”，就会发现这一切可归因于海德格尔（Heidegger, Martin）事件的影响。② 这件事使哈贝马斯在内心深处感觉到，理论不应当超脱于现实的政治之外，恰恰相反，而是植根于其中。

继承传统而又勇于创新。在探究哈贝马斯的思想渊源时，英国的威廉姆·奥斯维特（William Outhwaite）认为，哈贝马斯的全部著作可以反映出康德、黑格尔、马克思、韦伯等多方面的影响，“但其中最重要的思想渊源无疑是法兰克福社会研究所的马克思主义传统”③。应当说，和早期的批判理论一样，哈贝马斯的理论仍然是一种文化批判，但是这种文化批判的哲学基础却已经发生了转移，前者主要立足于主体哲学，即在主、客体两分的基础上，后者却立足于一种“立体间”的哲学基础之上，这无疑是一大创新。同样地，在一些具体的细节问题上也体现出这种创新。比如对科学技术成为一种新的控制问题，对此需要回答是谁在控制、怎样进行控制等一系列问题。早期的批判理论家们，如阿多诺、马尔库塞（H. Marcuse）等人，已经注意到这种控制的新形式，如马尔库塞就认为，作为控制的新形式，科学技术的控制主要体现在文化工业上，在《单向度的人》一书中，马尔库塞详细地阐述了这种思想。他认为，由于出版复制技术的高度发达，文化工业出现了，当代资

① ［英］约翰·基恩著：《公共生活与晚期资本主义》，马音等译。社会科学文献出版社 1999 年版，第 193 页。

② 哈贝马斯早期曾对海德格尔的哲学思想迷恋有加，1953 年，海德格尔把他 1935 年旧作《形而上学导论》一字不改地发表，为法西斯主义辩护，由此引发学术界一场旷日持久的“海德格尔与纳粹”的讨论，此事对哈贝马斯思想震动极大，使他认识到哲学不一定要远离政治之外，相反，它可以与政治格外贴近。

③ ［英］威廉姆·奥斯维特著：《哈贝马斯》，沈亚生译。黑龙江人民出版社 1999 年版，第 1 页。

本主义国家主要是通过文化工业生产的大众文化对广大民众实现统治，大众文化是一种消费文化，也是一种缺乏否定和批判精神的文化，它使广大民众沉湎于一种“虚假的满足”之中，从而沦为“文化奴隶”，丧失了对现行制度的反抗精神。因此，马尔库塞认为，科学技术同意识形态一样具有明显的工具性、奴役性，起到统治人和奴役人的社会功能，于是他得出结论，科学技术就是一种意识形态。哈贝马斯继承了法兰克福学派对文化工业进行批判的传统，虽然他承认科学技术同旧的意识形态一样，也使人们安于现状，阻止他们思考，但是它已经完全没有传统意识形态的压抑和奴役人的功能，因此，他反对马尔库塞把科技进步所具有的社会功能等同为传统意识形态所具有的社会功能。他认为，技术与科学已经成了合法性的基础，“它已经丧失了意识形态的旧形态，已经成了一种以科学为偶像的新型的意识形态，即技术统治论的意识形态，这种新的意识形态不再具有虚假的意识形态的要素和看不见的迷惑人的力量。这种意识形态和以往一切意识形态相比，已经不再具有多少意识形态的性质。”① 他批评马尔库塞所主张的科学技术排斥民主和自由的观点，认为这是不符合实际的。哈贝马斯认为当代资本主义社会已经是晚期资本主义社会，这个阶段不同于马克思主义经典理论中论述的资本主义的自由竞争阶段，这个阶段出现了一些新的特点，其中之一就是主要矛盾发生了变化，不再是无产阶级与资产阶级之间的矛盾，而是它们的文化矛盾和文化斗争。这是因为，在当代资本主义国家中，由于生产力高度发达，科学技术成为第一生产力，创造出大量的物质产品，使得资产阶级在调整与无产阶级的矛盾时有了较大的回旋余地，如采取增加工人工资、出让股权等方式使这种矛盾得到缓和。在此情形下，阶级斗争自然而然地“潜伏”起来，但是文化斗争却显现出来，资产阶级利用高度发达

① ［德］哈贝马斯著：《作为“意识形态”的技术与科学》，李黎等译。学林出版社 1999 年版，第 4 页。

的科学技术对无产阶级实现文化统治。

如果说哈贝马斯的理论是一种政治传播学的话，同时也是一种哲学传播学，具有哲学和传播学的双重特征。默伽塞（Mccarthy）从哲学的角度把哈贝马斯的交往行动理论分为三个层次，第一层是一般交往理论，也叫普通语用学；第二层是基于交往能力理论来实现的一般社会化理论；第三层是基于前两个层次之上的社会进化理论，也就是历史唯物主义的重建。① 马克思主义认为劳动是解读整个人类发展史的一把钥匙，但哈贝马斯却不大认同这一观点，他向我们展示的是另一把钥匙：交往。哈贝马斯认为，人类进化的历史应当视为一部交往史，一部交往如何发生、发展，如何被扭曲，怎样才能得以重建的历史。哈贝马斯把交往活动推到如此高度，是前无古人的，对此，仁者见仁，智者见智，可以在学术的公共领域中加以讨论，但有一点可以肯定，哈贝马斯的传播学可以说是一种哲学式的传播学。

致力于批判学派传播模式的构建，这是哈贝马斯理论的又一大亮点。早期批判学派和经验学派相比较，一个最大的特点是破而不立，就其批判的深度而言，的确是入木三分，发人深省，但传播学既需要批判，也需要建设，尤其是在批判的基础上进行建设。丹尼斯·麦奎尔（Dennis McQuail）的《大众传播模式论》收集的均是经验学派的传播模式，批判学派到底需不需要建立一种传播学的模式？这本身是一个值得争议的话题。传播学模式是传播学理论最精粹的表述，作为批判学派自然也需要从事模式的构建，可惜的是这一思想却为大多数批判学派的理论家们所忽视（或者认为是经验学派的事情而不屑为之）。批判学派缺乏建设性，不仅给经验学派以责难的口实，而且阻碍着自身的发展。20 世纪 60 年代，批判学派虽然也开始借鉴一些经验学派逻辑经验的研究方法，但这多是为

① ［德］哈贝马斯著：《交往与社会进化》，张博树译。重庆出版社 1989 年版，第 11 页。

了“拿敌人的武器作战”，是为批判服务的，谈不上真正意义上的建设，整个法兰克福学派的批判理论也给人一种晚霞灿烂般的悲壮。在此情境下，哈贝马斯通过普通语用学提出的四个有效性要求及其“理想的言说情境”所体现出来的建设性意义就非同寻常了，在笔者看来，哈贝马斯实际上已经提出了一个批判学派的传播学模式，它这个模式同经验学派的模式一样，能够简练而又精当地概括哈贝马斯传播学思想的精华。从这个意义上说，哈贝马斯是创建批判学派传播学模式的一位“先行者”。

哈贝马斯传播学的另一个特点就是对以语言为媒介的人际传播格外关注，人际传播实际上等同于哈贝马斯理论中的“交往”。当然，纳入哈贝马斯研究视野的不仅仅是人际传播，还有大众传播、组织传播等传播活动，但是大众传播和组织传播在哈贝马斯的眼里只有负面意义，因此哈贝马斯对这些传播总的来说持一种抵触甚至反感的态度。我们至今尚无法考证哈贝马斯这种偏好的原因，但陶东风在《大众传播与公共性的重建》一文中谈及的大众传播与交往的论述，也许可以为我们理解哈贝马斯的“癖好”提供一种线索。陶东风认为，在日常生活中，人际交流是面对面的，信息的流动也是双向的，而在大众传播中，信息的流动一般是单向的，信息或文化产品是那些基本上不在生产与传播现场的人所生产的，接受者参与或介入传播过程的能力极其有限，从而也就很难影响传播的内容。也就是说，在大众传播中，信息的生产者与接受者之间的关系是断裂的，符号形式是为观众生产与传播的，但这个过程恰恰发生在观众直接反映缺席的时候，因此与日常生活的对话情境极为不同。① 由此看来，致力于在人类交往中重建交往理性的哈贝马斯把研究的重点放在人际传播上也就绝非偶然了。

此外，哈贝马斯的传播学思想涉及面极广，具有多学科的背

① 陶东风：《大众传播与公共性的重建》，载《文艺争鸣》1999 年第 2 期，第 31 页。

景，这点不需赘述。这里需要指出的是，哈贝马斯对传播学研究方法的精辟论述。在《社会科学的逻辑》一书中，哈贝马斯批判了经验学派使用的逻辑经验研究方法，指出社会科学不同于自然科学，自然科学的方法同样也不适用于社会科学，简单地把自然科学的研究方法移植到社会科学中来，无疑会导致社会科学中工具理性的膨胀，导致社会科学意义和价值的丧失，这种观点，值得我们领会和吸收。

第二节　哈贝马斯的公共领域理论

一、《公共领域的结构转型》的写作背景

作为哈贝马斯的早期著作，《公共领域的结构转型》发表于1962年，然而直到20世纪80年代哈贝马斯在世界上走红，此书才引起学术界的重视。不过，哈贝马斯本人倒是格外地看重这本著作。

"哈贝马斯自己把《公共领域的结构转型》看做他进入学术公共天地，建立自己学术空间和理论立场的开山之作，更是其交往行动理论的萌芽。"① 1989年在一次公开的讨论会上，哈贝马斯宣称，此书是他本人思想体系的入口，舍此并无他路。从传播学的角度来看，这本书不仅是哈贝马斯思想的起点，同时也比较全面系统地阐述了公共领域的发生史、公共领域与大众传媒、法治之间的关系，因此该书也是哈贝马斯早期传播学思想的集中体现。

1956年哈贝马斯来到了法兰克福的社会研究所，担任阿多诺的助手。在阿多诺的指导下，哈贝马斯完成了《高校改革的磨难》，发表在《水星》杂志上，阿多诺对此十分满意，于是让哈贝

① 曹卫东：《从"公私分明"到"大公无私"》，载《读书》1998年第6期，第87页。

马斯与人合作从事《大学生与政治》这一课题的研究。按照霍克海默的想法，该课题应当用经验的方法进行研究，即通过调查、询问等方式了解大学生的政治立场与态度，然而哈贝马斯却突破了老师划定的圈子，大胆地进行理论分析，从意识形态批判的角度提出了自己对政治潜能的看法。成果发表之后，引起了霍克海默的不满，由此引发了师生间的矛盾。自此之后，哈贝马斯开始撰写《公共领域的结构转型》一书，希望借此获得在法兰克福大学任教的资格。在该书中，哈贝马斯不仅坚持自己原来的理论观点，而且越走越远，这令霍克海默无法忍受，虽然该书得以出版，但哈贝马斯最终却没能获得在法兰克福大学任教的资格。

除了学术历史背景之外，此书的写作还有一定的政治原因。公共领域理论是哈贝马斯从传播学角度对西方民主宪政所作的一种理论反思。以宪法为根本大法的资产阶级民主法治国家虽然在西方主要国家如美、法、英等取得了巨大的成功，但是在它的成就之中，仍然包含了不少的负面因素，其中最关键的一点就是国家与社会之间的关系，随着资本的集中化，工人越来越有组织，国家与社会之间的界限变得模糊不清，最终导致了政治公民对政治的漠不关心。

哈贝马斯认为，资产阶级宪法的现实层面和理想层面存在巨大的差异。这种宪法虽然基于康德提出的立法者必须致力于人的自由的思想，法律只有得到多数人的赞同，为多数人所认可，才是公正的并且能够体现正义原则，但在晚期资本主义社会的现实层面上，政治越来越远离宪法的规定，普通公民参与政治越来越徒具形式，政治的参与者变成了政治的消费者；资产阶级国家中的议会与公民也越来越隔膜，成了党派与利益集团的代言人，他们把议会变成了讨价还价的场所，而不是理性的竞技场，人们在政党内参与决策的权利越来越受到限制，各种利益集团竞相向大众传媒施加压力和进行渗透；与此同时，国家行政权力越来越大，议会的功能屈居行政管理之后，社会福利国家的出现，造成了这样一个现实：一切为了民众，一切都不通过民众。面对资产阶级民主国家的“民主困境”，哈贝马斯设想了一条理想的民主道路，即“在以下情况，个人的权威将转化为理性的民主话语，所有成年公民在形成一种政治公众舆论的条件下，通过自身意志的深思熟虑的表达，以及对这种意志实行有效的监督，将社会生活的发展完全掌握在自己的手中”①。

二、哈贝马斯公共领域理论的渊源

对于公共领域的研究，是西方哲学家最为关注的课题之一。哈贝马斯的公共领域理论的源头在于美籍德裔犹太血统的政治哲学家汉娜·阿伦特（Hannah Arendt）。

阿伦特说的公共领域是指作为行动（action）实现的场所，是人们平等对话、参与行动的政治空间。所谓行动是指人们之间不借助于中介而直接交往的活动，它是人类意识发展最高阶段的产物，是优于劳动和工作的真正人类自律。②

阿伦特认为，劳动与工作都属于私人领域，劳动的特点在于不留下永久的客体，它的结果一经产生立即被消耗，劳动仅仅是满足生命必需性的手段，它服从生命的本能活动。工作虽然比劳动高一层次，它产生了耐久的客体，并以此作为首要目标；工作使人产生了自我意识，但是工作者面临的仍然是物的世界而不是人的世界，只有行动才面临人的世界，行动不仅通过他人在场确立了个人认同和自我存在，而且提示着个体惟一的自由。

人生的意义在于什么呢？阿伦特认为，就是要参与到公共领域中，与同类一起行动，从而超越劳动与工作达到不朽，政治就是教会人们如何达到伟大与辉煌的艺术。一个忙于劳动和工作而无暇参与行动的人，绝不可能是真正自由、幸福的。由此，阿伦特推论道，自古希腊以来，西方政治就不再配称为政治，因为私人领域日

---

① ［英］霍尔斯特著：《哈贝马斯传》，章国锋译。东方出版中心 2000 年版，第 89 页。

② 王寅丽，陈君华：《浮上水面的潜流》，载《华东师范大学学报（哲社版）》1998 年第 6 期，第 17 页。

益扩张，公共领域却日益萎缩，只有劳动而无行动，只有行政而无政治。

行动总是以语言为中介的，阿伦特认为，在公共领域中，人们参与政治，只有通过辩论才能和其他的人发生关联，才能成为交往共同体的成员。默默无言的行动者不能算是行动者，他简直就是虽生犹死。近代以来，自由民主制度如代议制等都令人失望，原因就在于“经济利益占主导的意识形态导致了私人领域的膨胀，最终取代吞噬了公共领域”①。

哈贝马斯继承了阿伦特把公共领域视为观点的竞技场的思想，同时对公共领域的兴衰作了历史考察，提出了“代表型公共领域”、“文学公共领域”、“政治公共领域”等不同的概念，从而进一步发展了公共领域理论。从字面上看，哈贝马斯的公共领域（public sphere）和阿伦特的公共领域（public realm）相差不大，都是指“政治权力之外，作为民主政治基本条件的公民自由讨论事务，参与政治的活动空间”，但实际上还是有着重大差别的。“阿伦特的公共领域是从政治的概念而来，而政治是在人们之间产生的，不同的人的自由和人的自发性是‘人之间’这个空间产生的前提，一人或者同质的人群不会有‘人之间’，政治的意义在于自由，它依据人的多样性这个前提，只有不同质的人才产生对公共空间的需要，而这个公共领域又保证哈贝马斯们的多元与不同。多元与差异是政治的本质，也是阿伦特的公共领域的一个重要特征。而哈贝马斯的公共领域理论则是指作为公众的私人聚集在一起，就公共事务进行讨论，最后形成意志，达成共识。”② 阿伦特强调观点与意见的异质性，而哈贝马斯则强调取得一致的意见，这是两种公共领域的最大的差别。

阿伦特的公共领域理论为我们了解哈贝马斯的公共领域理论提

① 朱士群：《公共领域的兴衰》，载《社会科学》1994 年第 6 期，第 68 页。
② 张汝伦：《哈贝马斯与帝国主义》，载《读书》1999 年第 4 期，第 40 页。

供了一个背景，在此基础上，我们再来详细了解哈贝马斯的公共领域理论。

三、公共领域理论的发生史、内在矛盾

在《公共领域的结构转型》一书中，哈贝马斯以英、德、法等国的历史为背景，对资产阶级公共领域作了全方位的考察，从而展示了资产阶级公共领域从发生走向衰落的全过程，意在说明，作为资产阶级国家立法的来源——公众舆论已经不再是原来意义上的公众舆论，而是一种“伪公众舆论”，因为资产阶级公众舆论的源头——公共领域已经枯竭了，基于理性的批评已经让位于大众传媒所鼓吹的消费主义的欢呼与喝彩。重建理想的公共领域，恢复公众的批判精神，排除大众传媒的影响，肃清资本主义法治的源头，是当代西方民主政治面临的一大历史重任。

（一）公共领域的界定及发生史

什么是公共领域？哈贝马斯认为，公共领域也叫公共性，它是指“我们的社会生活的一个领域，在这个领域中，像公共意见这样的事物能够形成。”① 他随即对公共领域作出了界定。

首先，哈贝马斯认为，公共领域是私人领域的一部分，它是一个“由私人集合而成的公众领域”，② 在哈贝马斯看来，私人领域包括商品生产交换和劳动、私人家庭等内容，而公共领域则“基本上已经属于私人，但仍具有商品交换和社会劳动领域的一般交换规则等问题同公共权力机关展开讨论”③，可见，公共领域讨论的是私人领域的“一般性问题”。

其次，公共领域和公共权威领域是相对立的，它是公共管理与

---

① ［德］哈贝马斯著：《公共领域》，汪晖译。载《天涯》1999年第3期，第139页。

② ［德］哈贝马斯著：《公共领域的结构转型》，曹卫东译。学林出版社1999年版，第33页。

③ 同②，第35页。

私人自律紧张关系的反映。公共权威领域主要指国家及其机构。作为公共领域的公众有权对国家的行政活动发表意见，提出批评，“公共领域说到底就是公众舆论领域”①，它和公共权力机关直接相抗衡。

第三，公共领域的基础是国家和社会的分离。首先是社会再生产和政治权力的分离，生产从公共权威的职能范围内解放出来，与此同时，公共权力也从生产劳动中摆脱出来，独立行使行政管理职能。

由此可见，资产阶级公共领域是公共权力领域与私人领域的中间地带，作为公众聚集的领域，它的主要功能在于提出批判，形成公众舆论，然而批判的依据却来自于私人领域。

公共领域的精髓在于其批判性。何谓批判？从自我利益出发，发“一家之言”不是批判；个人意气，感情用事，也不是批判。这里的批判是指公众在理性精神的指引之下，基于“公”的目的而进行的交往过程，以此形成对公共事务的一致性意见。当然，这种意见有别于公共权力机关的声音。

哈贝马斯认为，资产阶级公共领域的起源可以追溯到古希腊城邦时代，当时自由民共有的公共领域和每个人特有的私人领域可谓泾渭分明：公共生活在广场上进行，公共领域既建立在对谈之上，又建立在共同活动之上。但是，真正可以称得上是资产阶级公共领域雏形的是文学公共领域。17 世纪，咖啡馆、沙龙遍布欧洲，新兴的资产阶级知识分子和部分贵族借此积极参与社会交往，最初，探讨的是一些文学问题，进行文学批评。当批判从文学领域转移到政治领域时，资产阶级公共领域形成了。造成这种转变的是商业政策的变化。17 世纪以后，重商主义政策激起了新兴资产阶级的反应，资产阶级的公众意识到自己是权力的对立面，意识到自己是正

① ［德］哈贝马斯著：《公共领域的结构转型》，曹卫东译。学林出版社 1999 年版，第 35 页。

在形成中的资产阶级公共领域中的公众。原因在于，商业政策对资本主义私有企业大有影响，这样，在政府当局和广大民众之间就真正形成了公共管理和私人自律的紧张关系，那些受契约支配的领域将成为一个批判的领域，公众要对它进行合理地批判。①

然而，并非任何讨论都能形成资产阶级公共领域。哈贝马斯认为，尽管宴会、咖啡馆、沙龙在公众的组成、交往的方式、批判的氛围以及主题趋向上存在悬殊，但作为资产阶级的公共领域，它应当满足以下条件：

"在机制上拥有一系列的范畴，首先要求具备一种社会交往的方式，这种交往的前提不是社会地位平等，或者说，它根本不考虑社会地位问题。反对等级及礼仪，提倡举止得体。各色人等，不论层次与职业，均可在理性的层面上参与讨论。"②

其次，公众的讨论应当限制在一般问题上。文化与艺术已经从教会、宫廷的控制下解放出来，失掉其神圣性而变得世俗化了，私人可以把作品当做商品来理解，他们必须独自沿着合理沟通的道路去寻找、讨论表述作品的意义。值得讨论的一般问题，不仅就其意义而言，而且指它们是可以理解的，即所有人都能加入讨论的行列。

第三，公开性。公共领域不论参与讨论的人社会地位高低，对讨论话题也不加限制，说明它是一个公开的领域，这种讨论实际上是讨论者代表公众而进行的，因此它不限于讨论者内部，只要拥有财产并且受过教育，就可以参与其中。

哈贝马斯认为，公众之所以参与公共讨论，寻求理解与沟通，其根源在于资产阶级人性观念或者说是私人自律。"这种自律首先似乎是建立在个人自愿的基础之上，坚决反对强制；其次，它似乎

---

① ［德］哈贝马斯著：《公共领域的结构转型》，曹卫东译。学林出版社 1999 年版，第 22 页。

② 同①，第 41 页。

是建立在爱的永恒的共同体之中；最后，它似乎保证了受过教育的人能够将一切能力都充分自由地发挥出来。"① 自愿、爱的共同体、教育三位一体，构成资产阶级人性观念。在文学公共领域中，作者、作品以及读者之间的关系变成了内心对"人性"、自我认识及同情深感兴趣的私人相互之间的亲密关系。一方面，读者重温文学作品所表现的私人关系，并且根据自己的经验来充实虚构的私人空间；另一方面，最初通过文学传达的私人空间（主体性事实）已经变成文学作品，成为公众讨论的对象。通过文学公共领域这个中介，与公众相关的私人性的经验关系也就进入了政治公共领域，凭着关于内在私人领域的经验，资产阶级公共领域敢于反对君主权威。

在市场经济条件下，国家权力机关的重要职能就是通过制定经济政策对市场的经济进行管理，公共领域就必须对此作出评价：国家行为是否符合市民社会的要求？市民公众认为，市场经济规律和人性观念和私人自律是一致的，家庭中自愿原则和市场主体自由独立一致；爱的共同体与共同的经济关系、经济利益一致；教育则与市场行为、表现一致。这样，私人自律就转移到公共领域之中，公众就可根据资产阶级人性观念的内在要求来评判国家权力机关的作为。②

哈贝马斯认为，从 18 世纪开始，公共领域开始承担政治功能。"当这种公开的讨论涉及与国家的实践相关的问题时，我们称之为政治的公共领域。"③ 具有政治批判意识的公众，通过早期的报刊对公共权威进行批评与监督。与此同时，议会开始摆脱国王的控制，成为资产阶级公共领域发挥作用的一大机制。与市民社会的发

① ［德］哈贝马斯著：《公共领域的结构转型》，曹卫东译。学林出版社 1999 年版，第 51 页。

② 同①，第 59 页。

③ ［德］哈贝马斯著：《公共领域》，汪晖译。载《天涯》1999 年第 3 期，第 139 页。

展要求相一致，公共领域的政治功能主要体现在对法治观念的讨论上。资产阶级公共领域的法治要求就是要把在公众讨论中形成的理性精神贯彻到法治中去。“资产阶级认为，法律不是人为的命令和规定，而是永恒的权威和普遍、规范的总和，它主要不是控制或者政治统治，而体现为一般的客观合理性、法律的客观的一般普遍性所体现的法律的正当合理性，公众舆论中的理性精神作为惟一的支撑，公众则是法律的惟一合法源泉。”①

（二）公共领域的内在矛盾

按照公共领域的理想模式，公共领域应当是公私分明的。在私人领域，私人按照市场规律进行商品生产和交换；在公共领域，私人则抛弃谋取私利的念头，参与公共讨论、商讨公共事务。然而，哈贝马斯指出，这种公共领域一开始就是充满矛盾的。

这种矛盾首先体现在公共领域得以存在的基础——资产阶级人性观念和私人自律中。尽管家庭领域本身想保持独立和充满纯正的人性，但是它和劳动领域以及商品交换领域之间还是有一种依附关系；家庭保障了个人真正永远不断地积累资本，并且享有财产继承权，但是这也造成家庭的父权性质，妻子和孩子必须服从一家之主，爱的共同体也被家庭权威所取代；职业需要和教育观念也发生了冲突，教育本身应当就是目的，但如今却表现为人格教育和技能训练之间的矛盾。②

公共领域的矛盾还体现在法治国家观念上。从资产阶级法律概念上看，法律包含着通过暴力提出统治要求，但是法律作为公共领域理性精神的体现，也得靠公众舆论在议会与公众之间予以维持。资产阶级以法为本的国家理想就是要一切国务活动必须遵守公众舆论的规范体系，诉诸公众舆论的立法只有通过与旧的权力斗争才能

① 焦文锋:《哈贝马斯公共领域理论述评》，载《江苏社会科学》1999年第4期，第80页。

② 同①，第97页。

建立起来，这样立法本身就带上了“强权”色彩。此外，资产阶级把公共领域中形成的公众舆论作为立法的惟一合法源泉，并且在公共领域中坚持普遍开放性原则，即原则上一切进入这个公共领域的人都属于这一领域，这里的人指的是道德人格，亦即私人。然而，在实际中，进入公共领域的“人”具有两个标准，一是教育，二是财产。对于下层市民来说这个开放的公共领域实际上是封闭的。但是，资产阶级却为此辩解道，在自由的市场经济条件下，每个人都有平等的机会获得“人”的地位，从而进入公共领域的市民阶层的上层，资产阶级借助于公共性原则把本阶级的利益普遍化，因此阶级利益上升为普遍利益，阶级利益也成了公众舆论的基础，“在公众舆论中，阶级利益通过批判具有一种普遍利益的表象”，并为资产阶级法律提供了某种合理性。①

（三）公共领域的解体：国家的社会化与社会的国家化

资产阶级公共领域在17世纪形成之后，曾经在18世纪盛极一时，然而到了19世纪后期，随着新重商主义的干预政策和社会权力本身获得公共权威的权限，公共领域也开始走向衰落，并且逐步丧失了原初意义上的对公共事务进行理性批判的功能。

哈贝马斯认为，在采取新干预政策的国家中，由于具有政治功能的公共领域的机制化，造成了一种国家与市民社会利益逐渐吻合的趋势，从而消解了公共领域的基础——国家与社会的分离。公共权力在介入私人交往过程中也就把私人领域中间接产生的各种矛盾调和起来，以往在私人领域中产生的利益冲突无法继续在私人领域得到解决，不得不依靠国家权力机关的政治干预，这样，国家得以干预社会领域。与此同时，一些私人组织如政党、利益集团也开始突破私人领域的界限，向国家权力渗透，这样国家权力为社会权力所取代，前者是国家的社会化，后者为社会的国家化，这两者是同

① 焦文锋：《哈贝马斯公共领域理论述评》，载《江苏社会科学》1999年第4期，第97页。

步进行的。哈贝马斯认为，由于国家与社会的界限重新变得模糊不清，因此，“从两者之间，同时也从两者内部，产生了一个重新政治化的社会领域，这一领域摆脱了‘公’与‘私’的区别。”①

哈贝马斯认为，自由贸易政策在19世纪已经走到了尽头，取而代之的是一种垄断的资本主义，在此阶段，市民社会无法保持权力中立。在自由资本主义条件下，商品生产者按照自愿、平等的原则交易商品，在自由竞争和价格独立的前提下，没有人能够取得足够的权力控制他人；而在市场垄断的情况下，私人可以凭借其在市场上的垄断地位来控制他人，因此社会权力集中到了一部分人手中，价格不再独立，竞争不再完全，各种集体组织之间既相互依赖，又相互倾轧，自由主义“国家是守夜人”的观念已经过时了。弗朗兹·纽曼认为，为了市民社会的利益，政治和社会情境需要国家有多强，国家就有多强。这样，一方面，在商品流通领域中，权力集中起来了；另一方面，作为国家机构的公共领域承诺对公众开放，两者作用的结果是促使经济弱者通过政治手段与占有市场的经济强者相抗衡。结果，公共领域不可避免地受到了私人利益争斗的影响，并且最终导致了国家的干预，国家干预支持经济弱者的利益同时又对他们加以防范，以维持制度均衡，这是自由市场无法做到的。私人此时也难以凭借自身的力量维护自身的利益，因此，私人必须进入某一社会组织之中，这样具有政治性质的利益集团也就越来越多，市民社会不再是权力的对立面，相反，它自身要求获得公共权力。

随着国家与社会的相互渗透，公共领域得以存在的基础——私人自律也发生了变化，这点从家庭这一私人领域的萎缩可以看出来。家庭和商品流通、社会劳动领域在自由主义时代同属私人领域，然而，如今家庭越来越私人化，而劳动和组织世界越来越

---

① ［德］哈贝马斯著：《公共领域的结构转型》，曹卫东译。学林出版社1999年版，第171页。

"公共化"，职业关系取代了雇佣关系，职业领域因失去了私人特征而成了准公共领域，工人和职员不再服从家长式的统治，家庭也脱离了社会劳动的功能关系，不再是生产的共同体。家庭财产变成了个人工资收入，从而失去了养老和应急的可能性。

此前，作为私人风险的失业、事故、年老、残疾等均由市民家庭来承担，如今都受到了社会福利国家的保障，具有了"公共性"的特点，家庭不仅丧失了资本形成的功能，也丧失了基本的传统功能和引导功能，如抚养和教育等。"由于家庭受到公共保障，这一残存的私人领域也失去了私人特征"①，家庭成了收入和空闲时间的消费者，公共保障和生活补助的接受者。私人自律仅仅在消费功能中维持下来，不再存在于商品占有者的操纵与控制的权力之中，也不再具有支配社会和公共权力的功能。家庭失去了经济职能，也失去了塑造个人内心的力量。家庭成员越来越受到家庭以外的传媒力量的支配，这样过去尽管狭小但却丰富的内心世界被家庭以外的力量主宰。② 这就是说，现在内心领域不再是私人反思后形成的结果，而是大众传媒之类公共力量控制的结果。

（四）公共领域的解体：文化工业的消解

哈贝马斯认为，家庭与劳动和组织世界的两极分化，导致了原来作为财产所有者承担对财产保值增值责任的私人，变成无甚责任的纯粹的"个人"。人们除了工作之外，就是业余时间，而这种业余时间中的活动是没有政治色彩的，因为它本身参与了生产与消费的循环。市场规律控制着商品流通和社会劳动领域，如果它渗透到公共领域之中，那么批判意识也就转化为消费观念。在此情境下，作为政治公共领域的雏形——文学公共领域就不复存在了，因为文化消费的公众取代了文学批判的公众。

① ［德］哈贝马斯著：《公共领域的结构转型》，曹卫东译。学林出版社 1999 年版，第 183 页。

② 同①，第 188 页。

以往，文学样式从素材中产生，文学是私人内心世界的体现，如今文化工业根据市场规律大批量生产文学作品，“从而在消费者的意识形态之中制造出市民私人性的表象”①；与此同时，社会交往的方式也找到了新替代物，社交讨论让位于无需承担责任的集体活动；具有批判能力的公众之间的交往以阅读为基础，并且人们是在家庭私人领域这个与外界隔绝的空间进行阅读的，而文化消费的公众的业余活动在同一社会环境中展开，无需讨论，“随着获取信息的私人形式的消失，关于这些获取物的公共交往也消失了”②。

公共批判作为一种机制仍然存在，但在今天，批判本身也已经商品化了，对话有了正式的组织形式，但是对话本身有了消费形式。文化商品的商业化曾经是批判的前提，但批判本身却不是商品，“批判是私人财产所有者作为‘人’而且仅仅作为‘人’的交往领域的中心”③。如今，电台和电视台的明星“脱口秀”成了一种吸引观众的手段，已经可以用来赚钱。哈贝马斯指出，文化工业为了俯就公众，首先根据市场的要求，调整文化商品的内容，从心理上增强各个阶层民众的获取能力；其次，降低产品的价格，使公众在经济上有条件消费。

文化工业对公共领域的消解集中体现在大众报刊上。哈贝马斯认为，报刊是公共领域的组成部分，然而大众报刊却是一个被消解的公共领域，因为减轻“心理负担”（心理负担是指因工作生活或者严肃新闻带来的沉重感）是大众报刊的商业宗旨，为了取得最大的销售量，大众报刊不惜以牺牲政治内容为代价，代之以一些耸人听闻的新闻。

不仅如此，新闻文体也受到消费主义的侵蚀。哈贝马斯指出，

---

① ［德］哈贝马斯著：《公共领域的结构转型》，曹卫东译。学林出版社 1999 年版，第 158 页。

② 同①，第 190 页。

③ 同①，第 191 页。

“新闻和报道，甚至于编者评论，都以休闲文学的行头粉饰起来”①，从而导致“小说与报道之间的界限也消失了”。“以富有人情味的故事为共同名称，出现了令人愉悦，同时也易为人所接受的娱乐材料的混合体。这些材料逐渐以消费的充足度替代现实的可信度，从而导致对娱乐的非个人消费，而不是对理性的公共运用。”

交往也发生了变化。以语言为中介，以对话为基础的交往开始消失，新媒体如广播、电视消除了它们与受众之间的距离（正是这种距离，实现了公共领域），它们采取一种单向的信息传播方式，限制了受众的反应，因此，“阅读的公众的批判让位于消费者彼此交换品味与爱好”。

面对大众传媒的影响，哈贝马斯不由得感叹，这种由大众传媒所塑造出来的仅仅是公共领域的假象，公共领域成了私人发布生活故事的领域，由此，大众传媒建立起来的领域获得了次内心领域（大众传媒忽视了对公共事务的关注，成了私人情感的宣泄场所）的特征。

四、大众传媒与公共领域

在哈贝马斯看来，大众传媒既是公共领域的组成部分，也是公共领域一种内在的机制，然而，大众传媒却又最终颠覆了公共领域。哈贝马斯着重论述了大众传媒对公共领域政治功能的异化。

哈贝马斯认为，传媒业发展经历了三个阶段：手抄新闻阶段、个人新闻写作阶段、商业化新闻阶段。

手抄新闻阶段（17世纪30年代至17世纪末）。在该阶段中，报刊是从私人通信系统中发展而来，主要是手抄新闻，出版商的目的在于赚取利润，这时新闻业主要限于交流，并且具有新闻监督的功能。从这个意义上说，手抄新闻业开始具备了公共领域的某些特征。

个人的新闻写作阶段（17世纪末到18世纪）。这个时期主要

---

①［德］哈贝马斯著：《公共领域的结构转型》，曹卫东译。学林出版社1999年版，第196页。

报刊有欧洲大陆的“学术期刊”，英国的道德周刊和政治周刊。这些媒体本是公共领域的组成部分，但它们不仅仅是一种“机制化的艺术批评工具”，而且那些周刊本身完全成了咖啡馆、沙龙讨论的一部分，成了“公众”的组成部分，公众通过读者来信方式参与讨论，对公共事务提出批判。阅读与批判成了该时期新闻业的内在机制。由于违反了商业原则，该时期新闻业往往是赔钱的。整个18世纪，政府与出版业（媒体）的对抗成了衡量公共领域发展水平的一个标志。一方面，报刊不断地发表评论，并使之成为咖啡馆、沙龙及街头巷尾议论的话题；另一方面，政府则不断试图对报刊进行新闻检查与新闻封锁。经过斗争，新闻检查制度在英、法、德等国被废除。新闻检查制度的废除标志着公共领域发展到了一个新的阶段，这使得理性批判精神得以进入公众论坛，并使报刊成为一种工具，让公众参与政治决策。哈贝马斯认为：“一份报刊是在公众的批判当中发展起来的，但是它只是公众讨论的一个延伸，而且始终是公众的一个机制；其功能是传声筒和扩音机，而不仅仅是信息的传递载体，但也还不是作为文化消费的媒体。”①

随着资产阶级法治国家的建立和具有政治功能的公共领域在法律上得到认可，资本主义国家报业开始进入了商业化时代，报刊开始成为一种真正能够谋利的工具。英、法、美都是在19世纪30年代完成这种转变的，随着报刊的商业化，资产阶级公共领域遭到了全面地破坏。

从传媒本身来看，评论让位于新闻，使报纸丧失了自主性，从而也丧失了批判精神。新闻业的垄断取代了分散的媒体，媒体要么成了私人的垄断企业，要么成了准官方机构。而这种具有批判精神的机构本应掌握在私人手中，并且不受权力机关的干涉，但如今却因为保留在私人手中导致了传媒批判功能的损害，它们越来越容易

---

① ［德］哈贝马斯著：《公共领域的结构转型》，曹卫东译。学林出版社1999年版，第200页。

受到私人利益和集体利益的影响。“随着个人的新闻写作向大众传媒的转变，公共领域因私人利益的注入而发生了改变”，它成了一种“广告媒体”。

公共领域成为“广告媒体”并不单纯意味着媒体大量发布广告，追求经济利益，更为关键的是私人利益通过公共关系以公共利益的面目侵占公共领域，获得形式上的“公共性”，从而取得巨大的广告效益，从这个意义上说，公共关系对公共领域的侵蚀才是一个致命的因素。

公共关系是两次世界大战期间发展起来的，它不同于私人广告，私人广告针对的是私人消费者，而公共关系针对的则是“公众舆论”或者作为公众的私人，并非直接针对消费者，公共关系的策划者把商业意图隐藏在“公共事务”后面，通过模拟“公众批判”，使自己合法化。

公共关系的直接目的在于影响或者操纵公众舆论，为此公关策划者必须挖空心思，制造新闻，吸引媒体和公众的注意力，它把宣传的对象装扮成一种“公共事务”，从而让那些有批判力的受众对它发表看法，取得共识，再经过大众传媒的放大，从而获得空前的轰动效应，而这种结果正是策划者事先所预料到的。这样，公共利益看起来是一种“行动共识”，实际上却是精心策划的结果，因此，这种公众舆论只能是一种伪公众舆论，作为公共领域的交往形态的舆论是建立在公众的“普遍利益”基础上的，而这种伪公众舆论只不过是私人利益改头换面的呈现。私人利益大量涌入公共领域，动摇了公众舆论一致的基础。哈贝马斯评论道：“在公共关系的影响下，资产阶级公共领域又带上了封建形式的特征：供应商在追随的消费者面前披上了代表型的外装。公共性作为合法性原则也成了一种伪公共性。”①

① [德] 哈贝马斯著：《公共领域的结构转型》，曹卫东译。学林出版社 1999 年版，第 230 页。

在公共领域中，公共性意味着使个人或者事务接受公众的公开批判，政治决策接受公众舆论的监督，并按照公众舆论的要求进行修正。随着公共领域事实上的瓦解，公共性不过是使个人事情在公众中赢得声望，并且在一种伪公众舆论的氛围中获得支持。

公共性转变进而影响了公众与政党、议会的关系。

原来，公众之间是一种松散的组织形式（如俱乐部），如今，这种组织形式被政党取而代之。政党面临的主要任务在于整合公众，而这主要依赖宣传，宣传“一开始就具有启蒙和控制、信息和广告、教育和操纵的双重面孔”①。政党只是暂时抓住选民，通过展示或者操纵影响选民投票。政党是形成政治意识的工具，但它掌握在操纵政党的人手中，而非公众手中。而议会也变成一个依照政党指示办事的政党的代理人聚会的场所，而非先前的公众代理人聚集的场所，议员再也不能发挥他们的批判作用；议会也不再是论战组织，它只不过是“关起门来作决议予以通过而已”②。“随着议会功能的转变，公共性作为国家制度组织原则的可疑性彻底暴露了公共性已经从一种源自公众的批判原则变成一种源自展示机制，如权力机关、组织特别是政党的被操纵的整合原则。”③

五、公共领域的重建

面对权力化的公共领域，哈贝马斯认为，要恢复它原有的政治批判与监督功能，在现今的历史条件下，必须把公共性原则推广到各种社会组织中去，如政党、大众传媒。首先，这些组织内部结构按公共性原则加以组织，并且允许政党内部和组织内部民主，即允许交往和公开的批判。其次，用政党内部和组织内部事务的公共性来保障这些组织的公共领域与全体公众的公共领域之间的联系。第

① ［德］哈贝马斯著：《公共领域的结构转型》，曹卫东译。学林出版社 1999 年版，第 237 页。

② 同①，第 240 页。

③ 同①，第 241 页。

三，组织本身的活动，如它们对国家施加压力和它们之间关系的处理也需要一种广泛的公共性，即使是新闻界也需要遵守民主的公共性要求。

实现官僚决策的最小化。随着国家和社会管理越来越官僚化，高度专业的专家也越来越趋向摆脱具有批判意识的组织的监督，但也出现了相反的趋势，即在利益集团和政党内部出现了可以称之为“社会-政治”的官僚体系，通过它可以实现对“国家-政治”官僚体系的控制，同时“社会-政治”官僚体系必须受到其组织内部的公共性控制。

形成社会能够认同的普遍利益。当今组织内部公共性的表现是利益多元主义的产物，多元主义使人们怀疑是否还能形成作为公共领域依据的普遍利益。要解决这一难题，就要把社会组织和国家权力从公共领域中剥离出来，形成“纯净”的公共领域，重新发挥其中介功能，而不是继续由社会组织和国家权力笼罩公共领域。实现这一理想的前提是，通过民主达成共识，即不同利益团体之间根据有普遍约束力的标准尽可能达成一致。①

第三节　交往行动理论

应当说，哈贝马斯虽然系统地论述了公共领域兴衰的过程，但他无法通过他本人所提出的几点建议来重建公共领域，直到他后来提出交往行动理论，才算找到了一个解决方案。交往行动理论是哈贝马斯思想发展的第二阶段，“构成哈贝马斯批判理论最主要的内容是以‘交往’为核心的一整套理论设想，《交往与社会进化》一书正是这个设想的高度凝缩、精炼和概括的表述”②。

① 焦文锋:《哈贝马斯公共领域理论述评》，载《江苏社会科学》1999 年第 4 期，第 83 页。

② ［德］哈贝马斯著:《交往与社会进化》中译本序，张博树译。重庆出版社 1989 年版。

哈贝马斯交往理论的框架基本完成于20世纪70年代末和80年代初，然而理论的渊源却始于60年代的公共领域理论。与公共领域理论不同的是，哈贝马斯的视野更为宽广，交往理论不仅限于公共领域，而且涉及到客观世界、社会世界、主观世界和生活世界，涉及到生活世界与系统之间的关系，哈贝马斯甚至利用它对历史唯物主义进行了重建。由于论题所涉及对象的变化，哈贝马斯的理论也出现了所谓的“语言学转向”，因此，哈贝马斯的交往理论是一种基于语言学基础的传播学。

哈贝马斯的交往行动理论的基础是普通语用学，这里将对哈贝马斯的交往行动理论作一个简要的论述。在此之前，需要对哈贝马斯的公共领域理论与交往理论之间的逻辑联系作一说明。

一、公共领域的困境及其解脱

正如前一节所介绍的那样，在晚期资本主义社会中，公共领域的种种矛盾使它基本上失去其批判功能。这些矛盾有：（1）公共领域平等性的矛盾。原则上，资产阶级公共领域向一切人开放，无论参与讨论者的身份和地位如何，但在实际上它却表现出一种封闭性，这种封闭性是指进入公共领域必须以拥有财产和受过教育为条件，这意味着公共领域只是一部分上层市民的特权，无产者和其他阶层则被排除在外，然而，这种部分人的公共性却因此获得了普遍的公共性的外在形式；（2）公共领域原则上起批判作用，它本身反对一切形式的统治，但是在公共性原则的帮助下，它本身却建立起一种政治制度，这就是说它的社会基础并没有消灭统治。此外，在资本主义的福利国家中，公共性已经虚伪化，公共领域已经为金钱和权力这两种媒介所控制，实际上已经沦为了私人利益和集团利益展示的舞台。

针对公共领域的病态，哈贝马斯却并未失掉挽救的信心，并且开出了诸如官僚决策的最小化等一系列药方。然而，对这些措施的具体内容及实现形式，哈贝马斯多是语焉不详。正因为此，哈贝马斯的重建理想的公共领域思想也招致了人们更多的怀疑。在该书的1990年新版序言中，哈贝马斯不得不对他的理论作了几点修正。这几点是：（1）在社会福利国家中，私人自律不应再建立在私有财产所有权的基础上，而应依赖于社会福利国家的保证，从而以新的私人自律取代原来建立在财产权基础上的私人自律，以此恢复公共领域的批判性。哈贝马斯原以为把民主控制扩展到整个经济过程中就可能做到这点。①（2）就大众文化与公众之间的关系进行修正。哈贝马斯申辩道，由于在写作该书时，关于选举行为的社会学研究刚刚开始，且自己又受阿多诺文化工业理论的影响，对“从政治公众到私人公众，从文化批判的公众到文化消费的公众”的论证过于简略，“过分消极地判断了大众的抑制能力和批判潜能”②。（3）对组织内部的批判性进一步作了解释。哈贝马斯原来认为，恢复公共领域的批判，必须在组织和政党内部推行批判的公共性，然而，哈贝马斯却无法回答克服利益多元化的冲突问题。现在哈贝马斯认为，组织内部的批判公共性取决于蕴藏着理性潜能的人们日常交往实践。

哈贝马斯的最后一点修正实质是把交往行动理论作为重建理想的公共领域的一种手段和方法。然而，问题仍然在于，哈贝马斯是如何实现这种转变的？或者说，是如何找到这个答案的？在此，先暂且不论这种转变是否合理，因为它涉及对交往理论的评价问题。

盛晓明先生认为，哈贝马斯从维根斯坦（Wittgenstein）的语言游戏理论中得到了启发，语言游戏说把研究的出发点直接定位在主体间性，而无需像公共领域理论那样，还要为之寻找前提，而前提却又包含着矛盾之处。在语言游戏界面上，主体间性本身就是一个自明的出发点，人们一开始就处于语言交往的过程中了，并且毫

① ［德］哈贝马斯著：《公共领域的结构转型》，曹卫东译。学林出版社1999年版，第13页。

② 同①，第17页。

无例外地受到交往情境的制约。这样，公共领域问题只有放到以语言为媒介的主体之间的交往活动中才是可能理解的，而不必追问公共领域是如何由私人组成的问题，也不必受公共领域两个矛盾的前提所困扰。根据维根斯坦的语言游戏理论，所谓的“私人语言”“私人规则”都是不可能的，因此，不能从私人性出发来构建公共性，只有从主体间性出发，才能理解每个人在游戏中的角色。①

实际上，这种从公共性到主体间性的转换，涉及到了从意识哲学向语言哲学的转换问题。第一代批判理论及哈贝马斯的公共领域理论均是以意识哲学为基础的，这种哲学以主客关系为论题，“关注的是作为主体的人和作为客体的世界之间的关系以及意识对世界能动的认识功能”②。公共领域的实质在于如何取得一致，在意识哲学中，所谓一致就是主体与客体相符或者说是主体与客体的同一。这种同一在哈贝马斯后期的学术理论看来是很成问题的。首先，主体与客体的同一缺乏一种完全独立于主体与客体的判断标准，“因为‘实在’乃是主体意识的超越物，它与主体意识、与主体语言陈述的是完全不可等同、不可化约的二元，它们的相符永远无法得到证明”。其次，对同一世界，不同的主体具有不同的认识、表达内容和表达方式，不可能有完全相同的陈述，“从而没有一种主体间可检验的、完全同一的关于真实、真理的检验标准”③。因此，公共领域所面临的难题无法在意识哲学基础上得到解决，要解决这个问题，惟一可能的办法就是通过相互作用——交往行动，这时主体才可能真正达成一致，而交往行动则必须以语言为中介，这样，哈贝马斯就从以意识哲学为基础的公共领域理论转到以语言哲学为基础的交往行动理论。

---

① 盛晓明：《哈贝马斯的重构理论及其方法》，载《哲学研究》1999年第10期，第37页。

②③ 单世联：《现代性与文化工业》，广东人民出版社2001年版，第201、202页。

二、普通语用学

普通语用学是哈贝马斯交往行动理论的基础。然而，哈贝马斯的语用学既不同于拘泥于句法-语义研究的逻辑经验主义的语言学，也不同于乔姆斯基的深层语法构造模式理论，哈贝马斯的语用学继承了奥斯汀-塞尔言语行动理论的语用学分析模式，同时也不同于一般的语用学，它主要研究表达而不是研究语句。

什么是交往行为？哈贝马斯认为，所谓交往是两个或者两个以上言谈与行为主体以达到理解为意向而进行的活动，其间，为了经过认同来协调其行为，行为者们寻求着达到对行动境况及其行动计划的理解。① 这就是说，交往是由符号协调的相互作用，这种相互作用按规范进行，这些规范又决定双方的行为，且为至少两个主体所承认和理解。正因为交往以语言为中介，所以语言学成了哈贝马斯20世纪70年代以后研究的一个重点。与逻辑经验主义不同的是，哈贝马斯关注的不是语法和句法，而是它的实际应用，即语用学，但是哈贝马斯又不限于一般的语用学，他主要研究语言符号使用者之间的交往关系。

在《交往与社会进化》中，哈贝马斯指出："普通语用学的任务是确定并重建关于可能理解的普遍条件（在其他场合，也被称之为'交往的一般假设前提'），而我更喜欢用'交往行为的一般假设'这个说法，因为我把达到以理解为目的的行为看做最根本的东西。"②

哈贝马斯认为，在一个以理解为目的的交往过程中，任何交往活动的参与者在施行任何言语行为时，必须满足若干个普遍有效性要求并假定可以被验证（或者实现），这些要求包括：(1) 说出某

---

① ［德］哈贝马斯著：《交往行动理论（第一卷）》，洪佩郁，蔺青译。重庆出版社1994年版，第86页。

② ［德］哈贝马斯著：《交往与社会进化》，张博树译。重庆出版社1989年版，第1页。

种可理解的东西；（2）提供（给听者）某种东西去理解；（3）由此使它自然成为可理解的；（4）达到与另外一个人的默契。① 这就是说，首先，言说者必须选择一个可领会的表达以便说者和听者能够相互理解；其次，言说者有提供一个真实陈述的意向，以便听者能够分享说者的知识；第三，言说者真诚地表达他的意向以便听者能相信说者的话语；最后，言说者必须选择本身是正确的一个话语，以便听者能够接受，从而使言说者和听者在以规范为背景的话语中达到认同。哈贝马斯同时指出，一个交往行为只有在参与者相互提出的有效性要求都能得到兑现的情况下才能不受干扰地持续进行。②

这样，语法性语句、真实的陈述、真诚意向表达以及正确的话语即可理解性、真实性、真诚性、正确性就成为理解的先决条件。这里的理解包含了几层意义，最狭窄的意义是表示两个主体以同样的方式理解一个语言学表达，最宽泛的意义则表示在彼此认可的规范性背景上，两个主体之间的协调，此外，还表示两个交往的参与者能够对世界上的某种东西达成理解，且使自己的意向为对方所理解。

这四个有效性要求即可理解性、真实性、真诚性、正确性，除第一个涉及到语言本身外，其他三个分别对应于三个不同的世界，真实性要求对应于客观世界，正确性要求对应于社会世界，真诚性要求对应于内心世界，这样一个言说者在言说中指涉的不仅仅是一个世界，而是同时指涉三个世界。交往活动则同时和三个世界发生联系。当然，在不同的交往类型中，三种有效性要求是不同的，例如在语言认知或运用中，陈述内容的真实性居于首要地位；而在语言的相互作用中，人际关系的正确性则居于主导地位；在语言的情感表达中，言说者的真诚性居首要地位。但是，对于要达成理解和

①② ［德］哈贝马斯著：《交往与社会进化》，张博树译。重庆出版社 1989 年版，第 3 页。

意见一致来说，必须同时满足这三个有效性要求，“如果一个听众接受一种论断的真实性，但是同时怀疑发言者的真诚性，或者哈贝马斯的表达的规范性，那么一种意见一致的情况就不可能产生；在另外一种情况下也是如此，例如如果一个听众接受一种命令的规范适用性，但却不相信所表达意向的真实性，或者怀疑所命令行动的预先假设的存在，从而怀疑命令的可行性。”①

在这个基础上，哈贝马斯提出了言语的双重结构理论，所谓言语的双重结构理论，简而言之，是指任何一个言语行为（亦即话语）都包含着两个部分，一部分是以言表意，另一部分是以言行事。前者是指语义学上的内容，后者是指语用学上的内容，涉及到了主体间性。哈贝马斯认为，“以言行事”和“陈述性的”是极为独立的，我们能够在恒定保持一个陈述内容的同时，采取不同的言语行为。例如，对于“贝蒂正在抽烟”这一陈述性内容，就可列出不同的表达：1. 我断定你（贝蒂）在抽烟。2. 我请你（贝蒂）抽烟。3. 我问你（贝蒂）抽烟吗？4. 我对你（贝蒂）抽烟发出警告。哈贝马斯区别两种不同的交往水平，一种是主观性水平，另一种是陈述性内容的水平。② 在言语行动的双重机构中，以言行事部分起主导作用，表明了交往活动的一般框架。

为了进一步解释交往的条件，哈贝马斯提出了所谓的理想言说情境。理想的话语环境包含了四项条件，一个进入话语论证的人除了遵守四个有效性要求外，同时遵守这些条件，才能够真正达成共识（一致）。这些条件是：

“一、一种话语的所有潜在参与者均有同等的参与话语论证的权利，任何人都可以随时发表任何意见或对任何意见表示反对，可以提出质疑或反驳质疑。

① ［德］哈贝马斯著：《交往行动理论（第二卷）》，洪佩郁，蔺青译。重庆出版社1994年版，第167页。

② ［德］哈贝马斯著：《交往与社会进化》，张博树译。重庆出版社1989年版，第42页。

二、所有话语参与者都有同等的权利做出解释、主张、建议和论证并对话语有效性规范提出疑问，提供理由或者表示反对，任何方式的论证和批评都不应遭到压制。

三、话语活动的参与者必须有同等权利实施表达话语的行为，即表达他们的好恶、情感和愿望。因为，只有个人陈述空间的相互契合以及行为关联中的互补才能保证行为者和话语的参与者而对自身采取真诚的态度，袒露自己的内心。

四、每一个话语参与者都必须有同等权利实施调节性话语行为，即发出命令和拒绝命令，做出允许和禁止，做出承诺，自我辩护或者要求别人做出，因为，只有行为期待的相互性才能排除某种片面要求的行为义务和规范判断，为平等的话语权利和这种权利的实际应用提供保证，解除现行强制，过渡到一个独立于经验和行动的话语交往系统。"①

总之，哈贝马斯认为，有关达成理解的四个有效性要求集中到一点，就是合乎理性，而在理想的话语环境中，这种理性就体现为所有参与话语论证活动的人的权利平等，并且相互尊重。因此，理性在这里已经成了一种道德规范，哈贝马斯的交往理论也因此被人视为交往的伦理学。

三、交往合理性与历史唯物主义的重建

哈贝马斯的理想话语情境显然是针对晚期资本主义社会中，系统对生活世界的侵蚀，导致人类交往中严重扭曲的“不合理”这一严峻现实提出的。所谓系统，主要是政治的、经济的制度。生活世界则是“作为交往行动者‘一直已经’在其中运动的”领域，它分为三个层次：文化、社会和个性。②

---

① [英] 霍尔斯特著：《哈贝马斯传》，章国锋译。东方出版中心 2000 年版，第 80 页。

② [德] 哈贝马斯著：《交往行动理论（第二卷）》，洪佩郁，蔺青译。重庆出版社 1994 年版，第 165 页。

文化不是指一般意义上观念、意识、信念，而是指符号的集合，也就是人们在交往活动中可以随时运用的知识储备，交往者对某些事务发表看法时，就要动用这些知识作出解释。社会是指“合法的秩序”，借助于这些秩序，交往的参与者把哈贝马斯们的成员调节为社会集团，从而巩固联合并保证哈贝马斯们的团结一致。个性指的是“使一个主体在语言能力和行动能力方面具有的权限，就是说，使一个主体参与理解过程，并从而能够论断自己的同一性”。①

生活世界是交往行为的背景，也是达成理解的“信息储存库”；生活世界以语言为媒介，公共领域是生活世界的组成部分，而系统则是以金钱和权力为媒介的。哈贝马斯批判地继承了韦伯的“合理化”观点，认为晚期资本主义社会科学技术的高度发展，造成了系统对生活世界的入侵，在这样的情况下，“政治就有一种独特的消极性质：政治是以消除功能失调和排除那些对制度具有危害性的冒险行为为导向的，因此，政治不是以实现实践目的为导向，而是以解决技术问题为导向”②。而技术问题的解决不依赖于公众的讨论，在资本主义国家内，国家的任务表现为技术任务，国家的干预就是要使广大民众非政治化，结果造成了“生活世界的殖民化”，工具理性主宰一切，交往扭曲，人们对公共生活失去了兴趣，公共事务成了技术专家和技术官僚的专利，民主政治只剩下外壳，晚期资本主义面临着种种危机。对此，哈贝马斯认为，资本主义的惟一出路在于重建交往理性，而这又最终依赖于普通语用学。在《作为“意识形态”的技术与科学》、《交往行动理论》中哈贝马斯具体地阐述了这些思想。

哈贝马斯是在对人类行为进行分类的基础上阐述他的理论的。

---

① ［德］哈贝马斯著：《交往行动理论（第二卷）》，洪佩郁，蔺青译。重庆出版社1994年版，第189页。

② ［德］哈贝马斯著：《作为“意识形态”的技术与科学》，李黎等译。学林出版社1999年版，第60页。

哈贝马斯认为，人类的行为可以分为以下几类：

第一类是目的性行为，这种行为有着鲜明的目标取向，行动者在权衡、比较各种手段后，往往会选择一种最有“效率”的手段以达到目标。

第二类是规范调节行为。即一个群体的受共同价值约束的行为。行为者严格遵守那些由个体组织起来的群体所具有的价值期望。

第三类是戏剧行为。它指行为者在一个观众或者社会面前有意识地表现自己主观性的行为。这种行为重在自我表现，通过自我表现达到吸引观众、听众的目的。

第四类是交往行为。它指行为者个人之间以语言为媒介的互动。行为者使用语言和非语言符号作为理解其相互状态和各自行动计划的工具，以期在行为上达成一致。

前三种行为分别对应着客观世界、社会世界、内心世界，只有交往行为才同时涉及这三个世界。这四种行为，最后归结为两种行为，即工具性行为和交往行为。而劳动就是一种工具性行为，它表现为人对自然的改造关系。在劳动中表现的是工具理性，在交往中表现的是交往理性。

在现实社会中，人们通过劳动创造了物质财富；通过交往使生活世界的各个层次得到实现，如使社会群体实现统一和团结，文化得以再生产、传播与创新，个性得以成长。然而，在晚期资本主义社会中，工具理性却极度膨胀，它渗透到社会生活的每一个领域，结果，劳动越来越合理化，交往则越来越不合理化。系统与生活世界的关系本来非常密切，系统从生活世界中产生，并且经济、政治及其他制度中的活动依赖于生活世界的各个方面：文化、社会与个性。然而，在晚期资本主义社会中，生活世界与系统之间的密切关切遭到了破坏。一方面，生活世界与系统之间缺乏交流与对话，“每一个价值领域都按自身的逻辑演化，所以变得孤立与隔绝，结果，技术问题与道德脱节，伦理要求与表达要求分离，个人进程与社会进程冲突"①，这样，在公共领域中，有关公共事务的讨论也就成了一种形式，一切按形式展开，一切只是形式，民主的实质已经流失；另一方面，金钱与权力这两种系统所特有的媒介也侵入生活世界，并且试图取代语言起支配作用。当前，最要紧的是，重建系统与生活世界的关系，使系统重新服务于生活世界，而不是让系统支配生活世界。

在晚期资本主义中，正如马尔库塞所说，科学技术已经成为一种意识形态，它使工具行为或者劳动越来越合理化，人类的交往越来越不合理化，交往行为被吸收到"有目的合理的行为"之中，于是，人类的情感、意义、价值等因素全部消解，人成了"单向度的人"，成了工具的附属物，丧失了自主性和创造性。要改变这一切只有实现交往理性。

在全面揭示交往对人类发展的重要意义的基础上，哈贝马斯提出了重建历史唯物主义的理论，并且以此代替"过时"了的马克思的历史唯物主义。

哈贝马斯高度评价了马克思的劳动理论，认为这是马克思对认识论的重要贡献。然而，哈贝马斯又认为，马克思成于斯，败于斯，马克思用劳动来代替交往是一大错误。在哈贝马斯看来，劳动不外乎"有目的合理行为"、"工具行为"，是工具理性的体现，马克思并没有正确地对劳动与交往加以区分，而是把交往归结于劳动，这样，生产活动成了一切范畴的生产的范式，一切都成了生产的自我运动。马克思的"错误"在于"从交往中推导劳动"，"按生产模式理解反思"，从而把"反思的过程降低到工具行为的水平"。

哈贝马斯认为，马克思把两者混为一谈的直接后果是模糊了自然科学与社会科学的界限，以自然科学取代人文科学，这样，马克思并没有实现人的科学观念。"由于把批判与自然科学相提并论，

① 唐晓群：《哈贝马斯交往行为理论》，载《中国社会科学院研究生院学报》，1997年第6期，第52页。

马克思就把人文科学拒之于门外”，所谓的历史唯物主义因此也不是一门真正关于人的科学。为了实现对马克思历史唯物主义的改造，哈贝马斯认为，必须引入交往行动理论，并把它置于核心地位。①

马克思的历史唯物主义认为，社会的基本矛盾是生产力与生产关系的矛盾，生产力决定生产关系，生产关系对生产力具有反作用。哈贝马斯认为，在晚期资本主义社会中，社会的基本矛盾发生了变化，应当用“劳动”与“相互作用”之间的矛盾取代生产力与生产关系这一对基本矛盾。哈贝马斯的理论依据在于，在先进的资本主义国家中出现了两种引人注目的现象：一是为保证资本主义制度的稳定，国家干预明显增强；二是科学与技术之间的依赖关系日益密切，这种依赖关系使科学技术成了第一生产力。这样，“运用马克思的剩余价值学说的条件就不存在了。当科学技术的进步变成一种独立剩余价值来源时，在非熟练的劳动力价值基础上来计算研究和发展方向的资产投资总额，是没有多大意义的；而同这种独立的剩余价值相比较，马克思本人在考虑中得出的剩余价值来源，即直接生产者的劳动力，就愈来愈不重要了”。② 与此同时，生产力的发展不再取决于生产关系的改善，而直接源于科学技术，科学技术成为统治合法化的基础，这意味着生产力不再是解放的潜能，再也不能引起解放运动。

哈贝马斯认为，当生产力和生产关系之间的矛盾在当代资本主义国家逐渐“消失”的时候，另一种矛盾——劳动与社会交往之间的矛盾却凸显出来，并且成为社会的基本矛盾。在哈贝马斯看来，劳动不同于生产力，生产力只适用于前工业社会，生产关系也只是交往行为的一个附属体系。如果说，在资本主义社会的前期，

① 唐晓群：《哈贝马斯交往行为理论》，载《中国社会科学院研究生院学报》，1997年第6期。第53~56页。

② ［德］哈贝马斯著：《作为“意识形态”的技术与科学》，李黎等译。学林出版社1999年版，第62页。

生产力与生产关系之间的矛盾表现为经济危机的话，那么在晚期资本主义社会，劳动与社会交往之间的矛盾则表现为“合法性的危机”，而公共领域的“再封建化”与生活世界的“殖民化”正是这种合法性危机的具体体现。

理想的社会类型是“交往合理化”的社会，而要实现这一理想，哈贝马斯认为必须遵循以下几点：一是必须承认和重视社会中存在的共同规范标准，从而使交往能力具有合理的基础，进而与工具性行为相区别；二是通过对话，实现人与人之间的“理解”；三是选择恰当的语言，对话必须以语言为中介，语言对交往的正常进行关系重大。如果对这些措施进行分析，归纳到一点，就是要用哈贝马斯的交往理论来完成对当代资本主义社会进行改造。①

第四节　哈贝马斯的传播学思想与当代中国

一、关于公共领域理论的评价

（一）国内外学者对公共领域理论的评价述要

哈贝马斯《公共领域的转型》的英译本1989年出版后，在英语世界中引起很大的反响，有人评价哈贝马斯的理论是“市民社会”的重新发现。但是批评的意见也接踵而至，批评者从政治学、文化学、社会学、哲学各个角度对哈贝马斯的理论发起“进攻”。

如有学者指出，哈贝马斯在对公共领域的历史考察中，只是着眼于资产阶级公共领域，而忽视了无产阶级和其他阶级的公共领域，在逻辑上有简单化的倾向。文化学者史蒂文森（Nick Stevenson）指出，哈贝马斯的理论存在四处缺陷：其一，哈贝马斯对文化形式及其内容的生产过分关注，以致忽视了文化接受者

① 薛民：《哈贝马斯交往合理化理论评析》，载《复旦大学学报（社科版）》1991年第6期，第28~33页。

(受众)对文化的解读;其二,起支配作用的意识形态是否如哈贝马斯所说的那样,通过大众文化起作用,从而导致公共领域的重新封建化,这点值得怀疑;其三,从英国的情形来看,公共领域的重新封建化理论是值得怀疑的;其四,视野过度狭窄,没能考虑到全球性和地方性的公共领域。①

台湾的学者则认为,这些批评可以归结为三大类:一是批评哈贝马斯的理念与历史现实之间落差太大;二是哈贝马斯并未考虑到多数的、甚至对立的公共领域的可能性;三是批评哈贝马斯对公共领域的区分过分草率。②

英国的威廉姆·奥斯维特认为,对哈贝马斯公共领域理论的批评,如果从批评者的立论角度来看的话,可以归为三类:第一类是马克思主义者从阶级的观点出发,指出公共领域的阶级局限。他们认为,哈贝马斯过于关注公共领域这一"上层建筑"问题,而忽略了其存在的经济基础,因而是一种非唯物主义的理论,在这个意义上,哈贝马斯不能算是一个马克思主义者,而更像一个资产阶级的唯心主义思想家。第二类是自由主义的保守派的观点,他们认为,当前公共领域的情况并非像哈贝马斯所指出的那样悲观,哈贝马斯对公共领域的认识过于接近法兰克福学派对文化工业的批判,而且哈贝马斯提供的选择如果不是雅各宾派式的恐怖主义的话,也只能是乌托邦式的。第三类是女权主义的观点。女权主义者指出,哈贝马斯所设想的公共领域是一个以男性为中心,预设了男性道德的领域,而把有关妇女的公共议题排除在外,从根本上说,是一种女性歧视。③

---

① Nick Stevenson: Understanding Media Culture. Sage Publication of London New Delhi, 1995, p. 57.

② 戴育贤:《重返公共领域:哈贝马斯、女权主义、罗逖、文化研究》,载《新闻学研究》(台湾)第62期,第119页。

③ [英] 威廉姆·奥斯维特著:《哈贝马斯》,沈亚生译。黑龙江人民出版社1999年版,第8页。

1993年约翰·汤伯森则把哈贝马斯的公共领域理论的批评归结为四个方面：1. 对平民公共领域的忽视。2. 资产阶级公共领域的男性化。3. 误解了大众文化的积极力量。4. 公共领域理论的多义性与模糊性。

以上仅仅是对哈贝马斯理论的批评的简单列举，综观这些批评，我们可以发现，它们涉及到了公共领域的发生史、公共领域的内在结构、公共领域的类型、公共领域的现实状况等多方面，应当说这些批评意见大多是颇具见地的，然而，这些批评意见并没有驳倒哈贝马斯的公共领域理论，相反地它们只会使公共领域理论不断地发展和完善，基于此种目的，这里从新闻传播理论的角度对此作出一番评论。

（二）对公共领域理论的评价：自由主义新闻理论的维度

在西方的新闻理论中，有四种理论非常引人注目，这就是《报刊的四种理论》中所阐述的集权主义理论、自由主义理论、社会责任理论以及苏联的共产主义理论。如果我们把公共领域理论与其中的自由主义理论进行比较，就会发现它们有着内在的一致性。自由主义理论是公共领域理论的哲学基础，公共领域只不过是自由主义理论的体现而已。

自由主义是中世纪末的思想家们在反对封建专制和宗教神权过程中形成的，它出现于16世纪下半叶到17世纪，最著名的自由主义思想家是约翰·弥尔顿（John Milton）和约翰·洛克（John Locke）。

1644年，为了争取废除出版检查制度，英国著名的诗人、政论家约翰·弥尔顿在议会发表了题为《论出版自由》的长篇演说，在这篇演说中，他猛烈地抨击了英国出版检查制度，其中的思想精华奠定了自由主义新闻理论的基础。

在演说中，弥尔顿宣称，作为上帝赋予人类的灵性，人是有理性的，人的理性高于一切。言论和出版自由是天赋人权的首要部分。禁止人们的言论出版自由实质上是对人类理性的扼杀，“杀人只是杀死了一个理性的动物，破坏了一个上帝的像；而禁止好书则是扼杀了理性本身，破坏了瞳仁中的上帝圣像”①。人自己可以辨别正误是非，区分善恶好坏，为使人的理性得以有效地发挥，就必须不受限制地了解各种不同的观点、意见和思想，真理是通过各种观点、意见和思想的公开辩论和自由竞争获得的，不是权力赐予的，必须允许各种学说在大地上流行，让真理参加自由公开的斗争。通过这种斗争，真实的、正确的、积极的思想观念必然为大多数人所接受；虚假的、错误的、糊涂的思想观念必然为人们所抛弃。② 宗教和政治是真理的大敌，权力对思想的压迫是人类愚昧的根源，因此必须限制权力，废除出版检查制度，让好的思想自由流通。

同样，洛克在1690年出版的《人类理解论》一书中，系统地叙述了人类知识的起源，可靠性的范围，由此引申并论证了思想言论自由的合理性。

孟德斯鸠（Montesquieu）在《论法的精神》一书中宣称，自由是做法律许可做的一切事情的权利。因此，他认为：一方面，人民应当通过代议机关表达他们的舆论；另一方面，应保障公民特别是言论自由的权利。卢梭则在《社会契约论》中指出，公众意见有公意和众意两种，公意即全体一致的意见或人民共同体的意见，一经宣布即构成主权与法律；众意是少数人或者个别人的意见，不能构成国家主权或者法律，其本性偏私，公意的本性倾向平等，永远以公共利益为皈依。公意虽然不能保证不犯错误，但它是公正的，惟有公意能按照公共幸福来治理国家和社会。③

由此可见，公共领域理论实际是自由主义理论在现实民主政治中的具体体现。公共领域同样追求的是一种自由，它是一种批判的

① ［英］弥尔顿著：《论出版自由》，吴之椿译。商务印书馆1958年版，第5页。
② 徐耀魁主编：《西方新闻理论评析》，新华出版社1998年版，第168页。
③ 同②，第172~173页。

自由，而这种自由正是建立在自由主义所强调的平等的基础上的，但正如哈贝马斯所指出的那样，这种平等事实上是很成问题的。如果集中到传媒本身，那么这种公共领域就是传媒公共领域，在自由主义新闻理论中，传媒本身就是一个意见和观点的“自由市场”，它允许各种思想和意见在此争议和交锋。

正因为公共领域与自由主义存在着必然的联系，所以，自由主义的弊端也必然在公共领域中表现出来。例如，在公共领域中，人是否理性？所谓的舆论一致是否能够真正形成？对于这些问题，不同的哲学家有不同的回答，哈贝马斯的简单的断言取代不了现实生活中的多种表现。

社会责任理论曾对自由主义作出了很好的批判和修正，比如自由主义认为，人是理性的，会恪守道德，追求和服从真理，人们通过自由地不受约束地发表意见，最终可以发现真理，并且愿意在理性的指导下讨论问题，而不是信口开河、搬弄是非。① 而社会责任理论则拒绝这种过于乐观的看法，它认为人类的理性和道德是部分值得怀疑的，人不可能绝对或者天生地有一种动力去寻求真理，人能够运用理性，但他们在实践中往往厌恶这样做，结果，他们成了别人操纵的工具，同时，由于思想上的惰性，往往沦于无所用心的盲从状态，并导致胡说八道。② 这点不仅由西方的新闻实践所证明，而且可由传播学的二级传播理论得到证明。二级传播理论最重要的一点在于提出了“舆论领袖”（opinion leader）的概念，它认为，所谓的一致意见，其实在很大程度上是由舆论领袖决定的，公众只不过是一群缺乏头脑的附和者。同样，在公共领域中，虽然按照哈贝马斯的观点，凡是拥有财产和受过教育的人都可以进入，但并不能保证每个人在思想上都获得了一种独立的反思与批判能力，因此，意见的形成必然会受到舆论领袖的影响，那些缺乏独立精神

① 徐耀魁主编：《西方新闻理论评析》，新华出版社 1998 年版，第 168 页。
② 同①，第 213 页。

的人必然会沦为舆论的应声虫。

自由主义认为，在理性和道德的逻辑下，人人能够承担社会责任。这无疑出于一种对人性善的理解，社会责任理论不赞同这种观点，它宁愿相信人是自私的动物，人生的目标不在于追求真理，而在于满足形形色色的欲望。再如，公共领域虽然力图把私人的利益排除在外，但是，事实上正如马基雅弗里（Niccdo Maehiavelli）所揭示的那样，人是自私的动物，如何保证公众参与公共生活时秉持公心就显得非常重要了。基于此，在公共领域人们是否真正能够基于"公"的目的进行批判也就大可令人怀疑了。

自由主义宣称，争辩出真知。社会责任理论却认为，靠争论其实不能解决问题，人们永远无法宣布自己是胜利还是失败，人有时难以从无休止的争论中"跳"出来。① 公共领域理论在强调争议的时候，无意中忽视了一个重要的命题：这就是实践。正如马克思主义所强调的那样，理论来自于实践，同样又接受实践的检验，实践是检验真理的惟一标准，虽然在公共领域中，我们要强调各种不同意见和观点之间的交锋，但当客观的实际（如时间）不允许我们在争论中决定哪一种观点正确的时候，我们惟一的选择只有实践，在实践中判断哪一种是真知。

因此，从社会责任理论对自由主义理论的种种诘问中，我们同样能够感受到公共领域理论所面临的种种尴尬。这些尴尬说明了公共领域理论是不完善的，它带上了乌托邦的色彩。"哈贝马斯似乎过于坚持自由资产阶级公共领域的自我形象，其结果是他倾向于夸大这种公共领域内在的一致性和一贯性。"② 但是，我们却不能因此得出结论，公共领域在当代民主政治生活中毫无意义，恰恰相反，如果把这种理论的不完善性考虑在内的话，它同时也表现了几

① 徐耀魁主编：《西方新闻理论评析》，新华出版社 1998 年版，第 214 页。

② ［英］约翰·基恩著：《公共生活与晚期资本主义》，马音等译。社会科学文献出版社 1999 年版，第 111 页。

分现实的可行性。

二、公共广播电视体制：公共领域理论的实践考察

对于公共领域理论，我们不仅要把它置入新闻传播理论的视野中加以考察，更重要的是要在实践中加以考察，只有这样才能够把握它的内在的实质，发现其现实意义及其局限性。在当今的新闻传播领域中，最能体现公共领域思想的当属西方的公共广播电视体制。

公共广播电视体制，顾名思义，包括了公共广播和公共电视两种体制。这两种体制为当今主要的西方国家，如英、法、美、德、意等国所采用。显然，公共广播的体制的历史比公共电视体制要早，但是，就其特征而言，两种体制有很多的相同之处，因此我们有必要把两种体制结合起来加以考察。

公共广播起源于英国。1920 年，英国的马可尼公司为了推销新发明的收音机设立了实验广播电台，播放音乐和笑话，然而，却遭到了海军的干扰。1923 年 1 月，由伦敦 6 家主要的电器商共同出资创办的英国广播公司（British Broadcasting Company）经英国政府批准后正式成立，开始播音，该公司以收取收音机附加费和收听执照费为主要经费来源。约翰·雷斯（John Reith）为第一任总经理，雷斯认为，广播业不应该成为一种商业，而是一种向社会负责任的文化事业，它以服务于公共利益为宗旨。雷斯有关公共广播的一系列论述后来被称之为雷斯主义（Reithlism），成为公共广播的指导思想，影响深远。

1923 年英国政府任命的塞克斯委员会（Sykes Committee）通过考察后得出结论：广播业影响巨大，不能成为私人谋取利润的工具，由此建议广播禁止播出广告，而以收取执照费来维持运营。1925 年，另一个克莱福委员会（Crowford Committee）经过调查提出，广播具有公共服务的性质，应由国家投资兴建，独占其经营权。第二年，英国国会通过了《英国广播公司皇家宪章》（The

Royal Charter of the British Broadcasting)，决定由英国政府出资收购英国广播公司，建立公共广播电台。1927年元月，英国广播公司（British Broadcasting Corporation，即BBC）成立，该公司节目内容与经营政策受邮政大臣的监督，且不以赢利为目的，力图保持相对独立性。

英国之所以要设立公共广播，是基于以下几点认识：1. 广播频道资源有限。为了避免出现美国那种商业广播电台的混乱状况，采取国家独占经营的形式，可以使BBC免于商业竞争的压力，有助于提高节目的质量。2. 收取执照费，既可以维持公共广播的正常运转，同时又有利于培养公众的“义务”观念。3. 公共广播本身是一项非赢利性的社会公共事业。①

经过长期的发展而到了今天，公共广播已经形成了自己的一系列成熟的基本原则，这些原则有：1. 广泛的接近性。2. 反映广泛的呼声。3. 为少数群体特别是生理、社会处境不利的人提供服务。4. 服务公共领域。5. 对公众起教育作用。6. 远离任何潜在的商业利益。7. 应当为制作高质量的节目竞争，而非为谋取利润竞争。8. 广播管理规则应当（有利于）解放节目制作人而不是限制他们。②

因此，公共广播实际上是按照公共领域模式构建起来的，它的基本原则除了直接提出服务于公共领域之外，其他的原则也从不同的角度体现了公共领域的内在要求。比如第一条至第三条，反映了公共领域的平等性要求，第六条至第八条反映了公共领域的独立性要求。

公共广播这些原则性规定，使它完全不同于商业广播，它们之间的区别体现在以下几个方面：

---

① 李瞻：《英国公共电视》，载《新闻学研究》（台湾）第33集，第222页。

② Michael Tracey：The Decline and Fall of Public Service Broadcasting. Oxford University Press，1998，p. 19.

名　称	公共广播	商业广播
经费来源	主要依靠收取执照费	通过广告赚钱
节目价值取向	追求节目质量	追求节目的收视率
受众策略	不以吸引受众为目的，关怀少数	追求受众数量
反应	反应审慎比较理性	报道快，追求感官与视觉刺激
广告数量	无广告或者广告少	广告多
谁占主导	传播者本位	受众本位
性格特征	表现出一种家长制	商业化气息浓厚，服务“细致体贴”
总体状况	较保守，占比例不大，市场压力大	较开放，有较高的市场占有率

随着电视的出现，欧洲一些主要的国家也仿照广播的公共体制建立起电视的公共体制，公共电视体制所遵循的主要原则和公共广播体制是基本一致的。在公共电视体制下，电视部门为文化事业单位，属于国有，主要功能在于报道新闻、推广教育、提高国民的文化素质，服务于社会政治公共领域，同时提供健康的娱乐；在经营方式上，大多为特许或者独占经营，主要收入来源为执照费而非广告；节目比较关注公共生活，重视节目本身的文化内涵及品质。台湾学者庄正安先生对西欧一些实行公共电视制度的国家进行比较后认为，公共电视制度有几大优点：1. 肯定电视为文化公益单位，具有非赢利性，主要目的在于服务于民主政治，提高文化水平。2. 管理制度周全。各国为公共电视制定了比较健全的法律制度，从而使之享有独立的地位，通过收取执照费，在一定程度上免于商业竞争的威胁。3. 节目优良。节目类型丰富多彩；新闻报道量多且深，重视公共事务的讨论，充分发挥公共论坛的作用；重视教学，致力于提高国民素质，寓教于乐；兼顾小众。

同时，公共电视的缺点也不容忽视，这些缺点包括：1. 政治势力的涉入。在政府和政党的干预下，公共电视的新闻报道和新闻评论很难做到客观公正。2. 竞争激烈，使公共电视走上了商业化的轨道。3. 一些国家的公共电视缺乏有效的管理。4. 节目未能做到平衡。如英国的BBC，节目的说教色彩太浓。5. 自制节目偏低。6. 收入越来越依赖广告。随着商业电视的兴起，欧洲电视市场的竞争加剧，并且已经饱和，公共电视靠收取执照费已经难以为继，广告越来越占有重要地位，提高收视率也成了公共电视的追求目标，这样势必影响节目的质量。①

公共广播电视曾在欧洲大陆盛行一时，并且在一定程度上切实做到了免于商业的压力，但是公共广播电视并非已经获得完全的独立，事实上，它们在发挥公共领域批判和监督作用的同时仍然免不了受到政治势力的干预。20世纪80年代以来，各种力量对公共广播电视的影响不断增强，公共广播电视不得不面临各方面的巨大压力。"1980年西欧17个国家共有41个电视频道和61个广播频道，绝大多数是'公共性质'的，而到1990年，一下子冒出了36个商业频道，与40个公共频道及其他有线电视相抗衡。"以公共服务和政府控制为重点的旧秩序受到新科技的冲击以及跨国商业势力的影响，导致欧洲大陆出现了"私人媒介"与"公共媒介"分庭抗礼的双元系统②，这无疑为公共广播电视在21世纪的发展设下了重重疑问：作为公共领域的欧洲公共广播电视体制，它还能坚持多久？

早在20世纪80年代，台湾学者对欧洲公共广播电视节目内容所作的一项统计表明，娱乐节目比例高达47%，新闻节目为30%，教育节目为17%，而今天，这种娱乐化的趋势非但没有减弱，反而变本加厉，大有将公共领域的辩论空间压缩，乃至"驱逐"的危险。虽然有辩解称，公共广播电视的娱乐节目不同于商业广播电视的娱乐节目，它是一种高品位的、健康的娱乐节目，但过多的娱乐毕竟取代不了对公共事务的关注。

总之，用哈贝马斯的公共领域理论来观照西方的公共广播电视

---

① 庄正安：《从欧洲主要国家公共电视看我国公共电视之发展》，载《新闻学研究》（台湾）第43集，第84~86页。

② 石义彬，单波：《比较与整合：西方媒介理论的新动向》，载《国际新闻界》2000年第3期，第8页。

体制，我们既看到了一种保持了相对独立的公共论坛，同时也发现它最终不可避免地受国家、政府部门、政党和社会集团的影响，除此之外，来自商业广播电视的压力又进一步加剧了它的演化。这些充分说明，哈贝马斯的公共领域理论在实践上虽然是可行的，但是如何处理随之而来的众多问题，仍然需要从理论和实践两个方面作出进一步的探索。

三、社会主义市场经济、市民社会、公共领域、依法治国

现在，让我们把视野投向国内，来谈谈哈贝马斯的公共领域理论对中国大众传播发展、法治社会的形成、社会主义民主建设所具有的现实意义。需要说明的是，由于公共领域的范围过于宽泛，这里且把它限定为传媒公共领域。在进行论述之前，我们首先面临的一个问题是，能否用哈贝马斯的公共领域理论来讨论中国的现实问题?

对此，哈贝马斯本人回答道："由于经济和国家关系的不同，我完全能够想像将西方的模式直接'应用'到中国的任何一种尝试所遇到的困难。不过，我确实认为，经济的进一步自由化和政治体制的进一步民主化，将最终促进而且需要民主形式的舆论必须植根于其中的、我们称之为政治公共领域和联系网络的某种等价物。"①

哈贝马斯的回答虽然不能说为我们提供了一个标准答案，但至少给我们理清思路提供了线索，即只有在厘清当今中国国家和社会关系的基础上，才能考虑利用公共领域理论来分析中国的实际。

（一）市民社会与公共领域

公共领域的一个基本前提是国家与社会的分离，在国家与社会之间，出现了一个独立的中介机构，对公共事务进行批评与监督，从而形成公众舆论，以影响国家权力机构的决策。哈贝马斯认为，

① ［德］哈贝马斯：《关于公共领域的问答》，梁光严译。载《社会学研究》1999年第3期，第35页。

市民社会包括了家庭这一私人领域，也包括了作为私人领域组成部分的公共领域。在交往行动理论中，市民社会相当于哈贝马斯所说的生活世界。市民社会是当代国家合法性的基础，公共领域集中体现的是市民社会的文化生活，反映市民阶层的普遍要求。

现代意义上的市民社会是一个与政治国家相对立的概念。然而，它最初的含义是指古希腊的城邦社会，在城邦中，国家与社会是结合在一起的，公民参与城邦的活动，就是他们利益的表现形式，也是他们自由的体现。在文艺复兴时期，市民、市民社会意味着与“自然状态”相对的社会形态。霍布斯（Thomas Hobbes）认为，人们为了结束彼此敌对的自然状态，通过相互之间订立契约而结成“市民社会”。从17世纪、18世纪开始，市民社会开始有了现代含义，它指在封建社会的政治经济关系之外萌发的资本主义经济生活，与政治的、公共的社会领域相对立。市民社会的历史根据在于西欧封建社会中后期出现的“自治城市”，自治城市拥有独立的立法、行政与司法系统，城市经济逐渐演化成资本主义经济关系，在政治、经济上与封建秩序相对立。① 然而，就整个中世纪而言，市民社会与政治国家仍然是重叠的，因而还没有产生像哈贝马斯说的那种公共领域，只能说是一种代表型的公共领域，而在中世纪后期，随着市民社会的产生，也就产生了文学公共领域，这是政治公共领域的雏形。

当商品经济进一步发展，市场体制最终得到确立后，市民社会开始作为一种独立于国家干预之外的领域出现，并且与政治国家的分野日渐加剧，最终形成了两个对立的领域，在这两者之间，形成了一种紧张关系。资本主义经济的发展和资产阶级政治革命最终使市民社会与国家的分离成为现实。与此相对应，作为市民社会组成部分的公共领域也完成了从文学公共领域到政治公共领域的演变。

① 唐士其：《“市民社会”、现代国家以及中国的国家与社会的关系》，载《北京大学学报（哲社版）》1996年第6期，第66页。

西方市民社会与公共领域的关系为我们理解中国市民社会与公共领域之间的关系提供了一个参照物。正如刘俊武先生指出的那样："市民社会这一概念虽然产生于西方社会，但却有着跨地域、跨文化的普遍意义及价值，当然在不同的历史环境中呈现出各异的特质。其中以市场经济为基础，以契约关系为中介，以尊重和保护社会成员的基本权利为前提是一切市民社会的基本特征。"①

（二）市民社会与社会主义市场经济

市民社会和市场经济是血肉相连的，它不是西方社会所独有的现象。我国市民社会的历史不算很长，也远没有西方的市民社会那样发达到足以与政治国家相抗衡的程度。如果考察我国国家与市民社会之间的关系，我们可以发现，历史所呈现的是一种强国家-弱社会的模式。在两千多年的封建帝制下，封建专制统领一切，政治权力渗透到私人生活的方方面面，私人生活无不具有政治上的意义，"一切社会生活皆以政治国家为中心展开，受其支配与控制"，复旦大学的郭定平先生认为，这是一种全能主义政治，全能主义政治的后果是国家的政治生活与社会的经济生活、文化生活全面失去活力②。我国市民社会最早可以追溯到明清时期，在民国初期曾经有过一个比较好的发展时期，然而，随着国民党专制统治的确立，我国市民社会的发展停滞了。新中国建立初期，在国民经济恢复时期有所发展，但是随着全能政治的影响，各种政治运动如火如荼，市民社会也到了濒临灭绝的边缘。

直到1978年实行改革开放之后，我国市民社会才重新萌芽并且逐渐发育起来。中国市民社会的兴起，主要体现在以下几个方面：1. 我国社会主义市场经济体制的确立和逐步完善。党的十四大最终确立了经济体制改革的目标是建立和完善社会主义市场经济

① 刘俊武:《市民社会与现代法的精神》，载《法学》1995年第8期，第28~30页。

② 郭定平:《我国市民社会的发展与政治转型》，载《社会科学》1994年第12期，第52~55页。

体制，1993年，“社会主义市场经济”载入修改后的宪法，其地位得到根本大法的确认和保障。这也意味着我国市民社会地位的确立。2. 利益的多元化。我国目前不仅有全民所有制、集体所有制、个体经济、私营经济、中外合作、合资经济，而且全民所有制还有多种实现形式，与之相适应，新的阶层开始产生，各种利益团体开始重新分化与组合。3. 文化的多元化。传统文化与现代文化、精英文化与大众文化等等同时共存，人民有了更多的文化选择。①

历史为中国市民社会提供了一个蓬勃发展的机遇，然而，需要指出的是，我国的市民社会不同于西方资本主义国家的市民社会，它是社会主义性质的市民社会。中国市民社会之所以能够得到发展，是实行改革开放政策以来，社会经济发展的必然结果，是党和国家着力培育的结果，是发展社会生产力，提高人民的生活水平，增强综合国力，实现社会主义民主政治，更有效地发挥国家与社会的力量进行社会主义建设的必然要求。基于此，多数学者认为，我国今后国家与社会的理想发展模式是强国家-强社会模式，国家与社会之间不是一种根本的矛盾与对立关系，而是一种监督与协作关系。从这个意义上说，公共领域理论同样适用于我国，它是社会主义市场经济下，市民参与国家公共事务，进行批评与监督的一个论坛，在我国，由于市民社会的其他中介发育不完善，这就决定了传媒公共领域是社会主义市民参与民主生活的主渠道之一。

（三）市民社会、公共领域、依法治国

党的十四大确立了建立和完善社会主义市场经济体制的目标，这不仅意味着经济体制的变革拉开了序幕，而且也意味着我国市民社会的发展迎来了历史性的机遇。当然，从改革开放初期开始，我国国家与社会的关系就在不断地“微调”，这种调整的方向是，从根本上改变国家和社会一体化的状况，把政府权力逐步下放到社会

① 郭定平：《我国市民社会的发展与政治转型》，载《社会科学》1994年第12期，第52~55页。

中去，壮大市民社会的力量，社会主义市场经济体制正是这种“微调”基础上的一次重大突破。

市场经济的发展，市民社会的发展，对法治必然会提出要求。从某种程度上说，社会主义市场经济就是法治经济，同时也是一种权利经济，它需要以完备的法律体系为基础，在此基础上，厘清国家与社会之间的权利与义务，使国家依法行政，而不是恣意对市民社会进行侵害与干预，保证市民社会与国家和谐共处，良性互动。同时，它还要调整市民社会内部之间的关系：不同权利主体之间的权利与义务关系；维护市场秩序；保护市场主体的合法财产权不受侵害等。正因为如此，市场经济与法治密不可分，因此，江泽民同志在党的十五大提出了“依法治国，建设社会主义法治国家”的战略目标，这一目标最终以宪法第 13 条修正案的形式确认下来，这标志着我国政治与法律的巨大进步。历史经验证明，国家的长治久安，社会的繁荣进步，依靠所谓的圣主明君是不可能实现的，关键在于树立法律的权威，把国家与社会纳入法治的轨道，而不能权大于法，单纯依照少数领导者的意志和智慧来治理国家。一个完备的法治国家，应当具备以下十个基本条件：1. 法制完备。2. 主权在民。3. 人权保障。4. 权力制衡。5. 法律平等。6. 法律权威至上。7. 依法行政。8. 司法独立。9. 程序正当。10. 党要守法。①参照以上标准，我国法治的实现还需要相当长的时间。

“从某种程度上说，中国市民社会的构建过程，实际上也是中国社会法治化的过程。”② 在这个过程中，一个功能完善、制度健全的公共领域必不可少，这是由公共领域在国家与社会之间的中介地位所决定了的。一方面，社会主义市民必然要通过公共领域参与国家公共事务的管理，对国家的行为作出某种形式的批评与监督；

① 刘步云:《实施依法治国论纲》，载《学习与探索》1999 年第 3 期，第 66~72 页。

② 刘俊武:《市民社会与现代法的精神》，载《法学》1995 年第 8 期，第 28 ~ 30 页。

另一方面，市民也必然将自己的意志与愿望集纳起来，通过公共领域这一渠道，提交到国家权力机关（如各级人大），使之成为立法的源泉。在我国现阶段，能担此重任的正是传媒公共领域。这是因为：第一，在公共领域的诸种形式中，我国传媒公共领域发展最为迅速，经过二十多年的改革开放，我国报刊、广播、电视、互联网空前地发展起来，一个立体的信息传播网络已经形成；第二，我国媒体公共领域具有其他公共领域无法比拟的优越性，诸如反应速度快，制度完善，影响力大，影响面广等；第三，我国传媒公共领域具有密切联系群众、反映群众呼声的光荣传统。

因此，在我国现阶段，传媒公共领域肩负着传递市民社会的法治要求，同时又承担着依法对公共权力进行批判与监督的功能。然而，这并不是说我国的传媒公共领域已经发育成熟。就我国大众传播的发展历史来看，中国传媒公共领域是在改革开放之后才开始逐渐培育起来的，至今没有完全成熟。在此之前，虽然已经具备了公共领域的外在形式，如批评与批判，但这与公共领域基于民主前提的批评与监督相比，是不可相提并论的。从某种意义上说，改革开放以前的批判大多数是以“大批判”形式出现的，在实践中往往导致自由主义和无政府主义泛滥成灾。从本质上看，权威的力量支配着媒体，对于这个阶段，本文称之为传媒公共领域的前阶段，为方便起见，简称为传媒领域阶段。对于这两个阶段，以下将有着比较具体的论述。这里需要指出的是，传媒公共领域不完全等同于大众传媒，但它必须以大众传媒为依托，同时在民主的原则下从事批评与监督，脱离了批判与监督的大众传媒不能算是传媒公共领域，它只是大众的消费和娱乐休闲的工具。同样，脱离了民主和法制原则的批判与监督，也只能是类似于传媒领域之类的东西。

四、中国传媒公共领域的历史考察：传媒领域阶段

我国传媒公共领域的发展经历了两个历史阶段：传媒领域阶段和传媒公共领域阶段。区分这两个阶段的依据是民主与法制原则。

在传媒领域阶段，在全能主义政治的影响下，由于脱离了民主和法制原则，传媒成了大批判的阵地，成了权威话语支配的舞台，导致了一系列的恶果。传媒公共领域虽然在改革开放之后开始形成，并且对民主建设的作用日益凸现，但至今这个公共领域的制度仍然不够完善，机制尚未健全，各种力量对传媒公共领域的干预比较明显，民主批判与监督功能还不能充分发挥出来。

正如上文已提到的，改革开放前的中国历史，可以说是一种受全能主义政治影响的历史，在那样的背景下，中国新闻业扮演了一个双重角色，一方面，它继承新民主主义革命时期形成的传统，以党的耳目喉舌出现，在历次政治宣传和政治运动中起到开路先锋作用；另一方面，由于该时期在党内出现了个人权威取代党的集体领导、民主集中制原则遭到破坏而导致党的决策频频失误的现象，新闻业也为此吞咽了政治运动与政治斗争的苦果。

利用报纸发动群众参与讨论，宣传党的路线、方针和政策，推动群众工作，这是无产阶级报业的一项光荣传统，也是无产阶级新闻传播业在长期革命斗争中的经验总结。早在新中国成立以前，毛泽东同志就指出，报纸应当实行全党办报、群众办报的路线，同时也要注意党外人士的意见，“一切善意的批评，不论是文字的、口头的或其他方式的，党员及党组织都应虚心倾听”①。新中国成立后，他又提出，“凡典型的官僚主义、命令主义和违法乱纪的事例，应在报纸上广为揭发”②。对报纸上的批评要实行“开、好、管”的方针。“开，就是要开展批评。不开展批评、压制批评，是不对的。”“好，就是开展得好，批评要正确。”“管，就是要把这件事管起来。”③

新中国建立初期，为了继续发挥无产阶级新闻业的作用，党和国家制定了诸如《中共中央关于在报刊上展开批评和自我批评的

① 《毛泽东新闻工作文选》，新华出版社1983年版，第94页。
② 同①，第174页。
③ 同①，第177页。

决定》、《中共中央关于改进报纸工作的决议》等一系列的政策和法规。新中国第一部宪法也明确规定了公民的言论出版自由，新闻传播业在继续完成新民主主义革命的任务、恢复和发展国民经济、抗美援朝等重大历史事件中发挥了重要作用。然而不幸的是，由于全能主义政治逐渐取得主导地位，新闻传播业也随之偏离了正常的轨道，这方面最明显的是公共讨论的非正常化。

当时，我国的文化教育事业仍然相当落后，受过教育的知识分子自然成了传媒领域的活跃分子，他们在传媒（学术期刊、报纸）上就各自学术领域的问题发表自己的看法，进行讨论与争鸣，这些学术公共领域中的活动，可以说是完全正常的，也是非常必要的。然而，在全能政治的影响下，文学艺术甚至科学公共领域的讨论都带上了政治色彩，正常的学术争论被大批判取而代之。

也许是一种巧合，在这个时期也出现过一种类似于哈贝马斯所说的文学公共领域，在这个领域中，文学艺术工作者就文艺问题进行对话与讨论。然而，这种文学公共领域并不像哈贝马斯所说的那样自然地过渡到政治公共领域，“文学公共领域”在全能政治的影响下，本身就已经同化为政治领域，文学艺术上的探索与创作事关政治路线以及政治方向，一不小心就可能犯政治上的“错误”。

从1951年到1955年，“文艺问题”一直是报刊讨论的热点问题，“文学公共领域”先后发起了对电影《武训传》和对《红楼梦研究》及胡适资产阶级唯心论的批判。

1951年5月20日，毛泽东在《人民日报》发表文章指出，《武训传》所提出的问题带有根本性质，它是“污蔑中国历史，污蔑中国民族的反动宣传”，此后《人民日报》连续发表文章对武训进行批判，指出武训是一个以兴学为名的“大地主”“大流氓”。对《武训传》的批判使得这种公开讨论开了“上纲上线、政治挂帅”的先河。①

① 白润生编著：《中国新闻通史纲要》，新华出版社1998年版，第457页。

1954年《文史哲》第9期发表了“两个小人物”（毛泽东语，指李希凡、蓝瓴）的文章，对俞平伯的红学研究提出了批评，虽然这种批评带有一种政治的倾向，但总的来说，还可以算是一种学术争鸣。但是毛泽东在看了这篇文章后，于10月6日给中共中央写了《关于红楼梦研究问题的信》，批评《人民日报》、《文艺报》对资产阶级唯心论无动于衷，此后《人民日报》、《光明日报》纷纷载文对俞平伯及胡适的红学思想进行批判。学术批评演变成了政治批判，两人的学术成就遭到了全面否定。如果说前两次批判涉及面还比较小的话，那么“胡风案”就不同了，它已经是“反革命集团”事件。1954年7月，胡风写了《关于解放以来文艺实践工作情况的报告》，在报告中系统地阐述了他本人的文艺思想观点，并按照正常的组织程序上交中央。然而，1955年5月13日的《人民日报》发表了《关于胡风反党集团的一些材料》，此后，把“反党集团”改称“反革命集团”。《人民日报》从5月14日开始大量刊登读者来信来稿，一场声势浩大的批判运动开始了。据统计，“胡风案”中，被审查2000余人，被捕92人，直到1980年才得到平反。①

如果说这种“文学公共领域”的过激批判只是泛政治化失误的话，那么在随后的反右斗争中，这种公开的讨论与批判则变成了一场“引蛇出洞”的政治阳谋，“它使55万人蒙受了二十多年的不白之冤”。② 毛泽东的本意在于让“魑魅魍魉牛鬼蛇神大鸣大放，让毒草大长特长”，在1957年5月8日至6月7日间，“不登或少登正面意见，对错误意见不作反批评”，于是各种“右派分子”纷纷出笼，在《文汇报》、《光明日报》等报刊上发表文章，议论政治，对党和政府提出批评。6月8日，在毛泽东的指示下，《人民

① 白润生编著：《中国新闻通史纲要》，新华出版社1998年版，第459页。

② 刘建明：《天理民心——当代中国社会舆论问题》，今日中国出版社1998年版，第45页。

日报》等报纸开始对“右派分子”发起强有力地反击，这场舆论的交锋一直到1958年夏天才告结束，共有55万多人被划为“右派”，但到了1980年，最后被确定的右派只有96人。①

这个时期，开展讨论的工具是“四大”。1957年10月，毛泽东在《做革命的促进派》一文中说：今年这一年，群众创造了一种革命形式，群众斗争的形式，就是大鸣、大放、大字报、大辩论。这种形式，在过去是不可能出现的，因为革命斗争的环境不允许，现在，“我们找到了这个形式，适合群众斗争的内容，适合正确处理人民内部矛盾问题”。

“四大”工具在反右斗争中初显身手便大获成功，证明了它在政治运动中的价值。1966年11月10日，姚文元在《文汇报》上发表了《评新编历史剧〈海瑞罢官〉》，紧接着，林彪、江青炮制的《部队文艺座谈会纪要》出台，1966年中共中央政治局扩大会议通过了《五·一六通知》，准备彻底批判“资产阶级反动思想”和“反动学术权威”，于是，文化大革命开始了，它在中国当代史上留下的阴影不需赘述。

总之，在这个阶段，一个真正的传媒公共领域并没有形成，作为政治运动的一部分，媒体的批评与批判不仅仅在形式上采取极端的形式，而且从根本上脱离了法律的约束，个人不满情绪的肆意发泄和随心所欲的打击报复，导致了无政府主义的泛滥，它不仅使党和国家的许多领导干部和优秀人才陷入灾难之中，而且，对于普通群众来说也危害甚多。“严格地讲，运动式的锻炼只是群众在上级保护下不负责任地报复干部，它所提供给群众的只是周期性的释放已经积累的怨气，却不可能培养群众参与公共事务的能力；由于群众的不满和怨气已经得到释放，就再也不会期望对权力进行合法的

① 刘建明：《天理民心——当代中国社会舆论问题》，今日中国出版社1998年版，第54页。

监督。”① 因此，在这样的历史条件下，奢望出现一个真正的传媒公共领域是不切实际的。

五、中国传媒公共领域的形成及其发展

作为权威话语展示的舞台，传媒领域也遭遇了空前的信任危机。传媒过分强调适应政治运动的需要，不仅使新闻言论成了让人胆战心惊的“大棒”，而且新闻报道本身也染上了“假、大、空”的恶疾，这些给中国新闻传播业带来了无法挽回的负面影响。

随着“文革”的结束，传媒领域也开始向传媒公共领域过渡。在这个过渡过程中，最引人注目的是关于真理标准问题的大讨论。虽然从表面上看，这只是一个哲学问题，但是，它事关解放思想，打破“两个凡是”的桎梏，事关中国国家道路的走向问题，它远远超出了对一般公共事务的讨论，具有不同寻常的历史意义。对于这次讨论的具体内容这里不多加叙述，只是对这场讨论的特征作一个简单的总结，以此说明它在中国传媒公共领域形成过程中的特殊价值。

一是讨论打破了媒体的思想禁区，解放了人民的思想，使人民真正敢于发表自己的意见。这场讨论由胡耀邦同志组织，得到了邓小平同志的大力支持。1978 年 7 月 21 日，邓小平同中宣部一位负责同志谈话时提出：不要再“下禁令”、“设禁区”了，不要把刚刚开始的生动活泼的政治局面向后拉。当《红旗》不愿发表文章卷入讨论的时候，邓小平说，“为什么《红旗》不卷入？应该卷入。可以发表不同的观点的文章，看来不卷入本身可能就是卷入。”②

二是讨论涉及面极其广泛，党政军界、学术界、新闻界、科学界都参与了讨论，这种参与程度是非常罕见的。

---

① 单世联：《现代性与文化工业》，广东人民出版社 2001 年版，第 302 页。

② 李剑主编：《关键会议亲历实录》，中共中央党校出版社 1998 年版，第 858~860 页。

三是传媒讨论的问题虽然不是一般的公共事务问题，但它事关国家的前途与命运，不仅是一个重要的哲学问题，也是一个重大的政治问题。

四是虽然面临巨大的政治压力，但是讨论还是明显区别于“文革”中的“大批判”形式，基本在正常的轨道上进行。

五是新华社、《人民日报》、《光明日报》、《解放军报》等媒体在这场讨论中顶住了巨大的政治压力，为中国传媒公共领域的形成树立了精神风范。①

关于真理标准问题的讨论是中国传媒公共领域形成过程中的大事，它表明公众参与民主过程的代价变小了，从而直接促使了改革开放后传媒公共领域的形成。

由于中国特殊的历史环境，致使中国社会的传媒公共领域不同于西方社会的传媒公共领域。首先，它作为新闻传播业，必须坚持无产阶级新闻业的党性原则，这是中国传媒公共领域得以立足的前提，离开了这个前提，一切无从谈起。

其次，它必须在宪法和法律的范围内开展讨论与批判。历史的经验已经证明，离开了宪法和法律的约束，一切讨论与批判将走向极端，非但无助于公众参与公共事务能力的培养，甚至会导致国家与社会的动荡不安。

在这两个前提下，中国传媒公共领域的形成还需要一系列的条件，这些条件有：

政治体制改革顺利实施。新闻改革本身是政治体制改革的组成部分。新闻改革的一个重要内容就是加强媒体的民主批判与民主监督功能，而这正是传媒公共领域的核心内容。因此，政治体制改革的顺利实施，有利于中国传媒公共领域的发展和完善。

社会主义市民社会的发展及其壮大。发展社会主义市场经济就

① 陈雪薇主编:《十一届三中全会以来重大事件和决策调查》，中共中央党校出版社1998年版，第78~79页。

是要打破全能主义政治下国家对权力及资源的垄断地位，重新调整国家与社会之间的关系，把一部分权力转移到社会中去，形成一种新的国家-社会模式，促进生产力的发展。因此，我国市民社会的形成带有强烈的人为色彩，它是国家政治经济体制改革的必然结果。虽然，我国市民社会和政治国家之间仍然存在着利益上的差别，但它们之间的根本利益是一致的，不存在严重的利害冲突关系。这种关系，体现在媒体公共领域就是：一方面，媒体必须坚持党和国家的路线、方针、政策；另一方面，它也必须反映社会主义市民的意愿，为市民社会参政议政提供合法的渠道。因此，市民社会的发展和壮大为我国媒体公共领域的发展提供了有利条件。

法制建设取得重大进步。20 世纪 80 年代以来，我国废除了一批与经济和社会发展不相协调的法律，修订和新公布并实施了一大批新的法律，为我国传媒公共领域的运转提供了法律基础。

我国传媒公共领域的形成过程，在理论上表现为对公共新闻学的探讨，在实践中表现为媒体参与社会民主化的过程。传播学者孟建把它分为六个阶段①，本文简述如下：

拨乱反正期（1978~1982 年）。该时期新闻业拨乱反正，讨论的焦点在于新闻的人民性与党性。

传播学思想引入期（1982~1986 年）。传播学为社会民主化提供了新的知识与基本理论，讨论的“焦点在于新闻媒介到底是以传递信息为主还是以宣传为主”。

舆论监督功能膨胀期（1986~1989 年）。新闻改革的焦点在于媒体的监督功能，随着 1989 年的“政治风波”，媒体卷入了这一风波当中，“动乱”过后，媒体开始反思。

反思回归期（1990~1991 年）。风波过后，传媒与社会民主化的相关性减弱了，中国大众传播业经历了一个特殊时期。

① 袁军等著:《传播学在中国——传播学者访谈》，北京广播出版社 1999 年版，第 40~45 页。

快速发展期（1992~1997年）。此阶段，传媒并未以激进的方式参与政治，而是以改变经济资源的获取方式进行新闻改革。传媒业的“事业性质，企业管理”地位得到确立，媒体认同政府控制，政府承认媒体的第三产业性质。这种新关系的确立，“为今后传媒业的发展与社会民主化进程提供了独立的经济基础和独特的发展契机”。

社会民主化介入期（1997年至今）。此阶段，大众传媒积极响应政府号召，公开倡导社会民主化进程，政府在公开倡导的政改纲领中，将新闻媒介的改革与政治体制改革紧密配合。

这六个阶段,亦可视为中国传媒公共领域发展的历史轨迹。在中国传媒公共领域形成阶段,一方面它与社会主义民主建设的关系日益密切,另一方面在媒体上开展的各种学术批判与讨论中开始表现出一种“去政治化”的色彩,这两个方面综合起来无疑是时代的一大进步,它表明了中国传媒公共领域逐渐走上了健康发展的道路。

毫无疑问，中国传媒公共领域的出现给中国社会主义民主建设带来了非常积极的影响，但是值得我们注意的是，它在发展过程中同样也面临着各种各样的挑战。

一是“左”的思想的挑战。在传媒领域时代，左的思想统领了媒体，新闻传播业成了权威话语展示的舞台，民主原则被全面抛弃，传媒呈现的是舆论一律，不允许出现不同的声音。随着传媒领域向传媒公共领域转化，“左”的思想开始从传媒中淡出，但是作为一种意识形态，它仍然会在适当的时机跳出来，并且企图左右传媒公共领域，影响社会舆论。

二是公共关系对传媒公共领域的影响。哈贝马斯认为，晚期资本主义社会正是公共关系对传媒的支配，才导致了公共领域的重新封建化。其实，公共关系对传媒公共领域的影响在我国现阶段也同样存在，只不过我国新闻界似乎只把这种影响简单地视为一个新闻道德和新闻策划问题来加以讨论，而没有十分明确地指出这种影响足以伤害到传媒公共领域的精神实质。

中国传媒公共领域仍然处在一种未成熟的状态，它和西方的传媒公共领域相比，更早地经历着公共关系的"洗礼"。这种"洗礼"具有双重作用：一方面，它使尚在发展中的中国传媒公共领域经受极大的冲击，使公共领域出现一些不正常的现象。比如，新闻评论丧失了公正立场，成了某些利益集团或者个人的代言人，新闻记者接受红包，发表歪曲报道等等；另一方面，它使传媒公共领域在经历公共关系的"洗礼"后变得理性化和制度化，从而加速公共领域的成熟过程，从这个意义上，这种"洗礼"未尝不具有正面意义。

三是来自传媒自身的挑战。在市场经济条件下，传媒自身已经逐渐发展成为一个经济实体和法人单位，传媒本身有了经济利益追求，如何有效地从市场中获取发展所必需的资源，同时又不妨碍其公共领域的作用的发挥，成了一个颇值得深入探讨的问题。

四是中国市民社会的挑战。中国市民社会力量的大小，从某种程度上决定了公共领域舆论批判与监督的力度，这种力量不仅仅是经济实力，更重要的是对社会公共事务的态度与方式。一个成熟的公共领域，首先要有一个成熟的市民群体。所谓成熟的市民群体，不仅是指经济上富足，能够在一定程度上不依赖于他人而独立生存，更重要的是要有一种对公共事务保持热切关注的态度，特别是要有独立思考和批判的能力。

经过20来年的改革开放，我国社会财富增长非常迅速，据美国《福布斯》2001年对中国内地百位首富企业家的排行榜统计，排名第一的刘永好、刘永行兄弟的资产已经达到了83亿人民币，即使是排名第一百位的宋郑还，个人财产也达到了5亿。整个财富榜单的总资产达到了1500亿元人民币。这种状况对中国来说，是喜是忧一时还难以说清。不过，这毕竟表明中国普通群众的财富的确有了巨大的增长，中国市民社会得到了长足的发展。但是，与之相关的另外一个问题也引起了笔者的注意，这就是，中国市民社会在得到发展的同时，是否已经培养起一种对公共事务保持关心以及批评与监督的能力？对于这个问题，一些专门研究权力监督问题的专家作出了回答：群众对监督缺乏热情，监督的效果仍然不很明显。在市场经济下，市民对金钱的热情超过了对公共事务的热情，缺乏批评与监督的习惯可以说是中国市民的通病，如何扭转这种状况，的确是一个棘手的问题。

与之相关的一个现实问题是，中国市民社会产生的特殊条件对它的独立与批判精神或多或少地带来了影响。《21世纪经济报道》在一篇评论中指出，中国的基尼系数（衡量贫富差距的指标，表示1%最富有的人占社会总财富的比例，正常值为0.3~0.4）已经从1967年的0.15上升到了1998年的0.456。“中国这一异常快速积累（财富）的背后，往往有着俱乐部、条子和背景存在。”① 这种状况表明，中国市民社会本身也出现了分层和差异，并且有不断扩大的趋势，更重要的是，市民社会的财富的来源往往会影响市民对社会公共事务的态度，我们的确应当向“合法致富”的人致敬，但是在中国现阶段，权力仍然是最大的资源，如果市民通过“购买”权力来获得财富，那么我们实在不敢奢望市民能够对这种有悖于社会公正和法律正义的交换作出某种深刻的反思与批判，相反，他只能选择与权力合谋。这种状况，对公共领域的发展来说，无论如何不是一件好事。

五是理论的挑战。事实上，中国传媒公共领域不只是批评与监督，作为新闻媒体，它的首要任务是报道新闻。从绝对量来看，新闻评论在整个新闻报道中所占的比重一直在下降，这还不是主要的，最主要的是新闻娱乐化趋势日益加剧，这点在介绍欧洲的公共广播电视体制时有所提及。其实，我们并非一味地反对新闻娱乐化，有的新闻只有娱乐化才有生命力，比如文体新闻，但是有的却不能娱乐化，这就要求我们在新闻理论上把公共新闻学与娱乐新闻学区别开来。公共新闻学是研究如何对公共事务进行报道的，它以

---

① 张庭宾：《阳光下的财富　公众化的责任》，载《21世纪经济报道》2001年10月29日第29版。

社会正义、公平为宗旨，为公众批评与监督提供材料，为形成社会舆论奠定基础；[①] 娱乐新闻学是研究如何对各种趣闻轶事进行报道的，追求的是休闲与娱乐，两者不能混为一谈。事实上，很多传媒模糊了两者之间的界限，以娱乐新闻取代公共新闻，以休闲取代反思，这无疑不利于中国传媒公共领域的发展。

六、媒体公共领域与人大监督

在对中国传媒公共领域的发展情况作了一个简单的论述后，由于传媒公共领域与社会主义法治有着密切的联系，下面将对此作出进一步的论述。传媒公共领域参与社会主义民主建设主要通过两种方式：一是通过对公共事务的讨论，形成公众舆论，作为一种民意上升到立法机关，为立法机关所采纳和接受。二是对公共权力进行批评与监督，对权力进行制约与制衡。

就我国的现状来看，传媒公共领域的第一种作用发挥得并不是很充分。目前，传媒公共领域的功能主要是体现在新闻舆论监督上。不少法学学者认为，作为整个国家监督机制的组成部分，传媒公共领域实际上起着对权力的制约与制衡的作用。

传媒公共领域被视为一种对权力进行制约与制衡的手段与方式，也许有人会对此提出质疑。事实上，在回答这个问题之前，我们必须弄清几个问题，中国国家权力的来源是什么？社会主义权力制约与制衡的体系怎样？传媒公共领域在法治中的地位如何？

对于最后一个问题，前文已经有所论述。对于第一、二个问题，我国宪法第二条作了明确的规定："中华人民共和国的一切权力属于人民，人民行使国家权力的机关是全国人民代表大会和地方各级人民代表大会。"这一规定，明确了我国国家权力的产生过程，这就是说，全国人民代表大会掌握和行使最高权力，各种具体

① 关于公共新闻学的有关论述，可参见李希光：《警犬新闻、公共新闻与新闻调查》，载《青年记者》2001年第5期，第7页。

的国家权力如立法权、行政权、审判权、检察权、军事权等都是由最高权力派生出来的，它们同样是人民意志和利益的体现，它们服从最高权力。对此，宪法第三条规定："国家行政机关、审判机关、检察机关都由人民代表大会产生，对它负责，受它监督。"而"全国人民代表大会和地方各级人民代表大会均由民主选举产生，对人民负责，受人民监督"。这样，通过权力负责关系，各种具体国家权力通过人民代表大会，又最终对人民负责，仍然遵循"一切权力属于人民"的原则。① 这些规定体现了我国国家权力的来源及其制约原则。

权力属于人民，但人民不可能作为整体去掌握权力，只能由人民的代表去掌握权力。然而，权力有腐败的趋势，绝对的权力会产生绝对的腐败，孟德斯鸠说："一切有权力的人都容易滥用权力，这是一条万古不易的经验。"邓小平指出："权力失去监督是决策失误和权力腐败的根源。"② 因此需要对权力进行监督，监督是"为了协调公众与国家之间的利益矛盾而来自公众的一种对国家的反控手段，其直接目的是为了推动国家权力积极作用充分发挥而又能抑制其消极作用的社会表现"③。马克思和恩格斯认为自由的报刊具有舆论监督和社会批评的功能，包括对政府和官员的批评与监督，而无论被监督者权力多大，地位多高。④

现代民主的实践已经证明，建设社会主义民主，发挥媒体公共领域的监督功能是不可缺少的。邓小平在 20 世纪 50 年代就指出，批评与自我批评是办好报纸的重要条件之一。如何把媒体公共领域的监督和人大监督结合起来？这里的人大监督是指"各级人大及其常

① 陆德山：《认识权力》，中国经济出版社 2000 年版，第 513 页。

② 转引自丁树芳，张颖：《试论我国人大监督及完善》，载《政法论坛》1998 年第 6 期，第 48 页。

③ 梁木生：《论商品社会政治监督的法治建构》，载《探索》1997 年第 5 期，第 54 页。

④ 童兵：《马克思主义新闻思想史稿》，中国人民大学出版社 1989 年版，第 70 页。

务委员会为全面保证国家法律的实施和维护人民的根本利益,防止行政、司法机关滥用权力,通过法定方式和程序,对由它产生的国家机关及其工作人员实施检查、调查、督促、处理的强制性权力"①。

社会主义市场经济是法治经济，法治的前提和基础是具有完备的法律体系，在我国，法律主要是通过全国人大和地方各级人大制定出来的，是民意的体现。在现代社会中，民意的表达主渠道是传媒公共领域，因此在民主政治的流程中，如果说传媒公共领域处于民意的上游的话，那么各级人大则处于民意的下游，它们是一脉相承的关系。这种关系，不仅使它们在立法中承前启后，而且使它们对由最高国家权力派生出来的各种权力进行监督和制约时有了合作的可能，而两者的顺利结合，正是社会主义民主法治建设的必然要求。

按照宪法规定，我国人大监督具有最高的权威性，同时也具有强制性，被监督的对象必须按照法律规定的程序作出答复。然而在实践中，人大监督却因制度的不健全而大打折扣，主要体现为：首先，我国的人民代表大会只能定期召开，并且会期较短，如果对某一事件或者决策进行监督，往往缺乏必要的了解时间；其次，我国人民代表不是专职的，而是兼职的，因此，人大代表缺少必要的条件（如经费等）来行使监督权；第三，有些人大代表的素质还不能令人满意，等等。这一切，使得人大行使监督权时程序性监督多，实质性监督少，并且监督严重滞后。

对于传媒公共领域来说，进行监督有着天然的优势：信息来源广泛，反映渠道畅通。人民对国家机关的看法和意见都可以很快地集中到传媒本身；监督影响力巨大。违法乱纪、官僚腐败等行为一旦经传媒曝光，必然会产生巨大的震慑力量；监督具有广泛的群众性。在传媒公共领域，除了市民以外，其他的群众也参与其中，再

① 丁树芳，张颖:《试论我国人大监督及完善》，载《政法论坛》1998 年第 6 期，第 48 页。

加上专业记者、编辑的密切配合，整个公共领域就会形成一种群众性的"合力"；透明度高，不易受到外界力量的影响。但是，传媒公共领域的监督功能也有自身无法克服的劣势，如监督的非强制性，监督的效果往往取决于监督对象及其上级领导的认识，传媒本身不能发号施令，强迫被监督的对象作出反应；此外，监督缺乏法律保障，因此一部分被监督者往往对传媒的监督熟视无睹，严重的甚至对记者、编辑或其他群众进行打击报复。《新闻法》虽然数易其稿，但仍然不能出台，这不能不说是个遗憾。

任何科学有效地监督应当具备以下几个基本特征：一是权力性。监督以权力为后盾。二是外在性。对被监督者来说，监督是一种外在的行为和力量。三是平等性和独立性。监督者和被监督者应是相对平行的主体。四是强制性。无论被监督者是否愿意，必须接受监督。五是制约性。① 监督者自身受到制约。显然，无论是人大监督，还是传媒公共领域的监督都不能完全满足这些条件，因此要搞好对权力的监督，就必须把两者结合起来，江泽民同志也在十五大报告中明确提出，要"把党内监督、法律监督、群众监督结合起来，发挥舆论监督的作用"。

把人大监督和传媒监督两者结合起来，能够取长补短，降低监督的成本，提高监督的效率，这样，人大监督就显得更加迅速有力，也更具有影响力，同时传媒的监督也就有了合法的依据和保护，从而有效地避开一些人为的障碍。就我国目前的现状来看，两者的结合仍然是低层次的，甚至可以说是各自为政。一方面，传媒只是把人大视为一个新闻源，报道的多是一些人大的人事变动、会议、法规条例的通过等动态情况，缺乏对人大具体监督过程的真正参与；另一方面，人大也像其他单位一样，只是把传媒视为一个对外宣传工作成绩的窗口，而不是真正视为一支重要的监督力量，并与之进行合作。因此，对于两种监督，无论是结合的形式还是结合

① 蔡定剑：《国家监督制度》，中国法制出版社 1991 年版，第 2~3 页。

的方法都值得深入地进行探讨。

人大监督和传媒公共领域的监督两者结合的形式应该是多样的，比如让人大代表成为媒体的记者或者通讯员，抑或相反。这里着重提出一种设想，这就是创办一种直接隶属于人大的公共新闻机构体系（也可把其他新闻机构通过适当的方式转至人大），这种公共新闻机构既包括报业，也包括广播电视网络。其资金来源一部分可由国家财政拨款，同时，也可参照西方公共广播电视的模式收取一定的执照费。当然，这个设想在实践中无法一步到位，但值得注意的是，在我国现阶段，人大监督和传媒公共领域的监督缺乏一种真正能够发挥"合力"作用的机制与方式。如果能够创建这样一种媒体或者媒体网络，无论对于人大监督还是对于新闻监督来说，都会具有重要意义。

七、对哈贝马斯交往行动理论的简单评价

在完成对哈贝马斯公共领域理论的评析之后，这里将对哈氏的交往理论作一个简短的评价。不少学者认为，哈贝马斯通过他的交往行动理论，已经成功地完成从公共性向主体间性的转换；但也有学者认为，他的理论在复活公共性的基础上又向乌托邦前进了一大步；还有的针对他的所谓历史唯物主义的重建作出了批判。

参与批评的学者，如阿佩尔（Apel）指出，哈贝马斯交往理论的一大缺陷在于，它严重地忽视主体拒绝或者没有言语能力参与旨在达到理解交往的可能性，哈贝马斯的"理想言说情境"在现实当中是根本不可能实现的，只是一种乌托邦。① 对于此类意见，哈贝马斯回应道，正因为在现实当中无法完全实现，才有树立理想的必要。他认为，理想与现实的关系在于，"理想的东西并非存在于现实的彼岸，而是存在于现实的交往当中，并且在其中起作用；另一方面，理想的

① 约翰·基恩著:《公共生活与晚期资本主义》，马音等译。社会科学文献出版社1999年版，第237页。

东西又恰恰是现实得以成为可能的前提条件”①。因此,哈贝马斯的交往行动理论更多地具有伦理学上的意义,他对于对话参与者强调的是自觉遵守各种对话的规范,而不是加以强制,毫无疑问,这使他的理论缺少了法兰克福学派第一代的批判色彩。

从传播学的角度来说，哈贝马斯的理论毫无疑问具有独到和深刻之处。如他对晚期资本主义社会文化危机的分析，对交往异化的分析等等，特别是他从语用学的角度来研究人类的交往问题，可谓独辟蹊径，自成一家。

自从文字、印刷术、报纸出现之后，大众传播开始取代以语言为中介的交往活动而居主导地位，哈贝马斯继承了法兰克福学派的文化批判传统，对作为“文化工业”组成部分的大众传播持冷淡和批判的态度，而对以语言为中介，面对面的交往活动则赞赏有加，大力倡导，无疑是看到了这两种传播方式之间的微妙差异：以语言为中介的交往活动和大众传播相比，具有更好的交互性，交往活动的参与者能够比较顺畅地表达自己的思想和观点并听取对方的批评与反驳。在这个问题上，哈贝马斯与马克思和恩格斯等伟人有着惊人相似的看法。恩格斯在参加群众集会后，就有一种明显的异样感觉，他对马克思说：“站在真正活生生的人民面前，直接地、具体地、公开地进行宣传，比胡乱写一些令人讨厌的抽象文章，用自己的眼睛看着同样抽象的公众，是完全不同的两回事。”② 以语言为中介的交往是一种全息的交往活动，在交往中,交往者不得不动用全身的器官来参与信息交换的过程,而随着新的交往媒介的出现,人体虽然在不断地“延伸”,交往的范围与空间不断地拓展,但是这种“延伸”却是以信息的某种程度的失真为代价的,因此,对以语言为中介的交往的重视,显示了哈贝马斯作为思想家的深刻之处。

然而问题在于，现代社会中，人与人之间的交往更多地依赖于

---

① 盛晓明:《从公共性到主体间性》,载《浙江学刊》1999 年第 5 期,第 63 页。

② 陈力丹:《精神交往论》，开明出版社 1993 年版，第 98 页。

大众传播，即使哈贝马斯的“理想言说情境”能够重建交往理性，这种交往理性仍然只限于以语言为中介的交往之中，对大众传播中各种“非理性”是否因这种理性的出现而有所收敛甚至绝迹，这是值得怀疑的；即使把他的四个有效性要求推广到大众传播中，也不能够解决这些问题。因为大众传播涉及的不仅仅是交往本身，它还涉及到政治、经济等一系列体制性问题，这些问题无法在道德的方案内获得有效地解决。

但应当肯定的是，哈贝马斯的交往行动理论在实际上已经建立起一种传播学的交往模式，这种模式，是他的交往行动理论的集中体现，他本人对这个模式的说明是“交往活动与世界的关系”，实际上他已经建立起一个交往模式图①（传播学模式图），如下图：

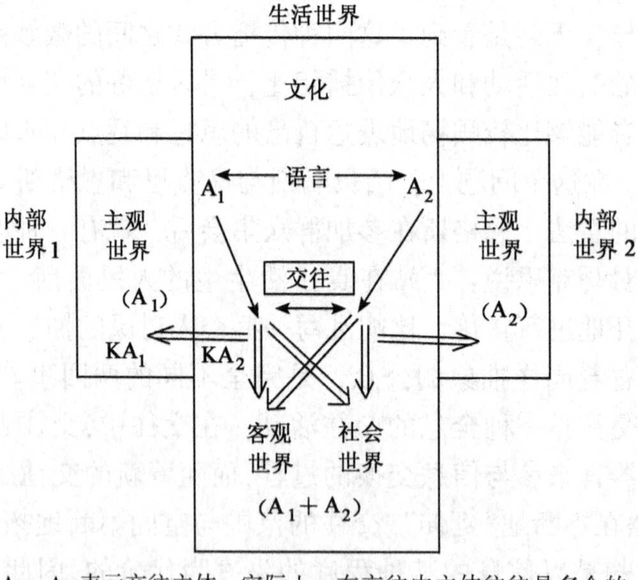

注：A_1、A_2 表示交往主体，实际上，在交往中主体往往是多个的。主体通过语言顺利进行交往。KA_1、KA_2 表示由主体之间通过语言产生的表达，双箭头表示主体间的互动。

① ［德］哈贝马斯著:《交往行动理论（第二卷）》，洪佩郁，蔺青译。重庆出版社1994年版，第175页。

我们可以发现哈贝马斯的交往模式完全不同于传播学经验学派的模式，传播学经验学派的模式是以大众传播为核心构建起来的，而哈氏的交往模式则以语言为中介，在一定的文化前景下实行交往；哈贝马斯关注的不是传播各个环节及其过程，而是交往顺利实现的条件，交往与生活世界、客观世界、内部世界、社会世界之间的关系，所体现的是交往参与者之间的互动与和谐。

此外，哈贝马斯对马克思的交往理论似乎有一些误解。哈贝马斯认为，马克思把交往归入劳动，以劳动取代了交往。事实上，马克思认为，生产方式是形成社会交往的基础，人类交往是包括物质交往和精神交往在内的广泛的社会活动过程，前者表现为物质生产，后者表现为精神生产。马克思认为："要研究物质生产和精神生产之间的关系，首先必须把这种物质本身不是作一般范畴来考察，而是从一定的历史的形式来考察。"陈力丹先生认为，这句话包含了两个历史唯物主义的观点，一是一定的精神生产与一定的物质关系相适应，因而"观念、范畴也同他们所表现的关系一样，不是永恒的，而是历史的暂时产物"；二是它们之间的关系不是简单的物质决定精神，更多地表现在相互作用之中。① 由此可见，马克思主义对精神交往与劳动关系的认识应该说是相当深刻的，决不是简单地用劳动来取代精神的交往，社会发展的历史是人类劳动发展的历史，同时，也是包含了人类精神交往不断发展的历史。遗憾的是，哈贝马斯没有注意到这一点，而是从根本上抛弃了历史唯物主义，在错误的出发点上越走越远，并且完成了他所谓的历史唯物主义的重建，这必然会遭到马克思主义者的反对。

① 陈力丹：《精神交往论》，开明出版社 1993 年版，第 9 页。

第三章

“编码/解码”开启传播学研究另一扇门

——斯图亚特·霍尔的传播思想研究

第一节　霍尔的生平①

斯图亚特·霍尔（Stuart Hall）何许人也？如果不是兴盛于国际学界的文化研究近几年西风东渐，对于很多中国学者来说，他恐怕还是个陌生人。斯图亚特·霍尔是英国文化研究学派（又称为伯明翰学派、英国文化批判学派）的代表人物，是大众传播研究领域里程碑式的人物。英国文化研究学者约翰·斯多雷（John Storey）给霍尔很高的评价：“如果我们要寻找一个文化研究从利维斯左派、‘悲观的’马克思主义、美国传媒模式及文化主义和结构主义脱颖而出的奠基时刻，那恐怕就是霍尔《电视话语的编码与解码》的发表。”②

① 参阅 The Formation of a Diasporic Intellectual—An Interview with Stuart Hall by Kuan-Hsing Chen. David Morley and Kuan-Hsing Chen eds. Stuart Hall—Critical Dialogues in Cultural Studies. Routledge, 1996, pp. 485-503.

② 转引自陆扬，王毅：《大众文化与传媒》，上海生活·读书·新知三联书店 2000 年版，第 68 页。

1932年，霍尔出生在牙买加（Jamaica）一个有色人种的中产阶级家庭。1493年，哥伦布开始了他的第二次航行，牙买加就是在这次航行中发现的最后一块陆地。牙买加位于加勒比海西北部，这个景色宜人的地方本来是印第安人的居住地，但是长期的殖民统治（1509年沦为西班牙殖民地，1655年被英国占领，1866年为英国殖民地，1962年才获得独立）改变了牙买加人的血统，大部分牙买加人都是黑人（多数是1838年获释之黑奴的后裔）和混血种人。提到在出生地牙买加度过的19年岁月，霍尔的回忆是苦涩的、矛盾的。20世纪的牙买加本身就是一个充满矛盾的世界。霍尔家几乎混合了几百年来在这里出现过的所有血统：非洲的、亚洲的、欧洲的。一直到霍尔出生的年代，牙买加还存在不同的阶级和人种之间的歧视，人们有着强烈的种族和肤色意识，即使同属一阶级，浅肤色的人往往不能接受深肤色的人。种植园主的地位虽然在那时已走向衰落，但仍然具有十足的优越感。霍尔的父亲属于有色人种的中产阶级，而母亲一脉以种植业起家，较多地保持了英国的血统，肤色偏白，受到的是较为纯正的英国教育，霍尔的母亲也自认为英国才是她的母国。

青少年时代的霍尔十分敏感,他的肤色在家中最黑,他常常觉得自己是家里的异类。父母并不喜欢他在学校里结交中产阶级的黑人朋友,他们希望霍尔能和肤色更白的中产阶级同学来往。霍尔感到牙买加复杂的文化在他身上发生着激烈的冲突,不能成为自己让他感到痛苦。他不想像父亲那样仰英国人、美国人的鼻息过日子,因为他对那些白人的种族歧视深恶痛绝,他希望能使自己的主体性得到张扬。霍尔的青年时代,牙买加正处于反帝国主义的独立运动中,霍尔和他同时代的年轻人不分肤色、社会立场,都积极投入这场运动,希望牙买加取得自治,争取自主权。而霍尔的母亲却十分依恋旧的殖民世界,她是个个性强悍的人,希望子女按照她的想法走下去。父母对霍尔的期望和影响与霍尔对自己的身份认同显然存在相当大的距离。无论在牙买加还是在英国,霍尔常常处于寻求身份认同的焦虑中,他常常感到无所皈依,认为自己是个熟悉的陌生人。

霍尔生活在殖民、肤色、阶级间错综复杂的关系中，这种关系在当时的牙买加普遍存在，而霍尔的家庭似乎就是这种关系的缩影。家庭这个小环境让霍尔如此具体地感受到殖民文化的冲突和矛盾，他不想遵照父母的旨意，可又不知道该成为什么样的人，为此他颓丧不已，而姐姐的不幸遭遇就像导火索一样引燃了霍尔的愤怒与反抗。霍尔的姐姐和一名医生相恋，虽然同属中产阶级，但由于那名医生是黑人，两人的婚事遭到霍尔父母的强烈反对，最后以失败告终，姐姐患上严重的神经衰弱，终身未嫁。这一事件是霍尔人生历程中一个十分重要的转折点，他对家庭、对社会、对自己的未来有了更加理性的思考和感悟，虽然那时他只有十七八岁。他开始思考文化问题，他认为文化既是主观的、个人的，也是制度性的(institutional)。人的心理、人的感觉、人的情绪诸如此类既是个人的，同时也是制度性的。文化的制度属性使它能够击败生活于其中的人们。它里面有着强大的张力，迫使你就范，因此所谓的公共自我、私人自我并没有本质上的区别。霍尔觉得自己必须逃离这个殖民文化环境，这个环境给予他太多的恐惧，霍尔说："……我必须逃离这个环境。我不能让自己生活于其中，否则我只有被彻底毁掉。"① 也许就是在那时霍尔有了移民海外的决心。

而英国就是霍尔的必然选择。他从小接受英国式教育，当时，牙买加没有设立大学，想要继续深造，就必须到加拿大、美国或英国等地留学。霍尔在牙买加学到的多是英国教育体系下的课程，一直到快离开牙买加的最后两年，霍尔才学到一些关于加勒比海地区的历史和地理知识。1951 年，霍尔到牛津念大学，以后就长期定居英国。由于父母的影响和自己所受的教育，霍尔对英国的认识是

① The Formation of a Diasporic Intellectual—An Interview with Stuart Hall by Kuan-Hsing Chen. David Morley and Kuan-Hsing Chen eds. Stuart Hall—Critical Dialogues in Cultu-ral Studies. Routledge, 1996, p. 489.

非常内在的，深入血液的，尽管如此，他还是强烈感到自己并不是“英国人”，自己也不想成为“英国人”。对于牙买加，霍尔也有相同的感受。现在的牙买加已经是一个独立的黑人社会，社会的文化构成也和他年轻时生活的年代极为不同。对于这两个他生活过的地方，他感到自己只是个“熟悉的陌生人”，自己不能全部属于其中的哪一个。

霍尔在牛津的学习生活极大地影响着他后来的学术思想。他在牛津莫顿学院学习文学，同时和来自西印度群岛的留学生投入西印度群岛的政治活动之中。霍尔在20世纪50年代中叶，已经成为“新左派”举足轻重的人物。霍尔长期任《大学与左派评论》编辑，在这个刊物里，新左派抨击帝国主义、种族主义，批驳旧左派的无能，并且将文化问题引进政治学。霍尔是《新左派评论》的第一任编辑。在威廉姆斯和霍葛特等人的影响下，霍尔系统地研究了马克思主义，对马克思主义保持着高度批判的倾向，并且开始注意很多老一辈研究者不太关注的领域，如研究流行文化或电视文化等问题，并且突出它们在政治上的重要性。那时，他还和帕蒂·维内尔（Paddy Whannel）一起为英国电影中心开展电影研究。后来霍尔离开《新左派评论》，到伦敦大学教授媒体、电影和流行文化课程，并开始了早期的文化研究。这在当时的英国大学里开了文化研究课程的先河。

当时在伯明翰大学教学的霍葛特非常赏识霍尔，他邀请霍尔到英国伯明翰大学（Birminghan University）当代文化研究中心（The Centre for Contemporary Cultural Studies，简称CCCS）工作，认为霍尔将电视、电影、流行文学的研究结合得很好。1964年，霍尔来到伯明翰大学，开始了影响世界学界的文化研究。要了解斯图亚特·霍尔的传播思想，我们必须对英国伯明翰大学当代文化研究中心有所了解。因为，一方面，霍尔最引人注目的成就基本上都集中于他在当代文化研究中心工作的十几年里；另一方面，我们现在所说的文化研究，在很大程度上是以大众文化研究为核心的，而媒介研究是大众文化研究的重要领域，当代文化研究中心在霍尔领导时期，媒介研究是其最重要的内容，霍尔的传播思想主要是在这个时期体现出来的；还有一个重要方面是因为，相对于别的传播学家而言，霍尔没有一本完全由自己著述的书来集中表达其理论思想，他的论文大多收集在他编辑的书里，或者和别人合著，或者在杂志上发表，还有大量推广中心的广告似的文章（很多都没能保存下来）以及四处演讲的讲稿、会议的发言稿，这样，就很难让人对他的思想有一个整体的把握。所以笔者以当代文化研究中心为叙述起点，试图牵出一条引线便于读者理解霍尔的思想理论。

第二节 英国当代文化研究中心

英国当代文化研究中心并不是霍尔创立的。1964 年，理查德·霍葛特（Richard Hoggart）在伯明翰大学创立了当代文化研究中心。他在这个研究机构担任主任 5 年后，将一切工作事宜交给了他的副手，一个名叫斯图亚特·霍尔的年轻人，也许他没想到，在这个“外来者”的领导下，当代文化研究中心在以后的十年里，发展成为国际学界最负盛名的文化研究机构，并且形成了著名的伯明翰学派，霍尔也当之无愧地成为学派的代表人物。弗朗西斯·慕尔亨（Francis Mulhern）说道：“没有理查德·霍葛特就没有中心。但是，中心历史上最具鼓舞力的人，为形成中心个性付出最多的人，却是霍葛特的副手，后来的继任者斯图亚特·霍尔。”[①] 在这个学派的开拓下，文化研究走出英国，并且在各国生根发芽，不断壮大，成为当今世界上最为活跃的学术领域。因此，我们有必要了解文化研究的来龙去脉。

（一）什么是文化？以伯明翰学派为基点的“文化研究”和现

① Francis Mulhern: Culture/Metaculture. London and New York: Routledge, 2000, p. 98.

今方兴未艾的文化研究有什么联系？这个学派的主要贡献是什么？

文化这个词听起来太熟悉了，可是越熟悉的东西就越不容易说清楚。古往今来，有多少思想家、理论家试图给文化一个终极答案，但至今也没有一个让人普遍接受的定义。1963年，美国人类学家A. 克洛依伯（A. Kroeber）和C. 克勒克荷恩（C. Kluckhohn）写了《文化：概念和定义批判分析》（Culture：A Critical Review of Concepts and Definition）一书，试图厘清这众说纷纭的文化问题。他们将100多条不同的文化定义分门别类，按照历史发展顺序把它们分成9种基本的文化概念：哲学的、艺术的、教育的、心理学的、历史的、人类学的、社会学的、生态学的以及生物学的。而人类学的文化定义被公认为文化定义的分水岭。这个定义首先是由19世纪70年代英国著名人类学家爱德华·泰勒提出的，以往的关于文化的定义都偏向于某些方面，泰勒提出了一个全方位的概念，他认为文化是人类经验的总和，是个错综复杂的总体。正是从文化的人类学定义开始，现代意义上的文化研究模式露出端倪。而现在流行于世界的文化研究和文化的社会学概念更是联系密切。我们现在从事的电影、电视、网络等研究以及性别、阶级等研究都与文化的社会学概念颇有关联。文化研究现在已经被公认为是国际学界最有活力、最有创造性的学术领域之一，不过这里的文化研究一般被认为是狭义的而非广义的。从文化有如此多的定义上看，就可猜想出广义的文化研究历史悠久，而近代意义上的文化研究多被等同于文学研究。同“文化”一样，现代文化研究至今也没有一个确切的定义，研究范围也模糊不清，不过我们可以根据一些现象概括出现代文化研究的几点特征：1. 文化研究不是文学艺术研究，虽然它们有部分内容重合。2. 关注现实问题，与社会保持密切联系，社会各个阶层、各个领域、各种问题都有可能纳入它的研究范围。3. 具有极大的开放性，不受学科限制，也不打算成为一门学科，因此讲究博采众长、融会贯通和不断创新。4. 在研究态度上主张批判精神。值得一提的是，很多人根据现在文化研究的研究状况，指出现在的文化研究就是大众文化研究，而大众文化的核心就是传媒。伯明翰当代文化研究中心的第三任主任理查德·约翰逊在《究竟何谓文化研究》一文中就指出，他所说的文化研究主要指的是大众文化研究。

翻开近年来我国关于文化研究的学术著作不难发现，人们一般将第二次世界大战后在英国兴起的文化研究作为当今风行于世的文化研究的开端。这里所说的文化研究一般指狭义的文化研究，源头可以追溯到法兰克福学派的文化工业理论，而真正明确提出“文化研究”，并按照自己规划的原则从事研究的，是1964年英国伯明翰大学成立的当代文化研究中心。但是霍尔指出，文化研究没有绝对的开端，澳大利亚文化理论家托尼·贝内特（Tony Bennet）对这个问题有类似的看法：“我认为文化研究现在和过去从来不可能被界定为一个特定的民族传统，或是植根于一个特殊场所的思想流派。尤其需要指出的是，如果佯称由于某种原因文化研究产生于伯明翰，那么就不可能理解比起源神话更分散和样式更复杂的首创了，即便在英国语境下也是如此。这种谱系也无助于我们理解现在被置于‘文化研究’标题下的一系列争论。”① 显然，贝内特清楚地看到了当今文化研究的现状。事实上，现在的文化研究领域是杂乱无章的，它几乎就是社会学、人类学、历史学、文学等学科的混杂体，内部充满互相矛盾的理论，它的研究方法甚至也各相抵触。因此，贝内特认为，要给错综杂乱的文化研究找个源头是不明智的。但是，他承认，对这些杂乱的研究冠名以“文化研究”这一术语是必要的，因为我们需要一个标签来识别一下这个杂乱的领域。他说：“……它们却有一个共同的倾向，即从它们与权力之间的错综复杂联系以及它们处于权力关系之中这个角度来检验文化实践……从这个角度来看，与其说构成文化研究的是一个特定的理论

① ［英］托尼·贝内特：《置政策于文化研究之中》。罗钢，刘象愚主编：《文化研究读本》，中国社会科学出版社2000年版，第93页。

或政治传统或学科，不如说是一个引力场，许多知性[①]传统都能从中找到一个临时汇合点。它指定了一个争论领域，其中，有些事物被视为当然，对话更能集中地进行。惟其如此，这些争论中惟一亟待解决的实质性内容涉及到将文化和权力之间关系理论化的方式，而这将有助于这些关系及在它们内部进行的实际论战。”[②]

照贝内特的说法，文化研究的源头不能界定在某一个学派或某个民族的传统上，这当然无可厚非。就在第二次世界大战后的英国，伯明翰学派也不是惟一一个从事文化研究的学术机构，那时在英国出现了很多媒介和大众文化研究的机构，如 1966 年在里兹（Leeds）成立的电视研究中心（The Centre for Television Research）、1966 年在列斯特大学（University of Leicaster）成立的大众传播研究中心（The Centre for Mass Communication Research）、1967 年在伦敦大学有了英国电影研究等等。但是，我们得承认，伯明翰大学当代文化研究中心对英国乃至世界文化研究的影响力恐怕是其他类似机构难以匹敌的，它曾研究的领域很多仍然是当今文化研究关注的焦点，它所倡导的批判精神仍然是当今文化研究的灵魂。斯多雷将霍尔的《电视话语的编码与解码》作为大众传播理论的里程碑，西方文化研究的新起点，而戈雷姆·特纳（Graeme Turner）这样评价霍尔：“在文化研究领域，霍尔的部分角色就是像导管一样，将欧洲的结构主义理论送到英国的研究者和理论家那里；在美国，他似乎又扮演同样的角色，将英国的理论转送到那里。”[③] 当代文化研究中心对文化研究国际化无疑起着推波助澜的作用。比如文化研究的一个重大贡献就是改变了众多学者的态度，使他们开始正视那些曾经不屑一顾的大众文化：电视娱乐节目、体

---

① “知性”的拉丁文为 intellectus，这里主要指理解力，理性认识的能力，思维、分析、推理的能力。

② ［英］托尼·贝内特：《置政策于文化研究之中》。罗钢，刘象愚主编：《文化研究读本》，中国社会科学出版社 2000 年版，第 93 页。

③ Graeme Turner：British Cultural Studies—An Introduction. Routledge，1996，p. 69.

育节目、流行音乐、商业电影、时装等等，从而从社会关怀的角度来进行文化研究。而这些都是伯明翰当代文化研究中心非常严肃对待的研究课题。《消费社会》的作者鲍德里亚就曾说过，大众文化是一个转折点，它是传统文化形式的终结，在他看来，大众文化才是现代文化的真正逻辑。我们不妨将20世纪五六十年代兴盛起来的文化研究大致划分为早、中、晚三个时期，从第二次世界大战后至1964年当代文化研究中心成立为早期，霍尔领导中心研究工作的十余年为中期，80年代中期到现在为晚期，那么以雷蒙德·威廉姆斯（Laymond Williams）、斯图亚特·霍尔等为代表的英国文化研究是早、中期文化研究的主导。现在的文化研究和20世纪七八十年代的文化研究有很大不同，这是文化研究发展的必然，文化研究同其他任何知性活动一样，不可能是无可挑剔的，不可能完全不存在争议。它一开始就拒绝自己成为一门纯粹的学科。文化研究要继续生存下去，就不能失去自己开放的个性，就不能失去自己批判的灵魂，它经由欧洲—北美—亚太地区的“旅行”线路，向世界提供了一个与传统的研究迥然不同的、全新的学术视野。

（二）第二次世界大战后英国传统的文化研究开始了前所未有的转变，在这个转变过程中，理查德·霍葛特、雷蒙德·威廉姆斯、E. 汤普森的研究对英国乃至世界文化研究影响深远，正是他们富有洞见的创新，使传统文化研究翻开了新的历史的一页。

传统的英国文化研究的转变和大众文化的兴盛分不开。这个转变是从一群精英们对新兴的大众文化展开批驳开始的。19世纪工业化在英国迅速扩张，越来越多的地方实现了城镇化，大众文化逐渐发展起来，但它一开始就遭到了学术界的鄙夷，马休·阿诺德在1869年出版的《文化和无政府状态》一书中，就警告世人随着城镇发展而来的“庸俗”（philistine）文化可能带来的不良后果。他认为这些文化毫无审美价值，不利于民主社会的发展。阿诺德的担忧在那时只是一朵小小的浪花，并没有引起学者们很大的重视。随着20世纪科学技术的发展，与之而来的电视、电影、通俗小说、女性杂志、流行歌曲等大众文化产品受到世人的青睐，精英们津津乐道的经典受到冷落，阿诺德式的担忧汇集成了巨浪，首当其冲的就是F. 利维斯（F. Leavis）对大众文化的批判。

利维斯的批判被认为是英国现代意义上文化研究的源头。时间基本集中于第一次世界大战和第二次世界大战之间。F. 利维斯是20世纪最有名的文学批评家之一，他创办了著名的文学批评杂志《细绎》（Scrutiny），围绕这个杂志形成了一个团体：利维斯、其妻Q. 利维斯、L. 耐茨（L. Knights）、丹尼斯·汤普森（Denys Thompson）等。之所以称其为源头，是因为以前对文化的研究多集中于文化的道德和审美内容，而利维斯他们开始研究表达这些内容的形式或载体，如大众媒介。他们开始研究广告和通俗小说，研究大众文化的形式和内容。然而，他们的研究似乎只是想弄清楚这些“东西”“滥用”语言会给社会和道德带来什么样的影响。他们对大众文化的态度是傲慢的，在他们眼里，大众文化具有先天缺陷：缺乏道德上的严肃性和审美价值；工业化、大众传播和技术破坏了他们心目中的英国花园（garden of England）；甚至，在利维斯看来，文化只是传统意义上的高雅文学艺术品，惟有阅读这些艺术精品，人们的高雅情操才能得到培育。他试图通过教育体制来更为广泛地传播文学知识，使之为更多的人所欣赏。贝内特曾形象地表述大众文化在利维斯时代的遭遇：“大众文化被毫不喜爱它的外来者伸长手臂捧着，小心翼翼地从远处走来……”① 尽管《细绎》集团开始了对普通市民日常生活的论述，但是他们强烈的精英意识阻碍了他们成为现代文化研究的开创人，不过，无意中却成了威廉姆斯等人的引路人。

第二次世界大战后，远在大洋彼岸的美国企图在经济上推行马歇尔计划援助西方国家重建家园，从而在欧洲确立自己的主导地位；美国电影、电视节目等文化产品大量涌入欧洲，美国的生活方

① Graeme Turner: British Cultural Studies—An Introduction. Routledge, 1996, p. 40.

式深深影响着欧洲人的生活方式和观念；英国战后恢复资本主义工业生产，建立福利国家，并协同西方力量反对苏联共产主义。在这种背景下，英国人面对的国家似乎和战前迥然不同了，现代化和流行文化的美国化成了新的文化标志，工人阶级的生活改善了，过着战前中产阶级过的日子。这一切引导着人们去探究这些变化和由此生发的文化、经济和政治结果。在社会科学领域里，学者们开始关注工人阶级文化和社区，工人阶级已经成为中产阶级——他们的生活条件和意识形态似乎已经和中产阶级相差无几。同时，传统文化研究的转变与研究者自身的出身及生活经历有着很大关系。利维斯信奉精英主义，这与他受到的良好教育分不开。第二次世界大战后，英国大力发展教育事业，将成人教育作为战后国家福利的一个手段。在大学读书的人中，开始有了大量来自工人阶级和中低阶级家庭的学生。威廉姆斯和霍葛特都来自工人阶级家庭。同时，威廉姆斯、霍葛特、汤普森还有霍尔都当过成人教育老师。这些来自下层的又有学问的人，重铸了英国的文化研究。

20世纪中叶，文化研究开始摆脱利维斯主义。理查德·霍葛特的《识字的用处》（The Use of Literacy）、雷蒙德·威廉姆斯的《文化与社会：1780～1950》（Culture and Society：1780～1950）、《长期革命》（Long Revolution 1961）以及E. 汤普森的《英国工人阶级的形成》（The Making of English Worker 1963）的出版就是这一转变的证明。

霍葛特出生于里兹（Leeds）一个工人阶级的家庭。从1946年到1959年，他在湖尔大学（Hull University）的成人教育部教授文学课程，这段经历影响了霍葛特对文化的定义。接受成人教育的人通常都是因为经济原因、个人或阶级原因而不能正常地上大学的人，《识字的用处》写的就是这些人。

霍葛特的《识字的用处》可谓文化研究的开山之作。在这本书里，霍葛特利用文学分析技巧分析更大范围的文化产品：音乐、报纸、杂志和通俗小说；与工人阶级相关的公共文化——小酒店、工人俱乐部、杂志、体育活动、私生活、家庭角色、性别关系、社区共识等都成了霍葛特的“文本”，他试图通过读解这些文本探究出工人阶级文化的价值和意义。《识字的用处》分为两部分，前一部分勾勒出霍葛特记忆中丰富多彩的工人阶级文化生活（20 世纪 30 年代）；后一部分描述了第二次世界大战后美国式的“大众”流行文化，这一部分，霍葛特利用利维斯式的审美标准花了大量的篇幅反对这些文化产品，他认为现代流行音乐、美国电视、电唱机、浪漫小说以及廉价杂志本质上都是赝品。霍葛特对前后两个部分所描述的文化图景的态度形成了鲜明的对比，正是在这一点上显示了霍葛特虽然扎根于芸芸众生，但实质上仍然承继着利维斯主义传统，他为自己青年时代所构筑的美好图景只不过是他的思乡病而已。他和利维斯的不同之处，只是在他看来文化的衰落是在 20 世纪 30 年代发生的，而不是在 19 世纪，因此，他描述的城市工人阶级文化具有民间文化的所有品性而不是我们现在所理解的大众文化的品性。这样，霍葛特的“实践批评”（霍尔用语）精神也落了空，因为他对当代工人阶级出身的年轻人生活的复杂性视而不见，从而无法探究普通人的文化中的特殊根源。但是，尽管这本书存在这样或那样的局限，它还是对文化研究产生了极大的影响。首先，霍葛特将文学的“文本”分析引入对现实生活的研究，后来成为文化研究的主要研究方法之一；其次，从霍葛特始，摈弃了传统文化中的对文化的两极划分，消解了所谓高级和低级的文化界限。也许他没能正确评价其所处的现实环境的意义，但是，他却打开了文化作为形式和实践的领域，引导着后来人去探究这片新天地，开始了人们对媒介和大众文化的论争。

《识字的用处》对于文化研究的理论发展并没有产生多大影响，对此起到推动作用的是雷蒙·威廉姆斯。

1921 年，威廉姆斯生于威尔士与英格兰疆界附近的“边境乡村”。他是战后英国学识最渊博、最有成就、读者最广泛、影响最大的社会主义作家。同霍葛特一样，他的早期生涯的大部分时光

(1946~1960年) 都在牛津大学当成人教育老师，他的第一本书《文化与社会》直接产生于他的成人教育课程。

威廉姆斯对整个的文化经验，意义和构成都感兴趣，他发现文化这个研究领域可以将他的两个主要兴趣——文学分析与社会研究联系起来。他试图建立一套文化研究理论，而事实证明他的努力是多么具有远见卓识，恐怕没有人能像威廉姆斯那样影响文化研究发展进程中的理论。这种理论建设始于1958年《文化与社会》的出版，这本书仍然运用了传统文化研究的文学-道德研究模式。它是一本文学历史书，但和传统的文学历史书不同的是，威廉姆斯关注的不是文学的文本，而是它们同某一观念的关系。为了建立观念和其表征的文化基础，他运用利维斯式的文本分析方法，梳理了19世纪和20世纪的英文作品及其思想。他自称要追求的就是扩展文化的意义，使其与我们的日常生活成为同义词。在这本书里，威廉姆斯将文化与社会看做一个整体，以求形成一种新的文化研究传统。

《文化与社会》只是表明威廉姆斯将注意力集中于“文化”，真正标志着文化研究作为一个门类被建立起来的是他在1961年出版的第二本书《长期革命》。这本书彻底和文学-道德研究模式决裂。《长期革命》为文化研究建立了理论基础和方法论基础，并为接受欧洲的马克思主义和结构主义做好了准备。首先，威廉姆斯对传统文化概念进行了梳理。威廉姆斯认为，文化应该是对社会种种描述的总和，那些所谓的“人类最高的文明成果”、“经典的文学作品”以及它们所蕴含的意义并不是文化的全部，它们同日常生活一样，只是社会进程的一部分，它们不是水中花、镜中月，作为社会进程的一部分，它们和其他许许多多实践相互作用，难以分离。文化概念在这里被民主化、社会化。在完成这些梳理之后，威廉姆斯开始着手建立一个具体的文化理论系统，这里，他受到人类学的启发，强调文化是所有社会实践之间关系的总和，是生活的整体方式，文化理论就是对这些社会实践之间关系的研究。在这个语境中，经验被摆在显要的位置，人处于特定时代的各种各样彼此相联系的组织形态中，通过分析人们的“感觉结构”（structure of feeling），我们有希望把握实践和组织形态之间的关系，因为任何文化都包含着对生活独有的领悟，具有特殊的个性色彩：“这种‘感觉结构’是一个时期的文化。”① 威廉姆斯赞成所有的阶级和社会阶层都可能创造性地参与和分享的文化。他的“感觉结构”概念，反映了他坚信文化和社会是与被经历的和被体验的生活密不可分的观点。在整个一生中，他都相信经验是一种知识形式。“感觉结构”实际是指在一个特定的时期内被体验的整个生活方式。②于是威廉姆斯试图展开文化制度（institutions）以及它们的意识形态和话语研究。遗憾的是，这本书存在着一个内在的矛盾：缺乏文化结构的理论和相应的文本分析的方法，一些术语如“感觉结构”仍然让人感到模糊不清，不易把握。也就是说，威廉姆斯仍然没能建立起一个行之有效的方法论体系。有人认为，这是因为威廉姆斯没有吸收结构主义理论的原因。但是无论怎么说，这本书是独具创见的，霍尔高度赞扬其为“英国战后知识性活动（intellectual life）的一个创新事件”：“它把整个论争战场从文化的文化——道德定义搬到文化的人类学定义里。依靠那些被社会地建构、历史地转变的意义和定义，它将后者界定为‘完整的过程’（whole process），在这个过程中，文学和艺术被视为一种惟一的、享受特惠的社会传播形式。”③ 这个战略转变使文化研究的发展成为可能。

值得一提的是，1962 年威廉姆斯出版了《传播》（Communication）一书。威廉姆斯在讨论现代传播技术的功能时，并没有脱离《文

① Raymond Williams: Culture and Society: 1780-1950. New York: Columbia University Press, 1983, p. 64.

② 参阅［美］罗伯特·戈尔曼编：《“新马克思主义”传记辞典》，赵培杰等译。重庆出版社 1990 年版，第 854 页。

③ Stuart Hall, Dorothy Hobson, Andrew Lowe and Paul Willis (eds.): Culture, Media, Language. Hutchinson & Co. (Publishers) Ltd, 1980, p. 19.

化与社会》和《长期革命》中的文化研究。他特别强调大众传媒所体现出来的权利关系和生产关系对于社会和文化建设的重要性，并指出像教育、语言、大众传播、戏剧小说等文化形式生产过程和在社会上被接受的过程都值得研究。他将领域极广的文化研究集中于传播是非常有益的，这使得他能专注地探究理论和传统。遗憾的是，这本书受到了美国传播学研究的极大影响，主要是社会学和政治经济学的经验主义影响。但在《传播》一书中，威廉姆斯提出了一些独到之见：建议人们研究媒介机构（制度）和产品，建议发展将所有文化形式连接起来的文本批评。历史证明了威廉姆斯的天才建议。威廉姆斯无愧于“文化研究”这一领域的先驱，伯明翰学派的精神领袖。[①] 威廉姆斯的立场是在不断修正变化的，由于篇幅有限，对他以后的研究成果就不再表述了，毕竟，威廉姆斯对英国文化研究的影响可能更多地集中在早期。

E. 汤普森的重要性并不仅限于文化研究，他的《英国工人阶级的形成》自1963年出版以来，对英国社会历史的研究产生了深远的影响，也对来自社会学、人类学和民族志的大众文化及阶级、亚文化的研究产生了影响。和威廉姆斯不一样，汤普森从马克思主义的传统中发展出自己的文化理论。汤普森不同意威廉姆斯将文化看做“整体的生活方式”，他认为“文化产生于不同利益集团和社会力量之间的斗争”。威廉姆斯还残留着利维斯式的文化观点，这和汤普森关于文化的毫不含糊的定义形成对比，汤普森将文化定义为流行文化，“人民”的文化。汤普森就是要重写文化历史以便矫正官方历史中对它不平等的表现。汤普森拒绝接受简单的经济决定论和传统的下层建筑决定上层建筑模式，其目的是为了强调文化的重要性；他不接受阶级统治论；他主张活生生的文化和个人经历的重要性；他主张基本的人文主义。文化对威廉姆斯和汤普森来说，

---

① ［英］安吉拉·默克罗比著：《后现代主义与大众文化》，田晓菲译。中央编译出版社 2001 年版，第 IV 页。

是组成日常生活的实践和关系的网络，在这个网络里，作为个体的角色必须被摆在最突出的位置。

通过以上对早期文化研究的历史回顾，我们可以确定，文化研究从一诞生就具有极强的批判精神。霍葛特、威廉姆斯、汤普森等人的著作不赞成经济决定论和阶级决定论，强调在社会发展过程中文化所起的关键作用，同时更把文化从传统的、狭隘的精英文化的定义中解放出来，把它理解成一种特殊的生活方式，这样就为文化研究的进一步发展扫除了理论上的障碍。

(三) 1964年，伯明翰当代文化研究中心的成立为文化研究在西方学术体系内部找到了一个立足点。在中心的推动下，文化研究在英国有了实质性的进展，并逐渐产生世界性影响。

伯明翰当代文化研究中心是文化研究历史上最主要的研究机构。他们大量的学术论文和著作，引起了学界和公众的高度重视。事实上，当今著名的文化研究学者有的就曾经在中心工作过，有的和中心的研究保持紧密的联系，如我们熟悉的迪克·何伯迪（Dick Hebdige）、大卫·莫利（David Morley）、菲尔·柯汉（Phil Cohen）、多萝西·霍伯莘（Dorothy Hobson）、保罗·威利斯（Paul Willis）、安吉拉·默克罗比（Angela McRobbie）等。

霍葛特在伯明翰大学当了四年英文教授后，1964年成为伯明翰大学当代文化研究中心的首任主任。中心自成立以来，工作人员一般只有几个人，据说从来没有超过三个人，而它的影响力远远超过了人们能想像的范围。这个中心的成立并没有得到伯明翰大学英文系和社会学系的青睐，他们甚至是怀着敌对情绪观望着这个跨学科的研究机构的。中心不光是研究机构，而且还从事研究生教学。它没有按照正规的研究生课程来教授学生，而是让学生们组织起来，分成一个个的阅读小组或研究小组，有了疑问大家一起讨论，并指导学生做读书笔记，鼓励学生发表自己的作品，还经常将论文油印出来，供大家参阅讨论。这种教学方法使学生不再一味追求完成作业和得到学位，而是让学生真正学有所归，很多学生的文章在公开刊物上发表，并赢得了良好的声誉。当然，此种工作方式使中心的大部分出版物都带有集体合作的痕迹，也许这也是霍尔一直没有专著的原因。这种合作使研究工作进展得非常好，中心的声名开始远播了。

中心在成立初期就宣称其宗旨是研究“文化形式、文化实践和文化机构及其与社会和社会变迁的关系”。20世纪60年代，大众文化在英国史无前例地发展着：甲壳虫乐队、詹姆斯·邦德电影、T恤衫等在英国流行起来。这些导致了人们开始研究大众媒介在这些流行文化中所扮演的角色，媒介研究成了文化研究新领域的焦点。中心也迅速地将注意力转移到大众媒介的研究上来。最初，这种研究受到美国传播学研究的严重影响，他们的媒介分析几乎完全附着在美国的理论研究传统上。

1968年，霍葛特离开中心，中心工作由霍尔主持。霍尔在当主任的十年时间里，亲眼目睹了中心在理论基础方面的发展。结构主义者在这里找到了自己的位置，而民族志和媒介研究是中心文化研究最明确的发展方向。

在霍尔领导下，中心摆脱了美国传播学研究的影响、传统的文化与文明研究的影响、社会科学经验主义的影响，开始转向媒介的意识形态功能分析。在这些分析中，媒介被定义为“主要的文化和意识形态力量”①。媒介是人们阐释社会关系和政治关系的主要方式，在受众意识形态的产生和转变中，媒介居于主导地位，这种研究不大关注媒介行为的结果，而比较重视媒介的意识形态效果，比较重视权力结构和媒介政治研究。在这个新的批评视野里，以精英文化为主体的诸种文化现象不再作为分析和研究社会体制和意识形态的主要对象，恰恰相反，这种分析和研究把注意力转向了被以往的理论活动所排斥的领域。大众文化以及与大众文化密切相关的

① 参阅 Graeme Turner: British Cultural Studies—An Introduction. Routledge, 1996, p. 72.

大众日常生活，诸如广告、时装、电视剧、畅销书、流行歌曲、儿童漫画、新闻广播、室内装修乃至休闲方式都成为理论分析和批评的主要对象。当代文化研究中心的研究是多样化的，并且取得了较大成就，比如，对日常生活的研究吸收了汤普森的论述，运用了社会学和人类学的民族志研究方法。后来，这方面的研究集中在亚文化，研究它们的构造，它们同主导文化的关系。女权主义研究也得益于亚文化的一些研究方法，如研究女性的文化从属地位。女性亚文化的研究包括受众从电视上“协商”而来的意义和得到愉悦之间的关系，这为我们提供了一个了解女性和电视的平台。霍尔这一时期的突出贡献在大众媒介领域，他以媒介为中心，极大地扩展了文化研究领域。因此，可以说文化研究是威廉姆斯等发现的肥沃土壤，霍尔是这片土地的播种者和开拓者。

当代文化研究中心的研究方向在霍尔手中转变，可能是一个必然。首先霍尔的出身和威廉姆斯等早期文化研究者是不一样的。富裕工人的出现，大众媒介的兴盛以及不断增大的人口流动性，都使威廉姆斯、霍葛特、汤普森恐慌，他们认为这威胁到了工人阶级及其文化的整体性和独立性，霍尔却把这些社会变化作为他的研究起点。霍尔对英国现状作业的不同反应与他的身份有关。霍尔作为一个移民，一个年轻人，不可能像霍葛特、威廉姆斯那样带着怀旧情绪，回顾他们青年时代英国工人阶级的文化价值，他更关注的是现实和对现实的分析。其次就是霍尔一直在理论路上“旅行”，有着很深厚的理论修养。早在牙买加霍尔就参加了反殖民政治运动。1951年，他到英国牛津大学研究文学，并从此留在了英国。从青年时代起霍尔就非常关注现实，并积极投身于各种政治活动。比之威廉姆斯而言，尽管霍尔是年轻的一代，但是在20世纪60年代和70年代，霍尔同样是英国左翼阵线中的知名人物。50年代中期，他就成了“新左翼俱乐部”的重要人物。霍尔还是《大学和左翼评论》的编辑，这本杂志是俱乐部的讲坛。在这一时期，霍尔熟读马克思主义著作，研究了马克思经济和哲学手稿。在威廉姆斯、霍葛特、汤普森等人的影响下，霍尔系统地研究了马克思主义的人道主义和文化思想。他的第一本书《大众艺术》(Popular Art，和帕蒂·维内尔合著，1964年第一次出版）受霍葛特和威廉姆斯的影响很大。《大众艺术》带有很明显的文化和文明的研究传统。但是，《大众艺术》显然没有利维斯主义的怀旧情结，霍尔对大众文化形式的兴趣比他的前辈们大得多。《大众艺术》超过了霍葛特，因为它拒绝接受媒介不可避免地会生产糟粕的观念。再者，霍尔很早就对欧洲大陆的理论感兴趣了，那时欧洲思想异彩纷呈，60年代及以后的结构主义、后结构主义在世界范围内流行。霍尔将这些理论融会贯通，为文化研究作出了杰出的贡献。他的理论著述集中于文化、意识形态和身份这些主题。

从上面所述背景可以看出，文化研究在早期就和马克思主义有着千丝万缕的联系。霍葛特、威廉姆斯出生于普通的工人阶级家庭，两人都是共产党员，所以很多人直接将早期的文化研究称做马克思主义文化研究。有人将文化研究分成这样三个阶段：早期以威廉姆斯为代表的文化主义、中期以霍尔为中心的意识形态文化研究以及现在的后现代主义。回顾文化研究历史，不难发现第二个阶段是最重要的。霍尔跨越了这三个阶段，是这三个阶段承上启下的人物，其思想统领了第二个阶段，他批判并发展了威廉姆斯等人的文化主义，并借鉴阿尔都塞的结构马克思主义、葛兰西的霸权理论、结构主义及后结构主义理论，使文化研究更具生命力和现实意义。正是在这一阶段文化研究渐渐有了较为固定的研究范围，并直接影响到现在的文化分析范围。

（四）霍尔的《文化研究：两种范式》是文化研究领域的经典文献。他的分析显示出中心的工作原则变化以及霍尔所经历的理论改造。正是在这种不断反思和修订的过程中，中心的文化研究才赢得了世界范围的声誉。

在《文化研究：两种范式》中，霍尔将文化研究进行梳理，得出当代文化研究主要有两种范式：文化主义范式和结构主义范式，前者以威廉姆斯、霍葛特为代表，后者受列维-斯特劳斯(Levi-Strauss)、阿尔都塞（Althusser）等人的影响。霍尔首先批判了以威廉姆斯为代表的文化主义。他认为：“文化主义范式将文化与所有的社会实践紧密联系起来并将其理论化；同时反过来把这些实践理论化为人类活动的一种共同的形式：感性的人类实践、人类借以创造历史的活动。”① 文化主义反对简单的经济基础决定论，它把文化界定为产生于不同的社会群体与阶级的、以其特定的历史条件与关系为基础的意义与价值，他们通过文化而“掌握”或回应生存条件，同时把文化界定为活着的传统与实践，通过它们，各种各样的理解才得以表达，这些理解也具体地表现在这些传统与实践中。在经验中，所有的实践相互交叉，而在文化中不同的实践相互作用。霍尔认为这种范式过于强调文本分析和对个体经验的研究，高估了人的创造性和能动性，赋予了“经验”在文化研究中的权威性地位。霍尔拒绝接受威廉姆斯和汤普森的人道主义阶级还原论（根据这种理论，社会实践和社会观点之间，存在着必然的对立和决定关系)。霍尔总结道：“这一文化总体意识或对总体历史过程的意识使得所有将诸种事例与因素加以区别的势力趋于无效。”②他以媒体为研究对象，探讨社会实践及其理论陈述之间的关系，试图将非还原论的决定论、意识形态和霸权理论连接起来。霍尔认为信息编码受意识形态操纵，这种操纵也具有多方性，既有主导阶级又有职业团体的意识形态，而受众对这些编了码的信息的解码也具有多样性。同时他也关注媒介符号与信息变动的政治语境。威廉姆斯等提出了现实世界的普遍问题，而霍尔的分析具有可操作性，具有更强的现实意义。

结构主义在很大程度上围绕着意识形态的概念而得以建立，而且与马克思主义关系更加紧密。斯特劳斯认为，首先，文化是思想

①② 陶东风等主编：《文化研究（第1辑）》，天津社会科学院出版社2000年版，第47~48页。

和语言中的一个范畴，在这个范畴里，不同的社会得以把自己的存在条件（首先是人与自然的关系）加以分类。其次，他放弃了文化与非文化之间关系的问题，专注于文化内部间的关系，这就放弃了决定论与总体性的问题。结构主义指出，既然人的意识和经验都是由文化和意识形态构建的，当我们已经能够研究它的构成机制时，为什么还要浪费时间去关注它的具体内容呢？霍尔认为结构主义对文化研究的贡献表现在它对以下三方面的强调：决定性条件、"抽象"与"整体的概念"、"经验"去中心化（decentralization）。结构主义对决定性条件的强调，提醒我们要辨证地对待人创造历史的观点。"人"能够意识到自己的条件，并能通过抗争改变它，不然的话，任何积极的政治都是不可能的。但是，过分强调人的作用，其结果必然导致唯意志论或大众主义。因此，我们不能忽视这一事实：在资本主义的关系中，人是被安置与定位于关系中的，正是这个关系把他们构建为能动者，结构主义使我们能思考这一结构关系，而不是把这些关系还原为"人"之间的关系。而结构主义对"抽象"的强调，使我们认识到思考和分析现实的复杂性，需要思维的实践，就必然要使用抽象力量，必须构造用以切入现实复杂性的概念。结构主义修正了文化主义的"总体"概念，文化主义的总体性是通过诸种实践相互穿梭的灵活性得以构建的，它的总体性是表象性的、简单的。而结构主义认为，结构整体必然具有复杂性，而且它有能力将差异性构建为整体，这样有助于我们把各种实践结合起来思考。结构主义并不像文化主义那样把"经验"置于权威地位，他更强调被忽视的"意识形态"范畴方面的开创性的工作。在霍尔看来，尽管结构主义弥补了文化主义的缺陷，但是它也抛弃了文化研究的长处。霍尔在《文化研究：两种范式》中指出的文化研究中的结构主义观点认为，文化不是某一社会集团的客观经验，威廉姆斯等对人的经验和主观能动性的推崇代表的是一种肤浅、落伍的浪漫主义和人道主义倾向。然而，恰恰是在这一方面，结构主义暴露了自身的偏颇和局限性。他们由于过分强调所谓

“结构整体”和这种整体的决定作用，牺牲了“过程”和具体经验的复杂性，牺牲了人的主观能动性。

从上面的论述可以看出，霍尔认为，要更好地进行文化研究，汲取文化主义和结构主义的有利因素是很有必要的。霍尔在这篇文章中所作的贡献绝不仅限于此，他的真正目的是要规范文化研究，因为文化研究存在一些过泛、过滥的问题。他认为：“无论是结构主义范式还是文化主义范式，就目前的情形看，都不适于把文化研究构建成一个概念清晰、理论上活跃的研究领域，但是思考它们各自的相关的力量与局限有助于我们完成这一任务。”① 在这一点上，霍尔追随阿尔都塞，将社会形态概括为一个复杂总体的统一，在这种统一中，社会实践是被多元决定的。同阿尔都塞一样，霍尔并不把意识形态看做一种“虚假意识”，而是看做一切社会构成必不可少的方面。霍尔反对阿尔都塞的功能主义，霍尔认为，社会形态的复杂性不能归结为某一单独的简单矛盾的作用，固然存在着许多矛盾，但不能说哪一种矛盾起着普遍的和决定的作用。相反，不同的矛盾在统一和斗争的不同位置上有着不同的作用。霍尔反对阿尔都塞将意识形态和人类的主观意图同实践截然分割开来，从而在某种程度上克服了文化研究中“文化主义”和“结构主义”的对立。

霍尔在这一时期的媒介研究中对文化主义和结构主义范式进行了较为成功的综合运用。他着重研究媒介和意识形态间的关系。对以往有关意识形态的经典论述进行了批判和分析，而且借此对大众媒介与国家、个人的关系，消费与意识形态的关系等问题，都作了新的讨论和阐释，或者提出了新的理论。这些理论活动深刻地影响了文化研究的发展。

1979年，霍尔离开中心，由理查德·约翰逊（Richard Johnson）

① 陶东风等主编：《文化研究（第1辑）》，天津社会科学院出版社2000年版，第50页。

继任主任。约翰逊本人的兴趣在主体的历史构建上，而不是媒介文本。后来，约翰逊将他的职位传递给了乔治·洛伦（Jorge Lorrain）。20世纪80年代末，当代文化研究中心发生了实质性的变化。中心成为文化研究系，并向本科生讲授此领域的课程。随着伯明翰大学社会学系的解散，文化系的教师增加了，像别的系一样，中心的成员除了研究外，要分出时间给本科生和研究生上课。

霍尔现在是奥本大学（Open University）的社会学教授，仍然是文化研究领域具有影响力的人物。

（五）从20世纪70年代中期到80年代中期，在文化研究领域，文化分析都牢固地植根在阿尔都塞和葛兰西所界定的新马克思主义理论里。在过去几年当中，文化研究发生了戏剧性的变化，现代性问题和后现代性问题成了更为熟悉的意识形态概念。

这些也许都是文化研究领域内在的发展结果，在霍尔提到的结构主义里，霍尔的意识形态理论中发展出来的极为系统化和连贯的概念和做法，面对的却是一批多少比较被动的主体对象（虽然受众的主体地位已得到恢复）。斯图亚特·霍尔所说的文化主义范式，对于当代文化的批评家也是一个问题。文化主义着重研究下层群体与阶级的文化体验，寻找社会阶层、性别或者种族的一致性，但是很少能够找到。相反，它找到的是社会意识当中存在的不连贯性、矛盾和冲突。阶级、种族和性别这些基本概念总是不可避免地被另外一些往往是更有效力的社会身份认同，比如说地区、宗教信仰或国籍所代替。

文化研究的转向，受到了德里达的解构主义、女权主义和种族问题、文本性、差异、身份等因素影响。现在的文化研究热，过多地关注当下的流行文化现象，缺乏对社会的深层批判，文化研究的社会批判功能，经常被表面上的喧嚣所淹没。解构主义的介入使霍尔非常担心，他提醒我们，解构主义可以“依靠形式把权力、历史和政治这些关键性问题消弭于无形”。如果是这样，可以说，霍尔时代的文化研究的战斗性和政治责任感遭到了毁灭性的打击，而拉克劳却认为这种转变并不是件坏事。以前，文化研究总把研究对象放在一个由阿尔都塞后来又由葛兰西提供的理论框架里，使得文化研究变得僵化刻板。而现在文化研究领域开放多了，这种新的开放导致一种沉思的、“作家式”看待问题方法的出现。这个方法有它的弊端，但是它的好处在于提供了一种更加宽广的反思模式，正是由于理论框架的缺失使得这种模式成为可能。

如今，“身份”问题成为文化领域的重要问题。这个问题也是非常复杂的，一方面，身份是流动的，总是不断地被重新构造；另一方面，身份只是相对于“他者”才存在的。当前文化研究中的“身份”一词，指导人们把自己视为积极的参与者，允许自我意识在宽广的文化实践范围包括在文本、图像、商品之中得到表现，而不是把自己视为阶级主体、心理分析中的主体、意识形态的主体或者文本来对待。借此，身份概念把文化研究带进了20世纪90年代的文化研究范畴。“身份”研究以日常生活为出发点，加入对历史和偶然性的强烈意识，给文化研究带来新气象。

第三节　斯图亚特·霍尔的传播思想

霍尔对意识形态和大众媒介的思考主要体现在他著名的解码/编码模式及他对主导意识形态的论述中，这是他在这一时期最有影响的智识成就之一。在大众传播领域霍尔的主要贡献在于将意识形态编码的文化形式同受众的解码战略联系起来，同时他也关注媒介符号与信息的变动的政治语境。在霍尔看来，以意识形态为基础被编码的文本仍然是决定因素的主要层面。霍尔的传播理论扎根于他对法国阿尔都塞结构主义和意大利葛兰西的霸权理论的融会贯通中。他的传播思想发展了大众传播的批判理论。

（一）霍尔的著名论文《电视话语的编码与解码》（以下简称《编码/解码》）打破了传统的传播研究模式，也是文化研究的转折点，代表了伯明翰学派在媒介研究方面的最高成就，这突出表现在他的对意识形态的编码方式和受众解读方式的理论。

霍尔曾这样概括他们的媒介研究成果：“第一，中心的媒介研究打破了‘直接影响’模式。这种模式本质上是‘刺激-反应模式’，媒介内容只是其扳机而已。中心注重研究媒介的‘意识形态’角色，这种新的框架将媒介界定为主要的文化和意识形态力量，在关于定义社会关系和政治问题的方式以及受众中流行的意识形态的生产和转变方式上，这种方法居于主导地位。关注媒介与意识形态是中心媒介研究最重要也是最一贯的主线。第二，中心反对那些认为信息是以无差别的方式产生的观念，我们更关注内容分析和意识形态结构。大众传播普遍的意识形态本质和它的语言结构的复杂性一直是我们研究的基础，而符号分析对我们的研究模式也有很大影响。第三，我们打破了‘受众’被动无差别的概念。在传统媒介研究中，受众总是以受影响的形象出现，一直是广播组织以及广告机构调查的需要。而我们用一个更活泛、主动的受众概念代替了这些过于简单的观念，这种概念中，读解、媒介信息如何被编码、编了码的文本的重要性和不同的受众的解码之间的关系都是活泛的。第四，在媒介与意识形态的问题上关注媒介在主导意识形态形成过程中的角色。”①

实际上，霍尔所说的研究成果就集中表现在他写于 1973 年的《编码/解码》一文。在这篇文章中，霍尔创立了著名的编码/解码模式。这是一篇油印文章，1980 年集录于霍尔等编辑的《文化，传媒，语言》一书。我们先来看看他的编码/解码模式②，并和传统的传播学研究作一对比，来具体了解霍尔总结出来的媒介研究成果。

霍尔在这个模式中，显然运用了符号学、结构主义和葛兰西的

---

① Stuart Hall, Dorothy Hobson, Andrew Lowe and Paul Willis (eds.): Culture, Media, Language. Hutchinson & Co. (Publishers) Ltd., 1980, p. 117.

② 以下结合霍尔的《编码/解码》原文，并参考了罗钢、刘象愚主编的《文化研究读本》对此文的翻译。

霸权理论。特别是在具体分析意义的生产和传播时，符号学式的分析占了主导地位，霍尔对此也直言不讳。因为，在他看来，传统的大众传播研究，尤其是对内容的分析，多喜欢用行为主义的研究方法，值得注意的是，霍尔虽然集中叙述的是电视话语的论述，其实也可以将这个模式运用于任何话语生产的分析之中。

在展开电视话语的生产流通时，霍尔借鉴了马克思主义术语：生产、流通、使用、再生产。他认为，电视话语好比商品，也要经历四个环节。首先，电视话语的生产环节即信息编码（encoding）环节。霍尔认为任何种类的传播都不是自然生成的，我们在信息发送之前必须对它进行重新构建。信息的构建是活泛的、诠释的、社会性的，传播过程中，每一个环节都有它自己的决定因素和存在条件。信息的生产受一系列因素影响。比如，制作一个节目，要受制于广播的制度结构及其实践和生产网络，它们构成的关系和技术基础结构。除了这些显见和感知的因素外，还有隐含的意义和思想的影响，即媒介从业者自身的技术技巧、职业观念、制度知识、知识结构等因素的影响。甚至还要受制于日常程序和历史地界的影响。这里，霍尔提醒我们，即使仅仅考虑意义生产环节，这个环节也是开放的，而不是一个封闭的系统。霍尔指出，同商品一样，在编码环节中，编码者必须在一个有意义的话语形式内生产符码（code）。这里，霍尔利用了索绪尔对语言符号的论述。索绪尔认为，语言是一个符号系统。符号由能指（signifying 符号、声音等）和所指（signifier 精神概念）组成。例如，“衣服”这个语言代码有一定的声音（能指），实际上指用某些材料做成的东西（所指）。索绪尔认为能指和所指间的关系是随意的，这就意味着“衣服”一词和所指的物体间除了约定俗成外，并无必然的联系。这种主张的结果之一就是，意义是不稳定的，它依赖于在话语形式中的构联。在索绪尔的基础上，霍尔还吸收了罗兰·巴特的语言学思想。罗兰·巴特认为意义有两个层面。第一个层面，巴特称为外延（denotation）——指意义的常识层面；意义的第二个层面是内涵

(connotation)——指广泛的言外之意，这和文化有很大关系。能指的各个内涵层次与文化、知识和历史都有着密切的交流，人们生活在语言和语意系统中。巴特举例说，“毛衣”表现的不外乎一件“温暖的外衣”（外延），因而表示“保暖”这一价值。但在更多的内涵层次上也有可能表示“冬天的一天”。

信息编码环节完成后，这些编了码的内容就开始进入了流通环节，就是信息从编码者被传送到受众的过程。由于霍尔的分析是文本式的，对流通环节基本没有论述，因此，本文直接转入第三个环节即使用环节，在这里指电视节目的享用。通过这些节目，观众或得到新近的信息，或获得新的知识，或达到愉悦享受等需要，但是电视节目一旦到达观众，受众对它的使用和在生产上则基本是同时发生的。也就是说，电视流通的第四个环节，观众对信息的再生产，即解码基本上是和第三个环节同时进行的。

社会不是同质性的，它由很多不同的团体和利益构成。电视观众不能被视为单一的没有区别的群体，它是社会团体的混合物，这些团体以不同的方式将自己同主导意识形态的形式和意义联系起来。因此，生产和接收间注定缺乏一致性，即信息生产者与受众对信息的解释的不一致性，在这个过程中会对信息产生误读或“扭曲”。

首先，霍尔认为，编了码的信息一经传送，编码者对其就失去了控制权。前面提到，在编码过程中，编码者要通过一个语意系统对信息进行组合，根据索绪尔的观点，符码和它指代的东西是随意的。而且，巴特也认为一个符码的意义有内涵和外延两个层面。因此，霍尔认为，仅仅停留在信息内在的语言符号层面，受众对信息的解读可能是多义的，甚至可能会因为字面的原因而误读。但同时，霍尔又认为，这种字面误读的可能性并不大，因为我们的传播系统离不开语言和非语言的形式，而在这个系统中，我们往往对语言等形式已有约定俗成的规定。比如，我们看一篇“小说”时，都不会把它当做议论文或说明文，因为里面大量的叙述性词语、故事性情节可让我们立即将它和别的文体区别开来。一些符码广为人知以至于它们看起来根本就不是符码，并且显得十分“自然”。这些“自然”的符码掩盖了编码这一过程。下面是霍尔对这一点的描述：

的确，有些符码广泛地分布于特定的语言团体和文化中，人们早就了解它们了，它们似乎不是被建构的——符号与所指间构联的效果——而是自然地出现的。在这种意义上，简单的视觉符号看起来赢得了“近似的普遍性（near-universality）”，尽管有证据表明即使是最明显的“自然”的符码都有其特定的文化性，然而，这并不意味着没有符码被干涉，而是因为这些符码已深远地被“自然化”了。①

然而，这似乎同霍尔的“误读”观不相符。既然电视信息由大量高度传统化的符码构成，我们视其为“自然”，那么，电视信息虽然有各种各样的读者读解，我们却不大可能对编码者的意图有显著的分歧。霍尔认为这并没有和他的观点相矛盾，他认为，对电视话语的多种读解还有更深层的社会、文化、历史等原因。读解的多义性是由符码之间缺乏相宜性造成的，追根溯源，是因为传者和受众之间关系与地位的结构差异、“编码者”与“解码者”的符码之间的不对称性造成的。电视的视觉语言在形式上和现实世界的自然形象相差无几，霍尔提醒我们，这只不过是假象，视觉语言和其他任何语言一样运作，电视信息中的视觉符号也是经过编码了的。由于电视语言的仿真性，在某种程度上，我们可能会因其表象的自然性而遭愚弄，因此我们有必要去破解符码，解释它们，将它们的社会意义释放出来。电视信息使用的即使是高度传统化的符码，人们也会根据自己的需要将它们重新排列组合。意义既有一定的开放性，又要受到一定的限制。霍尔进一步解释，文本的意义不可能完

① Stuart Hall, Dorothy Hobson, Andrew Lowe and Paul Willis (eds.): Culture, Media, Language. Hutchinson & Co. (Publishers) Ltd., 1980, p. 132.

全由文化符码预先决定，在很大程度上，它还要受到社会的主导话语的影响。

“符码间的内涵并不是相同的。任何有着不同程度封闭性的社会文化都趋向于将其社会的、文化的和政治的世界分类。这些构成了一个主导文化秩序，尽管它既不是单义的也不是无需争论的……社会生活的不同领域似乎都被指定进了话语的版图，按等级组织进主导意义或偏好意义。”①

这一洞见极有意义，它强调这一事实：生产者不能任意将主导意义加入信息中。如果这个意义受到大多数团体的偏好，它的主导位置就可能得到确立，但是它也可能受到各方面的抵抗。比如，一些读者（如少数民族、年轻人、女性等群体）常常发现他们和主导意义不一致，他们在对电视的读解中也许会抵制主导意义。

无论是在构建过程中还是在读解过程中信息都是复杂的。从编码者来看，尽管有很多规则和惯例有利于主导意义的再生产，但是，他们在实际的编码过程中要选用适当的符码和话语进行排列组合。电视节目生产者一般认为，当观众对节目的读解和他们一样时，他们的节目就成功了。生产者通过再现符码来表达自己喜欢的意义。如霍尔所说：“我们谈及主导意义，并不是在讨论支配所有事件会怎样被指涉的一个单方面的过程。这个过程要求在事件获得内涵意义的主导意义的限定之内加强对这个事件的解码，为其赢得似真性和合法性。”②

在论述完编码/解码模式后，霍尔详细分析了电视观众的读解，将他们的读解分成三种，即霍尔著名的、最有影响力的受众读解模式：主导-霸权（dominant-hegemonic）读解或偏好（preferred）读解、协商（negotiated）读解以及对抗（oppositional）读解。从主

① Stuart Hall, Dorothy Hobson, Andrew Lowe and Paul Willis (eds.): Culture, Media, Language. Hutchinson & Co. (Publishers) Ltd., 1980, p. 134.

② 同①，第135页。

导或偏好角度读解信息，即观众赞同编码者赋予节目的内涵，依据文本包含的偏好意义来读解文本，直接从电视新闻广播或者时事节目中获取内涵的意义，此时，编码和解码间存在意义的一致性。显然，这种形势在理论上可能存在，实际上却不大可能发生。大多数观众读解电视时会产生“协商式读解”，这时，解码者和编码信息间的界面会产生轻微的意义争斗。观众赞同编码者对各种事件的主导界定，同时对信息持有矛盾心理，并同时保留权力将主导界定同当地的情形协调起来。霍尔认为这种协商式读解充满矛盾。为此他举例说明：一位罢工者也许会同意时事报道的观点，也认为从国家利益考虑，工资增长会使通货膨胀更为恶化，然而，他们仍然要求在自己特殊的雇佣领域有更高的工资和更好的工作条件。协商式读解承认主导意义但仍然声称在特定领域可以在主导意义之外运作。在对抗式读解中，观众知道编码者已经赋予事件主导意义，但是他们在另一个参照框架中将信息赋予新的意义。还是以上面的例子为例，在对抗性读解中，观众不认为工资增长不利于国家利益，他们将编码者提出的“国家利益”读解为“阶级利益”。对编码者来说，这些观众的读解就和他们的初衷背道而驰，走到主导意义的对立面了。

霍尔认为这三种形式绝对不是分离的，它们之间是相互联结的。这三种形式就像标尺上可滑动的三个刻度，比如，协商式读解往往会滑动成为对抗式读解。文本的意思可能被观众继续改造。刻度的滑动就是编码者同解码者间的话语斗争——信息结构的多义性使得在任何时候的读解都是主导意义与臣属意义之间的政治斗争。

我国典型报道的发展历史似乎也可从霍尔的读解理论中得到一些启示。典型报道威力大不如前已是不争的事实。按其威力大小分阶段，20 世纪 70 年代末以前（不包括“大跃进”和“文革”时期）为第一阶段，也是威力最大的时候；整个 80 年代为第二阶段，90 年代至今为第三阶段。人们对典型报道的读解似乎也可依次分为三个阶段：偏好阶段、协商阶段、对抗阶段。在第一阶段，国家利用媒介这个意识形态国家机器将公众舆论关注的和平稳定构联进社会主义建设的宣传中，国家的主导意识形态得到公众的认可，因此，人们比较能接受典型报道中的先进人物报道。时代进入80年代，典型报道一度繁荣起来，媒体报道了蒋筑英、罗健夫、张海迪、张华等优秀人物的光辉事迹，努力树立社会主义新风尚，但是，事实表明受众对这些典型报道的读解和编码者的初衷是有偏差的。比如，人们在赞叹蒋筑英、罗健夫为科学事业和党的事业献出年轻的生命时，却又提出为什么他们这么年轻就会患病去世，知识分子的地位到底如何，从而引发了当时对知识分子待遇的质疑。对大学生张华舍己救挑粪老农也引发了一场争论。1982年人们还就美国影片《冰峰抢险队》中麦克唐纳是否等于雷锋展开了讨论。1983年还展开了中国青年学习张海迪是否幸福的讨论。这些例子表明，如霍尔所说，受众赞同编码者对各种事件的主导界定，同时对信息持有矛盾心理，并同时保留权利将主导界定同当地的情形协调起来。按霍尔的界定，这一时期的典型报道读解属协商式读解，人们赞同媒介的观点，但是联系到自身时，受众保留了一定的观点。至于90年代至今，典型报道被越来越多的报道品种所代替，从某种角度讲，是因为它受到了大众的抵抗。

当然，如霍尔所说，偏好读解、协商读解、对抗读解并不是分离的、互不关联的。公众对典型报道的读解方式也不是绝对的，比如90年代的抗洪报道，人们对它的读解仍然是趋于偏好读解的，全国人民团结起来抗洪是和媒体的宣传分不开的。

（二）霍尔的传播理论给我们最大的启示恐怕就是恢复了受众在传播中的本原位置：传者和受众的关系是平等的。在此之前，美国的传播研究模式一直处于主导地位，受众被视为大众文化被动的消费者，霍尔彻底地打破了这一格局，赋予文化生产与接收以新的分析语汇和理论。

传播学产生于美国，可以说，它是在很功利的条件下产生的。

在第二次世界大战期间，美国政府为了提高军队的士气，召集一批社会学家、心理学家成立研究机构，并给予大量的经济资助。战后，在政府和私人的资助下，传播学研究兴盛起来，出现了研究机构，在大学里也出现了传播学院系。传播学是由多学科交叉构建起来的，利用不同的学科知识研究信息传播过程、规律和效果。最初的传播学研究多遵循实用主义、功能主义原则，集中于为工商业服务，了解受众并控制受众消费行为，着重研究传播效果，方法上采用大量的定量研究的方法。不管是最初的刺激-反应模式，还是后来的使用-满足理论，都把受众当做被动者。传播学者单波对传统的受众研究作了全面细致的哲学思考。他认为，传统的媒介研究运用的是“主体-客体”思维模式，将传者作为传播过程的“主体”，受众作为“客体”，传播过程就是主体作用于他者的活动过程；受众被直接或间接地对象化进而物化，在科学化、市场化的思维中遭到“肢解”。① 然而传播学的这种研究模式势必发生转变。20世纪五六十年代，传播学在欧洲乃至世界兴盛起来，这意味着它不再受美国的研究传统束缚，有了脱离实用主义的可能。而传播学的跨学科性，必然导致它会因其他学科诸多理论的发展而变化，欧洲在这时处于一个思想理论异常繁荣的时期，这些都有可能给传播学来一个大换血。再者，随着大众传播业的极大发展而带来的巨大社会影响力召唤着包容性更强的传播理论，而传统传播学研究模式过于关注单向传播模式，将信息的意义和效果局限于单个的读者，难以解释社会的巨大变化。

传播学研究在20世纪70年代发生重大转折同文化研究的兴盛是分不开的。媒介研究是当时大众文化研究的一个很重要的领域，媒介研究得到发展，首先是大众文化被威廉姆斯正了名，但是他并没有对媒介进行详细分析，并且在分析模式上还带有利维斯主义色

---

① 单波：《在主体间交往的意义上建构受众观念——兼评西方受众理论》，《新闻与传播评论（2001卷）》，武汉大学出版社2002年版，第138、139页。

彩，也缺乏理论性。霍尔的编码/解码模式有两大贡献：一是受众告别了被动的客体地位。《编码/解码》开篇就抨击了美国传播程序的经验主义与行为主义。霍尔认为，这些模式将传播视为直线传播，发送者到接收者间只是一条单向直线。在媒介信息的生产中，霍尔给予解码和编码以根本的区别，他说，正是由于信息已经被发送出去了，才无法保证它的到达，从最初的信息组成（编码）到信息被阅读和理解（解码），传播过程的每一个环节都有它自己的决定因素和存在条件。霍尔强调，信息的生产和消费受一系列因素影响，包括它使用的中介话语（比如电视中形象、声音的使用）、信息构成的话语情境（电视新闻的视觉惯例）、传送信息的技术（电视新闻故事现场转播与录像的不同的指意功能）等。媒介文本的解码依赖于特定的职业标准和程序、制度关系和技术设备（电视摄像机、录像带、麦克风、磁带录音机等）。一旦信息被编了码，它就要面对受众的解读策略。受众的接受依赖于文化、政治倾向、他们同更宽广的权力框架以及生产技术（收音机、电视机、录像机、光盘等）的关系。用单波的话说就是："……传播学研究告别了主客对立意义上的单一主体，转向'主体间性（intersubjectivity）'，一方面坚持主体间存在的差异性和多元性，另一方面强调交往……传者和受众的关系根本不是什么传播主体和传播客体的关系，而是同一传播活动中共生的两个主体。"① 二是传媒的信息内容成为新的文化与社会研究资源。20世纪60年代晚期和70年代早期人们更为关注媒介信息的社会意义和政治含义。霍尔在这篇论文中将符号分析方法及意识形态等概念引了进来，论述了文本的威力以及文本的生产和接收的社会政治环境的重要性。霍尔的编码/解码模式将媒介文本视为分析文化与更广大的社会与政治结构关系的一个环节。《编码/解码》一文的重要性在于它证

① 单波：《在主体间交往的意义上建构受众观念——兼评西方受众理论》，《新闻与传播评论（2001卷）》，武汉大学出版社2002年版，第140页。

明了尽管编码和读解电视信息是确定的环节，但是在这两种情况下，仍然会有一些不同的结果。霍尔认为编码者和解码者所用的符码（code）存在不相符的可能性，因此，他主张以意识形态和政治的术语来解释这些不相符。霍尔认为编码和解码是由不同的社会、经济、文化力量产生和决定的，而且它们使用了结构不同的符号。

（三）编码/解码模式过于专注于文本研究，没有给我们提供一个利于操作的关于受众的研究方法，也就是说，在受众研究方面，霍尔更多地是充当了一个“开门人”的角色。

在20世纪70年代，霍尔的《编码/解码》一文影响深远，在当时产生了极大的意义。现在回过头来读霍尔的文章，仍然可以感到霍尔是如何强烈地断定信息的多义本质，他对电视观众新概念化的提及是多么具有先见之明，这一模式当之无愧是当时文化研究最为成功的。霍尔写这篇文章旨在论述形成电视信息的意识形态力量，那时，大部分英国电视的文化研究分析都从特别的角度从事霍尔提到的意识形态与话语研究，着重于特定的电视节目和类型如何将社会内部的矛盾分化、隐蔽化、自然化。媒介的文化研究一般着重于舆论的构建、现状的再现、主导意义的难以抵抗性。因此，偏好式、协商式、对抗式读解模式虽然破除了观众被动性的观念，但是这些模式的运用仍趋向于构建受众，而这些受众在面对电视信息的意识形态上仍然是软弱无力的。尽管异常读解的理论可能性是公认的，它证实了实践中这样的读解是多么的困难。在这个时期的媒介分析中，文本力量高于读者的观念仍处于主导地位。

霍尔的解码/编码模式在很大程度上没有摆脱文本权威，他关注文本本身的性质、文本与作者的关系、文本与读者的关系以及读者的作用、文本与现实的关系，但是，这个模式并没有试图去证明电视话语的主导意识形态编码是如何和社会结构发生关系的。不同的是，他认识到受众的重要性，虽然他欠缺对受众的详细分析，但是，他打开了受众研究之门。在这篇论文的启发下，这一时期产生了极其有用而又富有开创性的研究，越来越多的传播学者将注意力投向受众研究。

比如莫利的《"全英国"观众》就非常有创造性，他将人种学方法运用于观众的研究。最初，作者关注构成解码基础的文本的性质。后来，莫利察觉到解码的不同，于是将研究重点转向观众的活动，发现观众的活动比之文本具有更大的变动性和瞬间性，莫利的研究工作也转向观众读解的不确定性。在这本书以及后来的著作中，莫利极力地探求特定的读解和社会地位的关系。

从《编码/解码》中可以看出，霍尔认为大众传播主要是通过话语构联而形成的，并将它同更为广泛的意识形态和霸权联系起来。然而霍尔对大众传播理论的贡献因其太专注于话语而受到限制。霍尔夸大了意识形态的力量，没有从实质性的政治经济视角研究大众传媒，忽视了由国家和经济提供的更为广泛的结构关系。

霍尔认为，对现代媒介文化的调查研究应该致力于信息的话语构建（编码）与受众读解间的整合，霍尔正确地强调了这个关系的重要性，但这种关系并不是决定性的。尽管霍尔提出了大众传播的三种读解模式，但是他很少评价经济和国家在文化生产中的重大作用。霍尔后来的著述也不大重视现实的社会关系在信息编码与解码中的情况。霍尔论述信息的编码时，常常强调主要界定者或媒体工业的职业文化的相对重要性。受阿尔都塞的影响，霍尔把大众媒体当做自治的意识形态机器。霍尔甚至因为过于重视意识形态，而故意忽视媒介间相互的经济渗透及全球性媒介集团的不断增长。我们回顾历史不难发现，经济资源的分配对新闻工业的意识形态多样化仍然具有决定性的影响。比如，在撒切尔时代，保守党控制了新闻界，其原因是和政府对媒介全国化乃至国际化投入了巨额资金及弥补了媒体广告收入的不足分不开的。

霍尔还将真实和符号间的关系夸大了，尽管他也作了些限定。霍尔强调符号的随意本质（arbitrary nature），但他不能解释充斥于社会话语的更为持久的制度关系。霍尔的这些缺陷，也许是受当时的结构主义与后结构主义思想影响，对话语过于重视，反而忽视了物质构造和符号形式间的明确关系。吉登斯认为，社会理论不应囿于符码，而是要寻求“在社会实践的语境中理解意义的相关特征”①。霍尔反对庸俗马克思主义的经济决定论，但也忽视了研究制度结构和报纸内容间连续的关系。跨国经济和新闻内容的话语构造间有明确的联系，所有权和组织类型、新闻内容和右翼政党的统治间也有十分明显的关系。

霍尔对符号学的过于关注阻碍了他对媒体民主化的分析。我们批判的第一个层次就是经济和国家对大众媒介的结构化。霍尔认为，公共服务广播只是意识形态国家机器。但是霍尔又忽略了经济和国家对大众媒介的构造，不能解释公共服务广播长期存在并有所变革的原因。受罗兰·巴特和阿尔都塞的理论影响，霍尔认为，中立与客观原则是和资产阶级的主导意识形态相联系的。大众媒介的民主再形成将依赖于全球关系的转化和更深层的民主原则。事实上，正如早先对威廉姆斯的讨论所强调的，对传播公共系统的防卫有一个重新的政治规范，因为商业广播已经进入其领域。霍尔过分的意识形态/符号参照框架解决不了文化权利、需要和义务的问题，而这些问题应该对公共和私人系统施加影响。

第四节 斯图亚特·霍尔传播思想的理论来源

斯图亚特·霍尔提出的文化主义模式和结构主义模式（1989年）对于文化分析领域产生了很大影响，这两种模式都是与两分的马克思主义有关。对文化主义具有影响的《1844年经济学哲学手稿》中的早期马克思主义，被阿尔都塞解读为一种结构主义形式的新马克思主义。《资本论》中的后期科学化的马克思主义，在斯图亚特·霍尔的另一部创新著作《控制危机》（1978年）中，

① Nick Stevenson: Understanding Media Cultures: Social Theory and Mass Communication. Sage Publications, 1995, p. 35.

以及在他后来关于撒切尔主义的书中，葛兰西新马克思主义的霸权概念占有绝对的突出地位。这使得文化研究领域有了更清晰的政治焦点。霍尔对马克思主义和政治参与的认同得到了确定，其认同方式的复杂性和特殊的历史情境，使我们可以通过吸收葛兰西的观点，更好地了解在撒切尔时代政治的效力、新右派的成功和左派势力难以与这种意识形态的激进主义匹敌的程度。

（一）阿尔都塞被称为结构主义马克思主义者，他的意识形态理论对霍尔的影响很大。

意识形态是文化研究中最重要的概念之一，很多人把以霍尔为代表的英国文化研究描绘为意识形态研究。与霍尔一脉相承的中心第三任主任理查德·约翰逊在《究竟什么是文化研究》一文中便这样界定文化研究的对象："文化研究是关于意识或主体性的历史形态的研究。"① 在 20 世纪 70 年代，文化研究的主要理论来源就是结构主义马克思主义者阿尔都塞的意识形态理论和葛兰西的霸权理论。威廉姆斯等人的早期著作很少提到意识形态这个概念，70 年代意识形态概念频繁出现在文化研究中，也许霍尔在这一时期的最大贡献就是将意识形态概念和霸权理论引进文化研究。

文化研究的变化与西方马克思主义理论自身的发展有关。20 世纪的西方马克思主义者集中研究上层建筑，文化是他们关注的焦点。但在西方马克思主义发展的不同阶段，文化研究对象有不同的侧重，以威廉姆斯为首的早期文化研究，主要从批判经济决定论出发，强调文化的解放力量，强调人的主观意识的能动作用。霍尔在《文化研究：两种范式》中指出，"生活经验"是文化主义的研究核心，由于没有适当的意识形态概念，文化主义无法解释文化对稳定特定生产模式的作用。

第二次世界大战以后，西方资本主义大众消费社会的形成，商品和物的体系包围了人，这是一个非常深刻的变化。正是以此变化

① 罗钢，刘象愚主编：《文化研究读本》，中国社会科学出版社 2000 年版，第 10 页。

为背景，20世纪60年代末以后，以霍尔为代表的伯明翰学派逐渐从意识形态角度对大众文化进行分析，开启了文化研究新视角和新的思考方式，继而影响世界，使文化研究迅速普及许多国家，并在80年代之后成为世界上最活跃的理论研究领域。

由于意识形态同文化一样，概念的界定至今存在争议，因此，我们先得明确阿尔都塞对意识形态的界定。威廉姆斯晚年曾指出，马克思、恩格斯没有明确表述意识形态概念。一般来说，人们对意识形态概念有两种看法。其一，“一种某个阶级特有的信仰系统”。其二，“一种可能与真实的或科学的知识相矛盾的幻想信仰系统，即伪思想与伪意识”①。在后一种意义上，意识形态的功能是构建一种关于自我及其与历史关系的“虚假意识”。

阿尔都塞对马克思主义进行了结构主义的读解，他对意识形态的唯物论解释超越了将意识形态等同于信仰的观点。根据阿尔都塞的观点，意识形态来自于物质现实本身，而不是社会行为者（或主体，即阿尔都塞对个体的称呼）。阿尔都塞将意识形态界定为一些主题、概念以及表征，它们存在于社会机构和社会实践之中，而且它们把“具体的”个人构成主体，即意识形态使个人对他们生存的世界产生了意识。

在阿尔都塞看来，正如索绪尔所说，语言提供给我们的仅仅是对现实的一种描述，而不是现实本身，意识形态也不是“虚假意识”，它根本就不存在真实与否的问题。他深刻指出，尽管个人作为主体觉得自己是自我决定的动因，觉得自己在直接、自由地把握现实，但实际上，这种把握只是他想像的结果，他必须通过社会构建来获得身份，并且受到一系列思想体系限定。

阿尔都塞的叙述告诉我们：主体通过意识形态话语形成。这种意识形态理论的结构主义诠释对霍尔影响很大。以霍尔为核心，伯

---

① 罗钢，刘象愚主编：《文化研究读本》，中国社会科学出版社2000年版，第11页。

明翰学派将意识形态概念引进大众传播研究，使权力分析顺理成章，而结构主义的引进开拓了大众传播的研究领域，开始对主导话语进行分析，加强了对媒介组织制度及其运作的分析。意识形态概念的引进使文化研究更加致力于批判性地解释现实。

霍尔主要从阿尔都塞的意识形态、国家机器、主体构建理论得到启发。他将葛兰西的霸权理论同这些理论结合起来，发展了电视话语的编码/解码模式，并展开对主导意识形态主题的深入叙述，这也是霍尔在20世纪70年代的主要成就。

阿尔都塞在《意识形态与意识形态国家机器》一文中，力图揭示意识形态在个体与社会的关系中的功能，以及意识形态通过权力运作来实现自身功能的实际过程，他区别了意识形态国家机器与国家镇压机器。国家镇压机器（警察、军队、监狱等）主要通过权力来运作，是政治统治集团的最后手段，只有当社会体系受到威胁时才会诉诸于它；而意识形态国家机器（大众媒介、教育体系、家庭等）能培养一批一批俯首听命的具有熟练技术的工人作为生产力。不过，意识形态国家机器并不是国家的同义语，它为个体创造赖以生存的现实世界。意识形态总是通过意识形态国家机器表现出来，媒介、学校、教堂、家庭等都是意识形态国家机器，它们为个体在这架机器中提供了一个位置，唤出个体并赋予他一个名称(阿尔都塞的“召唤”理论①)，然后提供给个人一种抚慰性的幻景，其功能是确保统治阶级在意识形态中的主导地位。比如，大众传媒始终把个体视为消费者，集中报道人们生活中对需求的满足和即刻获得的满足感。这种过程对于资本主义企业的再生产是必不可少的组成部分。阿尔都塞认为意识形态不仅要通过话语来研究，同时也要通过它的物质形式，如它的体制和社会实践方式来研究，这种思想推动伯明翰中心的研究人员开展了对电视的社会运作机制以

① 召唤理论（又称质询理论）：所有的意识形态都通过对主体的分类对具体个人能否作为具体的主体提出赞成或质询。

及它的制度史的广泛探究，并取得了重要的成果。

霍尔赞同阿尔都塞关于意识形态国家机器的叙述，也认为大众媒介、教育系统等主要通过意识形态产生作用。霍尔赋予大众媒介很高的地位，认为它形成了当代资本主义的主要意识形态制度，因为传播系统掌握了主导符号，并且是主导舆论的生产者，大众传播媒介就是通过这些主导符码将社会联结起来。这些主导符码（霍尔也称其为偏好符码）通过显得自然而得到意识形态效果，正如个体对自己的身份认识是自我欺骗一样，媒介构建现实，只是让人以为它在反映现实，霍尔称之为“自然幻觉”①。

关注现实的霍尔并没有生搬硬套阿尔都塞的理论，他批判了阿尔都塞的功能主义。阿尔都塞把意识形态看做国家的一种功能，认为意识形态功能是国家机器的属性，意识形态机器向人们传送了关于他们生存条件的错误意识，以这种方式，意识形态将个体和社会构联起来。霍尔认为阿尔都塞强调在具体实践中物质化了的意识形态。霍尔批判道，阿尔都塞将市民社会的形式内容等同于意识形态国家机器，这样就不可能对统治的意义结构进行批评，而且也无法解释社会抗争和多元意见的社会现象。

霍尔在对撒切尔主义的论述中，极力纠正了阿尔都塞的理论缺陷。阿尔都塞对意识形态的叙述表明，统治阶级的思想主导是由其结构主导决定的。霍尔抛弃了这一观点。因为按照阿尔都塞的说法，就不可能存在非支配性的意识形态概念，更无从设想斗争的概念。霍尔运用话语分析，将意识形态设想为斗争的场所，里面充满矛盾和对立。在霍尔看来，话语和意识形态不是对等的，它们的构联总是力量和抵抗的场所，话语是意识形态在其上刻画—消除—重新刻画的场所。霍尔对撒切尔主义进行的话语分析就是对这一观点的运用。

霍尔认为，阿尔都塞的一个主要失误就是对意义的简单理解，

① M. Gurevitch; Culture; Society and the Media. Methuen, 1982, p. 76.

看不到意义也是处于斗争状态的。在霍尔看来，意义并不是指事物是什么，而是指事物被指涉成什么。根据霍尔的理论，我们对相似的事件或同一事件可以有不同的解释，事件的意义就是为了取得话语主导地位的符号斗争。这一点在霍尔的编码/解码模式中表现得非常清楚。霍尔认为，尽管按常识理解，右翼并不代表民众的利益，但这似乎难以理解广大市民对右翼撒切尔主义的拥护。第二次世界大战后英国资本家和劳工间的妥协崩溃，呼唤具有意识形态话语重构能力的社会力量的出现，而撒切尔夫人领导的新右翼阵营正代表着这种力量。

据霍尔看来，撒切尔主义之所以能将恐惧和焦虑构联进右派舆论，是由于它通过强化国家控制，并为那些害怕不断增加违法犯罪、道德放纵的普通大众说话，对市民社会的强化伴随着为赢得大众赞成的意识形态策略。霍尔将这个策略称之为权威主义平民主义（authoritarian populism）。霍尔认为，撒切尔夫人的过人之处在于其认识到意识形态是斗争场所，并通过微妙的战斗策略赢得大众对她所主张的意识形态的赞同。面对左翼在政治上的失败，霍尔提醒人们，所谓“民主”、“自由”等符号并不天然属于左翼，这些符号的意义可以用不同的政治话语构联起来。比如，因为“民主”并没有超越历史的意义，它的意义来自于它在话语形式里的位置。而撒切尔主义的胜利离不开大众媒介，无孔不入的大众媒介是不断变动的力量场。通过媒介，撒切尔主义赋予“民主”、“自由”这些词语以新的意义，并改变舆论话题。

然而，霍尔发现，“民主”这类词具有相对持久的历史意义，因此，霍尔意识到，意识形态具有一定的封闭性，即其意义有相对约定俗成的范围。符号与符号之间虽然没有必然的对应性，但可能会历史性地形成一定的联系。用霍尔的词语，能指（signifier）和所指（signified）通过相对持久的文化习俗而对应起来。霍尔对撒切尔主义研究的焦点就是撒切尔主义是如何将自己主张的意识形态融合进大众话语的，而这些意识形态话语又是如何保持融洽的。

霍尔认为，阿尔都塞的理论框架不能充分解释撒切尔主义生产新的主体身份的能力。阿尔都塞把意识形态的生产与接受看做一个完整的整体，而霍尔认为，这个生产与接受的过程并不具有如此的整体性。在阿尔都塞看来，主体的构成必须依照一定的符号规则，它的形成是国家机器的意识形态效果，根据这一观点，就不能解释主体身份的变化。霍尔强调意识形态策略是偶发的、多变的，人的身份总是处于形成状态，现代自我不是由一个而是由多样身份构成的。撒切尔主义在20世纪80年代主导政治的原因就是它的文化构造能关注不同的团体身份。

霍尔还批判性地吸收了阿尔都塞的主体构建理论。阿尔都塞认为，所有的意识形态都具有将具体的个人构成主体的功能；所有的意识形态都对具体个人能否作为具体的主体提出赞成或质询。可见，在阿尔都塞看来，个体消极地存在于与世界的想像的关系中，永远处于一种错误认识的状态中；个体要完成的只是他在阶级社会中意识形态给他规定的角色：或是剥削者，或是被剥削者；主体赖以生存的意识形态条件来自于客观条件，而不是个人；所有的实践活动都发生在意识形态国家机器之内。同时，阿尔都塞提出他的意识形态无意识理论：意识形态对人的控制是隐蔽的，被内化了的，作为主体的个体不能意识到它的存在和效果，意识形态是无意识的。意识形态从外部构筑我们的"本质"自我，因此我们所谓本质的自我不过是一种虚构，占据它的位置的实际上只是一个拥有社会生产身份的社会存在。阿尔都塞将它称为"主体性"。这种主体性不像过去所说的主体那样是一个统一的、个性化的和独立自恃的。事实上，我们依赖于教育我们的语言和意识形态来看待自己的社会身份，我们对自身的看法不是由我们自己产生的，而是由文化赋予的。因而我们是文化的"主体"，但却不是它的创造者。

霍尔等伯明翰中心成员受这个主体性理论影响，开展了影视传播研究。他们发现，观众总是依据一种确定的主体位置来回应影视文本的召唤，霍尔的编码/解码模式很大程度上也吸收了阿尔都塞的主体构建理论。传播制作者是按照某种意识形态来组织他生产的符号，这种编码一方面帮助塑造了观众对自我的认识，另一方面，在一定程度上，观众也是在这种他们已经形成的自我认识的基础上来破解被传播的信息的。阿尔都塞的这一理论还对中心的性别、种族和文化身份研究产生了广泛的影响。尤其是在性别研究方面，过去对两性之间的区别以及由此产生的对妇女的歧视，都是以一种对妇女“天性”的认定为基础的。根据阿尔都塞的主体构建理论，这种妇女的“天性”其实并不是先天具有，而是由长期以来占据统治地位的男权主义意识形态构建的，因此现在进行性别研究的学者敢于大胆断言，实际上“并没有类似于非社会意义上的女人和男人这样的事物”，“女性特质和男性特质”都是“构建而成的”。关于妇女天性的种种本质主义说法，实际上是“主导意识形态的组成部分，对于我们理解社会构建性别的各种方法是一个障碍”①。

但霍尔认为阿尔都塞的主体构建理论太武断了，阿尔都塞用结构主义观点否定人的主体地位，个体被意识形态强行地构建为主体。阿尔都塞的主体性理论具有浓厚的决定论色彩，意识形态召唤个人成为主体。根据这一观念，近代“主体性哲学”被解构了，人类不复是历史的主体，不复是历史的意义和归宿。意识形态占据了它留下的位置，成为历史的最终主体，而个人就此失去了自身的任何目的、计划、意志和理性。霍尔认为阿尔都塞忽视了意识形态同社会实践之间的关系，忽视了两者必然的辨证关系，即两者之间互为媒介，互为结果，不断地产生和再现一定意义上的社会结构。阿尔都塞从意识形态对社会必然的支配作用的角度思考问题，把它看做是强加于社会实践之上的东西。意识形态超越社会实践而构成主观性，但同时却无法得到反映或批评。如果主体完全是由处于统治地位的意识形态构成的，那么矛盾就暴露不出来，同时还掩盖了

① 罗钢，刘象愚主编：《文化研究读本》，中国社会科学出版社 2000 年版，第 161 ~171 页。

统治集团的既得利益。阿尔都塞否认实践的存在，意味着个体永远得不到解放，永远处于被压制的地位而不自知。霍尔既强调现实社会关系的客观性，也强调主体在社会的、政治的、经济的以及意识形态实践中的地位。按照阿尔都塞的观念，在对文本的读解中，读者被迫毫无保留地同意文本所构建的术语，他们的读解排除了批评。霍尔在《编码/解码》一文中抛弃了这一僵化观点，认为文本是可读解的，并且会存在不同的读解，而这些读解在很大程度上依赖观众的经验，对受众来说，他们完全可能抵制广播电台提供的主导意义并重新肯定权力关系，霍尔希望保留解码的不确定性观念。

霍尔承认，如阿尔都塞所说，我们不可能脱离意识形态而生存，因为，所有的社会实践都要用意识形态来表达，但是，并非所有的社会实践都是意识形态的，在活生生的社会关系与意识形态的表达之间不存在明确的对应关系。霍尔尝试将社会实践及人的能动性同阿尔都塞的意识形态理论结合起来，克服阿尔都塞的理论缺陷。他认为，意识形态包括实践意识形态和推论意识形态。实践意识是主体在参与有意义的组织活动时获取的理所当然的认识；推论意识是主体对具体行为进行解释的能力，即他们对于社会结构运作方式的理解，推论意识永远无法穷尽认识和行动之间的关系。实践意识中的主体很大程度上并不了解意识形态对文化形成所起作用的程度，意义被认为是理所当然的。而推论意识反映了主体的能动性，它包含了对意识形态和文化关系的更为广泛的了解，它承认意义体系并非是"自然形成"的，主体对现实存在具有推论式的洞察力，主体不同程度地拥有实践意识和推论意识。霍尔认为，当个人赞同他的意识主体或对构建过程的内涵有所了解时，他就有了推论意识。

（二）霍尔解决阿尔都塞理论缺陷最有效的武器就是葛兰西的霸权理论，从而也促使了文化研究中的"葛兰西转向"。比如霍尔编码/解码模式就是对这两人理论的灵活运用，对撒切尔主义的话语关注也得益于两人的理论。在霍尔的理论中，对两者的吸收是紧密结合在一起的。

在对大众传媒社会功能以及对撒切尔主义的研究中，霍尔成功地运用了葛兰西的霸权理论。葛兰西是新马克思主义里程碑式的人物。霍尔说："文化霸权概念是葛兰西最杰出的理论贡献，霸权的获取，当然不排除意识形态的压抑。但更主要的是通过被支配阶级和集团的积极赞同来取得的。"① 霍尔认为传统马克思主义在理论上的一个弱点，就是不能从理论上说明被统治阶级对统治阶级的这种自由的赞同。传统的马克思主义者关注统治阶级在社会生活各个领域所拥有的政治权力，但他们不知道这种政治权力的获得实际上依赖于统治阶级首先获得的文化领导权和无权者对它们积极或消极的赞同。这就使得传统的马克思主义很难解释当代资本主义政治发生的一系列复杂的现象。

在葛兰西的思想中，对文化研究影响最大的是他关于"文化霸权"的论述，它为文化研究开辟了新的、广阔的前景。所谓文化霸权，其实质就是一种意识形态霸权；文化霸权在葛兰西的政治理论中占有十分重要的地位，葛兰西认为，资产阶级的统治主要不是依赖政治及其代理机构，如军队、暴力等来维持的，而主要是依靠他们牢牢占有的意识形态霸权，依靠他们广为宣传并为大众普遍接受的世界观来维持的。因此，要推翻资产阶级的统治，就必须首先颠覆它的文化霸权。但是对葛兰西来说，文化霸权并不是一种简单的、赤裸裸的压迫和支配关系，并不像人们过去所理解的那样，是由统治阶级把自己的意识形态强制地灌输给从属阶级的。他认为霸权的形成需要依赖被统治者的赞同，依赖某种一致的舆论和意见的形成，而这总是一个过程和斗争的结果。他认为，资本主义社会中统治阶级与从属阶级之间的文化和意识形态关系，就是争夺道德、文化、思想的领导权的关系，最终是为了争夺对整个社会的政

① Stuart Hall, Dorothy Hobson, Andrew Lowe and Paul Willis (eds.): Culture, Media, Language. Hutchinson & Co. (Publishers) Ltd., 1980, p. 85, p. 87.

治领导权。这绝不仅仅是一个术语的变更，霸权概念指出，统治集团的支配权并不是通过排除其对立面，而是通过将对立一方的利益接纳到自身来维系的。为了说服那些心甘情愿接受其领导的人，统治阶级的政治倾向必须有所修正，这就使得意识形态中任何简单的对立，都被这一过程消解了。作为一种调停对立阶级文化因素的结果，资产阶级文化不再是一种纯粹的“资产阶级”文化，它成了一种从不同阶级中取来的不同文化和意识形态的动态的联合。尽管这些不同的文化因素只是暂时地，只是在某一特殊的历史时刻和特殊的历史联系中，被资产阶级的价值、利益和目的所接纳，资产阶级意识和文化只能存在于这样一种能够包容某些对立阶级价值的妥协的形式中。对于批判学派的理论家而言，意识形态不是一种中立的概念，它与权力及支配系统息息相关。

霍尔将阿尔都塞的意识形态理论同葛兰西的霸权理论联系起来，认为霸权是制造出来的赞同，在这种情况下，大众乐意接受和巩固等级制权力结构。霸权控制一般是通过意识形态的塑造而形成的，在此意识形态的指导下，被控团体接受并主动参与控制的过程。大多数成员接受规则的合法性，甚至主动参与规则的制订，但这些规则是控制从属阶级的一种工具，这就是霸权主义的例证，其中被压迫团体在控制过程中扮演着共谋的角色。

在传媒研究中，霍尔着重分析了大众传媒生产“普遍赞同”（即一致舆论）的过程。霍尔指出，传统传播理论正确地认识到传媒在表达舆论方面的作用，但它错误地认为，这种一致的舆论原本就存在于社会之中，传媒只不过是将它传达出来罢了。霍尔认为，相反地，这种一致的舆论其实是由传媒生产或部分生产出来的。当然这种生产过程是异常复杂的，因为资本主义国家的传媒一般是独立于公开的压制和限制的，也不会赤裸裸地去鼓吹占据支配地位的意识形态霸权。霍尔指出，在二者之间存在着一种微妙的结构关系，它使传媒既能保持某种独立，又能遵从占支配地位的文化规则。“在（传媒）日常的运作中，它是公正和独立的，它不会围绕着权力的指挥棒转，也不会有意识地使自己对世界的描述符合占统治地位的规定，但它必须是对之敏感的，而且只能在其中才能合法地生存下来，它必须在普遍的范围内或‘大家都赞同’的一致舆论的框架内生存下来，它使自己适应于这种一致的舆论，同时又试图形成这种一致的舆论，传媒成了生产‘普遍赞同’的一个组成部分。"① 这种生产不能被理解为"偏见"或有意识地歪曲现实。霍尔将阿尔都塞的意识形态无意识理论同葛兰西的霸权理论结合起来，认为传媒是在无意识地生产"普遍赞同"。例如，一个新闻评论员说"提高工人的工资是造成通货膨胀的一个主要原因"。这完全可能是他个人的自由的看法。但他这样说又是符合社会统治阶级利益的，这当然是他个人对真理的认识，但这种认识显然只是在一定的意识形态的思想框架内部形成的，这种思想框架倾向于认可某些真理，而排斥另一些真理。

霍尔对葛兰西的霸权理论的运用，集中体现在《监控危机》中。《监控危机》这本书汇集了鼎盛时期的伯明翰当代文化中心多位作者的研究成果，阿尔都塞的"意识形态国家机器"观点偶尔贯穿其中，但是这本书真正关注的是发展葛兰西关于"赢得赞同"的研究。在《监控危机》以及霍尔后来关于撒切尔主义的论述中，葛兰西的霸权概念占有绝对的突出地位，这使得文化研究领域有了更清晰的政治焦点。

霍尔对马克思主义和政治参与的认同得到了确定，其认同方式的复杂性和特殊的历史情境，使我们可以通过吸收葛兰西的观点，更好地了解在撒切尔时代政治的效力、新右派的成功和左派势力难以与这种意识形态匹敌的程度。霍尔对意识形态和霸权的讨论是文本分析式的，突出了语言意义和话语形式的重要性。

霍尔的研究有建设性的一面是发现了话语系统和意义的多样性

① Stuart Hall, Dorothy Hobson, Andrew Lowe and Paul Willis (eds.): Culture, Media, Language. Hutchinson & Co. (Publishers) Ltd., 1980, p. 85, p. 87.

之间的紧张关系，即它们之间具有斗争性，意识形态战略的功效就是通过斗争将主导意义固定下来。霍尔在《监控危机》中着重研究了决定因素和权力间的关系。他认为，文本虽然可能有多样的读解，但文本包含的意义并不是无限度的，否则就会完全将决定因素和权力间的联系分离。例如，尽管霍尔认为撒切尔主义是一个开放的文本，但他反对根据个体的、分散的、不同的读解来看待其中的意义。对霍尔来说，任何读解都发生在一定的参照系中，这是非常有洞察力的。因为霍尔提醒研究者，我们研究的目的不仅仅要了解电视新闻是如何被生产出来的，更重要的是去了解受众将意义构建为协商形式的方式，调查这些信息是如何被观众解码的。如霍尔所提出的，大众传播理论应该注意受众和文化形式间的诠释关系。

霍尔的著作力图揭露导致意识形态霸权的社会结构和过程，使人们能够批判性地思考自身状况，从不必要的传统束缚、意识形态、权力关系中解放出来。《监控危机》谈到历史和政治文化，这本书批评了英国社会学的缺点，可以被我们视为社会学和文化研究之间的桥梁。同时，通过结构主义和文本分析理解大众媒体和青年亚文化。

《监控危机》重点分析了道德恐慌，它用葛兰西的“霸权”概念，分析加勒比海地区年轻黑人男子犯罪产生的道德恐慌反而造成社会各阶层意见统一的现象，这对建设一个倾向于法律和秩序、远离20世纪60年代自由主义的社会十分有利。这种对道德恐慌的特殊分析显示道德恐慌不是一种孤立的现象，而是国家对公民社会行使“霸权”的策略之一。如此一来，道德恐慌成了统治阶级意识形态的行政手段。它使用常识性的语言，形成了一种警告系统，覆盖范围从地方问题到国家问题，从社会上的人们感到的焦虑到社会和政治危机。这种关于维持社会凝聚力的理论模式十分具体。

霍尔认为道德恐慌在英国的确存在，问题是它和保守主义联系在一起，并被大众传媒广为报道，这表明大众媒体和社会控制之间的关系。政府认识到，宣传道德恐慌是取得民众支持的最有效策略之一。在目前的道德领域，我们可以目睹最激烈的政治斗争。道德恐慌是右派的秘密武器，产生道德恐慌的一个重要因素是媒体自身的发展以及它的日趋多样化。因此，媒体和社会并不是分离的，相反，社会性在媒体里不断得到表现。媒体完全可以主动创造出它们自己的社会和政治问题议事日程，然后一直对之进行跟踪追击。随着媒体世界竞争的日益激烈，报纸维持其发行量的一个办法是充当卫道士，对新的社会问题永远敏感和关心。同时，为了保持意见的“均衡”以吸引各种各样的读者，现在的报纸力求反映各种各样的视角，而实际上，这些不同的视角反映的只是不同人对道德恐慌的看法，制造这种恐慌也就成了新闻报道的程式。

《监控危机》认识到意识形态是一种富于影响力的社会过程。霍尔对撒切尔主义的论述发展了他在《监控危机》中的观点。在1970~1980年间，由撒切尔夫人领导的英国右翼政党连续三次赢得大选的胜利。在这三次大选中，许多工人都主动投票支持撒切尔夫人，这使左派人士感到沮丧和困惑。在分析这一现象时，霍尔说：“对于我们的目的什么是最有意义的呢？是撒切尔主义获得的普遍的支持，尤其是那些其利益在任何意义上都不可能由撒切尔夫人来代表的社会阶层的支持。”① 霍尔认为，造成这一状况的原因是，较之传统的保守主义，撒切尔主义在建立和保持意识形态霸权方面采取了特殊的策略，这种策略“能够围绕自身建立起一种普遍的赞同”②。这种策略的核心是撒切尔主义有效地利用了传统工人阶级文化中的某些重要因素。“这些话语直接利用了传统被压迫阶级的哲学和实践意识形态中的某些普遍的因素。”因为这些因素（比如福利、改善工作条件、增加工资等要求）“并没有内在的、必然的或确定的阶级含义”③。通过这种方式，撒切尔主义“构建了一个赞同而不是反对权力集团的平民主义的政治主体”④，使许多英国工人阶级的成员变成了积极的撒切尔主义者。

①②③④ Stuart Hall: The Hard Road to Renewal. London, Verso. 1988, p. 30.

当然，霍尔的话语分析是有历史局限性的。霍尔没有克服引进结构主义造成的局限，同他在编码/解码模式中的缺陷一样，尽管霍尔熟练读解新右翼话语的内部符码，但对撒切尔主义的话语关注使他很少去作别的层次的分析，并夸大了撒切尔主义的霸权功效，对新右翼主导地位过于从意识形态上分析，缺乏政治和经济上的解释。霍尔夸大了英国右翼撒切尔主义的力量，认为他们通过意识形态的霸权斗争而赢得对新闻界的控制，却忽视了右翼巨大的经济投入。

第五节　对霍尔文化研究及其传播思想的一点思考

（一）中国知识分子应该抓住机遇吸收并借鉴世界各国的文化，发展、丰富我们固有的文化传统，并形成我们自己的文化身份，在世界文化中形成自己的立足点。

文化研究在20世纪90年代以不可阻挡之势进入了中国，在全球化的今天，要拒绝它是不可能的，问题是，如何看待“文化研究”。当然，从绝对的意义上讲，文化研究相对于中国原有的学问也可以说是一种知识霸权。但是学习和引进它，并不意味着我们在用一种新的霸权来取代一种旧的霸权。其原因有二：第一，文化研究就是在批判西方意识形态霸权主义的基础上发展起来的。第二，文化研究不是如同已经确定的主流话语，或者像学科分类体系那样在很大程度上是固定不变的，相反，文化研究更多关注的是一种平等的原则，是一种渴望跨学科对大众文化进行分析研究的态度。因此，我们认为文化研究对当代中国社会有着十分重要的意义：

第一，开展文化研究是中国的时代所需，具有极大的现实意义。

当今中国社会的变革涉及政治、经济、文化多个层面，各个层面的变革又相互缠绕和渗透，形成历史上前所未有的复杂形势。市场化、商业化的急剧推进和跨国资本越来越深的介入，已经成为考察中国文化现象的内在因素。不同权力中心因利益的驱动形成的复杂关系，在文化领域尤为生动地呈现出来。文化格局因权力运作格局的变动而分外复杂。因此，在中国深入开展文化研究是迫在眉睫的事情，而西方文化研究可以给我们的研究注入新鲜的血液。

值得注意的是，文化研究必须保持日常现实与理论分析之间的强大张力。从历史性演变的描述到有线电视频道某一个黄金时段的娱乐节目，从符号学的阐述到计算机网络虚拟生存的经验，文化研究都非常重视理论方法，在它不长的历史发展中，它不但与后结构主义、女性主义、后殖民理论和马克思主义等多种理论有很深的渊源关系，而且还有一段相互影响、共同发展的历史，所以理论性之强，远不是一般人想像的那样简单明快。这种系统化的理论需要我们认真细致地加以研究。

再者，一方面由于文化研究刚刚传入中国，另一方面由于一些客观条件的限制，目前我们的文化研究发展还很不尽如人意。有些人常常断章取义地截取一些概念作为引进这门学科的一种方法，而有些概念甚至已经被西方主流学界所抛弃。总之，无论从满足开展文化研究的现实需要来说，还是从文化研究所暗示的未来知识发展的新的可能性来说，在中国较为系统地介绍、翻译国外文化研究的发展、现状及其代表性论著，已经成为一件刻不容缓的事情。我们对霍尔的论述，对其思想的梳理，也是这方面的初步尝试。

第二，文化研究抵抗繁琐的知识分工，强调从各知识对象的联系中对人和社会进行跨学科研究和认识，其意义是不可估量的。

长期以来，人们把当代建立在“学科”基础上的知识分类视为理所当然。追根究底，正是资本主义生产对科学技术的依赖和需求，才迫使知识生产服从技术和发展经济的需要，并按照这种需要建立学科分工。更为严重的是，由于科学主义正是在这个过程中建立了它的权威地位，人文知识领域也不得不受其统摄，于是本来和自然科学知识是“两股道上跑的车”的人文知识，也按照“科学知识”的分类模式进行了细密的分科和分工，由此形成了 20 世纪知识发展的基本格局。当今很多学科领域之间鸿沟愈来愈深，学人之间老死不相往来，甚至彼此被“行话”阻隔，谁也不知道谁在干什么。随着社会问题越来越复杂，这种学科分野的局限性就暴露出来了。例如，电子传播媒介的考察必须联合文学、符号学、社会学、经济学、传播学等等，传统的学科地图已经无法分配和有效地处理这些问题。现今所遇到的问题是综合性的，文化研究的兴盛恰逢其时，至少在目前，它显示了突破学科疆域之后的巨大活力。从考察对象到考察问题的方式，许多文化研究因为抛开了陈陈相因的程式而富于开创性。也许，文化研究之所以能够如此迅速地在各国兴起，与人们试图寻找新的立场、方法和知识态度这种愿望是分不开的——从某种意义上说，或许正是文化研究把这种愿望表达得最为强烈。

遗憾的是，20 世纪 90 年代文化研究在中国展开后，似乎学人对跨学科研究的理解流于肤浅。90 年代以来，跨学科建设进行得如火如荼，衍生出众多的交叉学科，如传播社会学、婚姻经济学、新闻统计学、教育生态学等，虽然也存在个别有洞见的尝试，但是，大部分学科交叉似乎就是剪刀加糨糊，将两门或多门学科的理论、方法、内容拼凑在一起，各种名目的学科是你方唱罢我登场。然而，这种表面的喧嚣填补不了本质的空洞，这些学科群只不过是一堆泡沫而已。从学科的性质看，任何交叉学科都要求应用某门学科的理论来研究本领域的问题，以此检验、修正或丰富该学科的理论内容。可惜的是，在我国当前众多的这类学科中，真正意义上的学科交叉、该如何交叉等基本问题尚不清楚之时，就急急忙忙创造新“学”，难免贻笑大方。跨学科的意义不在于设立一个超级大型学科，而在于解除既有学科的遮蔽，开启传统学科框架背后的盲区。对于文化研究来说，拒绝体制化的动力源于日常现实的启示，日常现实的压力时常使学科的框架摇摇欲坠。

第三，文化研究虽然是显学，目前在世界范围内流行，但这并不意味着人人都是合格的研究者，这与文化研究的本质要求密切相关。从事文化研究的知识分子，应该是和文化研究同性的：批判性、政治性、学识性，霍尔称之为有机知识分子（organic intellectual）。对我国的知识分子来说，要真正进入文化研究领域就是对自身的一大挑战。一言以蔽之：文化研究有利于重塑当今知识分子的精神人格。

知识分子的工作应该是使人丰富，使人多思，使人有能力对付错综复杂的局面。霍尔在《文化研究与理论遗产》里说："……我来谈谈智识研究与学术研究间的不同。它们部分重叠，互相提供有助于对方的方法。但是，它们不是同一事物。……这些实践（指构建一种真正的文化与批判实践，即属智识研究）意欲产生一些有机的、智识的、政治的工作，而并不想取得知识的元叙事地位。……理论和政治以及理论的政治学，并不是为理论而理论，而是把理论作为一系列争论的、区域化的、重要的知识。这些知识必须以对话的方式进行讨论。同时，它也是一种实践，总是考虑着介入世界并在其中产生影响和效果。"① 无疑，文化研究便是一种智识研究，批判性和政治性（也可说斗争性）是它的灵魂。从事文化研究的知识分子必须具有批判精神。哈贝马斯将批判家在异化的人们自我解放过程中的作用同心理分析家的作用相比，心理分析家的职责在于帮助病人消除阻力，获得深层的自我了解，治疗的成功最终不是靠分析家对病人的了解，而是靠病人通过自省，善于利用从分析家那里获得的解释，来消除自己的阻力。

然而中国知识分子的边缘化似乎已成为全社会的共识。悲观的学者大有人在，他们认为目前中国的知识分子已基本放弃以学术"改革社会"的奢望，只要做学问的人不被社会融化已是万幸。80年前，顾颉刚就疾呼："为什么真实学问的势力不能去改革社会，

① David Morley and Kuan-Hsing Chen（eds.）：Stuart Hall—Critical Dialogues in Cultural Studies. Routledge，1996，p. 274.

而做学问的人反被社会融化了？”① 他认为这还是因为学术方面努力的不足，所以他提出：“诸君！倘使看得这社会是应当改革的，还是快些去努力求学才是！”②80年后的今天，文化研究在世界范围内兴起，似乎也为我们指出了一条道路。首先，我们的知识界对“政治参与”和“学术改革社会”的理解有失偏颇，为官为仕情结还在纠缠着他们，似乎非要当局采用他的政治主张才算“政治参与”和“学术改革社会”，忽视了整个社会大厦的基础是广大人民。在我们看来，当代知识分子应该继承鲁迅的精神，“哀其不幸，怒其不争”是鲁迅对民众的真切关怀，将民众从“愚民”身份中解救出来，是鲁迅一生的追求；我们也可向霍尔学习，理智地面对现实，努力对现实中的新问题、新现象进行详尽的研究和解释。霍尔同鲁迅一样，对社会始终保持“众人皆醉，我独醒”的批判精神。所以，当今知识分子要审视自己，不要怨天尤人。

现在，我国很多学者开始致力于文化研究，但是否已确定了一定的目标，勇敢地走下去了呢？笔者认为，学人首先该做的就是顾颉刚所说的“快些去努力求学才是”，这是从事文化研究的内在要求，即具备较高的理论修养。笔者在阅读霍尔的著作时深感其阅书无数，思想博大精深，对撒切尔主义的论述，其对众多理论的运用达到炉火纯青的地步真是让人佩服。其次，笔者认为当代知识分子要正视社会现实，并保持清醒认识。霍尔时刻关注社会上新的身份的不断出现，他清醒地认识到我们住在一个疆域不断变化的世界里，而在这个边界不断被跨越的世界里，对于霍尔来说，重要的是解释这些现象。他没有把纯粹的学术研究模式当成惟一生产知识的手段，他认为，文化是产生和吸收学识的环境，在学术界和日常生活之间的障碍被突破时，我们学得最好，思想也最开明。霍尔的探讨是开放式的，他关注社会进步、发展和人类文明的话语里包含的从属和服从方面。面对现实，他所采取的态度是接受不安定、差异

①② 转引自《读书》2001年第5期，第128页。

和混杂。霍尔看到，在不安定和充满差异的社会中还有“真我”存在。正是霍尔认真对待现实，他才能在那些现代主义的拥护者那里看到秩序、理性和成就的地方，看到动荡和野蛮。保持对现实尤其是今日中国社会现实的复杂性的认识，意味着去指认每一个“事实”所包含的多方面的问题，包括那些与你的立场颇为矛盾的“事实”，你必须去直面，并尝试回答，试图建立的是一种研究与现实之间的“对话”关系。研究之所以成为必要，是为了回应现实提出的挑战。例如，“大众文化”以种种充分自然化、本质化的文化想像为社会重构提供合法说明。这一意识形态实践过程具有很强的隐蔽性。如果你还以精英的姿态将这种文化斥为“垃圾”或低级文化，事实上就是拒绝了对这一重要社会现实的关注，忽视了其中包含的必然的权力关系——以文化包装的消费方式构造和区分的不平等的阶级现实，你就更不可能像鲁迅那样致力于唤醒民众被麻木的心智。

第四，文化研究有利于建立一个有着多种声音的世界，那些被忽视、被边缘化，然而同样是人类文化一部分的民族文化有望得到自己应有的位置。

今天，随着全球化的发展，资本的内在作用、市场经济和资本的运作，正影响着世界经济的秩序和文化的构成。毫无疑问，全球化这一术语是十分重要的。全球化带给人类文明的巨大变化之一，是各民族国家文化的交流与互动。其交流的方式多种多样，交流的内容更是千差万别。在我们看来，人们应该更加关注的是文化间的相互理解、冲突、兼容、共处等问题。然而，在判断全球化的指向方面仍然存在许多问题。无论如何，东西方的文化交流，应该成为一种对话，通过交流和对话达到双方的互相渗透和互相影响。为此，第三世界的批评家应该发言。

（二）霍尔传播思想中国化的思考

霍尔将霸权和意识形态概念运用于传媒研究，具有强烈的批判意识，他从事的文化研究的一个重要部分就是媒介研究即媒介文化研究，他的研究具有媒介文化政治性，对现实有强烈的介入性。霍尔的传播思想是以西欧资本主义社会为情境的，我国是社会主义市场经济国家，如何将霍尔的传播思想移植到中国的现实情境中，并有利于我国媒介文化的健康发展，无疑是个值得深入思考的问题。

中国的现实情境是什么呢？我国传媒在这种情境下是怎样的呢？这是我们思考霍尔传播思想中国化的前提。从社会政治经济体制来说，中国与世界上几乎所有的国家都不同，实行的是特殊的社会主义市场经济，社会主义、市场经济双重力量复杂地作用于媒介文化，我们在分析媒介与主流意识形态关系的时候，会发现中国媒介文化是一个比西方国家更加充满矛盾、变异、冲突、暧昧的文化空间；从社会阶级阶层的划分来说，中国没有形成西方社会大规模的中产阶层，而是由事业阶层、私营企业阶层、集体企业阶层、国有企业阶层、个体劳工阶层等组成了在政治、经济、文化、生活地位上都有着巨大差异的社会状态，因此，中国的“大众”远远比西方文化研究中的“大众”所包含的意义要复杂，人民、大众、受众在中国的媒介文化研究中必须重新审慎地定义和使用。从国家的民族、地域、经济发展的分布来看，中国处在一种相当不平衡的发展状态，北方与南方、内地与沿海、都市与乡村、男性与女性、汉族与少数民族都存在非常不同的文化诉求和文化意识，大众传媒对于他们也具有完全不同的文化意义。因此，我们对待霍尔的媒介研究，必须有明确的本土视野，对于文化研究中的理论要有创造性地去阐释和改造，如文化研究中常出现的“大众”、“大众文化”、“意识形态”、“霸权”等媒介文化研究的关键词就不能生搬硬套到我国的媒介研究中来，否则，我们就会从根本上脱离霍尔所倡导的实践精神。

以霍尔为主导的文化研究其实在很大程度上是意识形态研究，在霍尔时代，意识形态在英国具有较为分明的界限，而在中国主流意识形态中没有那么明显的对立和冲突。中国的大众文化与主旋律文化之间也存在一种共生共荣的依存状态，大众传媒的宣传力量和经济能量使得它不可能逃脱政治权力逻辑和金钱逻辑的掌控，而两者与其相互争夺，不如相互妥协。完全的正面宣传已经仅仅是一种惯性力量，主流意识形态同时潜入百姓喜闻乐见的通俗电视剧、百姓生活写真、日常生活信息服务节目、娱乐和体育比赛等节目中，来维持自己的生命力。大众文化虽然在消解着精英文化，但在中国也不可能彻底取代别种文化独立运行。考察中国大众文化在“官方-民间-知识精英”话语权力结构中的位置，我们不得不承认一个现实，即西方文化研究所描绘的社会反抗与冲突，在中国似乎甚为模糊。这些不同种类的文化是如何在中国共生共荣的？它们是如何达成共识的意识形态的？大众传媒在这个共识运作中，无疑具有至关重要的作用。那么，当我们运用霍尔的意识形态霸权理论时，是不是也要采用同样的批判态度呢？我们批判的态度会不会危及处于平衡状态的意识形态结构？我们是应该照顾转型期的正面效应还是强力批判消极面？显然，这些都不能从西方发达国家找到答案。

但是，我们必然采取“拿来主义”。20 世纪 80 年代末期，特别是 90 年代以后，传媒的社会角色越来越重要，传媒领域的文化冲突、文化较量和文化争夺越来越激烈，人们意识到，在很大程度上，媒介文化研究不仅仅是作为一种学术发展、学科发展的结果出现，更重要的是，媒介作为一个话语场域，其实就是当代社会权力的一个角斗场。现在，我国已经加入世贸组织，我国传媒面临着国内国际的双重困境，国内方面主要是现代化和市场化所引发的媚俗化倾向，以及由此而对人们的思想、心理和行为发生的潜在影响；国际方面则主要是全球化所进一步加剧的信息传播失衡、民族传统瓦解，甚至民族国家生死存亡的严峻局面。所以，借鉴国外的媒介研究，既有利于社会主义现代化事业包括大众传播事业的健康发展，也可为我国传媒在全球化的背景下认清形势、把握大局、抓住机遇、应对挑战提供深度思考和现实参照。

在霍尔的编码/解码理论推出之前，电视节目的影响是不言而喻的。当时，美国电视、电影在世界范围内发行，极大地影响了他国的文化环境，由此，产生了著名的“文化帝国主义”学说，认为大众媒介是被用来控制他国的主要工具。但是“霍尔模式”使电视的神秘影响受到挑战。可以说霍尔初步揭开了电视节目如何影响观众的面纱，他从理论和经验两个方面证明，收看并不就等于接受影响。受众在看电视节目时，有三种读解立场：主导-霸权的、协商的和对立的。事实也证明，美国文化在观众解码时发生了改变，现在批判美国文化影响的言论越来越多，很多国家还限制其文化产品的进口。所以美国文化的全球化并不是自动转化为美国霸权的全球化。但是，这并不是说，我们就不必对席卷全球的美国大众文化抱以忧心，实际上，国际信息流的文化影响仍是一个未能解决的问题。既然有三种读解，那么，就有可能采取有利于美国的读解。因此，我们也许要思考的是：受众为什么采取这样的读解，如果采取有利于他民族文化的霸权读解，那么，就有一个己文化和他文化的斗争问题。如果，一种文化对另一种文化的受众产生影响，那么又有一个文化认同的问题，而这种认同达到什么程度，怎样采取应对措施，都是我们应该思考的问题。

依据霍尔的编码/解码理论和受众的三种文本读解方式,我们可以发现,霍尔并没有拒绝经验学派的方法,他也主张进行文本研究,但是,他强调文本分析必须同时考察宏观的权力结构,并深入地亲身体验观众的读解情况,在一段历史的变迁过程中才有可能作出回答。

另外，霍尔的意识形态理论对我国的传者和受众也应该有些启示。意识形态是一种构造性话语，它是大众在选择自己对某事物态度时潜在依赖的原则或结构性基础，而我们还常常把这种原则当做想当然而不加以分辨。对于我们来说，吸纳霍尔的思想，就意味着我们不仅要进入霍尔的语境，了解西方主流话语所具有的意识形态背景，还要反思我们自己进行判断的背景和前提，从而明晰我们自己的立场和态度。

那么,我们处于一种什么样的情形中呢？从表面看来,我们的社会正在发生剧烈变化,从计划经济变为市场经济,从前现代社会变为现代社会,但是深究起来,我们对自己处境的反思,却没有达到这样一个阶段。以社会向市场经济变化这一点为例,我们知道,市场经济实际上并非放任自流,而是一种规则经济,是人们在共同的游戏规则前提下进行适者生存的竞争。而反思我们的媒介和人们对这方面的认识,我们就会发现,我们的意识形态背景,也就是我们进行判断和思考的前提性条件,实际上并没有适应这种变化。我们在媒介的报道中,可以见到太多的传奇英雄。如果是在市场既定的规则下发展,为什么会有这么多的传奇英雄呢?实际上这种传奇英雄的存在,说明着我们的规则并不健全,或者说促使这些规则被执行的手段并不健全。然而,问题是在这种情况下,我们却在媒体(不论是所谓国家媒体还是市场化的主流媒体)的日常浸染之下,变得习惯甚至羡慕这种传奇英雄,以至于我们把不合乎规则的事情说成是英雄的创业,并且非常欣赏这样的传奇活动。以媒体对南德集团牟其中的报道为例,在一段时间内,媒体热衷于炒作牟其中如何用积压产品(姑且不去论是否伪劣)去俄罗斯换飞机,在阅读这种话语时,媒体传达给我们的是这样的信息,即我们首先应该想方设法去利用其他人(其他国家)的困难,换取我们切实的利益。在牟其中东窗事发被判刑后,媒体的报道又集中于牟其中如何如何不遵纪守法,同样忽略了追踪在整个牟其中事件中,制度性因素起到的作用。

实际上,通过媒体反映出来的意识形态在此具有了一种奇怪的功效,它传达给人们的,不是应该如何去制定和遵守规则,而是如何去超越它。我们经常有关于执法人员与贪污腐化分子斗争的报道,但是这样的报道经常不去分析这些贪污腐败发生的制度性原因,而是突出执法人员的大公无私,前一段时间流行的一部电影《生死抉择》就是如此。在这部电影中,铁面无私的市长对抗省委代书记的命令,努力去清查一个棉纺厂的腐败事件,最后发现,省委代书记就是腐败的后台。它不是让我们树立一种遵守规则就能够解决问题的信念,而是让我们在自己的工作遇到阻力时,就想办法突破现有的秩序和规则。

而且，我们经常可以听到人们在谈论腐败问题时，先是对腐败分子享受的各种福利赞叹不已，然后是怒骂这些人为何如此腐败，然后还会听到一两句“老子如果有后台的话……”的话语，这就是社会主流话语缺乏对制度因素进行反思而带来的负面效果。2001年在北京举行的一次反腐败成果展上，最吸引人的其实并不是执法机关的成绩，而是展会上布置的腐败分子的豪宅，意识形态的工具（也许不自觉地）引导人们相信的是，只要拥有权力，就可以换取这样的生活标准。

当然，我们的媒体在某种程度上也在进行着反思，而问题恰恰在于，这样的反思又把人们带入了新的陷阱中，即目前是市场经济的初级阶段，制度的不健全是必然的。也许在任何事物发展的初级阶段都会经历一个从不合理到合理的过程，但是一种不合理的体系，会随着市场经济的推进，通过自我调节必然达到合理吗？似乎没有这样的定论。

从霍尔的编码/解码模式来看，解码者具有一定的主动性，可以拒绝接受编码者传递给他们的信息。但正如霍尔指出的那样，这种拒绝接受的前提是解码者能够通过另一套逻辑或者背景知识建立自己的知识图景。而在我们的现实情况中，意识形态的作用使得我们缺乏能够替代编码者意图的背景和逻辑。这一点与霍尔在分析撒切尔主义时得出的结论——撒切尔夫人利用了人们对社会安定的渴望，构建了新的话语同盟是相同的。

总之，霍尔的思想在反思我们自己的舆论背景时，为我们提供了丰富的资源。合理地利用和发展这些资源，能够让我们更加充分地认识我们的大众文化，同时反思大众文化背后的意识形态因素。

结　语

通过梳理霍尔的传播思想，我们知道，霍尔是传播学研究中里程碑式的人物，在他之前，西方传播学研究还是以美国量化的、微观的研究模式为主；虽然法兰克福学派也力图从宏观的角度解释社会权力的运作及其所扮演的角色，但是忽视了受众的能动性，而霍尔的编码/解码模式打开了受众研究之门，在他之后，受众研究成为传播学研究的重要课题。霍尔是新马克思主义者，他的传播思想的深层来源是结构马克思主义者阿尔都塞的意识形态理论和葛兰西的霸权理论。在他洞察了文化研究中的文化主义范式和结构主义范式后，综合两者长处，开启了文化研究中的“文化霸权”研究。正如约翰·费斯克所说：“如果我们只用一个词来形容霍尔对发展文化研究的贡献，那就是‘开放’①。他的论述打开了那些看起来是关闭的领域；他的工作总是开放的，总是在前进中的，总是为他人的研究作出贡献。”②

① 这里的英文单词是“open”，根据费斯克的论述，这个词作动词讲时，表明霍尔是文化研究多个领域的开门人；作形容词讲时，表明霍尔思想的开放性以及对他人的包容性。

② David Morley and Kuan-Hsing Chen (eds.): Stuart Hall—Critical Dialogues in Cultural Studies. Routledge, 1996, p. 212.

第四章
内爆的“地球村”
——麦克卢汉的技术乌托邦主义传播思想

从“媒介即信息”到“地球村”，麦克卢汉提出过许多耳熟能详的概念。从“技术决定论者”到具有批判意识的传播学者，麦克卢汉的学术声誉饱受争议。但是作为最早注意到广告和娱乐文化对当代生活的影响的学者，“用批判意识拥抱新媒介时代的第一人”，麦克卢汉的思想正在得到重新评价，并逐步发掘出向批判学派阵营靠近的意义。

第一节　奇才或是怪物？

有人说麦克卢汉是奇才，也有人说他只是一个怪物。麦克卢汉1911年7月出生于加拿大艾伯塔省的埃德蒙顿（Edmonton，Alberta）一个平常的家庭，他的父亲从事保险销售工作，是卫理公会的教徒，母亲是演员，又是一位浸礼会教徒。

麦克卢汉少年时期的愿望是做一名工程师，后来他在大学期间攻读工程学。1933年和1934年，他分别在曼尼托尼大学获得了工程学的学士和硕士学位。这似乎可以部分地解释为什么在他的学术生涯中，技术的运用和影响始终是他关注与研究的对象。但后来他显然发现了比工程更让他感兴趣的领域。在曼尼托尼一个暑期的夜晚，他阅读了一些英国文学著作，结果秋季一回到学校他就转而开始研究文学了。

1936年，麦克卢汉在英国剑桥大学获得了自己的第二个硕士学位，研究方向为英国文学。20世纪30年代在剑桥的学习对麦克卢汉思想的影响是巨大的，正是在这段时间，他受到柴斯特腾（G. Chesterton）等作家的影响而改信了罗马天主教。在威斯康辛大学教书一年后，他于1936年在当地的教堂正式成了一名罗马天主教徒。1937年，他又离开威斯康辛大学前往天主教学校——圣路易斯大学讲授文学。

早期的教学生涯是他最早对媒介产生兴趣的时期。当时，年仅25岁就成为大学教师的麦克卢汉惊讶地发现他和他的学生之间竟然存在“代沟”。激进的青年教师非常急切地想要了解这种“代沟”是如何形成的，并希望自己能够跨越这所谓的“代沟”，与学生架起沟通的桥梁。他认为是媒介的作用导致了这种“代沟”的形成，于是开始了理解媒介的尝试，并由此一发而不可收拾地将大众媒介对文化的影响力进行了数十年的观察和思考。

麦克卢汉媒介理论的形成有着文学批评的深刻烙印。麦克卢汉在1942年完成了自己的博士论文，研究对象是伊丽莎白时代的作家兼教育家托马斯·纳什（Thomas Nashe），并于1943年获得了剑桥大学博士学位。应该说，没有在文学艺术研究上的严格训练就不会有麦克卢汉独辟蹊径的媒介研究视角。人们认为，麦克卢汉不是一个严格意义上的传播学家，他被称为语言学家、文学分析家、历史学家乃至诗人。他对媒介的研究最初采用的也是语言学和文学分析的研究方法，而这实际上就是他的思路最与众不同的地方。

从剑桥回到加拿大后，麦克卢汉曾在天主教学校圣桑逊大学讲授过文学（1944~1946年），其后便来到了多伦多大学，开始了他长达34年的研究和生活。在多伦多大学，麦克卢汉可以稳定地做文学教授和批评家，他还曾被任命为该校“文化和科教中心”主任。正是在多伦多大学的这段时间，作为媒介批评大师的麦克卢汉横空出世了。

1951年，麦克卢汉出版了他的第一部著作《机械新娘》(The Mechanical Bride)。麦克卢汉长期以来对媒介的兴趣成为该书的重点。他在书中分析了报纸、广播、电影、广告等传播媒介给人类社会带来的负面影响以及对人类带来的心理压力。该书一出版就让一直将麦克卢汉定位为文学评论家的学术界大吃一惊，也激起了学术界的热烈反应，并为麦克卢汉赢得了“福特基金会”的“文化与传播研究会”主席一职。

1962年，麦克卢汉的第二部著作《谷登堡星云——印刷人的诞生》问世。该书为他赢得了加拿大政府奖，并确立了他在西方思想界特立独行的思想家地位。

1964年，麦克卢汉最轰动的一部著作《理解媒介——论人的延伸》出版。他立刻就成了当年最令人瞩目的学术新星。在没有任何广告宣传的帮助下，该书在各大学成为最受欢迎的学术专著，被学生争相购买。书中的“地球村”和“信息时代”等新鲜词汇成为当时最流行的通用词语。1964年12月28日的《国家》杂志把麦克卢汉列为风云人物；1965年的《读者指南》列出四篇有关他的文章，分别刊载于《评论》、《纽约客》和《哈泼斯》。“到了1965年的秋天，《理解媒介》的盛行促使《纽约先驱论坛报》宣告作者为‘继牛顿、达尔文、弗洛伊德、爱因斯坦和巴甫洛夫之后的最重要的思想家……’”① 麦克卢汉是“电子时代的代言人，革命思想的先知”。一时间，“麦克卢汉热”风靡美国，他的著作都成为畅销书。1966年至1967年，麦克卢汉热潮达到顶峰，美国最著名的几十种报刊如《幸福》、《新闻周刊》、《生活》、《老爷》、《全国评论》、《党派评论》、《纽约客》、《新墨西哥季刊》、《周末

① ［加］马歇尔·麦克卢汉：《理解媒介——论人的延伸》，何道宽译。商务印书馆2000年版，第2页。

评论》、《花花公子》等，都刊登了有关麦氏的文章。他还不时应邀在电视上演讲，可谓出尽了风头。

在他声誉的顶峰，小说家汤姆·沃尔夫在一篇文章中这样描述麦克卢汉："他坐在偏隅多伦多大学一角的小办公室里，这里就像一个二手书的陈列柜，他在这里从早到晚持续不断地审看论文。他似乎不在意他的穿着。哦，他那身打扮……好像那个旧条纹领带只是放在他的塑料围脖上，摇摇欲坠，随时可能掉下来……"①

不过，这位勤奋、敏锐的学者终生对新兴媒介抱着谨慎的回避态度。大众场合里，他称电视是"腼腆的巨人"，并提醒人们注意这个当时还比较新鲜的媒介形式具有的力量。私下里他甚至要求他的儿子不要让他的孙子观看电视！所以，人们猜测，如果麦克卢汉生活到现在，他很可能拒绝拥有他的 E-mail 地址。

但是，在经过了 20 世纪 60 年代的喧嚣一时后，麦克卢汉这位新媒介时代的预言家开始被很多人贬为褊狭的技术决定论者。麦克卢汉的名字一度代表着"技术决定论"，被很多领域的专家排斥。在各个相关领域，麦克卢汉的思想也受到猛烈的抨击和批评。尤其是他的后期作品，很多人认为其观点是荒谬的。人们抨击他赶时髦、追风潮、迎合新潮，说他的文字"刻意反逻辑、巡回论证、同义反复、绝对、滥用格言、荒谬绝伦"。

麦克卢汉这个名字一度沉寂了。

但到了 20 世纪 90 年代，这个名字挟裹着互联网的威力又回来了。

扑面而来的数字时代、网络生活、虚拟现实、信息高速公路使人们再次注意到麦克卢汉。事实似乎在证明，几十年前麦克卢汉的预言是对的！20 世纪 90 年代初，吹响网络时代号角的《在线》杂志（Wired）在创刊号的刊头上把麦克卢汉供奉为"先师圣人"

① W. Terrence Gordan: McLuhan for Beginners. Writers and Readers Publishing Inc, 1997, p. 24.

(Patron Saint)。“在线”一族供奉他为祖师爷和开山祖，虽然他并不懂技术。今天的牛津英语字典里有346个参考目录直指麦克卢汉。他的口号以惊人的频率被数字时代的现代人引用。麦克卢汉充满预见性的作品成为研究媒介，尤其是研究批判理论、全球传播、互联网的发展的学生不可不参看的内容。

在杂乱的电视节目里，在眩目的互联网中，曾经受到冷落的麦克卢汉，终于在数字时代复活了。

第二节　麦克卢汉的标志：独特的麦克卢汉式表述方式

麦克卢汉的书难懂，甚至被人们喻为天书，这与他独特的表述方式有很大关系。阅读麦克卢汉关于媒介的几本著作，我们会发现，他的书几乎颠覆了人们对传统学术书籍的期待。他在书中表达思想时，既没有必然的逻辑联系，也没有缜密的论证过程。我们看到更多的是思想的火花，而不是严谨的理论表述。

当我们艰难地阅读麦克卢汉的作品时，我们有理由相信一个研究文学的博士是有足够的能力写出流畅的文章以供读者阅读的。那么，麦克卢汉为什么要特意采用如此晦涩的文笔表述他的思想呢？在解读他的思想以前，探讨一下他采取自己奇特的表述方式的原因，也许会对我们有所裨益。

一、“像泡澡一样进入我的作品”

麦克卢汉一直用两个字形容他所做的事情：探索。他认为他的工作是“为了实用的目的，努力弄懂我们的技术环境及其心理影响和社会影响”。① 但他又提出他的书“只构成探索的过程”，不是“发现的终极产品”。麦克卢汉认为，理解常常需要人们有一个

① ［加］埃里克·麦克卢汉，弗兰克·秦格龙编：《麦克卢汉精粹》，何道宽译。南京大学出版社2000年版，第359页。

多维的视角，要想全面地理解一个事物，我们必须从不同角度去观察它。因此，麦克卢汉对任何问题的探索都拒绝提供一个固定不变的观点。他在 1969 年接受《花花公子》的访谈时说："我没有固定不变的观点，也不死守任何一种理论——既不死守我自己的，也不死守别人的——我的工作比较好的一个方面，有点像保险柜工匠的工作。我探索、倾听、试验、接受、抛弃。我尝试不同的序列，直到制动栓下落，保险柜的门弹开为止。"①

在他的第一本书《机械新娘》里，麦克卢汉就已经表达了自己不想维持一种固定思想的意图。在《机械新娘》的序言中麦克卢汉提出，对他的书没有必要按照章节的顺序去阅读。他希望读者不要用阅读传统书籍的方式阅读他的作品。他说："读者无需依赖传统书本的线形结构并受到它的束缚。"②

《机械新娘》是一本讨论当时流行媒介产品的书,麦克卢汉在书中用流行媒介推销观念的方式陈述自己的思想。麦克卢汉认为,报纸、电视等让人们接受的是镶嵌式的(mosaic)观念思想。人们可以在任何时候打开电视,从任何一个节目开始观看下去,也可以翻开任意一页报纸就开始阅读。受众接受了媒介这种镶嵌式的传播方式,也形成了这样的知觉习惯。麦克卢汉称自己的作品也是"镶嵌式的",他为读者提供的探索空间和他观察到的媒介重组受众知觉的方法是一样的,受众无需担心应从什么地方开始阅读他的书籍。

对于已经习惯了线形结构的人来说，这样的观察方式是令人迷惑的。人们还很难明白为什么麦克卢汉要我们像读报纸一样读他的作品，也不能理解麦克卢汉为什么像组织一张报纸一样组织自己的作品。对此，麦克卢汉使用了一个形象的比喻：让人们如同"踏进澡盆的水"那样进入他的作品中。麦克卢汉认为，从什么地方

① ［加］埃里克·麦克卢汉，弗兰克·秦格龙编：《麦克卢汉精粹》，何道宽译。南京大学出版社 2000 年版，第 2 页。

② Marshall McLuhan: The Mechanical Bride. Routledge London, 1967, p. 4.

开始阅读并不是非常重要的，受众不是已经习惯了像踏入澡盆的水那样进入到流行媒介传播的内容中吗？顷刻间，受众会融入到新的媒介环境中，很快地，受众就不再会追问新的媒介环境与过去的有什么不同，而是幸福地沉浸在对新媒介环境的享乐中。所以，麦克卢汉让我们也以同样的方式进入到他的世界中。如果我们问自己，麦克卢汉的书和我们以前读到的书有什么不同的话，我们也许就已经开始观察媒介而不仅是媒介的内容的问题了。

人们总是不可避免地“踏入”各种媒介传播的信息中，对于媒介这个大环境的存在，我们常常是深入其中而不自知。麦克卢汉要求人们步出这个环境，亲身体味一下媒介的这种力量和影响。“人们内在的观点总是与现实的观点相冲撞。就像人们宁愿吃掉乌龟而不是欣赏乌龟背上的花纹一样，人们宁可将自己埋浸在报纸中也不愿对报纸的特征和意义有任何感觉和思考。”① 因此，麦克卢汉采取这种独特的方式有他的良苦用心，理解他采取这种方式的原因也许可以帮助我们体会麦克卢汉的思想。麦克卢汉期望用特殊的写作方式提醒读者注意媒介自有的影响力。在对媒介传播的内容投入了极大的关注的同时，我们也许真的要想想麦克卢汉在描述媒介环境时提出的那个尖锐的问题：“鱼儿知道它在水里吗？”

我们真的知道我们浸淫在媒介中吗？

二、艺术家的眼睛——格言警句加暗喻堆砌

麦克卢汉的作品让人难以接受的另一个原因，在于其中充满了只言片语的格言警句和晦涩难懂的暗喻堆砌。

文学批评家出身的麦克卢汉保持了极具文学性的写作风格。在他的著作里，我们看到他广泛、大量地引用其他文学作品。从《泰晤士报》到莎士比亚戏剧，从希腊神话到《庄子·天地篇》等，他书中的每一个章节都充满了小说般的文笔和散文般的随意。

① Marshall McLuhan: The Mechanical Bride. Routledge London, 1967, p. 4.

当然，我们见到最多的还是他对詹姆斯·乔依斯（James Joyce）、爱略特（T. Eliot）、威廉·布雷克等人的详尽复述，这些人是麦克卢汉最崇拜的印刷媒介时代的文学英雄。显而易见，这些文学巨匠对他的思想形成和写作方式有极大的影响，是他们使麦克卢汉一直对文字媒介怀着深深的情感与眷恋。

和乔依斯等人一样，麦克卢汉喜爱在作品中使用双关语和暗喻，这无疑增加了人们了解他的思想的难度，而他显然是特意这么做的。对于为什么采用这种被人们看做是文字游戏的写作技巧，麦克卢汉解释说："双关语是用破坏进行突破。"因为，双关语破坏了正常语言的进程，从而向人们揭示被正常语言压制的东西，也就是说，双关语可以通过打破常规实现对现实的突破。

对文学技巧的这种偏爱与麦克卢汉的"艺术家论"有很大关系。麦克卢汉一直坚信，只有艺术家才能敏锐地感知媒介与人的关系。当人类环境发生变化时，大多数人的反应都比较迟钝，而艺术家却能够察觉并预见到这些变化。艺术家"感觉到新媒介使人发生的变化，认识到未来就是目前"①，并通过先锋的艺术作品向人们发出"环境"警报。在媒介环境中无法自拔的普通人往往用"后视镜"的观点看世界，只有事情已经发生变化之后才对世界的变化略有所知。麦克卢汉坚信文学是艺术的一种形式，所以他相信自己通过文学的语言环境，像一个艺术家那样探索媒介，一定有助于人们读懂这个充斥媒介的世界。

另一方面，依然是麦克卢汉试图在写作中用流行媒介的叙述方法叙述媒介。既然我们的媒介热衷于使用暗喻的手段，那么麦克卢汉为什么不能在他的作品中也这样做呢？而且，对麦克卢汉而言，这种超常规地使用文学技巧分析现实、探索媒介的方法，是在媒介环境的包围下突破媒介语言模式的重围，让受众已经麻木的感觉重

① ［加］埃里克·麦克卢汉，弗兰克·秦格龙编：《麦克卢汉精粹》，何道宽译。南京大学出版社2000年版，第360页。

新复苏的极佳方式。

因此，当人们听到麦克卢汉说“媒介即讯息”、“媒介即按摩”这样的双关语时①，他其实只是想说，媒介对人的影响是无处不在的。“按摩”这个词生动地暗喻了媒介“悄悄偷走受众的心”的力量。这样一句让人们浮想联翩的警句既描写出媒介的力量，也表现出麦克卢汉思想表述的力量所在。

因此，也许我们可以说，对迅猛发展的媒介有着排斥心理的麦克卢汉冒险采用了一种奇特的表述方式。他仿佛是下了一剂猛药，要以毒攻毒地向被媒介之影响力催眠的人们敲响警钟。理解者也许有醍醐灌顶之感，而更多的人则被他的表述方式弄得一头雾水，不知所云。

关于麦克卢汉奇特的表述方式和他的思想之间的联系，还有待我们进一步地研究。在如麦克卢汉要求的那样先观看过媒介的形式后，让我们进入媒介的实质内容——麦克卢汉的主要观点中去吧。

第三节　媒介即讯息

麦克卢汉说：媒介即讯息。

这句格言般的论断是他最知名也是最具争议的思想。褒之者认为它体现着麦克卢汉天才般的洞察力，贬之者认为它是缺乏逻辑论证的胡言乱语。对这句话的不同理解几乎造成了解读麦克卢汉者之间的最大差异。

一、媒介就是人的延伸

事实上，麦克卢汉所说的媒介的内涵远远超越了我们在新闻

① 在英语中，“message”讯息一词和“massage”按摩的读音相近，因而具有双关的意味。参见［加］埃里克·麦克卢汉，弗兰克·秦格龙编：《麦克卢汉精粹》，何道宽译。南京大学出版社2000年版，第361页。

学、传播学中对媒介的界定。可是，当我们用他对更广大意义上的媒介观察得出的结论去审视我们相对狭义而且专业的媒介时，一个前所未有的视角在人们眼前展开了。

在麦克卢汉以前，传播学家大多把媒介看做给我们带来信息的介质，如收音机、电视和报纸。但在麦克卢汉的定义里，任何一种技术，只要它是人类身体、思想、存在的任何延伸，它就是媒介。因此，衣服是皮肤的延伸，摄影机是人眼的延伸，车辆是人腿的延伸，而电脑，当然就是人的中枢神经系统的延伸了。麦克卢汉认为这些事物都是媒介："所有的媒介都是人的某种心理和肉体能力的延伸。"

麦克卢汉认为媒介的这种延伸是人"器官、感官或曰功能的强化和放大"。然而，对于人类通过媒介不断扩张的能力，人自身对此却浑然不觉。"无论什么时候发生这样的延伸，中枢神经系统似乎都要在受到影响的区域实行自我保护的麻痹机制，把它隔绝开来，使它麻醉，使它不知道正在发生的东西。""凭借这种综合症，人把新技术的心理和社会影响维持在无意识的水平，就像鱼对水的存在浑然不觉一样。结果，就在新媒介诱发的新环境无所不在，并且使我们的感知平衡发生变化时，这个新环境也变得看不见了。"①这就是媒介力量最可怕的地方。

麦克卢汉对媒介的独特定义源于他坚信的两个假设，一个是"我们成为我们自己视为的那样"（we become what we behold）；另一个是，我们塑造了我们的工具，然后这些工具又塑造了我们。以公路和隧道为例，这些人类发明的技术使人腿的功能得到了极大的延伸。当铁路和隧道的技术被发明并投入使用后，它们便会使交通得以发生，而不是仅供人们纸上谈兵。因此，按照麦克卢汉的说法，媒介是使事情发生的介质（make-happen agents），而不仅是使

① ［加］埃里克·麦克卢汉，弗兰克·秦格龙编：《麦克卢汉精粹》，何道宽译。南京大学出版社2000年版，第360页。

人们意识到事情的介质（make-aware agents）。此外，当铁路和隧道建成后，人们对距离的认识便会随之发生极大的改变。“近”和“远”的概念被重新定义，媒介于是又塑造了人的意识。

出于这个原因，麦克卢汉提出：“有效的媒介研究不仅是要处理媒介的内容，而且要对付媒介本身及其发挥作用的这个文化环境。只有站在对象的旁边对它进行全局的观察，你才能发现它的运作原理和力线。”①

二、讯息就是新的尺度

和媒介的概念一样，麦克卢汉笔下的“讯息”也被赋予了一个全新的定义。

人们常用的“讯息”一词基本等同于“内容”或“信息”。当然，讯息并不等同于信息。我们在字典里可以看到，“讯息”是指两者之间的交流，而信息则是知识或情报的接受和交流。信息是携带社会功能、具有社会功能的知识与智慧的交流，而讯息这一概念更多地指向社会构成的要素。这种关系颇类似于语言学中言语与语言的辩证关系。

麦克卢汉认为对“讯息”的这些理解对于把握“讯息”的本质特点是远远不够的，因为我们忽视了媒介讯息最重要的特点之一：它们有力量改变社会进程和人类的关系与行为。可见，对麦克卢汉而言，任何由媒介引起的在社会或文化领域的尺度、速度甚或是模式的变化都是媒介的讯息。“所谓媒介即是讯息只不过是说：任何媒介（即人的延伸）对个人和社会的任何影响，都是由新的尺度产生的；我们的任何一种延伸（或曰任何一种新的技术）都要在我们的事务中引入一种新的尺度。”②

① ［加］埃里克·麦克卢汉，弗兰克·秦格龙编：《麦克卢汉精粹》，何道宽译。南京大学出版社 2000 年版，第 360 页。

② ［加］马歇尔·麦克卢汉：《理解媒介——论人的延伸》，商务印书馆 2000 年版，第 33 页。

对此，麦克卢汉在《理解媒介——论人的延伸》一书的“媒介即讯息”一章中列举了一个例子，那就是电灯光。他认为电灯是一个很宝贵的例子，因为人们都知道电灯是不携带讯息的，可是我们却没有意识到电灯本身就是讯息。

孤独的灯伫立在夜空，它没有传播任何信息。但当人们习惯性地拧亮它时，人们可能意识不到，人类社会的关系已经被它重塑了。电灯发出的虚拟光使自然的时间法则不复存在，过去在黑暗中无法进行的活动都能得以进行。人们既可以在夜间工作直至天明，也可以天不亮就起来工作，日出而作、日落而息的生活规则从此被打破。电灯光还改变了时间和空间的关系，重塑了人们公共生活和私人生活之间的结构。只要我们想想人们在夜间为了某场足球比赛聚集在体育馆里、酒吧里狂欢呐喊的热闹场面，就会明白麦克卢汉所说的意思。在没有电灯以前，夜间的公共生活几乎都是不能想像的。所以，电灯这种人眼的延伸，为人类生活带来了新的尺度，它重构了社会关系和观念。电灯这种媒介就是讯息。

所以，麦克卢汉认为，研究媒介者如果还只是关注媒介中某篇报道的意识形态或语意结构就有些不得要领。麦克卢汉一再坚持，研究媒介者应该关注媒介的形式，并了解媒介的新形式为人类生活带来什么样的新尺度，对人类社会结构产生了什么样的影响。人们总是很容易地发现人类的每一次延伸带来的新的尺度，但问题是我们过去只注意延伸后的内容，而没有看到媒介本身。

麦克卢汉还提出，媒介的另一个特征就是一种媒介可以变成另一种媒介的“内容”。“文字的内容是语言，正如文字是印刷的内容，印刷又是电报的内容一样。”① 因而内容本身有可能掩盖了媒介之间是如何互动的。任何一种媒介的内容都可以是五花八门的，但此种媒介形式对人的行为尺度和形态的塑造与控制能力却是更为

① ［加］马歇尔·麦克卢汉：《理解媒介——论人的延伸》，何道宽译。商务印书馆2000年版，第34页。

持久和强烈的。

让我们再次用麦克卢汉自己的话总结他的“媒介即讯息”的观点：“你必须记住，我所谓的媒介是广义的媒介……我必须再次强调的要害之处是，社会受到更深刻影响的，是人们借以交流的媒介的性质，而不是交流的内容。……每当社会开发出使自身延伸的技术时，社会中的其他一切功能都要改变，以适应那种技术的形式。……新技术是一种革命的动因。”①

三、媒介是什么讯息

既然媒介即讯息，也就是说新技术带来了人类生活的新的尺度，那么让我们来看看在麦克卢汉的论述中媒介是什么样的讯息，它会给人类带来什么样的尺度，而这些新的尺度又会给人们带来什么样的新环境。

（一）媒介形式改变了人类感官与感知的关系

自从将媒介定义为人的延伸后，麦克卢汉就开始了对人类的感知与感官之间的关系的探索。对个体的观察成为他考察媒介对社会和文化影响的起点。

人类的感知在多大程度上依赖感官之间的关系？如果人类感知的感官比例发生变化又会如何？这是麦克卢汉在研究中提出的两个问题。

麦克卢汉认为，五官是人类感知的基础。他根据五官感知事物的复杂程度并为它们排列了顺序。视觉被麦克卢汉排在了第一位，因为他认为眼睛的感知最复杂，其次是听觉、触觉、嗅觉和味觉。麦克卢汉常以拼音的发明为例说明他的这个观点。他认为，在拼音文字发明以前，人生活在感官平衡和同步的世界中。这是一个受听觉生活支配，由听觉生活决定结构的口头文化社会。耳朵与冷静而

① ［加］埃里克·麦克卢汉，弗兰克·秦格龙编：《麦克卢汉精粹》，何道宽译。南京大学出版社2000年版，第393页。

中性的眼睛相对，人与人之间交流的手段是言语。在这样的社会中，人的触觉、味觉、听觉和嗅觉都比较发达，比严格意义上的视觉要发达得多。然而，拼音文字被发明出来后，视觉就被放到了感官系统的最高等级。拼音文字是视觉功能的强化和放大，它用眼睛代替了耳朵，用线性的视觉价值和分割意识取代了整体、深刻、公共的互动。曾经，口头传播需要同时使用多个感官，而语音字母则将它削减为一个，只要视觉符号就够了。

这样的例子我们还可以看到很多，如电视的发明对视觉和听觉的凸现。所以，每一个新媒介的产生都会使人的感官比例发生变化，而问题在于我们是否意识到了这种变化背后的意义。麦克卢汉提醒人们，每一次感官比例的变化调整给人带来的不仅是生理的变化，更重要的是对心理的影响。视觉、听觉等感官比例的变化延伸了不同的空间，塑造着我们感知世界的方法和能力以及思想的模式。所以，"人体的任何一部分延伸，不论是手、脚或皮肤的延伸都会影响到整个心灵和社会"①。

还是以拼音文字为例。拼音出现后，眼睛代替了耳朵，使人的听觉与视觉分离，人的整体知觉场遭到破坏。拼音字母让没有意义的字母和没有意义的语音相对应。从文化上说，这种视觉世界和听觉世界之间的严格分野和平行发展是粗暴无情的，② 它野蛮地撕裂了部落社会人的文化归属感，所以麦克卢汉提出："许多世纪以来对会意文字的使用，并没有威胁中国天衣无缝的家族网络和微妙细腻的部落结构。相反，今日在非洲，只需一代人使用拼音文字——正如2000年前高卢时一样——至少足以初步把个人从部落网络中脱离出来。这一事实与拼音文字书写的内容无关，它是人的听觉经

① ［加］马歇尔·麦克卢汉：《传播工具新论》，叶德明译。台湾远流出版公司1981年版，第9页。

② ［加］马歇尔·麦克卢汉：《理解媒介——论人的延伸》，何道宽译。商务印书馆2000年版，第120页。

验和视觉经验突然分裂的结果。”①

同时，麦克卢汉还认为，感官平衡的变化对人类文化的形成也会带来巨大的影响，因为文化便是“一种感官爱好的秩序”。技术的影响不是发生在意见和观念的层面上，而是要坚定不移、不可抗拒地改变人的感官比率和感知模式。② 我们将在后面几个小节中对这个问题进行详述。

麦克卢汉关于感官比例与人类感知和人类文化关系的思考是非常新颖的。不过我们也应该看到，他的论点基本是从文学、历史中抽象概括而来的，缺乏科学系统地实验和论证，这在一定程度上削弱了他的说服力。

（二）冷媒介、热媒介

由于将感官的参与和人类的感知相联系，麦克卢汉别出心裁地提出了冷媒介、热媒介的概念。

按照麦克卢汉的说法，使某一感觉器官作“高度定义”（high definition）扩张的传播媒介，虽然可以提供大量的信息，却只涉及一种感官，虽然有高度抽象，却使人们的想像力和参与度都非常低，这样的传播媒介就是“热媒介”（hot media）；反之，“低度定义”涉及人类感官范围较广，但能提供的信息相对较少，对任何事物都缺乏详细的描述，需要由人来补充，因而使人的参与度较高的传播媒介就是“冷媒介”（cool media）。“高度定义”和“低度定义”是麦克卢汉从电视技术中借来的词汇。实际上，我们可以用“高清晰度”和“低清晰度”来解读它们。

麦克卢汉举例说，“电视”就是最具代表性的“冷媒介”。虽然麦克卢汉所说的电视在当时还只能收看到黑白色的节目，图像也远不及今天清晰，技术上还亟待发展，但麦克卢汉依然认为相比清

---

① ［加］马歇尔·麦克卢汉：《理解媒介——论人的延伸》，何道宽译。商务印书馆2000年版，第120~121页。

② 同①，第46页。

晰度要高很多的电影而言，电视的图像和声音涉及人的感官更多，提供的参与性也更高。电影在特定的空间内将人们聚集在一起，用特有的屏幕在设定好的时间里提供大量信息。在这个约定的空间和时间里，人们只是被动地接受信息，电影由此降低了人们的参与性。因此，相对电视来说电影就是热的；依此类推，只能给耳朵听，从而激发了人们想像力的电话是冷的；虽然也是给耳朵听，但清晰度极高，从而使人们依赖于它的灌输的广播相对来说就是热的。

麦克卢汉列举了很多例子来对比热媒介和冷媒介。参看下表：

冷 媒 介	热 媒 介
电话、电视	报纸、印刷品、广播、电影
漫画	图片、绘画
座谈	演讲
足球	棒球
艾森豪威尔	希特勒
肯尼迪	尼克松
好渔网、丝袜或太阳眼镜	

当然，按照麦克卢汉的这种标准，我们还可以举出很多类似的例子填在这张表上。而这似乎又不能说是标准。因为所谓衣服是热的，袜子是冷的；电视是冷的，电影是热的这样的标准实在是太模糊了。所以有学者质疑："这种冷热传播工具的论调究竟是'学理'呢？还是标新立异呢？"

更令人费解的是，麦克卢汉对人也同样作了"冷"和"热"的划分。例如他提出，尼克松是"热"的，肯尼迪是"冷"的。在1960年美国总统大选中，尼克松不敌肯尼迪，在总统竞选中败下阵来。麦克卢汉对此的解释是，因为两者在电视上进行了竞选辩论，"热"的尼克松在"冷"的电视上，形象显然不及"冷"的肯尼迪，所以会惨败。电视辩论只适合"冷"的肯尼迪而不是"热"

的尼克松。"热"的尼克松在电视上表现出来的清晰度高，鲜明的形象和动作使他得到虚伪的恶名。① 其后，也许是受到别人的指点，尼克松刻意带上面具，在电视上显得认真、谦虚、不露山水的真诚，结果如愿以偿地在1968年竞选成功成为美国总统。用同样的道理，麦克卢汉解释了希特勒时代对希特勒的形象狂热崇拜的原因。麦克卢汉指出，如果"热"的希特勒不是在"热"的广播时代而是在"冷"的电视时代宣传他的独裁思想，他一定无法得到人们的认同，成为大独裁者。是收音机时代帮助希特勒蛊惑了当时的德国思想文化界和普通大众。麦克卢汉的这种解释虽然理论性不强，但在分析问题时却时有奇效。调查显示，1960年美国大选过程中，收听广播的人都认为尼克松赢了，而观看了电视的人却都知道他输定了。这些验证了麦克卢汉鬼才般思想的敏锐性和实用性。

但这样模糊的理论必然会面对来自各方面的批评。如英国学者布尔丁就认为：媒介的各种属性至少要放在三个而不是一个维度中去考虑，首先是媒介要求的参与程度，就是被要求的信息接受者物理状态的参与水平；其次是媒介的效力半径，即媒介的反馈机制能力；最后是通过载体而被传达的信息的密度。② 麦克卢汉对媒介影响力的论述显然将问题简单化了。

但是，如果我们换个角度去看麦克卢汉的观点，就会发现实际上麦克卢汉在这里想提醒人们注意媒介中的民主参与问题。影像模糊、"低清晰度的"电视，叙述故事时就像线条粗略的漫画。当我们遭遇此类低清晰度的事物时，我们的眼睛扫过可以观看到表面部分，同时我们的大脑也正在高速运转，试图用自己的推理和想像将那些不太清晰的地方填补起来，以获得故事的全貌。因此当麦克卢汉在描述冷热媒介的时候，他真正谈论的是人在媒介中的主动参与

① ［加］埃里克·麦克卢汉，弗兰克·秦格龙编：《麦克卢汉精粹》，何道宽译。南京大学出版社2000年版，第374页。

② G. E. Stean: Pour or Contre McLuhan. Seuil Paris, France, 1969.

问题。“热媒介要求的参与程度低；冷媒介要求的参与程度高，要求接受者完成的信息多。”①

对于广播、电视这样的大众传播媒介，麦克卢汉在定义的时候就说明了“大众媒介所显示的，并不是受众的规模，而是人人同时参与的事实”②。“冷”媒介与“热”媒介相对是因为“冷”媒介更利于人们的民主参与。麦克卢汉推崇“冷”媒介，是为了对人们习以为常的“热”媒介进行批评。因为人们显然已经越来越醉心于用技术塑造越来越“热”的媒介，在不知不觉中放弃自己民主参与的阵地。“热媒介具有排斥性，冷媒介具有包容性。”③一个推崇排斥性技术的社会是不利于民主发展的社会。

然而，由于麦克卢汉用媒介的技术特征评判其对民主参与的影响，便有了将民主参与的问题技术化简单化，在理解传播的尝试上又过度强调“技术”的本质之嫌。在泛滥的电视节目轰炸下，今天的电视是否更有利于受众的民主已经是个值得怀疑的问题，仅仅从媒介的技术特点上分析问题并得出结论显然已经不适应当今的传播世界了。长期以来，对麦克卢汉最严厉的批评就是麦克卢汉主义不去质疑全球资本主义关系，从而忽略了谈论民主问题应涉及的更广阔的社会和文化情境。不过，尽管人们有理由对麦克卢汉的这个观点提出尖锐的批评，但也不能因此而忽略了他通过论述这个观点提出的一个重要的问题——媒介技术与民主参与的关系。

（三）媒介新形式与人类时空观

麦克卢汉研究媒介的一个重要主题就是探索传播新形式与人类时空感知之间的关系。显然，在这个问题上，他受到了同是加拿大学者的因尼斯（Innis）的极大启发。在为因尼斯的《传播的偏向》一书重印本所作的序中，麦克卢汉将自己同是论述传播技术的著作

①③ ［加］马歇尔·麦克卢汉：《理解媒介——论人的延伸》，何道宽译。商务印书馆2000年版，第51~52页。

② Marshall McLuhan：Understanding Media—The Extensions of Man. MIT Press，1994，p. 329.

《谷登堡星云——印刷人的诞生》称之为"因尼斯观点的注脚"。① 但应该看到，麦克卢汉的媒介与时空观理论比因尼斯的观点更向前迈进了一大步。

加拿大学者因尼斯也不是一位传播学家，但是在他生命的最后10年里，这位知名的经济历史学家写了两部关于人类传播的著作。在这些著作中，因尼斯提出了传播媒介的倾向性问题。

因尼斯认为，任何传播媒介都具有时间或空间的倾向性。例如羊皮纸、粘土和石头，这些曾经在人类历史的前印刷时代占据主导地位的媒介都是具有时间倾向性的传播媒介。它们的共同特征是难以在空间传递，却很容易穿越时间隧道保存下来。相比之下，今天我们阅读的报纸或杂志就具有明显的空间倾向性。它们虽然方便携带，可以跨越空间传递，但是却很难战胜时间的流逝，有效地保存给后世。

因尼斯提出，传播媒介具有时间倾向性还是空间倾向性与其所处历史阶段社会制度的构建有极为密切的关系。为了证明自己的观点，因尼斯将口语社会和文字社会进行了比较，并对他认为具有时间倾向性和空间倾向性的媒介所处社会的特征进行了描述。他发现，在口语社会中言说虽然不是惟一的媒介但却是最主要的传播媒介。对言说的依赖使得口语社会具有了强烈的时间倾向性。人们说的话总是仅能穿越很短的距离，而且其中的信息总是无法十分有效地得到保存。文字形式的缺乏使得传统不得不通过可重复的、公式化的仪式和行为小心地保留下来。宗教仪式和部落首领的言说由此具有了崇高的地位，沃尔特·翁（Walter Ong）认为这也部分地解释了为什么大多数口语社会的风俗习惯在本质上保守的原因。因此，具有时间倾向性的媒介是一种相对稳固的社会现象，它联结着过去、现在和未来。具有时间倾向性的媒介帮助维护了中央集权的

① ［加］埃里克·麦克卢汉，弗兰克·秦格龙编：《麦克卢汉精粹》，何道宽译。南京大学出版社2000年版，第138页。

传统宗教形式和相应的社会结构。

相比之下，那些轻便、不太耐磨的媒介（如报纸等）因为具有空间的倾向性，从而钟情于跨越空间传递。而文字传统在因尼斯看来与空间的联系也更紧密。文字传统给未来赋予特权，让未来超越过去。口语传统从而退位给被文字保存下来的、未来社会调查的“对象”。文字与具有空间倾向性的媒介一起让不同的传统和文化逃出了小村庄的空间限制，摆脱了空间的束缚。由于它们帮助人们跨越空间积累行政关系，因此使世俗和政治力量的分权更为容易。所以，正如詹姆士·凯利所说：从文化的角度来看，时间意味着神圣的、道德的、历史的；空间则是现在，是未来的，是技术的、世俗的。

不过，因尼斯提出，时间和空间最好被当做一对辩证的关系，在前进中淘汰一方就会使另一方占统治地位。而凯利（Carey）也为因尼斯的探讨提供了一个更现代的例子：人们可以说报刊使空间而不是时间得到了延伸。报刊作为一种可运输的现代媒介，在因尼斯的术语中是个具有空间倾向性的概念。报刊被事件驱动的本质常常意味着昨日的头条很快会被忘记，今日的头条也将不可避免地被明日的头条取代。报刊的特征只会在空间上得以认知（如本地的、国家的、国际的）。

到这里为止，麦克卢汉对因尼斯的论述还是非常尊崇的。他同意因尼斯的说法，认为在文化中占支配地位的技术是整个文化结构的动因和塑造力量。而且这种占支配地位的技术形态及其力量必然会受到掩盖，使该文化中的人看不到它的存在。这正和麦克卢汉的观点——媒介技术营造的环境使人们对其视而不见不谋而合。

不过，对于因尼斯就当时的媒介新宠——电子媒介的论述，麦克卢汉认为他没有彻底地发展自己的观点。在面对电子媒介时，因尼斯退缩不前了。对电子媒介出现后的论述，麦克卢汉认为需要自己的补充。

因尼斯认为，“广播的魅力流布到广阔的地区，在逃避识文断字中克服了阶级的差别，它宠爱集中化和官僚主义"①，而麦克卢汉的观点恰恰相反，他认为电光和电能在心理和社会影响上具有深刻的非集中化和分离的作用。他的观点是，空间与时间的关系不是与社会行为相分离，而是由它们产生和再造的。媒介发展到电子形式意味着时间和空间的重构。在电子媒介塑造的世界里，空间和时间已经被完全废除，新的文化形式由此到来。

麦克卢汉提出，现代性最大的特点就是时间和空间中永不停息的信息重置。曾几何时，我们的生活还在受自然信息的支配，然而到了电子时代，全球居民都包围在传播的物质和无止境的符号形式中。媒介信息可以"持续不断地冲刷到我们身上"，让我们有意识地习惯了与传播网接触、交流。清晨的小道上，晨练的人一边慢跑一边听着广播节目；汽车上、地铁里，到处可见收听早间新闻或阅读晨报的人们；即使在火车或飞机上，人们也不忘读一读报纸、看一看书籍；在电视机前，人们还可以随时干着家中的各种活儿。在传播系统以快为生存之本的今天，我们与不同的景象保持着频繁而迅捷的接触。在瞬息万变的生活中，具有现代性的媒介表现着生活的种种风情。所以，时间和空间消失了，由书本文化培育的具有个人主义意识的世界也被丢弃，人们欢欣鼓舞地迎接着一个"所有人都与其他人紧密相连"的地球村落时代。

因此，麦克卢汉认为，新媒介的爆炸打乱了传播书写形式中的视觉倾向性，将全球居民又带回了与口语社会相似的文化共享中。有等级的、同一的、个人主义的印刷文化被扫荡到一边，可以敏锐地洞知同时发生的一切的新形文化取代了它。那些与新的电子环境保持最多联系的人已经放弃了过时的印刷文化传递的旧有认知。他们相信，人类从此拥抱的是一个"地球村"。人们在这个根除了社会差异的大同世界中如痴如狂。

---

① ［加］埃里克·麦克卢汉，弗兰克·秦格龙编：《麦克卢汉精粹》，何道宽译。南京大学出版社 2000 年版，第 142 页。

麦克卢汉用民族国家的消失预示这一切的发生，并评论说："地方领地和国家领地一样，以电子速度迅速消失。那种机械的、单向的、从中心向边缘扩张的旧有模式造成的困惑在电子世界里不再有意义。电力带来的不是集中而是权力的分散。"

可见，在媒介技术的文化影响力方面，麦克卢汉比因尼斯的态度更为坚决和彻底。因尼斯使人们开始关注传播中的技术媒介对文化的社会组织产生的影响，而麦克卢汉的研究更为深入，在因尼斯已有的理论成果上，麦克卢汉进一步关注到传播中主流媒介对人类社会历史发展的影响。

正如英国学者尼克·史蒂文森指出的那样，麦克卢汉的探讨提出了一个问题，那就是当代社会中，传播媒介的发展如何重塑人类对时间和空间的认知，从而改变了人类社会的历史发展？麦克卢汉不仅提出了这个问题，而且对这个问题的探讨还带有很浓的批判色彩。但是，由于背着技术决定论的罪名，麦克卢汉的探索被主流文化理论逐渐遗弃。现在，一些传播学者如史蒂文森、凯利（Carey）、梅罗兹（Meyrowitz）和汤普森（Thompson）等人受到麦克卢汉的启发，都开始了对媒介自身的关注，并认同不管文化媒介的实际传播内容是什么，它都会对社会生活本质具有根本性的影响。并同意麦克卢汉的观点，即认为传播媒介重构了时间和空间，所以帮助塑造主体间的社会关系。史蒂文森评价说，在这点上，不那么绝对的麦克卢汉表明自己和自己的著作充满了洞察力。

第四节　地球村与内爆

也许今天依然有很多人不知道麦克卢汉是谁，但很少有人没听说过"地球村"这个概念。在互联网已经被人们广泛使用的今天，这个由麦克卢汉创造的词汇被人们频繁地使用着。但是每当人们用起这个词时，却不会像麦克卢汉那样怀着如此复杂的情感与期望，因为在"地球村"这个概念里，既有麦克卢汉对人类未来乌托邦式的美好构想，也有着他对这个物质技术极度发达的人类社会最深刻的焦虑。

一、地球村——时空消失的人类新部落

20世纪60年代，麦克卢汉提出了著名的“地球村”概念。我们现在已经很难考证“地球村”这个词的来历。这个词究竟是由麦克卢汉自创还是借鉴了他人的比喻，这个问题即使是观察父亲研究多年的埃里克·麦克卢汉①（Eric McLuhan）也无法给出一个确切的答案。根据埃里克·麦克卢汉的回忆：“马歇尔·麦克卢汉最早是在形容20世纪20年代收音机的影响力时使用‘地球村’一词的，目的是要人们注意，在收音机到来后，人们前所未有地经历了迅速而亲密的相互接触。……而我能够做出的判断是，如果地球村一词不是他的自创，那么它要么来自詹姆士·乔伊斯的《费尼根们的苏醒》(Finnegans Wake)，要么就是来自威德汉姆·莱维斯的《美国和宇宙人》（America and Cosmic Man）。”②

据埃里克·麦克卢汉回忆，不管是在乔依斯自己最推崇的作品《费尼根们的苏醒》里，还是在马歇尔·麦克卢汉四五十年代的好友威德汉姆·莱维斯书中出现的对全球村落的描述中，马歇尔·麦克卢汉都极为推崇。他不仅在这些书的相应部分做了记号，而且还不时把这些段落指给儿子埃里克·麦克卢汉看。尤其是威德汉姆·莱维斯书中第二章第十一段的这段话：

如果你在全球地图上看看北美，你会看到一个非常统一的整体。它的大众比任何地方的大众都要集中整合。你看到一片辽阔的土地上到处是说着同一种语言的人：这根本不是什么拼装在一起的“合众国”，这就是一个庞大的国家。“合众国”这个词在今天是用

---

① 马歇尔·麦克卢汉的儿子，目前正继续从事媒介研究。

② http://www.chass.utoronto.ca/mcluhan-studies/v1_iss2/1_2art2.htm，2001年10月20日浏览。

错的词汇。随着电话把一端与另一端的人连在一起，随着快速安全的交通的发展，地球已经成为了一个大村落。……美国是美国人的联合体。

如果正如埃里克·麦克卢汉所说，马歇尔·麦克卢汉将自己所说的“地球村”（global village）看做是对乔伊斯或威德汉姆·莱维斯思想的回应，那么麦克卢汉使用“村落”（village）一词应该有两层喻意。

一方面，它只是描绘出一个狭小的空间范围。在这个狭小的范围内，人们可以快速地交流并在第一时间里得知发生的事情。也就是说在“地球村”里，无论我们生活在什么角落，都如同生活在同一个物理空间一样。传播速度的加速提高促成了地球空间实质上的变小，而空间的越来越狭小又进一步保证了时间上的同步性。正如麦克卢汉所说：“时间停止了，空间消失了。我们生活的地球村里，事情在同步发生。”

另一方面，从更广阔更理想的角度来说，也是与乔伊斯和威德汉姆·莱维斯的描述相应，麦克卢汉所说的“村落”还意味着共同的社区和我们可以共同塑造的全球社会。首先，传播媒介创造的环境使整个人类生活在同一个家园中。按照麦克卢汉的说法：“我们虚构而完整地生活着，在电子时代。当我们的中枢神经在技术上延伸到了所有人类生活中，并与所有人合为一体时，我们很有必要参与到我们的每一个人类行为中去。”也就是说，在电子时代整个人类合为一体，每一个部分的行为都与整体有关，每一个部分的行为都会影响到整体。

在这样的家园中，传播媒介起到的作用几乎是决定性的。传播媒介近一个多世纪的发展，尤其是电子技术在传播媒介中的运用使我们在全球的怀抱中延伸了我们的中枢神经，在我们的星球上废除了时间和空间。现在，电子媒介延伸了人类所有的感官，尤其是视觉和听觉。电子传播的迅捷性叩应了我们感官的速度。通过电话、电脑等电子传播媒介，我们与远隔万里的人自如地交谈沟通，如同与身边的人交流一样。电子传播媒介的速度使我们可以对全球事物作出反应，让我们知道并掌握远方发生的事情，并让这一切如同面对面的口头交流一样正常、自然。只要是电子传播技术覆盖的地方，就成为全球社区的一个部分。只要依赖电子传播媒介与他人交流，我们就和电子传播媒介另一边的人处于同一个社区之内。

其次，麦克卢汉认为，这样的变化给人类社会带来的影响是民族、国家等概念的瓦解和重构。由于地球村是消除了时间和空间的“村落”，这里的民族和国家就不再具有空间上的界限。地球村里的人类需要面对的是他们的全球责任，而不再是仅仅关注自家门前的那一小片菜地。因为突然之间，人类有了在全球范围内感知的新能力。从这个意义上讲，他认为地球村又不仅仅是一个村落，电子速度在突然的内爆中将所有的社会和政治功能集中到了一起，这在更广泛的程度上提高了人们对责任的意识。

此外，麦克卢汉还认为，在这个电子技术塑造的时代里，人们对整体合一的需要就是对整个人类无限和谐的追求。这一点已经被今天“互联网”一族的宣言所印证。“互联网”世界的人们不仅建立自己的生存规则，而且宣称自己的潜力就在于击垮中央集权，帮助形成一个整合的社区。在这个社区里，人们建设自己的家园，并规定彼此分享更多的责任与义务。用麦克卢汉的话说：“电子技术将会使个人主义过时，迫使人们相互间彼此依赖。”

对于这样一个部落世界，麦克卢汉曾经充满了美好的期望。在1969年接受《花花公子》杂志的采访时，他说他把这个重新组织的世界环境看做是人类与电子媒介不断互动的结果。在这个互动的世界里，部落人能够真正地成为一个家庭的成员，人的意识也能够从机械文化的桎梏中解放出来，真正实现在宇宙中的精神漫游。①

不过，麦克卢汉的这个观点不可避免地受到很多人的批评。与他很多预言般的论点相反，多项研究证明目前“地球村”的人未

① http://www.paddavis.de/McLuhan.html，2001年10月9日浏览。

必真的具有更多的公共责任意识。“地球村”村民共同承担更多责任的这个说法也许只是麦克卢汉一厢情愿的设想。正如许多学者指出的那样，虽然媒介帮助我们感知了远隔千里的战争，但这样的技术也让我们在物理空间上远离了事件真正的发生地。从电视上或其他媒介中获知其他地区的战争，与在战火中生活的人对战争的感受本质上有很大区别。研究证明，对战争过多的报道甚至会让人们对他人所受的灾难感觉麻木。所以，媒介技术也可能导致人与现实疏离。此外，越来越多沉迷于电视的受众被媒介观点所左右，失去或减弱了对现实生活的判断力，这些“沙发土豆人”的出现也让人们对麦克卢汉鼓吹的电子媒介对人的精神的解放力量感到怀疑。

不过,麦克卢汉自己也注意到了这个观点的乌托邦倾向。他不怀疑“地球村”对人类的解放作用,但他也认识到“地球村”是一个深度结构化的世界,在这个世界生活的居民有可能付出极大的代价。例如:“比起同一个城市生活的成千上万的家庭来说,在一个家庭的同一屋檐下我们可以看到更多的多样性和更少的一致性。我们创造出的村落条件越多,就会有更多的不一致性以及多样性,地球村肯定会最大限度地保证容纳各种不同的观点。我从不认为同一性和宁静是地球村的专有特点。……部落化的地球村比任何民族主义存在更多的分歧,更多的冲突。村落事实上是分裂而不是融合。……村落不是找到理想的和平与和谐的地方。它和我们认为的恰恰相反。”①

地球村也许不是人类和平共处的幸福家园，它也许会有更多的冲突和纷争，这是麦克卢汉不愿设想的。对于地球村中部落间的冲突和暴力等社会剧变，麦克卢汉极度不喜欢和不满意。他最后只有表示：“我并不是表示对地球村满意或赞同，我只是说，我们生活在地球村里。”②

---

① W. Terrence Gordan: McLuhan for Beginners. Writers and Readers Publishing, Inc, 1997, p.105.

② 同①，第106页。

二、重新部落化——麦克卢汉的乌托邦世界

麦克卢汉的"地球村"概念往往被人们看做反映了他对技术发展的乐观态度，也是他犯有"技术决定论"最明显的"罪证"。因为以技术为决定性因素，麦克卢汉提出了他独特的解读人类社会历史进程的方法。

1. 从部落到重新部落化

麦克卢汉将人类社会和文化的变迁归因于媒介的影响力。以媒介技术的发展变化为基本判断标准，麦克卢汉将人类社会发展划分为三个历史阶段。

第一个阶段是前文字时代，或者说是部落阶段，这是一个口头语言和耳朵统治的阶段。第二个阶段是谷登堡时代，也就是部落被瓦解的阶段。在这个阶段里，眼睛和印刷文字占据了统治地位。在这个阶段，以拼音文字和谷登堡印刷术的出现为中心，麦克卢汉又分两小阶段论述了该阶段的性质与特点。麦克卢汉划分的人类社会第三个阶段是电子时代，或者用麦克卢汉的话说，人类重新部落化的时代，这是一个所有感官深入参与的时代。

对这三个阶段的人类社会，麦克卢汉有自己的价值判断。他认为："我们今天回头看 3000 年中不同程度的视觉化、原子化和机械化，我们终于认识到，机械时代是两个伟大的有机的文化时代之间的插曲。"① 麦克卢汉将前文字时代的文化看做理想的蓝本，以谷登堡印刷术为标志的人类历史发展第二阶段是文化陷落的时代，人类社会和文化的理想状态一直到电子时代才得到恢复和发展。

正如前面所介绍的那样，由于麦克卢汉把感官比例和平衡引入对文化的判断标准之中，因而他得出了这样的价值判断。麦克卢汉认为，在西方社会中，拼音文字发明之前人们生活在前文字时代，

---

① ［加］埃里克·麦克卢汉，弗兰克·秦格龙编：《麦克卢汉精粹》，何道宽译。南京大学出版社 2000 年版，第 370 页。

这个时代中的人生活在感官平衡和同步的世界之中，没有人比其他人知道得更多或更少一些，也就是说，这是一个没有什么个人主义或专业分工的社会。由于这个世界的结构由听觉生活决定，而“听觉世界”是既没有中心也没有边缘的空间，所以人类文化交流的基础是同等的。人对世界的认识虽然混沌，但是还不失为一个完整统一的人。同时，这个“无中心”的社会也没有等级观念。所以，“整合的部落网络里人们相互依赖，所有的成员都生活在和谐之中”①。

与之相反，谷登堡时代的世界文化是视觉统治的文化。拼音文字的产生凸现了视觉，并促使了西方世界的“理性”产生。这种“理性”或图形的空间派生了西方世界的时空观，强调一致的、序列的、连续的关系，还使个人主义和专业化分工成为西方“文明人”的标志。

本来，无文字民族的生活方式是隐而不显、同步和连续的，比有文字的民族的生活方式要丰富得多。听觉-触觉的部落人生活在集体无意识、不可分割的世界之中，他们的生活由神话、仪式模式化，他们的价值观念神圣而没有受到任何挑战。可是文字人或视觉人却把他们从这样的环境中剥离出来，创造了一个强烈分割的、个人主义的、专门化的、疏离的新环境。所以，人类社会原有部落形式瓦解的过程也是人类本身分裂和异化的过程。前文字时代部落的瓦解在换来一个所谓的“文明”社会的同时，目睹的是人类文化的贬值。

以电报的出现为标志的电子媒介时代是“重新部落化”的时代。电子媒介帮助人类再次回归部落状态。“地球村”的人再次让所有感官和谐发展，共同拥抱新的媒介环境。而且，更让麦克卢汉看到希望的是，在电子媒介时代，人的感官的延伸不再仅是物理层面的事情，即媒介技术不再仅是让眼睛看得更广或让耳朵听得更

① http://www.paddavis.de/McLuhan.html，2001年10月9日浏览。

远，而是让人的神经中枢外化，人的思想也被延伸到媒介技术创造的信息系统中。只要看看今天被人们广泛使用的电脑，我们就可以明白让麦克卢汉激动的是什么。早在20世纪70年代，麦克卢汉就意识到电脑这样的技术可以把人的知识储存起来，让人的思想延伸。一个学识渊博的学者和一个无所不知的电脑，我们更愿意从哪个那里获得信息？他们中哪个更有思想？这样的提问也许很荒谬，可是在人类整个融入媒介技术主宰的信息系统中的时代，人们已经不再分辨从这两者中获得信息有什么不同。我们把媒介穿在了皮肤上，我们又回到了没有中心没有边缘的部落时代，一个平等、自由交流的部落时代重新回到了人类社会中。

现在我们可以看出，和所有的批判学家一样，麦克卢汉的心中也有一个乌托邦模式，他构想并预言的这个无中心无边缘的“地球村”就是他心中的乌托邦世界。这里的人拥有一个圆形的空间，一个领域（sphere），而不是线形模式上的一个点。人在这里完整而和谐地发展着各种感官，享受感官平衡发展的文化。他推崇这种人类曾经有过的部落生活状态，他渴望电子媒介帮助人们回到这样的时代，这也许是他执着地在文学世界里遨游的原因。在艺术家对既往生活的描述和对现实生活的敏锐观察中，麦克卢汉重温着人类曾拥有的美好时光，寻找着精神的栖息地和现实的突破口。

然而，从文学世界中走出的麦克卢汉在现实社会中看到的是一个与他的愿望相违的世界——人类历史发展的第二阶段，他的内心是愤怒的。从他独特的历史视野出发，麦克卢汉痛苦地告诉人们，人类发展的历史是一个美好世界不断被西方文明瓦解的历史，是所谓“理性”剥夺人的本性的历史。作为一个思想家，他要探索，他探索的目的是要寻找社会变化的根本动因和解决的根本途径。令他感到自豪的是，他认为他的“探索”帮他做到了这些，因为他看到了媒介技术的力量，而且他相信这样的力量能够让人类回归到曾经美好的部落生活。

三、卡德穆斯降龙的牙齿——媒介技术的力量

麦克卢汉坚信媒介技术在推动人类社会三个阶段的发展中具有决定性的力量，他用卡德穆斯降龙的牙齿暗喻媒介技术的力量。

希腊王子卡德穆斯（Cadmas）在降龙后将龙的牙齿埋入土里，其后这些龙齿长成为士兵。而卡德穆斯正是将拼音文字带入希腊的人。降龙的牙齿就是前文字时代的旧有媒介形式，在它身上更有力的新型媒介诞生了。这个新型媒介可以如士兵一样强大有力。麦克卢汉通过对拼音和印刷术的影响力的论述，向人们展现媒介技术的力量。

首先，麦克卢汉认为语音字母的出现使人类前文字阶段的部落文化瓦解，将文化转变为单一、线形的模式，从而使人变得被割裂而不完整。麦克卢汉所提的语音字母是与东方象形文字相对的语言构成的基本单位。它最大的特点是将语意上没有意义的字母和语意上没有意义的声音相联系，其音位是由没有意义的声音片段组成的。即“字母表独特的力量，是使音形义分离。……这种分离……渗透并塑造了识文断字的西方人的一切感知”。① 这样的感知带来了西方“理性”产生的基础。那就是：“形态符号意义的极端抽象……把视觉官能在其他感官中的体现释放出来。声音、触觉和语义分离之后，欧几里得几何与逻辑就可能产生了。”

从这样的“理性”产生之时起，人类历史的格局甚至就已经被注定了。因为麦克卢汉发现，“使用拼音文字的人，从古希腊到现代人，在与环境的关系中，始终都表现出进击的姿态。他们需要把环境转换为语音的、文字的东西。这就使他们成为征服者，成为推土机和平土机”②。然而不幸的是，只有拼音文字的文化才掌握

① ［加］埃里克·麦克卢汉，弗兰克·秦格龙编：《麦克卢汉精粹》，何道宽译。南京大学出版社 2000 年版，第 425 页。

② 同①，第 426 页。

了连续的线性序列，把它们作为社会和心理组织的手段，产生应用型知识。所以西方人不仅具有征服的愿望，而且具备了征服的能力。这就是在近代文明社会西方世界超过东方世界并凌驾于自然之上的秘密。

同样被决定的还有人类社会各阶级及其关系。以拼音的发明为例。麦克卢汉说，部落人学会识字后，他在与社群的关系中经历了激烈的变化，几乎一切情绪的和团体的家族情感都被剔除。他摆脱了情感的羁绊，从部落中解放出来，成为文明的个体，成为了一个靠视觉组织的人，一个与所有其他文明具有相同的态度、习惯和权利的人。拼音字母意味着权力、权威，意味着运筹帷幄、决胜千里。字母文字代表着非常宽泛的知识和复杂的技能，部落人在获得这些能力后，他不再臣服原有的传统和仪式。部落中的阶级关系就会随之发生巨变。部落由此从内而外地瓦解。

不仅在部落中，在人类历史发展过程中，媒介技术发展还对权力更迭造成极大的影响。在人们只能依靠砖石之类的大而笨重的材料获取和记录知识时，宗教团体中僧侣的权力就被书记阶层稳稳当当地垄断了。但是，较易学会的字母表和轻巧的纸相结合后，引起了权力从僧侣阶级向武士阶级的转移。掌握一定知识技能的武士阶级一度统治了人类社会部分的发展阶段，麦克卢汉认为这就是城市国家衰落、大帝国和军事官僚阶级转移的原因。线性思维方式培养了垂直的权力关系，它对于中央集权政治的作用还可以作进一步探讨。

对于由拼音文字塑造出的“理性”而富有权力的人，麦克卢汉持坚决批判的态度。因为他认为：“拼音文字……将人有机和谐、复杂的通感转换为一致、连续和视觉的感知方式。而人们把这种‘感知’方式称为‘理性’。这时，整合的人成为了分割的人。人成为了专门化、心灵贫乏的‘个体’，或者叫单位，在线形世界里运转。”①可是这

① ［加］埃里克·麦克卢汉，弗兰克·秦格龙编：《麦克卢汉精粹》，何道宽译。南京大学出版社2000年版，第364页。

样的“个体”的复杂性和多样性都比部落人要差得多。

由于“任何文化都是感官偏向的有序组织”①，拼音文化给非语音文化的人带来的身份困惑也让麦克卢汉非常担忧。他提出，即使在今天，我们依然可以在非洲的部落里看到拼音的力量。一个部落人可以通过对拼音的学习把自己从部落的网络中拧出来。而在这个部落人学会使用拼音文字后，他对世界的抽象思维把握发生改变，他深厚的集体情感多半会被切断，个人与社会环境的关系也会被切断。他的想像力、情感和感知生活就要发生相应的分离。当他开始用序列、线性的方式推理时，他感受到的是身份迷失的痛苦。

麦克卢汉甚至认为这种身份迷失释放出的能量会非常暴虐。当1974年日本即将推出的一个几十亿美元的规划，在全日本推行西方的拼音文字时，麦克卢汉不无忧虑的说：“这个计划将会使日本面目全非，将会侵蚀日本口头文化……日本人的整个身份将要被撕得粉碎。它释放出的暴力将会泛滥成灾，寻求新身份的集体渴求也会泛滥成灾，其竞争规模在人类历史上将难以想像。”② 今天，麦克卢汉表示的担忧从日本文化持续地震荡，日本年轻人对生活普遍感到困惑中可以看出端倪。日渐受西方文化影响的中国年轻人现在也面临着相同的身份迷惑。

可见，身为西方人的麦克卢汉认识到，拼音文字的使用给人类社会既带来进步也带来灾难。对于西方人而言，拼音文字使他们获得了专门的技术和专业价值，并使他们在一段时间内成为历史的主角。但西方人也为此付出了代价，那就是精神分裂和人的异化。虽然麦克卢汉将这一切完全归因于媒介技术的作用显得有些牵强，但不可否认的是，他从全新的角度看到了西方文明对人的异化作用，

---

① ［加］埃里克·麦克卢汉，弗兰克·秦格龙编：《麦克卢汉精粹》，何道宽译。南京大学出版社2000年版，第364页。

② 同①，第426页。

提醒了人们对媒介形式在其中所起作用的关注。

其次，在麦克卢汉解读下，谷登堡印刷术的出现形成了1500年至1900年的西方文化。它直接导致了现代工业主义和民族主义，并促成了个人主义的流行。

麦克卢汉认为，从古希腊荷马开始的文字时代在人类社会持续了约两千年。而直到谷登堡印刷术的出现才最终结束了部落文化。印刷术的力量在于它是拼音文字的终极延伸，保证了视觉偏见的首要地位。我们都有这样的阅读经验，那就是在阅读印刷品时总是有先后顺序，我们上下或左右地扫描印刷品，我们的思维就是在这些被印刷品排列了顺序的每个阅读单元中沿着“直线”的形式前进，并试图寻找它们的因果关系。这种“线性思维”对我们的精神创造产生了重大的影响，其影响力在美术、文学和音乐中都可以见到。只要我们想想为篇幅束缚的文章和音乐片段就可以明白，这种忽略从其他感官中得到信息的思考方式，造成了人与环境的失调。

个人脱离部落成为独立的人，拥有个人主义的思想是可想而知的。但除此之外，16世纪印刷术爆炸的结果还有民族主义和工业主义。麦克卢汉的观点是，由于印刷术形成了封闭的大众传播媒介系统，所以孕育了民族主义的观念。因为印刷传播的是本国的语言，并用个体联盟取代了种族群体，民族主义因此涌现。而且，由于印刷术使货币、市场和运输的同质化成为可能，就造成了政治和经济的同一，并引发了当代民族主义生机勃勃、集中化的能量。印刷文字还腐化了封建主义的合作模式，将政治中分化和统治秩序的观念带入。印刷均质化的地方团体带着集中化权力和新的理性主义聚合。民族主义在同质和连成一片的土地上培植连续性和竞争力，不仅锻造了新的民族，而且为古老、团体、非连续性的秩序敲响了丧钟。

对于以大规模重复生产为标志的工业革命，印刷术更是功不可没。印刷术具备最重要的特征就是可重复性，而可重复性正是机械原理的根源。“最早的机械化肇始于活字印刷使文字实现机械化。”① 是印刷术产生了第一种整齐划一的、可重复生产的商品。活字印刷就是后来一切工业开发的原型和范例。那些人手一册的行业守则统一了人们的行为，标准化的劳动方式保证了高效率的工业生产。可以说，没有拼音文字带来的线性思考，没有印刷术带来的整齐划一和可重复性，现代工业主义是不可想像的。所以，麦克卢汉不客气地指出，西方机械文化的一切方面都是由印刷术塑造的。

四、电子媒介时代的警铃——内爆

麦克卢汉相信媒介技术的力量是巨大的，因为媒介即讯息。带着对电子媒介的祝福，麦克卢汉不惜背上“技术决定论”的骂名设想着由电子媒介带来的美好的大同世界，可是他无法对现实生活中随着电子媒介的出现才暴露出的问题视而不见。在麦克卢汉生活的时代初现端倪的“地球村”是一个电子媒介构连的时空消亡的村落。麦克卢汉设想中重新部落化的“地球村”又是一个时空同时废除的新媒介环境，即时同步的信息环境让麦克卢汉看到了一个可怕的未来——人类文化的“内爆”。

“内爆”就是内向地爆发和坍塌。事物内向的爆发往往会发出比外向更巨大的能量，导致处于临界点的事物发生聚变。麦克卢汉担忧的文化“内爆”指的是电子化引起的后工业化社会出现的文化裂变，这是由电子媒介的迅捷性造成的。

今天，当我们享受我们的文化时，是否意识到它已经突破时空的限制，抹杀时空具有的意义而存在着？我们在收音机前听到远隔万里的民族为庆祝自己的节日而颂唱的歌曲；我们在电脑上安放摄像镜头，与网络另一端从未见过面的人聊天甚至调情；我们还在电视上看一种叫“生存者”的节目，真实的人而非演员向我们展示

① ［加］埃里克·麦克卢汉，弗兰克·秦格龙编：《麦克卢汉精粹》，何道宽译。南京大学出版社 2000 年版，第 428 页。

他们的真实生活。我们的生活已经混为一团，过去、未来、遥远或是眼前，这些似乎都没有了区分。个人的、公共的，一切都在瞬间“内爆”于我们面前。

曾经，印刷文化的发展创造了一种自上而下的中央集权文化，这种文化虽然被僵硬的等级界限包围着，但也确实将公共的与私人的领域隔离开来。哈贝马斯描述的“公共领域”就是印刷技术占主导地位的社会的产物。麦克卢汉也认为，印刷培育了对形成个性化思考和观点非常必要的私人空间，而这些领域水平与垂直的关系又在电子传播的撞击下重新构建。新的媒介技术重构了社会生活，以致我们现在栖息在一个相互交叠的社会，没有文化等级也没有领域分工。地球在水平地、垂直地、瞬间地“内爆”，这个“内爆”通过模糊公共和私人领域的界限终结了公共领域。

“地球村”的出现既是对人类交往时空的突破，也标志着人类生存空间的最大极限。在这个实际上极为有限的空间里，传播的电子形式渗透到社会各个领域，培育了一个更加互动的空间，但人类批判和理性思考实际上却在减少。早在《机械新娘》一书中，麦克卢汉就曾给出过这样的一个等式：文化=我们的商业。自媒介技术日益发达之日起，媒介的工作就是孜孜不倦地消减“意义”，即使在互动更方便的电子媒介时代也不例外。电子媒介让人类所有感官卷入到观点形成的全球化浪潮中后，理性的公众转变为交互式的大众，或者如麦克卢汉常常比喻的那样，成了能量的“电子回路”(electric circus)。这种媒介环境影响所有人批判性地思考世界，麦克卢汉认为即使是自己这样常常思考媒介技术力量的人也不能幸免。在谈及他的思想时，麦克卢汉不得不承认“我从不在任何问题上发表我的观点，因为我只对理解过程感兴趣……我的目标是得到一个观点，可是如果世界变化得如此之快，你不可能得到一个观点”①。

① “Marshall McLuhan Gets Processed.” Ideas, Dec. 2, 1969, CBC Radio.

在信息高速交流的地球村里，我们又回到了与他人密切接触的状态。但我们是在信息“内爆”中回到非集中化、多样性部落生存的新型状态中的，而这个时候我们却又要面对新的精神创伤了，那就是身份认同的危机。我们变成了统一的“地球村”村民，可是我们到底是谁？麦克卢汉哀伤地预测：“80年代比以往的硬件时代更向内、更众多且难以捉摸。我们甚至可以假设在光速下生活的人既没有了理想与目标也没有了私有身份。他只是在电脑软件的数据库中存在的那么一行，轻易地就被遗忘了。”①

第五节　弃儿重回批判理论阵营

一、麦克卢汉的学术认同

通过对麦克卢汉思想的分析和总结，我们可以看到麦克卢汉不是一个绝对的“技术决定论”者，借用科罗克（Kroker）的描述，他是一个“技术人文主义”学者。麦克卢汉关注人类社会发展进程及其结构，但是他解读人类历史发展进程的角度过分单一，仅仅拘泥于对技术的认识。因此，与他在大众媒介中的声誉和地位相反，麦克卢汉在学术界并不是从伊始就被认同的。

20世纪六七十年代的传播学界对麦克卢汉的作品嗤之以鼻。撇开那些让他在大众媒介中声名大振的神奇预言的准确性不提，研究者们从方法论上就判定麦克卢汉的研究是错的。他的方法论使传播学者宁可将他归为诗人、预言家而不是学者。因为支持他的论点的证据多半来自艺术作品而不是传统使用的历史或经验研究。在经验主义的研究中,衡量一个理论的实用性的方法是测量该理论的实用范围,而这只有在该理论非常清晰且可以被检验的基础之上才能完成,但是麦克卢汉的研究方法却不在这个社会科学研究的传统之

① “Marshall McLuhan Gets Processed.” Ideas, Dec. 2, 1969, CBC Radio.

内。他对被媒介影响的感官环境的关注胜过对逻辑的关注。而且他认为感官平衡决定了人的认知模式,不管这种模式是否尊崇逻辑。这样,麦克卢汉几乎让自己孤立于所有的社会科学家之中。在经验主义研究处于传播学主流位置的传播界,尤其是美国的传播学界,麦克卢汉遭到拒绝是很正常的。美国传播学界对麦克卢汉实质上的关注只有《传播学季刊》(Journal of Communication)在其死后一年设计的关于他的研讨会,该季刊于1981年发表了9篇关于他的文章。

但是,传播学者对麦克卢汉的抵制随着批判学派理论在传播学界的影响逐步发生了改变。1983年,《传播学季刊》展开了一次关于正在扩张影响力的批判理论与其对立者——主流行政理论之间的分裂的讨论。麦克卢汉被当做一个批判理论学者重新得到解读并获得了人们的注意。当年,美国知名媒介学者斯蒂芬·夏斐(Steven Chaffee)称,关于媒介改变了“思想和社会组织模式”的论点,麦克卢汉和因尼斯是思想的来源,关注这方面问题的研究者必须了解麦克卢汉的作品。同年,卡茨(Katz)也高度赞扬了麦克卢汉和因尼斯激发人们在社会历史中研究媒介的重要性。对麦克卢汉保持着持续关注的还有传播学和文化学家罗伯特·怀特(Robert White),他认为麦克卢汉扩展了媒介影响力的概念,并引入了“一种新的文化诠释方式”。在怀特看来,麦克卢汉对技术是中性的表示极大的怀疑,他想要找到一个方法让人们感受到新技术对人类意识的影响,以便“更好地指导现实的技术建构”。从麦克卢汉对媒介影响力的文化分析中,怀特看到麦克卢汉的方法与文化研究方法有很多相近之处。

在谈到美国的文化研究时,媒介理论家汉诺·哈特也提及了麦克卢汉的影响力。汉诺·哈特指出麦克卢汉将媒介比喻为环境,这与文化研究者的传播系统观有可比性。在文化研究中,文化正是被看做制造意义的社会情境。因此,汉诺·哈特警告文化研究者不要对麦克卢汉一味地批评,因为麦克卢汉“几乎是孤独地考察了媒介并定义了媒介在现代社会中的功能”。社会科学文化把对传播媒介自身的研究孤立出来，或者“不愿意或不能够涉及麦克卢汉关于媒介自身具有的潜在影响力的断言，也不愿涉及我们每日生活经验中传播的结构，而在这个经验的王国中，信息改变了我们的思想”。①

但是英国文化研究的奠基人罗宾·威廉姆斯对麦克卢汉提出了自己的批评，这个批评也经常被人们提及。威廉姆斯认为，麦克卢汉对传播媒介的分析与更广阔的社会和文化情景相孤立。它在事实上非社会化了媒介分析，因为麦克卢汉掩饰了统治权威关系如何构建文化生产、文化内容和文化接收，而霍尔对麦克卢汉最严厉的批评就是麦克卢汉主义不去质疑全球资本主义关系。霍尔认为，麦克卢汉对大众传播媒介的文化立场与后现代主义的不批判形式一样。在麦克卢汉早期作品中很明显的文学批评观点到后来转变成越来越欢快的立场。这种发展姿态和法国后现代主义的发展相一致，都主张放弃文化批评。所以他缺乏必要的严肃立场，鼓吹商品主义回头和在地球村的不断繁殖。例如，麦克卢汉没有批评使地球村成为可能的资本主义关系全球化。另外，他还忽视了传播技术跨国发展的程度，而这正极大地培育、组织和控制着资本主义的生活方式。

威廉姆斯和霍尔的批判使我们注意到一个事实：麦克卢汉理解传播的尝试过度强调“技术”本质，而更多地研究倾向于认为传播媒介的本质不是由媒介技术决定的。例如，根据索绪尔（Saussure）的观点，史蒂文森认为语言的意义不是由技术条件决定的（表达者和被表达者的关系是任意的），而是由语言主体间的本质决定的。一个电视节目的互动本质更多地与它的主题是开放还是封闭的有关，或者看观众是否对节目首肯。而且麦克卢汉在理论上不必要地抹杀了与制度组织、文化和意识形态相关的批判问题。

到这里我们可以看出，麦克卢汉被文化研究阵营抛弃的原因不仅是由于他过度强调了技术，更重要的是他在谈论技术时对其他批

① Hanno Hardt: Critical Communication Studies: Communication, History and Theory in America. London: Routledge, 1992, p. 168.

判议题的忽视。

二、方法论上对批判阵营的回归

尽管到目前为止，麦克卢汉是否应该归属于批判理论的阵营中还是个有争议的问题，但越来越多的学者开始致力于重新评价麦克卢汉，以使其回归到已有的阵营中去。例如，斯坦普斯（Stamps）在《无思现代性》中将麦克卢汉的传播理论与法兰克福学派建立了联系；加拿大学者利斯·杰弗理（Liss Jeffrey）、保罗·黑尔（Paul Heyer）等发表《热与光：重评麦克卢汉的贡献》、《探索一个传奇：25 年后麦克卢汉的传播与历史》等文章，讨论麦克卢汉与批判理论之间的联系；美国学者凯利（Caley）和保罗·格罗斯威尔（Paul Grosswiler）等发表作品比较麦克卢汉与本杰明的媒介理论的相似之处；在欧洲，法国的鲍德里亚等后现代主义者和英国的汤普森（Thompson）、史蒂文森（Stevenson）等文化研究学者也或多或少地采用了他的理论。

其中非常值得关注的是美国学者保罗·格罗斯威尔在麦克卢汉研究上的突破。在他的著作《方法即信息——以批判理论重思麦克卢汉》中，他历史地回顾和评述了麦克卢汉的思想，并提出麦克卢汉的方法不是机械的技术决定论，相反，他的方法是辩证的，与黑格尔和马克思主义的辩证法一脉相承。

格罗斯威尔提醒人们注意黑格尔对一个无限世界的阶段划分：第一个阶段是主体和客体的统一；第二个阶段是个体开始识别主体，这使得个体开始从自然中疏离；第三个阶段来自于我们对这一切的意识，这时更高级的统一达到了。这个阶段里，我们的自我意识从自然中分离，同时在同一个时刻与自然整合。无限世界就是在这样的矛盾中统一，在运动中螺旋上升的。如果我们把麦克卢汉对人类社会三个阶段的划分与之相比较，我们就会看到麦克卢汉的辩证思维与之有多么相似。

格罗斯威尔还引述到，在 1983 年关于批判理论和行政研究的辩论中，传播学者达利·斯莱克和马丁·阿洛（Daryl Slack and Martin Allor）比较了行政与批判学派研究的不同。他们的研究认为造成批判理论和行政研究对立的深层原因是，行政研究阵营的许多传播学模式与最早的传者—信息—受者的线形因果关系有必然联系。这些模式的研究者依然认为传播过程无需情境，每一个要素都可以隔离起来研究。与之相对，批判理论学者考察的是社会权力运作中传播的角色，并假定媒介机构和大众传播与其他社会机构的关系是纠缠不清的，个人只是一个被阶级、种族性别和亚文化塑造的社会群体中的一员。所以，批判学者要研究政治、经济和文化之间的关系。这一研究目的不是为了让媒介运行更有效率，而是解答如何重塑或创造更好的机构，满足人的需求。而当我们把这些标准用来检验麦克卢汉的研究时也可以发现，他对媒介环境影响力的分析使他更像一个批判学者。

今天，已经有更多的批判学者继续探讨媒介在塑造人类社会中扮演的角色，这正是麦克卢汉研究的中心议题。它似乎也进一步提醒人们不要忽略作为传播学批判学家存在的麦克卢汉的思想。正如史蒂文森在《理解媒介》中的呼吁："我要反对那些对麦克卢汉诽谤的人，并强烈建议研究媒介的学生重新批判地评价他的作品。"①

三、麦克卢汉的理论贡献

"他的整个生命就像是一个知名教授举办的讨论会，周围坐着的都是学生，而他在那儿抛洒着这个思想那个思想。有些学生离开后根据他的思想写下了极好的论文，有些学生离开后写下了以此为基础的著作。而有些学生什么也没得到，不能理解这个教授说了些啥，以为他是个古怪的疯子。这就是麦克卢汉。"②

① Nick Stevenson: Understanding Media Culture: Social Theory and Mass Communication. Sage Publications, 1995, p. 115.

② "Marshall McLuhan, the Man and his Message." This Hour Has Seven Days, Mar. 12, 1967, CBC Newsworld.

的确，麦克卢汉奇特的思想和特有的表述方式使我们无法了解不同的人从中得到了什么样的启示，也许他让每个人都若有所悟却又各不相同。但是对传播学研究而言，应看到麦克卢汉最大的理论贡献就是提醒了人们对媒介自身的研究。在麦克卢汉以前，人们仅把媒介看做储存内容和信息的工具，从没有人如此历史地考察过媒介发展过程与人类社会的关系。麦克卢汉把人们从对控制技术的极度自信中唤醒过来，使人们意识到媒介技术本身就是社会变革的动力。

对在电子媒介环境中生活的人而言，最具现实意义的是麦克卢汉提出了人类对技术日益“麻木”的警告。麦克卢汉用希腊神话水仙花神纳西塞斯的故事来暗喻人们对媒介技术的沉迷：

“年轻的纳西塞斯误把自己水中的倒影视为另一个人。透过镜子延伸自己，人便会知觉恍惚，直到变成自己的化身……任何发明或科技，是我们身躯的延伸。……这样不断接受我们每天使用的技术，使我们就如纳西塞斯一样，恍恍惚惚知悉自己的影像。由于持续不断地接纳技术，我们跟科技的关系便有如其化身。这就是为什么我们使用了这些技术，就不得不把这些客体，即我们的延伸看做是神明或几乎是一种宗教。”①

用麦克卢汉的话说，电子媒介技术营造的环境如同皮肤一样包围着我们，我们对这样的环境无法知晓和辨别。我们会患上“恍惚”、“沉醉”、“梦游症”和进入“潜意识”状态等心理疾病。“人类变成了机器世界的性器官，就像蜜蜂是植物世界的性器官，使其多产繁衍，演化出新的形式。”② 可是我们意识不到这个问题的存在。看看游戏机房里成长的新一代，习惯于在聊天机器上和陌生人说话，却与身边的人无法沟通的事实，我们就能够明白麦克卢

① Marshall McLuhan：Understanding Media—The Extensions of Man. The MIT Press，1994，p. 51，p. 52.

② 同①，第 56 页。

汉批评的是什么。

对每一个读者，麦克卢汉都用一个问题结束他带有技术乌托邦主义意味的“布道”。“你最近没有注意到什么吗？”这也是对麦克卢汉思想最简短的总结。如果我们不问自己为什么没有注意到这个世界更多的变化，我们就不可能知道没有注意到什么。麦克卢汉极力想让人们注意媒介和环境的存在与改变。他不在意我们不断提出新的问题，并得到完全不同的答案。重要的是我们要发现世界的变化，了解这个变化，不再是为这个媒介环境所左右的“线形传播模式上的一个点”。

第五章
仿真、超真实、内爆
——鲍德里亚的传播理论与思想

引　言

时间：2001年9月11日。地点：美国纽约曼哈顿。画面：一架大型客机，以近乎完美的姿态撞上世界最华丽的摩天大楼之一——纽约世界贸易大厦。随之而来的是眩目的橙色闪光和滚滚浓烟，人们呆若木鸡地仰望天空，接着便四处奔逃。死神开始光顾容纳着精英人士的大厦，绝望的人们在呼喊、寻救，从上百米的高空中不时坠落下无助的人。事情并没有结束，又一架客机再次撞上了大厦。不久，这座"双子星"如瀑布飞泻般地瘫倒在地。然而，呈现这样的恐怖场景不仅仅只在纽约的曼哈顿，在全球各个角落的电视和电脑屏幕上也同时出现着这一组镜头，观众们只要坐在舒适的靠椅和沙发上，或者轻轻地点击自己的小鼠标，便能感受到这巨大的恐怖场景给视觉和情感带来的强烈冲击。尽管这些观众并不在事发现场，只是处于现实的缺席状态。通过电视与电脑互联网，全世界都与受难的美国人民休戚与共。麦克卢汉"地球村"的观念——全球性通讯技术使新形式文化彼此联系与参与成为可能——得以更好的印证。借用鲍德里亚的说法：观众在那里，而他们又不在那里。在地域空间上分散的大众，通过电视等电子传媒技术，取得了感情上的共鸣——对死难者的同情与哀悼，对恐怖分子和恐怖主义的憎恶与谴责。即使是巴格达和喀布尔欢呼的枪声，也可以整体眼光看做是对媒体镜头所引起的反应。总之，同一事件，同一时刻，在每个观众的脑海中都留下了印记，而这一切都得拜发达的传媒技术所赐。“9.11 事件”仍在发展之中：救援伤员、处理善后、收集证据、调集军力，准备严惩肇事者与恐怖组织，一系列频繁的国际间外交活动等等。媒介的目光和镜头也不断跳跃和聚焦，数以亿计的观众的视觉和思维状态也随之不断“刷新”。媒体会给我们一连串的图像和评述，人们会依顺着媒体逐步地去追问和思考：为什么要炸美国的摩天大厦？是不是因为美国在哪些方面的政策和措施获罪于人？如何全面地解决恐怖主义，而不是简单的以暴治暴？这里并不是要对此事件中媒体的效率和作用作出评价，也不是要去讨论国际冲突和文化冲突问题，技术媒介和人的关系才是本章的着眼点。

正是从技术媒介和人的关系的角度出发，本章的主角——法国后现代主义思想家让·鲍德里亚（Jean Baudrillard）很可能又会唱出某种惊世骇俗的论调。站在他的媒介类像和仿真理论的立场上，鲍德里亚曾两次对在我们看来发生过的战争说“不存在，没有发生过”。一次是越南战争，一次是海湾战争。对于前者，他认为人们对越南战争的认识更多地来自越战电影，如《战争启示录》等等，反而淡忘了真正的越南战争，所以在人们的思维空间里它是不存在的。对于海湾战争，鲍德里亚则把它看做是“虚拟的战争”，是“一场文字和影像的战争，是模拟的谋杀和破坏性战争，而不是真正死亡的战争”①。“正是这种法国式的夸张和游戏言说，在经

① Nick Stevenson：Understanding Media Cultures：Social Theory and Mass Communication. Sage Publications，1995，p. 194.

验主义传统根深蒂固的英语世界难免引起轩然大波"①，鲍德里亚招来了众多的非议和指责，甚至还因此背上了"声名狼藉思想家"的名头。如果仅把他的看法当做茶余饭后的闲聊和逻辑思辨的游戏，也未尝不可，但我们有兴趣去探究一下鲍德里亚为什么要这样说，他又是以什么样的态度去解构这个媒体无孔不入的社会，那么，我们对媒介和当前社会的认识可能会有一个全新的理解。其实，鲍德里亚的真正用意在于揭示："在今天这个电子传媒高度发达的时代，人们与远近事物的关系已经发生重大改变，无所不在的电子传媒向人们呈现的已经不是现实本身（reality），而是超现实（hyperreality）。人们生活在一个虚拟复制的文化中，被各种多余的、丧失意义的符号和信息所包围，无法逃脱。"②抛开人类普遍的情感因素，抛开政治、意识形态和文化立场，仿照鲍德里亚的说法，"9.11 事件"在很大程度上来说或许是电子媒体又一次给人们营造的虚拟之物。要理解这种论调，必须进入鲍德里亚所构建的后现代性媒介理论的语境中。这种语境暗含着鲍德里亚媒介理论的中心理论预设和范畴，下面的分析和介绍很大程度上是围绕着这些预设和范畴来对鲍德里亚的媒介理论及其相关的社会学理论进行梳理，力图展现多样性的媒介批判理论。

第一节　鲍德里亚的传播思想概述

一、鲍德里亚其人

20 岁是想像科学家（pataphysicien）——30 岁是境遇主义者（situationniste）——40 岁是乌托邦主义者——50 岁横越各界面——60 岁搞病毒和转喻——我一生的故事（Cool Memories Ⅱ，131 页）。

①② 赵斌：《依旧怀念 1968》，《读书》1999 年第 8 期，第 8 页。

上一段话是鲍德里亚在20世纪90年代对他自己一生的评价，凑巧的是，如果把视野放宽到第二次世界大战之后整个西方社会政治、经济、文化的发展层面，这更像是对当代西方社会中很大一类知识分子思想历程的总结。

1929年7月，鲍德里亚出生于法国东北部城市兰斯（Reims），该市是法国香槟酒的重要产地，他的祖父是一位农夫，父亲则是一个政府的小公务员，用他自己的话来说，他的家庭“连小布尔乔亚都谈不上，也许可以说是很低阶层的小布尔乔亚。那不是一个有文化的环境”①。他早年所受的教育和日后在巴黎南特大学从事的教学都偏重于德语文化，对尼采、路德和荷尔德林都有过一定的研究。德国文化的研究给鲍德里亚的学养打下了深厚的功底。60年代，鲍德里亚翻译了布莱希特的《流亡者对话》（1965年）；彼得·怀特（Peter Wesse）的许多作品，包括《马哈/沙德》（1965年），《越南演讲》（1968年）；穆尔曼（Wilhelm E. Muhlmann）的《第三世界的革命救世主主义》（1968年）。同时，鲍德里亚还参与了马克思与恩格斯的《德意志意识形态》的法文翻译（1968年）。通过对这些作品的翻译，其中许多思想和理念成为鲍德里亚未来形成自己一套理论的灵感来源。比如，放逐的概念充实了未来的“旅行”概念。怀特的戏剧揭示了革命的暧昧意义，穆尔曼的著作则将鲍德里亚带向了一个人类学的层次。1968年出版的《物体系》是鲍德里亚取得博士学位的论文（论文于1966年通过，指导者是亨利·列菲弗尔）。鲍德里亚从此时起开始了“对消费社会中的客体、符号以及符码提出了一系列激动人心的分析”②，正式走上了社会学研究的道路。从60年代开始，他积极参与了一份名为《乌托邦》（Utopie）的非正统的左翼激进刊物，阿尔杜塞的结

① Interview with Mike Gane and Monique Arnaud in Mike Gane (ed.), Baudrillard Live. Selected Interviews. London and New York, Routledge, 1993, p. 19.

② ［美］道格拉斯·凯尔纳，斯蒂文·贝斯特著：《后现代理论——批判性的质疑》，张志斌译。中央编译出版社2001年版，第144页。

构主义的马克思主义和境遇主义思潮主导着这份刊物。由于在马克思主义和批判理论的框架内思考问题，使这份刊物针对都市计划中的功能主义和技术官僚，提出了激进的意识形态批评。“鲍德里亚深受情景决定论的影响，但与这一学说又没有形式上的联系。”①

20世纪60年代是一个交织着战争和革命的年代。亚非拉的反殖民斗争、社会主义国家的继续革命、资本主义国家的反战运动无不蕴含着一个深刻的变局。在法国爆发了著名的“五月风暴”，它的规模和影响之大，成为西方青年学生和工人造反的典型和标志而震动全世界。列菲弗尔在解释“五月风暴”的根源和性质时说：“‘五月风暴’代表了只有同发达资本主义社会新阶段关联起来才有意义的新型抗议，因为在发达资本主义社会，随着决策权日益集中在一个很小的技术官僚阶层的手中，其他部门的群众都经历着一种社会反常状态和异化、索然无味的活动和空虚的理论的感觉。随着对物资匮乏的征服，全体人民都受到消费主义死气沉沉的压力。”②“五月风暴”使资本主义结构中需要加以分析和批判的变化，如日常生活的重要性，显得格外引人注目。鲍德里亚作为马克思主义激进左派的一员，积极参与和支持着这场运动。与传统的马克思主义的不同之处在于，他对符号学理论的运用让人从一个新的角度去认识消费主义的特征（对这种分析方法的运用则要受益于法国当时浓厚的结构主义学术气氛），同时也奠定了他未来的理论道路。他认为，在消费体制的引导下，人们对物品的符号性追求已经远远地超过了对物品本身的功能性需求，传统的马克思主义生产和经济结构的研究应转向于由符号组成的文化研究层面。

此后，鲍德里亚利用符号学理论继续剖析消费社会的种种现象，并对传统的马克思主义进行了重新诠释，出版了《消费社会》

---

① 盛宁：《人文困惑与反思——西方后现代主义思潮批判》，生活·读书·新知三联书店1997年版，第265页。

② 徐崇温：《“西方马克思主义”论丛》，重庆出版社1989年版，第51页。

(Consumer Society，1970)、《符号政治经济学批判》(For a Critique of the Political Economy of the Sign，1981)、《生产之镜》(The Mirror of Production，1975)、《象征交换与死亡》(Symbolic Exchange and Death，1981) 等著作。由于与马克思主义在方法论上的根本分歧，他与马克思主义发生了决裂，继而把目光转向了某种符号技术与主体间性的思考，构建了“仿真理论”，开始了所谓后现代的描述。后期的鲍德里亚深受宿命论的影响，沉迷于反理性的形而上学。其间，他撰写了《忘却福柯》(Forget Foucault，1987)，《传播的迷狂》(the Ecstasy of Communication，1988)、《预言的报复》(Revenge of the Crystal，1990)、《致命的策略》(Fatal Strategies，1990)、《幻想与仿真》(Simulacra and Simulation，1994) 等著作和文章。“近年来学术资料检索部门的最新统计显示，在被引用和被翻译次数最多的法国知识分子中，鲍德里亚已成为跻身前六名的佼佼者。”①

二、鲍德里亚的理论定位

现在存在一种普遍的看法，即把鲍德里亚当做后现代主义思想家，并且是其中最重要的一位，被欧美学界称为“后现代主义的巨头”。美国后马克思主义文化评论家弗兰德里克·詹明信(Fredric Jameson) 认为，无论在文化理论、社会理论和大众传播理论中，只要讨论在后现代境况中媒体的功能，都绕不开鲍德里亚。道格拉斯·凯尔纳 (Douglas Kellner)指出，“让·鲍德里亚是迄今为止立场最为鲜明的后现代思想家之一，而鲍德里亚的追随者称赞他是新的后现代世界的守护神，是给后现代场景注入理论活力的汹涌巨浪，是新的后现代性的超级理论家。”② 同时更重要的是，

① 盛宁：《人文困惑与反思——西方后现代主义思潮批判》，生活·读书·新知三联书店 1997 年版，第 266 页。

② ［美］道格拉斯·凯尔纳，斯蒂文·贝斯特著：《后现代理论——批判性的质疑》，张志斌译。中央编译出版社 2001 年版，第 143 页。

凯尔纳还认为，鲍德里亚发展出了迄今为止最引人注目也是最极端的后现代性理论。其理论极具渗透性，影响到了文化理论、现代媒体、艺术等各个层面的话语。英国学者尼克·史蒂文森（Nick Stevenson）则在《理解媒介文化》（Understanding Media Cultures）一书中，把鲍德里亚的理论比喻成暴风雪的来临，是“当前所见到的最精密复杂的对大众传播的后现代性批判”。这一论断给人一个提示，要深入、透彻理解鲍德里亚的传播媒介理论，就必须融入他所描述的那个后现代性的社会文化景观——一个由时尚符号、电子媒体主宰的世界。换句话说，也就是要在一个后现代语境中去把握鲍德里亚的思想。鲍德里亚对传媒的讨论是其理论架构中的主题之一，电视、网络、广告都是他关注的焦点。他试图从历史和批判两方面来运用符号学，在研究方法上，采用了符号学、心理分析和差异社会学等研究范式。虽然鲍德里亚作为带有先锋派思想的后现代理论家而广受质疑和驳斥，但他也为人们开辟了一条在新兴技术文化下进行批判反思的新路。此外，他还被称为一个悲观的媒介技术论者。在信息传媒手段高度发达的情形下，他直接追问人的本质和人的意义，摒弃了意识形态等诸多社会因素，把传媒技术和人的最终迷失和堕落作为一对因果关系。这样做的结果是，一方面为人们开辟了思考的新疆域，学界普遍认为，他是第一位反思新型文化的思想家，为人们冷静地、理性地、重新审视新型文化提供了一条路线。但另一方面，过分强调媒介的作用又使他极容易落入客体主义的陷阱中，落入万事无一物的虚无。

从以上的叙述来看，把鲍德里亚定位为一个后现代主义者应该不成问题，然而，鲍德里亚自己却并不认同这种看法。他说：“对于这种‘后现代的’诠释，我不能做什么，那只是一种事后的拼贴。在拟像、诱惑和致命策略这些概念里，谈到了一些与‘形而上学’有关的东西（但也没有想要变得太严肃），而‘后现代’则把它化约为一种知识界的流行效应，或者是因为现代性的失败而产生的症候群。由此来看，后现代自己就是后—现代：他自己只是一个肤浅模拟的模型，而且只能指涉它自己。”① 台湾学者林志明认为，这表明了鲍德里亚面临的某种“两重困境”，一方面要反对大众、反对深沉；另一方面，又要反对精英、反对种姓阶级、反对文化、反对特权阶级。既要站在愚昧的大众那边，又要站在自大的特权阶层那边，此题无解。②

由此，我们对鲍德里亚的理论属性归类就不仅仅局限于后现代范围内了。从詹明信的论著和文章中，可以看出他更愿意把鲍德里亚看做一位文化思想家。詹明信对晚期资本主义社会的叙述和看法，许多都受到鲍德里亚的启发。他把后现代性解读为晚期资本主义社会的文化逻辑，文化理论和文化现象是他关注的重点。詹明信认为，在所谓后现代主义是当代资本主义文化逻辑的论证过程中，鲍德里亚是不可或缺的环节。伊哈卜·哈桑则“将他归入政治哲学家一类，名列马尔库塞之后，但位居哈贝马斯之前”③。这样排名的依据，应该与鲍德里亚早期的“符号马克思主义”分析消费社会有关。在当时作为一个马克思主义者的鲍德里亚，用符号观下的马克思主义，开创了透视资本主义新时代的新视点。马尔库塞和哈贝马斯同属法兰克福学派，是运用古典马克思主义理论（包括西方马克思主义理论）来批判当代资本主义体制的巨匠。凯尔纳（Kellner）在《后现代理论——批判性的质疑》中则把鲍德里亚树立为一位形而上的诗意哲学家来进行剖析，重点批判他后期的虚无主义哲学。到底把鲍德里亚放入怎样一个理论坐标里去考察，学者们众说纷纭，尚无定论，也许他自己的回答能说明点什么。

---

① “I Don’t Belong to the Club, to the Seraglio”（Interview with Mike Gane and Monique Arnaud）in Mike Gane（eds.），Baudrillard Live, Selected Interviews, London and New York, Routledge, 1993. pp. 19-20.

② ［法］让·鲍德里亚著：《物体系》，林志明译。上海人民出版社 2001 年版，译序第 18 页。

③ 盛宁：《人文困惑与反思——西方后现代主义思潮批判》，生活·读书·新知三联书店 1997 年版，第 263 页。

有人问鲍德里亚："您是哲学家、社会学家、诗人，以上皆非或以上皆是？"鲍德里亚回答："我既非哲学家亦非社会学家。我没有遵循学院生涯轨迹，也没有遵循体制步骤。我在大学里教社会学，但我并不认为我是社会学家或是做［专业］哲学的哲学家。理论家？形而上学家？就极端的角度而言才是；人性和风俗德行的思索者？我不知道。我的作品从来就不是大学学院式的，但它也不会因而更有文学性。它在演变，它在变得比较不那么理论化，也不再费心提供证据和引用参考。"①

其实，这种理论归属的流变性和透明感，不仅反映了鲍德里亚整个理论发展的轨迹，也为把他最终定位为后现代思想家下了很好的注释。他的理论中充满了对同一体系、总体化的拒斥，崇尚差异性，强调瞬间感的话语。他的叙事体系缺少严密的理论论证、常常流于空洞的说教，而且行文时思想跳跃性强，文字怪诞，使我们在理解他的思想时会遇到不小的障碍。因此，想要了解他对某一方面的评价，就必须从总体上来明晰他的思路。另外，对符号现象的分析是鲍德里亚的理论基点，符号结构体系支配着现实世界，拟像、仿真是符号结构支配的形式和手段，在后期，鲍德里亚甚至把这种符号结构用"全能符码"这一抽象的概念来描述，有人认为，鲍德里亚的这种做法实际上以一种总体性去取代另一种总体性，理论上的悖论存在于他所信奉的那种反总体化的观念中，这种悖论同样也存在于其他许多后现代理论家的理论中。

我们在考察鲍德里亚的媒介理论时，如果把他的理论背景和传媒理论割裂开来直接加以讨论，那么他的许多关键概念和整体的逻辑脉络走向便不能很好地得以澄清和理解。如果不了解消费社会符号性压倒功能性的本质，如果不了解消费社会中广告的效用，就很难了解鲍德里亚为什么强调电视为代表的电子媒体的技术分量，也

① ［法］让·鲍德里亚著：《物体系》，林志明译。上海人民出版社 2001 年版，译序第 8 页。

就很难了解由电视媒体所构造的仿真环境是怎样终结了人的主体性，终结了意义，终结了历史。下面就让我们展开思绪，怀着探究的心境，步入鲍德里亚构建的符号理论世界。

第二节 鲍德里亚理论的历史系谱

早期的鲍德里亚著作《物体系》和《消费社会》的灵感来自其老师亨利·列菲弗尔对日常生活的批判形成的可能性命题和罗兰·巴特的符号学。① 这使他更多地以后结构马克思主义者的面貌出现，处于后结构主义和西方马克思主义所编织的思想网络中。这种网络形成的主要原因可以归咎于20世纪60年代西方理论界在哲学、社会学方面发生的所谓“语言学转向”。保罗·利科（Paul Ricour）指出：“我们这个时代的几乎全部的哲学成果，都与过去五十年间哲学家对于语言发生的兴趣有关，这种对语言的兴趣，是今日哲学最主要的特征之一。”②各种理论反思和社会科学研究的方法论都融入了语言学的成分。“而这一切之所以会发生，最重要的原因就是语言学为人们提供了一种关于人类现实的符号学的描述模式和说明模式。”③ 我国学者盛宁认为，从总体上看，“语言学的转向”可分为两个阶段：其一，是对西方传统哲学如思维、意识及经验理性的重新审视和反思，这包括英美的分析哲学和欧陆的存在主义和现象学等。其特征可概括为哲学探索方向转向语言逻辑问题（鲍德里亚则反其道而行之，从符号学转向形而上，是因为他对社会出路的悲观态度所致）。其二，即真正意义上的语言学转向应该

---

① ［美］马克·波斯特著：《第二媒介时代》，范静哗译。南京大学出版社2000年版，第143页。

② 盛宁：《人文困惑与反思——西方后现代主义思潮批判》，生活·读书·新知三联书店1997年版，第39页。

③ ［法］保罗·利科主编：《哲学主要趋向》，李幼蒸，徐奕春译。商务印书馆1988年版，第337页。

以20世纪60年代初兴起的结构主义语言学划定，而这个阶段的特征则可以概括为认知范式的改变，即方法论的根本改变。

一、结构主义/后结构主义的方法论

瑞士语言学家费尔迪南·索绪尔的结构主义语言学理论成为现代语言认知范式的奠基石。索绪尔在英语国家中的声望和影响远比他在法国的逊色得多。在法国，他“俨然是一位当代思想之父”①。他对语言学基本单位——语言记号（sign）的真知灼见，使列维-斯特劳斯、罗兰·巴特、雅克·拉康等结构主义思想家受益匪浅。在索绪尔那里，记号被划分为两个组成部分：一种是声音，即声学部分，称之为能指（signifier）；另一种是思维，即概念部分，称之为所指（signified）。值得留意的是，在这个分析过程中，具有物质性的事物本身从讨论范围里隐退出去了，因为假如人们要指涉周围的世界，只要求助于语言记号就行了。鲍德里亚曾指出，资本主义当下的消费社会中，资本生产逻辑所造成的对物质丰富的追求，必然要扩张到符号领域。鲍德里亚所指出的这种现象，是否与人类语言结构构建日常生活的必然逻辑得到某种暗合？也就是说，人类使用语言描述世界，资本生产逻辑或许正是利用这一点，通过媒体、文化娱乐等制造符号消费，使得资本主义得以延续。正是由于语言学天生具有脱离物质的特性，只在符号指涉关系上来探讨世界，它成为后现代主义认识现实世界的工具也就不足为奇。

在语言结构理论中，所指不是一种物，而是一种物的观念，特别是在与其相应的能指被说出来以后，这种观念就会进入说者和听者的思维之中。这样，能指就构成了语言的物质方面。在口语里，能指就是读出来的或听得到的有意义的声音，在书面语里，能指就是字里行间有意义的标记。所指则塑造了语言的思维方面，它常常

---

① ［英］约翰·斯特罗克编：《结构主义以来——从列维-斯特劳斯到德里达》，渠东，李康，李猛译。辽宁教育出版社、牛津大学出版社1998年版，第7页。

被看做是非物质的，即在大脑中，所指仍然是一种神经作用的结果。对研究语言的理论来说，所指和能指是可以按照这种方式划分开来的。但在现实生活里，这两者却是不可分的。完全没有意义的声音就不算是能指，因为它并没有意指什么——如果没有所指，能指也就不会存在；同样，如果某个概念没有表达的途径，换句话说，它既不能内在地物化为思想，又不能外在地物化为言语，那么它也不可能存在——没有能指的所指也是不存在的，这便是能指和所指之间映射式的辩证法。而鲍德里亚对媒介社会下的符号状态的阐述，从根本上颠覆了这种辩证关系。在他那里，能指和所指关系断裂了，能指之间可以随意地相互指涉，而所指被抛弃在一边，鲍德里亚所采用的这种分析模式更多地以后结构主义为圭臬。

索绪尔关于语言符号的另一个重要观点在于语言记号是“任意的”（arbitrary），词语之间的意义是相对的，意义在与其他词语相比较的差异性中体现，单词语言是不能存在的。他总结道：记号的任意性表现在两个方面：由于能指及其所指涉的事物之间的联系只是习俗意义上的，而不是自然意义上的，所以能指本身也不过是任意的。而在所指层面上，语言也同样是任意的，每一种本土语言在整个词语表达领域里都具有不同的方式，特别是在不同语言之间的翻译中，非常容易体会到这一点。例如，各个民族对色彩、颜色的延伸意义的理解，尽管颜色本身只是一种由波频决定的自然连续光谱。依据这种双重任意性特征，索绪尔提出了一个非常重要的结论：语言系统并不具有某种固定不变的本质，而是在形式上变幻不定。“语言是一种形式，而不是一种实体。”在索绪尔眼里，语言形式在结构上是稳定的，具有整体性和中心性，个体差异性是在整体框架内显现的，构成语言整体的各个部分如果单独取出来就会丧失意义，只有依据于某个整体或中心才具有意义。

到后结构主义者那里，语言已经不是一个稳定不变的形式，它并不是一个包括一系列对称的能指与所指的含义明确、界线分明的结构，而是一张漫无头绪、有着无限意义和向外传播发散的网，其中各种要素都是不断相互作用和变化的，任何要素都不是一清二楚的，每个要素都要受到其他要素的制约和影响。很显然，后结构主义是对结构主义的否定与超越。① 后结构主义的观点是："所指不过是一个瞬间，在无休止的指意过程中，意义并不是在主客体间的稳定的指涉关系中生成的，而仅仅是在所指的无限的、模棱两可的游戏中生成的。"② 德里达把这种瞬间性总结为："意义的意义是能指对所指的无限的暗示和不明定的指定……它的力量在于一种纯粹的，无限的不确定性，这种不确定性一刻不息地赋予所指以意义……它总是一次又一次进行着指定和区分。"③第二次世界大战后，法国学界中许多结构主义和后结构主义理论家如拉康、斯特劳斯、罗兰·巴特、德里达、阿尔杜塞、福柯等构成了浓厚的后结构主义和结构主义理论景观，结构主义占据了人文学科的主导地位。这种氛围对鲍德里亚的影响是决定性的。

二、罗兰·巴特：物的符号学

以上我们就结构主义语言理论原则和基础概念的关系作出了一般性的叙述，这样做的主要原因在于对鲍德里亚符号批判理论的方法论予以澄清。在以上所有提到的结构符号学家中，罗兰·巴特对鲍德里亚的影响最大。鲍德里亚回忆道："的确，萨特曾经有重大的影响，但60年代又有别的影响出现，它来自巴特。我发现了巴特，而且和他一起工作，立即发现更为有趣。我的意思不是说他更为重要，而是说他更令人着迷。巴特提供了一个更未经人探索的处女地。从那一刻开始，所有的事都改变了。"④ 从这段话看，当时

① 方生：《后结构主义文论》，山东教育出版社1999年版，第2页。

②③ ［美］道格拉斯·凯尔纳，斯蒂文·贝斯特著：《后现代理论——批判性的质疑》，张志斌译。中央编译出版社2001年版，第27页。

④ "I Don't Belong to the Club, to the Seraglio" (Interview with Mike Gane and Monique Arnaud) in Mike Gane (eds.), Baudrillard Live, Selected Interviews, London and New York, Routledge, 1993. p. 20.

鲍德里亚的研究取向仍是在马克思主义的框架内，而剖析社会现象和体系的理论范式则向符号学转向。罗兰·巴特是一位具有开放、开拓性格的理论家，他的研究领域十分广泛，涉及到文学、音乐、摄影、绘画、服装等方面，他不但把结构主义理论和符号学原理运用于对经典作品的再研究，而且更注重现实文化现象和文化信息的分析。

鲍德里亚对罗兰·巴特的借鉴集中于巴特关于物的符号意义的分析。物品意义的研究有着两种阐述模式：1. 马克思主义的政治经济学。在这种分析模式中，物品在大多数时候呈现于商品状态。其中渗透了人的主体劳动和交换观念，成为借以揭示整个社会经济结构和运作规律的中心范畴，从而进一步阐发经济因素与政治、法律、文化、伦理道德等上层建筑的决定关系。以商品的分析为起点，构建一种关于资本主义社会的社会批判理论。2. 结构主义符号学。运用符号学原理，物品表现为符号性功能，它的物质性功能被弱化。利用这种分析范式，在解读和批判资本主义文化时拥有独特的穿透力，这方面，罗兰·巴特作出了颇有建树的叙述。巴特在一次题名为"物品语义学"演讲中，表达了对物品符号意义组成系统的想法。林志明认为，巴特被呈现为鲍德里亚分析方法的提供者，《物体系》一书可以视为巴特"物品语义学"的研究补全。如果把视野放宽，那么巴特对鲍德里亚的"影响"绝不止于此。他可以说是鲍德里亚的"模范"。① 一旦把具有物性的物品纳入"无物"的结构主义视野中，就有了把结构主义和马克思主义结合在一起的可能，鲍德里亚的思考起点也就是从此开始的。尽管在学理上，结构主义的共时性和它所关注的人为条件和非历史条件下的特定系统和结构是与马克思主义的历史观格格不入的，马克思主义强调社会历史的发展有其规律性，具有历时性特征，"它与纯粹的结

---

① ［法］让·鲍德里亚著：《物体系》，林志明译。上海人民出版社 2001 年版，第 268~269 页。

构主义是无法调和的”①。

巴特的分析对符号理论作出了某些修正。首先，他从使用的目的性来定义物品，确定了物品的物质性。然而，一旦物品进入生产和消费的社会程序中，除了满足物质上的需求欲外，它总是会传递比这一点更多的意涵——特别是在今日，当制造已被规范化和标准化之时。此刻，一个物品可以视为是它的“功能”（本义）和“一个剩余物”（它的引申意义）的结合。例如，一辆银色的劳斯莱斯轿车，除载人代步功能以外，更多地表达了拥有者的财富和地位。巴特指出，物品的引申意义存在于一组坐标系内：坐标横轴代表象征义，属于物的隐喻深度；坐标纵轴代表分类系统，乃是由社会所赋予的分级类别。既然物品的确可以表达和传播带来符号性质的信息，那么，要用及符号互相指涉功能就必须组成符号意义上的体系。“这种体系结构由符号组成，也就是说，它基本上是一个由差异、对立和对照所组成的系统。”② 然而，要组成物品符号体系，有两个必须克服的障碍。一方面，有所谓“自明性”难题。由于物品具有物质性，这在感知上是可以顺理接受的，同时，这种物质性却妨碍了对物品在符号层次上去区别物品的能指和所指。对此，巴特提议去观察物品的文化再现系统，如广告、电影和剧场。在这样的场景中，展现的正是物品的符号意义，物品的功能性则隐身于幕后。巴特的分析是他对服装和食品模式策略的延续和拓展。他认为：“形式/实体的区分是符号学的特殊用法（形式-实体分析范式的渊源来自于丹麦语言学家叶姆斯列对语言内容-实体的区分），它帮助我们把所处理系统中实体的实用目的转移到一种符号系统中。”③ 从“功能-符号”中可以看到社会无情地把实用的客体变成

① ［英］约翰·斯特罗克编：《结构主义以来——从列维-斯特劳斯到德里达》，渠东，李康，李猛译。辽宁教育出版社、牛津大学出版社 1998 年版，第 11 页。

② Barthes: “Semanticque de J’object.” “L” aventure semiologique, Paris, Seuil, 1985, p. 250.

③ 方生：《后结构主义文论》，山东教育出版社 1999 年版，第 95 页。

符号的过程："雨伞避雨，也是下雨的符号……于是意指的功能全部接替了实用性。"① 另一方面，对物品的意义存在多种解读。而对意义的最终理解者在于信息的受者，而不是传者。而对应在商品体系中，对商品功能性的决定权比较而言则在生产方，而非消费方。巴特建议说：同一个物品的意义可以分出不少层次，即使是所谓最个人化的意义，比如心理分析所提出的物品意义。我们可以在这些意义上，观察到符码化的事实并且可以构建一套类型学。

这种策略显然被早期的鲍德里亚所采纳。物品的功能性的追求不再只满足于人的物质需要，它更着重的是物品的文化功能或符号意义上的满足功能。鲍德里亚把功能新形式喻为风格化，这是一种"纯心智活力，是失落象征关系的拟像，它尝试以记号的力量来重新发明一个目的性"。他列举了一则关于打火机的广告。卵石状打火机长而椭圆，简略、不对称的形式，这样的设计不在于它在打火功能上比别的打火机好，而是因为它吻合手掌的形状。海洋把卵石洗磨为适合于手掌的形状。它的功能性不在于打火而在于方便顺手，它的形式仿佛由自然（海洋）注定，正好给人操纵。② 在对这则广告的分析中，鲍德里亚认为脱离了功能性所创造的目的性物品，由物品符号意义或文化功能创造了新的目的性，构成了对打火机独有的修辞，这里，鲍德里亚引用了巴特功能——符号的语言分析。他提出打火机的引申意义分为两个层次：首先，它仍是一个工业产品，但这种打火机"被认为拥有手工艺品的品质，其形式乃是人的手势和身体的延伸；其次，海洋的影射将我们带到一个神话的境地，一个为了人，将自身文化化为自然，并且能配合人任何微小的欲望。海洋在这里扮演了磨石者的文化角色，而那是自然崇高的工艺。因此，首先想像海水所做的石头，又为人取去生火，这个

① Roland Barthes: Système de la mode. Paris, Seuil, 1967. pp. 266-267.

② ［法］让·鲍德里亚著：《物体系》，林志明译。上海人民出版社 2001 年版，第 58 页。

打火机也就变成了奇迹般的燧石，而一整套人类史前和工匠模式的目的性，也就如此，前者在一个工业产品的实用本质的构成中，扮演了它的角色。”①

从物品功能到符号意义转向，如果可以说是语言结构学向物质世界所做的试探性访问，那么对于符号向功能的回返，则可视为一种“回访”，这也是一次意识形态的“回访”。正是通过这两者的双向交流及沟通，产生了鲍德里亚符号学批判方法论的全部雏形，当代资本主义消费社会在这种“回访”中构建了一种新的意识形态事实。20世纪以来，马克思主义在批判话语中拥有了主导权，大多数对社会意识形态方面的解剖是以马克思主义理论框架为依据的，在作为基础性的经济关系和作为上层建筑的意识形态之间纵横交错的复杂网络里，形形色色的社会事物和现象被锁定于某一方位。巴特为将诸种现象纳入符号学的旗帜下，产生了一些启发性的见解。他把一种独特的符号辨别术告诉给无数的读者，不再为那种雾里看花的感觉所沉沦。“社会的华丽外衣，社会新闻、照片、广告、日常活动都是符号。”② 我们生活在一个充满着符号的世界中，“社会可以通过它发送的符号来说明自身。以前人们几乎不会破译这些符号，因为他们带着能指的面具，隐藏在文字的后面，隐藏在‘自然’的假象、伪善、服装或喜剧中。巴特让我们变得对这些符号敏感了。”③在思考物品表达意义时，巴特强调物在为表意符号中的位移效应，即物品并不是以它的全体来表达意义，被指涉的只是其中的部分品质。比如，在“望梅止渴”这则成语里（把巴普诺夫式的条件反射放在次要位置考虑），令人振奋、深入人心的符号形象是梅汁的酸甜，而梅子的其他品质，如颜色、形状便不会占据大脑的主要空间，不会进入符号意构体系。在另一个重要见解中，

---

① ［法］让·鲍德里亚著：《物体系》，林志明译。上海人民出版社2001年版，第58页。

②③　［法］路易·让·卡尔韦著：《结构与符号——罗兰·巴尔特传》，车槿山译。北京大学出版社1997年版，第235页。

巴特认为："物品的功能和意义间是一种冲突关系。功能是行动和人之间的中介项。功能是及物的（transitive），并且身处一系列的操作中。符号表意关系是相对的，并非行动，而是身处一种等同的关系。而在另一方面，意义使物品脱离行动，它使物品成为不及物（intransitive），使它凝置于一幅我们可命名为人的想像世界的活人画之中。"①

三、符号批判的马克思主义源流

1923年，曾经名噪一时的福特T型车（一种价格低廉、款式颜色单一的家用轿车，开创了轿车走向普通家庭的时代）在美国市场上遭到了灭顶之灾，款式各异、色彩多变的通用汽车将他们逐出了美国家庭。通用公司的经营策略是"汽车是靠外观卖出去的"。为此，他们专门设立了一个美术与色彩部门，负责轿车的外观设计。由这一事件开始，外观款式相对于汽车性能而言，强势地位日益突出。象征意义的形式外观越来越成为商业竞争成败的决定性因素。特别是第二次世界大战后，参战的西方国家经济恢复和技术发展与制度黏合性的增强所带来的经济繁荣，促发了物质的空前丰裕。资本主义的生产逻辑与生产体系似乎在技术创新和物质符号表征两方面找到了一条协调共进维系资本主义社会体制的道路。在符号象征意义上吸引消费者，营造出各种让人置身其中的商品符号幻境，从而产生更多的消费需求。最能显现这种新生产-消费关系或称为新的资本意识形态的形式莫过于发布在各种大众传媒上的广告。传统马克思主义的生产-消费模式中生产占主导地位的时代已经让位于消费占主导地位的时代。资本家从如何扩大生产来赚取利润转变为如何扩大引起消费来赚取利润。卖的问题成为生死攸关的问题。生产-消费关系的倒置具有对社会理论产生地震式的影响。

① Barthes: "Semanticque de J' object." "L" aventure semiologique, Paris, Seuil, 1985, p. 259.

以批判和解剖社会经济基础与上层建筑关系为己任的马克思主义也相应产生了很大的变化。社会经济基础为主要叙事导向被对上层建筑如意识形态、文化、艺术以及个人主体地位的剖析所取代，也就是发生了所谓“语言学转向”。由此，对于社会重构、革命运动、个人存在等问题的思考开始以意识形态等上层建筑为主要议题。德国的法兰克福学派、法国的结构主义和马克思主义为这种新的批判分析理论作出了重要贡献。

在某种程度上，社会现代化促进了马克思主义理论的发展，社会现代性原则追求理性、规范、标准化，这些原则对社会经济、文化发展起到了决定性的作用，但也为颠覆和超越这些原则埋下了种子。如前所述，早期的鲍德里亚刚刚跨入社会理论领域时是以马克思主义者的身份出现的，他在那时认识资本主义社会体制方面仍然位于马克思主义的理论叙事架构内，而符号学理论更多地在操作性纲领层面上对他予以支持。应该说，鲍德里亚的马克思主义思考自始至终浸染在法国马克思主义理论的思想氛围中。

（一）日常生活和亨利·列菲弗尔

亨利·列菲弗尔（Henvi Lefebvre）是法国左翼社会学家和马克思主义理论家，作为鲍德里亚的导师和同事，他对鲍德里亚的影响可以用“深远”两字来形容。列菲弗尔根据他对当代资本主义社会中异化现象的普遍性分析，提出从微观层面入手，把对现实中日常生活的观测和批判树立为当代资本主义和社会变革的有效手段和途径。鲍德里亚的早期著作《物体系》、《消费社会》可以认为是延续了列菲弗尔日常生活的批判思想。

在德、法的批判理论中，许多人在考虑当代资本主义社会的变革时，都注意到了日常生活的批判，列菲弗尔是其中最著名的一位。其他一些人则有葛兰西关于意识形态和文化上的“领导权”的分析，萨特关于“社会集团”的形成和分解的论述，阿多诺对“文化工业”的反思，马尔库塞对“单向度的人”的分析等等。所谓“日常生活批判”就是“通过创造一种关于日常生活中异化的现象学，通过对这些异化形式如家庭、两性关系、劳动场所、文化活动，口头和其他的交往形式，社会的相互作用制度以及意识形态中的异化形式作精致、丰富的描述来进行批判”①。列菲弗尔认为，今天日常生活扮演了过去经济的角色，它具有统治地位，它来自一个阶级的全面性策略（同时是经济的、政治的、文化的），需要进攻的便是这个全面性。

马克思在自己的理论中着重为“社会阶级”“生产力”“生产关系”概念予以定性。而在列菲弗尔看来，当代的马克思主义者在试图确定这些概念于今天发达的资本主义社会中的具体内容时，还应加上新的包含日常生活的范畴：消费、旅游、广告、城市社会等。这些范畴更多应归属于列菲弗尔所建立的最基本和最核心的概念——日常性。他指出：“日常生活恒常存在并充满价值、礼仪习俗和传说。‘日常’一词指的是日常生活开始具有现代特色；‘日常’作为计划的现象，它的进程受市场、等价制、营销学和广告的控制。至于‘日常性’的概念，则强调日常生活的协调、重复和琐碎：同样的动作、同样的进程。”②根据列菲弗尔的考证，日常生活的概念发现于乔伊斯的小说《尤利西斯》。这里提到的日常生活已不是平常意义上的普通、平凡的生活，它透过充满了具有想像投射和意识形态的消费物，为此加强着资本主义制度的剥削。这种现象加剧了日常生活中肤浅性的滋长，戴个性化面具的消费，实际上用工业化同质性扼杀着人们的创造力和反抗精神，把一切塑造成没有深度的平面。“五月风暴”中的学生和工人就喊出“消费社会不得好死，异化社会不得好死，我们要一个新的独创的世界，我们拒绝一个用无聊致死的危险，去换取免于饥饿的世界”、“不要改变雇主，而要改变生活的被雇佣”等诸如此类的口号。列菲弗尔为当下社会定名为引导性消费官僚社会，“日常生活，在当代社会

①② 李青宜：《西方马克思主义的当代资本主义理论》，重庆出版社 1991 年版，第 236 页。

中，已不再是‘主体’（具有丰富的主体性可能），而成为‘客体’（社会组织的作用对象）”①。这种社会把恐怖统治包裹上温和的外衣，在表面上洋溢母性和兄弟之爱。对此，列菲弗尔提出“所有技术都为日常生活服务”“革命改变生活”的口号。

在对整个社会进行把握方面，列菲弗尔喜欢用结构主义理论来为社会分层，在一个由主体结构、亚结构和更次级结构中展开批判。他把社会现实分为三个层次，最上一层是再现和意识形态，中间是社会想像投射的世界，其中包括了个人的想像和集体的象征，最下一层是所谓实践和感性的层次，最后这个层次，“如果是作为吸收获取，便是诗和实践，如果是作为一种限制，则是日常生活的特性”②。物质上的社会现实，会同时在这三个层次上递进循环，正是在想像投射层面上，列菲弗尔引用境遇主义者德博特(Dedord)的戏剧消费概念进行了批判，提出了符号消费的说法，也为鲍德里亚定下了理论走向的大纲。尽管列菲弗尔在日常生活中引进了符号学，但其态度却是复杂的。一方面，他承认符号学在解析物品复合意义上具有效率；另一方面，在他所提出的“象征-符号-讯号”图式中，符号-物的显现，人的因素被抽离出来，直接会导致象征意义纬度的丧失。而这又是列菲弗尔不想见到的情景。在他的想法中，怀着重建象征意义，恢复思维、理性深度的愿望。所以他只是谨慎地接受了符号学的诠释成果，力图把它转用到一个批判性方向上。列菲弗尔谨守在理性主义的底线上，没有进一步去发展符号学的批判，也就没有向后现代蜕变。而鲍德里亚却大胆地全面介入符号学分析，无疑这样会让他闯入以前无人敢深涉的领域，为人们提供一个全新的视野，但由于人的主体性和社会结构在符号中的消逝，使鲍德里亚在后期滑落到客体主义的深渊。但在早期，他实际

① Henvi Lefebvre：La vie quotedienne dans la société moderne. Paris Gallirnanl，1968，p. 116.

② ［法］让·鲍德里亚著：《物体系》，林志明译。上海人民出版社 2001 年版，第 237 页。

上仍在发展列菲弗尔的观念，并且把列菲弗尔对符号学的转用(détoumenment)，提升到一个更高的层次上。

另外，“不在场无罪证明的结构”和“模拟程序”这两种具有强大批判的诠释策略被列菲弗尔在分析社会现代性的总体结构中加以运用，同时，这两个策略也曾是鲍德里亚在论说媒介仿真理论和虚无主义哲学思想时最常用的手段。列菲弗尔认为当代社会并非一个完整合一的体系，而是分裂为许多“次体系”，并且一个体系可以为另一个次体系作掩护，证明其不在场无罪的状态。他举例说明，技术形式和技术官僚的无罪证明，精英文化和大众文化互为无罪证明。上述例子所呈现的是一个互相给予对方合法性的逻辑，而模拟程序正是此种逻辑的补偿方式。在思考互相赋予合法性的逻辑时，应该持一种反向辩证法来看待。过度的正面性实际上反而是负面性的征兆，这与老子所说的“福兮，祸之所伏；祸兮，福之所依”是一个道理。就列菲弗尔而言，这种反向辩证法，谈的是对失去之物的代替。当参考指涉消失时，前来占据这个空位的后设语言——就像媒体信息的大量传播——取代了意义的零程度状态。总体说来，当列菲弗尔谈及符号消费时，他所说的是“无而为有”的模拟性物品获取。同时，他也提出了广告是符号消费的最佳对象。鲍德里亚则把符号消费的主要对象圈定为电视、电脑网络等现代化的电子媒体，它们创造的符号仿真社会取代了意义的缺席。

对于自己在运用马克思主义进行日常生活批判和对符号学理论的关注这两方面，列菲弗尔以哲学式的语言予以总结，同时也可视为与自己研究方向相同的后来人标出理论地图上的分界点。这是一种宿命式的预言：必须在理性批判和神话及语言的价值建立之间作出选择。他指出：“日常生活的研究可朝两个方向发展。或者是，在理性（哲学）和（社会）现实合一的路途上比黑格尔走得更远，也就是说，走在哲学的现实的道路上……或者是，回返到形而上学上，回到尼采想要超越的虚无主义上——回到神话，而且使得哲学自身成为最后的宇宙创世和目的论神话。”他接着说：“如果我们接受黑格尔和马克思的导向，也就是理性在哲学中实现，那么便会发展出日常生活的批判性分析。如果我们接受尼采的假设，进行评价，前景设定，在事实的无意义之上颁定一个意义，日常生活的分析和转变便和它牢牢相系，这是一个开创性的行动。"① 当鲍德里亚站在这个分界点时，义无反顾地踏向了标志着尼采式的虚无主义道路，这也是他作为后现代主义者的所能走到的终点。一些马克思主义学者对于鲍德里亚的最后选择感到不解甚至十分厌恶，如道格拉斯·凯尔纳，而马克·波斯特（Mark Poster）更愿意从正面来评价这种选择。他指出："当鲍德里亚争论说是只在死亡中才能躲避代码时，当意义最终并没有被重新并入符号的梦魇时，很显然，他的客体主义已经导致他退缩到一片遥远的荒漠，不过……尤其是鲍德里亚，发展了批判理论，使之远远超越了生产方式的边界而进入了一片更加肥沃的理论土壤；人们可以在这片沃土中追寻技术与文化问题的答案。"②

（二）阿尔杜塞和德博特

与"日常生活"批判有着某种程度的联系，阿尔杜塞把列菲弗尔所关注的家庭、教育、文化活动等层面也重新纳入了意识形态领域。在20世纪六七十年代的法国思想界，阿尔杜塞关于意识形态概念的理论对文化理论研究产生了巨大影响。正如斯图亚特·霍尔评论的那样：阿尔杜塞的介入及其后的发展对文化研究领域起到巨大的促进作用。他对意识形态的反思力图揭示西方资本主义社会是如何复制主流社会关系的，他的理论依据是反对对经济基础/上层建筑公式的机械地理解，坚持社会构成论。

阿尔杜塞式的马克思主义的主要特色在于他拒绝了社会主义的人道主义及提出了关于富有开创性的意识形态理论。而鲍德里亚最

① Henvri. Lefebvre：La vie quotedienne dans la société moderne. Paris Gallirnanl，1968，p. 33，p. 35.

② ［美］马克·波斯特著：《第二媒介时代》，范静哗译。南京大学出版社 2000 年版，第 158 页。

初的理论体系被认为是人道主义和结构马克思主义的一场碰撞和结合。阿尔杜塞把社会构成总结成由三种要素组成：经济、政治和意识形态。经济基础与上层建筑之间不是一种体现与被体现的关系，上层建筑不是经济基础的被动反映。与此相反，他认为应该将上层建筑看做经济基础存在所必需的一个条件。这个模式使上层建筑处于相对独立的地位。经济基础与上层建筑之间的决定关系依然存在，但那是一种最终决定关系。阿尔杜塞的最终决定关系的观点想要表达的意思是，社会构成中的其他实践是相对独立的，并具有一定的具体功效。他观察到经济体系，特别是当下的资本主义经济体系，对主流生产模式以外的劳动力需求，主要在政府意识形态工具内得以满足，诸如教育系统、家庭、媒体、宗教等。通过意识形态，资本社会把人塑造为适应资本主义社会制度的主体，而在表面上，这两种人的主体性是独立自主的和自由自在的。“所有意识形态都具有将各个具体的个体‘塑造’成主体的功能（这种功能界定了意识形态的范畴）。”①

阿尔杜塞的观点得到了葛兰西文化霸权和话语霸权思想的启示。就葛兰西看来，以一种或另一种代议制政治为特征的现代资本主义社会，主要依靠于获得了从属阶级对于现存的社会形式和指派给他们在这种社会中所处地位的积极地认同，从前那种刺刀与监狱的压迫手段广泛让位于意识形态和文化上的从属的更高级手段。朱迪斯·威廉森的《广告解码》运用了阿尔杜塞关于意识形态的观念。她认为广告再现了我们与现实生存环境之间的假想关系。广告不断地告诉我们，真正重要的不是以我们在生产过程中所起的作用为基础而产生的阶级差别，而是在某些特殊商品的消费方面所形成的差别。因而社会身份就变成了一个我们消费什么，而不是我们生

① 路易·阿尔杜塞：《列宁与哲学》，纽约每月观察出版社 1971 年版，第 222 页。转引自［英］约翰·斯道雷：《文化理论与通俗文化导论》，杨竹山，郭发勇，周辉译。南京大学出版社 2001 年版，第 167 页。

产什么的问题。与所有的意识形态一样，广告通过质询来发挥其功能：它产生了各种主体，而这些主体反过来又隶属于广告的各种含义以及广告的消费模式。消费者带着一种质询的心理去领会广告的含义，最终就会购买和消费并再次购买和消费。

阿尔杜塞通过在科学和意识形态之间划出一条严格的分界线，从而发展了这一思想。“在科学的理论框架中，作为一切意识形态构成要素的主体范畴所发挥的作用，并不是它正在发挥的作用，而是由过程的机械装置指派给它的作用。”① 这种策略是典型地对结构理论的引用。人在社会结构中处于静止状态，马克思所指出的人有能力进行反映性和创造性的动态活动在结构中静止了。换言之，以前人道主义所宣扬的“以人为本”的精神和原则只是一个神话。人天生就听命于早已存在的社会结构、语言结构、心理结构等诸多结构框架。在揭示社会现象和阐述社会理论时，人的主体性边缘化了。按照阿尔杜塞的理论来看待社会状况，静止意味着沉闷、无味、平庸繁琐、一潭死水的社会氛围。这样的社会必定会走向社会的终结和历史的终结，而这两种终结正是后期的鲍德利亚乐意描述和论证的社会发展终极状态。

阿尔杜塞关于意识形态与反人道主义的评论为鲍德里亚涉足马克思主义和文化理论构建了思想土壤。鲍德里亚强调边缘化主体、意识形态和人道主义在意识形态方面的破产，这所有一切倾向似乎都扎根于此。另外，鲍德里亚关于总体化体制对人的束缚和控制思考的灵感，也来自于阿尔杜塞的意识形态理论。阿尔杜塞的理论分量在于他坚持意识形态注定先验式的反映并把它和主流社会持续的功能发挥联系在一起。两者不同之处在于，阿尔杜塞的理论仅仅在分析方法上借用了结构主义的策略——即使这样，他在后期甚至修正和批判了他早期的这种看法，不愿承认自己是个结构主义者，他考虑的真实目的实际上是意识形态和经济基础在一定社会条件下的

① 徐崇温：《“西方马克思主义”论丛》，重庆出版社 1989 年版，第 406 页。

关系问题，在根本上，有点类似于先有鸡还是先有蛋的辩论，对人的地位没有根本的动摇，人的主体性仍然没有丧失。鲍德里亚运用了结构分析方法和符号学理论去质疑微观生活中的消费心理和行为，去思考物的符号意义。他对结构理论范式的借用未流入生搬硬套，得益于其先锋派小说般的叙事风格描述各种具体的生活物品和现象，使他的阐述在透视社会消费的文化意义时具有强大的穿透力。但是，他激进地认为人在与符号的互动中逐步丢失了主动权，成为受符号结构摆布的木偶，人的主体地位消失了。对此，波斯特评价道："在社会理论中运用结构语言学理论便要承担一定的代价：语言学形式主义的运用就意味着批判力的弱化和去意化。"①

前面我们提到鲍德里亚深受情景决定论的影响，但与这一学说又没有形式上的联系，这一理论的主将当属德博特。他试图把先锋派的艺术激情与马克思主义结合起来，拓宽马克思主义用经济分析的眼光去对待文化、媒体的生产，此种分析是建立在早期作为人道主义者的马克思的论著基础之上的。德博特指出，资本主义异化的加剧，不但在公共领域，在私人领域也同样如此，媒体和文化商品（commodification）生产了貌似事实的图像和表征。我们每晚面对着电视新闻中显现的画面，而它们却似乎不与每天的日常生活相联系，观众似乎处于超然的地位。德博特认为这种景象使人们产生了苦恼，忍受着非现实的表象。这种景象具有意识形态性，因为大众被映象生产的工具分割了，同时被迫处于一种消极麻木的状态。他们生活在强制性的娱乐中，这种娱乐隐藏了决定现存社会关系的权力关系。德博特在《资本》（Capital）一书的首句中很富有戏剧性地宣称："被现代生产状况所统治的社会的全部生活自我昭示为景观（spectacles）的极度积聚。"景观，在其每一特殊形式中，作为信息或宣传，广告或娱乐的直接消费，必须被看成是以影像为媒介

① ［美］马克·波斯特著：《第二媒介时代》，范静哗译。南京大学出版社 2000 年版，第 144 页。

的人们之间的社会联系。这样，“景观社会”就是商品拜物教原则的完全实现。鲍德里亚承认境况主义者们的影响，而同时拒绝他们的观念：我们已不再生活在景观社会中了……也不再受制于这种社会所意指的异化和压迫的特殊类型。其理由大概是异化和压迫这样的概念要预先假定某事物被异化或被压迫了。德博特强调景观社会包含有社会关系的扭曲形式。他写道：“普遍的社会常规分裂为实在和影像。”他还说：“在一个完全本末倒置的世界上，正确只是错误的一次运动。”鲍德里亚认为所有这些话只是诅咒而已，对他来说在一个拟仿的超真实世界中，真实和影像，正确和错误在这里都入乡随俗地变得混淆不清了。①

现代电子媒体如电视所展现的话语躁动不安，瞬间、快捷的本性往往使其只花几秒钟时间来充分关注许多十分重要的事物。旧的基于印刷文化和面对面交流的资产阶级公共空间已被瞬时性的不留任何答复空间的单向度话语所代替。由于现代通讯系统的无情速度使得主体不再有能力构建一个稳定的历史看法，历史和社会的语境在喋喋不休的白色媒体噪音中消失了。

尼克·史蒂文森把德博特和鲍德里亚作了一番比较。他指出了两者的两点相似之处：“第一，他们共同强调了传播媒体。在德博特和鲍德里亚看来，无数的媒体频道和话语很明显的万花筒式的混乱状态，为媒体分析提供了前提。然而，假设诸如异化和具体化的概念与马克思主义的人道主义模式有更深的关联，则鲍德里亚对这些概念弃置不用。反之，他从德博特汲取了一种认知，即形式而不是媒体信息的本质是现代性的一个中心特征。鲍德里亚和德博特都认为声音的爆炸只需要被听到而不需要反馈。第二，德博特和鲍德里亚两者都提倡一种先锋派的政治策略。这避开了某种自相矛盾的政治风险，而这种风险是建立在更易挑起争端和激起情绪

① 参考［英］阿列克斯·考林尼柯斯（Alex Collinicos）著：《商品拜物教之镜：让·鲍德里亚和晚期资本主义文化》，王昶译。摘自 www.centurychina.com。

的策略下的。"① 在下一章里，我们将看到鲍德里亚综合马克思主义批判语汇、模式和巴特的符号模式所进行的符号政治经济学批判。

第三节 鲍德里亚的符号批判理论

一、消费社会与物/符号体系

第二次世界大战结束后，西方社会在科技进步和自身制度弹性增加的庇护下，逐渐步入了一个物质富裕、文化繁荣的新时期。艾森豪威尔曾说过："在自由社会中，政府最大程度地鼓励经济增长，同时鼓励个人和私人团体的能力。国家花钱永远不会像摆脱了税赋负担的纳税人花钱那么有用。"《时代》周刊补充道："用减税下来的 90 亿美元，消费者进行了 200 万起具体商业活动而再造了繁荣……他们理解了他们有能力通过把自己的电风扇换成空调来使经济活力增长。他们购买 500 万台小电视机、150 万台电动切肉机等等，他们保证了 1954 年经济的快速增长。"简而言之，他们尽到了公民的义务。"Thrift is unameriacan." 怀特说："节约就是反美。"时尚娱乐、摩天大楼、发达的大众传媒、高速公路等等主宰了世界的时间与空间。消费而不是生产主导了资本主义社会整个体系运转，资本主义社会是一个消费社会，而不是一个生产社会。

社会的经济领域所发生的这种深刻的变化，技术性及体制性的转变降低了生产领域中的自发作用，物质的极大丰裕，人们在基本生存需要方面的匮乏状况也已明显改变，能否生存的问题转变为怎样生存的问题，经济因素对整个社会的决定性作用正在逐渐减弱，在人们的日常生活世界也是如此。② 吃饭、穿衣等类似的基本需要

① Nick Stevenson: Understanding Media Cultures: Social Theory and Mass Communication. Sage Publications, 1995, p. 148.

② 陈昕:《消费文化：鲍德里亚如是说》,《读书》1999 年第 8 期，第 153 页。

满足之后，人们追求的是要吃什么、穿什么，精神上如何得以愉悦。“饱暖思淫欲”式的格言总结了人们从物质到精神不断递进的过程。对生产过程和产品的要求和关注也转入了文化-意识形态范畴。“上述转变肯定了人、群体乃至整个人类在经济领域以外的生存空间的扩大，从而彰显出文化领域在当代社会中的自主性，同时伴随着它对社会生活其他领域的作用的提升。”① 对商品的区域性分析已然成为鲍德里亚符号批判理论的思考起点，从商品的符号意义出发，他在《物体系》和《消费社会》两本著作中对当今的消费社会进行了宽泛的马克思主义式的批判，“而他与传统的马克思主义的不同之处在于，对符号学理论的运用使人们能以一种新的方式理解消费主义的特征。”② 在鲍德里亚的视野里，以往以经济因素分析消费社会语境的批判理论必须重建。马克斯·韦伯对现代资本社会建立所持有的诸如顺从节俭的新教伦理道德，在消费社会中被一种为获得满足的享乐主义潮流所取代。过去意义上满足需要（needs）的消费被转变为满足欲望的消费，是“为欲望而欲望”。欲望的寿命随着物品的寿命变短也越来越短，消费社会中，物品过时的程序加速进行，欲望满足的周期缩短了，而频率却加快了。

在古典经济学看来，消费被定义为所有产品的目的，人们在其中购买商品以最大程度地满足自己的需要。20 世纪 30 年代开始，凯恩斯主义在西方国家被广泛采用，该理论的主要核心在于主张国家利用各种经济手段对国民经济进行干预和引导，包括用一系列策略刺激消费从而保证经济的发展，防止和减少经济危机和经济衰退。同时科学管理和“福特主义”的运用与社会的“麦当劳化”，极大地在量和质上扩充了商品的范围，人们控制和操纵消费的机会大大增加了市场经济机制中的竞争压力，迫使厂商“建成新的市

① 陈昕：《消费文化：鲍德里亚如是说》，《读书》1999 年第 8 期，第 153 页。

② ［美］马克·波斯特著：《第二媒介时代》，范静哗译。南京大学出版社 2000 年版，第 143 页。

场，通过广告及其他媒介的宣传来把大众‘培养’成为消费者，就成为极为必要的事情。”① 就目前的状况而言，广告、电视等的商品宣传包装只有在存在商品竞争的环境中才能产生。在纯粹的计划经济体制中似乎不存在这种现象。

在这样的消费社会里，鲍德里亚主张，我们的消费活动更多地是在符号层次上而不是在物质层面上，也就是说，不仅要消费物质本身，更重要的还要消费物品的意义。在《物体系》中，鲍德里亚构建了物体/符号体系结构，中心主题是物体即一种符号，同时，也搭建起他整个思想理论的理论结构。鲍德里亚的符号消费理论蕴含着一个前提假设：商品（物品）在消费之前，它们一定呈符号状态。物品的含义已通过把符号编码的机制被确立起来。在此基础上，鲍德里亚把整个物体/符号体系分为四个亚体系。1. 功能性系统或客观论述；2. 非功能性系统或主观论述；3. 后设及功能失调体系：新奇的小发明和机器人；4. 物品及消费的社会-意识形态体系。以物品功能和符号性为矢量轴，加上这四种“亚体系”象域构成“物品/符号”的坐标系，而鲍德里亚建立此坐标系的真正动机，究其根柢，乃是物向符号的转化。这四个体系，实际上是这一转化的四种模式。通过物—符号的转化，鲍德里亚主张消费拥有自己的主动性。他描述道：“我们在一开始便必须明白地提出，消费是一种［建立］关系的主动模式（而且这不只是［人］和物品间的关系，也是［人］和集体与世界之间的关系），它是一种系统性活动模式，也是一种全面性的回应，在它之上，建立了我们文化体系的整体。”② 消费相对于生产取得了主动地位或者至少是平等的地位，同时，它被定性为文化范畴内的“一种系统性活动模式”。鲍德里亚接下来就阐明了他的物品/符号逻辑，要成为消费对象，

---

① ［英］迈克·费瑟斯通著：《消费文化与后现代主义》，刘精明译。译林出版社2000年版，第19页。

② ［法］让·鲍德里亚著：《物体系》，林志明译。上海人民出版社2001年版，第222页。

物品必须成为符号，也就是外在于一个它只作意义指涉（signifier）的关系。因此，它和这个具体关系之间，存在的是一种任意偶然的（arbitraire）和不一致的关系，而它的合理一致性，也就是它的意义，来自于它和所有其他的符号—物之间，抽象而系统性的关系。这时，它便进行“个性化”，或是进入系列之中，等等。它被消费——但（被消费的）不是它的物质性，而是它的差异性（différence）。[①] 对差异性社会逻辑的叙述，构成了《消费社会》的主题：消费乃是在生产符号、差异、地位和名望。

二、符号消费中构建的消费文化

英国学者迈克·费瑟斯通（Mike Featherstone）把消费文化划分为三个分析层次：1. 消费文化以资本主义商品生产增衍为前提条件，资本主义生产的扩张，提供了大量的可供消费的产品，建立了大量为消费而设的场所。在物质积累条件的刺激下，社会闲暇和消费活动成倍增长；对此，人们的态度分为二种，一类人认为它带来了更大程度的平等与个人自由，另一类人则认为它导致了意识形态的操纵能力的增长，把人们从一系列可选择的“良好”社会关系中“引诱”出来。2. 在更加严格意义上的社会学层面来审视消费文化。社会消费中普遍存在的“零和博弈”的现象，人们通过社会差距的表现和维持来实现自己对商品的满足，并取得某种社会地位，显示自身。消费文化中商品的社会新结构主导着人们对商品的满足程度，换句话讲，人们为了社会联系或社会区别，会以不同方式去消费商品。3. 在心理情感层次上理解消费文化所带来的快乐与梦幻。消费文化所创造的影像以及以直接的、独特的方式产生广泛的身体刺激与审美快感的消费场所，能在大众中尽显其能事。费瑟斯通指出，当代社会已不仅仅把消费看成是生产过程的顺理成

① ［法］让·鲍德里亚著：《物体系》，林志明译。上海人民出版社 2001 年版，第 223 页。

章的结果，符号产品过剩，文化失序与分层的消解的倾向已指明了文化问题地位的提升，也不断激发了人们根据消费的体验，而不仅仅根据一些心理操作的逻辑，去对欲望与快感、情感及审美的满足等问题加以概念化的兴趣。过去那种对消费快感持消极的评价，是需要予以超越的，应该以一种更为超脱的社会学视角来研究这些趋势。

费瑟斯通的这番议论对消费文化的研究作出了大致的归纳，也可以将其看做解构消费文化的三部曲。消费文化的内在结构得以揭示，商品的极大丰富，不再是初始的大众消费的原因，某种标明社会阶层的身份差异性和认同感塑造着消费，更高层次的精神快感和审美激发了消费。最终的消费将只是弥漫着符号的味道。人的无止境的欲望驱使着消费需求变为符号无止境的组合。詹明信写道："文化正是消费社会自身的要素；没有任何社会像消费社会这样，有过如此充足的记号与影像……我们社会中的一切均可以说变成了'文化的'。"①

在马克思主义政治经济学中，有一个经典的剖析模式：商品=使用价值+交换价值。然而，不同的理论框架站在不同的视角便对此模式予以不同的甚至大相径庭的解读。马克·波斯特指出，若按传统的马克思主义分析，即对商品的概念构建是价值源于劳动，用途源于需求，那么消费主义何以在第二次世界大战之后得到非同寻常的发展便依然是个谜，该分析模式没能抓住意义的社会交换力量，这种力量以一种非生产论的逻辑将商品掩盖起来。他显然很推崇鲍德里亚的符号分析模式。"被结构的消费客体因为化成一种代码而获得了权力与魅力。此代码要靠符号学的逻辑才能破解，而不是资本逻辑所能破解的。"② 对符号结构的沉迷，使鲍德里亚把所

① ［英］迈克·费瑟斯通著：《消费文化与后现代主义》，刘精明译。译林出版社2000年版，第77页。

② ［美］马克·波斯特著：《第二媒介时代》，范静哗译。南京大学出版社2000年版，第144页。

有事物都纳入了符号结构中来思考。他指出，使用价值限定商品消费的具体运作(与符号的指称现象相对应的过程)，而交换价值指的是所有商品在对等法则之下的相互可交换性(与符号结构组织对应)。

20世纪初，西美尔（Georg Simmel）曾在他的主观价值论中体察出交换本身胜利的端倪。他叙述道：主体欲望的满足即可创造出价值。在经济活动中，创造价值的正是交换，经济活动的明确特征……与其说是交换“价值”，毋宁说是“交换”价值。① 也许可以这样认为，商品的积累导致了交换价值的胜利，同时导致了交换的胜利。货币是商品交换的中介，也是商品价值的实现手段，它在商品社会中的地位毋庸置疑。当社会一切交换以货币为标准时，它就成了社会分子的粘合剂和“一切价值的公分母”。各种性质不同，形态迥异的事物，“不可计算的价值和特性被化为可计算的量，它平均化了所有性质不同的东西，质的差别不复存在”②。资本的工具理性算计展现着“一切坚固皆成烟云”的威力。当货币从经济跨越到人际关系和审美精神层面时，文化领域也逃不过被均化、同质化的命运。货币经济使人际关系中的内心情感的维系不再必需。人与人内在情感的关系被人与金钱物质抽象的关系所取代，人与人的关系变得疏远。人的价值被物质化，客观化。再推进一步，深处在这种完全以金钱价值为价值的文化中，人们依然忘却了其他价值的存在。“价值作为惟一起作用的价值出现，人们同事物特别的、经济上无法表达的意义越来越迅速地擦肩而过……生活的核心和意义总是从我们手中滑落。现代文化中的平均化、量化和客观化，带来的文化终极追求和意义的失落，则完全是拜货币经济所赐。”③

之所以对西美尔的货币文化论加以简述，是因为他对货币的分

① 陈戎女：《资本文化论》，《文化研究（第1辑）》，天津社会科学出版社2000年版，第172页。

②③ 同①，第174页。

析角度，对我们更好地理解鲍德里亚的商品符号论具有对比性和启发性。这里揭示出一个值得回味的现象，从20世纪初以来，人们对社会、经济、政治的看法（如葛兰西的霸权理论、福柯的话语权力论等）越来越趋向于对文化的审视。不仅仅是哲学领域发生了“语言学转向”，政治理论、思想批判也有类似的“文化转向”。大卫·弗里斯比（David Frisby）认为，西美尔对货币的文化上的这种象征意义的研究预言了后现代的消费理论：即我们消费的是商品的符号或象征，而不是它的具体实用性。① 西美尔认为鲍德里亚的符号消费观的意义在于：“他认识到，由货币催生的平均主义引起现代社会全面的方式与目的、技术与价值、物质与精神的倒置。不惟经济领域，美学和艺术中出现了装饰艺术、工业艺术，知识领域里盛行对方法和技术过程的青睐。这种生活的外在化依靠的是物的完美，而不是人的完美……方法凌架于目的的过度增长，在外部生活凌架于我们灵魂生命的力量中。”②

西美尔认识到物对人的控制，物对文化的控制，货币是这种控制的工具。应该说，鲍德里亚把符号作为物与人之间的中介，把商品生产意义放在了符号意义、能指-所指结构内，是对西美尔观点的深化，能从更广阔的范围内破译商品对文化的侵蚀。货币经济造成的“文化终极追求和意义的失落”在本质上来说是商品符号化的必然结果。在鲍德里亚眼里，货币也是一种符号，一种在国际货币市场和拉斯维加斯赌桌上的投机物品，而不具指示它自身以外的任何物品。金钱与经济政治学原则越分离，它就越成为冷酷的事物。金钱不再是商品的流通物，而仅仅是它本身。

三、符号价值与广告图腾

阿多诺曾对使用价值的“失语”提出了一个疑问：一旦占有

① David Frisby: Simmel and Since, London: Routledge, 1992, p. 171.

② 陈戎女:《资本文化论》,《文化研究（第1辑）》，天津社会科学出版社2000年版，第175~176页。

支配地位的交换价值设法消除商品在人们记忆中原有的使用价值的痕迹时，人们又是怎样从商品中自由地获得其次级或代用的使用价值呢？鲍德里亚对此问题予以了回答：除使用价值和交换价值外，商品还拥有符号价值。“通过媒体与陈列的广告宣传以及日常生活中的城市建筑景观与表现，进行影像生产的商业中心就必然通过影像来经常地生产人们的欲望。”① 如果把从生产阶段（生产加工）到营销阶段（包装、媒体宣传等）视为商品成型的整个程序，符号价值便在包装、宣传阶段产生了。广泛的文化联系和奇幻的功能同产品融为了一体，一则匠心独具的广告就能够把高贵雅典、罗曼蒂克、身份、完美、团圆、成功、科学进步与舒适生活等等各种意象附着于肥皂、洗衣机、摩托车及酒精饮品等平庸的消费品之上。在鲍德里亚的论述中，符号价值俨然成为消费社会的终极价值，使用价值和交换价值在它面前黯然失色。鲍德里亚把它喻为一种新的革命，“结束了古典价值经济学，它使价值跨越商品形式，延展为最激进的形式”。

在那则著名的万宝路香烟的广告里，展现着一幅壮美的图景：广阔的美国西部平原，万马齐奔，一位英俊、健美的牛仔正骑在马上驾驭着马群，好一番天地惟我的气势。万宝路香烟和敢于冒险、勇于开拓的牛仔气质紧密相连。吸该品牌的香烟就能体现出男子的阳刚之美，消费者在使用它时也就是消费其意义。消费社会是一个广告社会，广告成为一种新的图腾形式，它构造着无数神话让消费者对之俯首膜拜。无论是大众媒体（报纸、电视、广播、互联网）上，还是各式建筑上，汽车上，只要是能承载符号的空间，广告就无所不在。美国一位广告大师曾声称：“我们的生活是由氧气、氮气和广告构成的。”言下之意，在现代社会中，缺少了广告就如同缺少了氧气一样。以广告形式融合在商品上的符号价值是被抽取所

① ［英］迈克·费瑟斯通著：《消费文化与后现代主义》，刘精明译。译林出版社2000年版，第98页。

指的能指价值，这是符号能指的“漂浮”，符号的膨胀。无数意义可以自由组合，毫无约束地展现各种意象。

另一方面，在符号价值得以实现时，衡量它的是它们所带来的声誉以及它们展现的社会地位与权力。鲍德里亚指出，“消费的社会逻辑根本不是对服务和商品的使用价值的占有……它不是一种满足逻辑。它是社会能指的生产和操纵的逻辑。”① 银色外表的劳斯莱斯汽车所带来的社会地位感相对于同是银色外表的日产丰田恐怕是不能相比的，手工制造和大工业制造的区别并不是这种位差感的惟一原因。而穿上一双NIKE鞋和穿上一双普通的运动鞋在脚上的感受似乎没有多大区别，而心里的感受呢？NIKE裹足能使人联想起NIKE电视广告中“飞人”乔丹在篮球场上和“外星人”罗纳尔多在足球场上的令人惊目、神奇的技巧，更有可能的是明星风姿和技巧会产生某种程度的自我幻觉，把乔丹的篮球技艺转化为图像符号，然后再与消费者脚上的鞋联系起来，便是NIKE公司所赚取的那十几亿美元的全部秘密。

广告最大的作用在于让消费者产生某种“自恋情结”，以个性化区别于他者。个性化的追求是建立在符号基础上的，“也就是说，它不是建立在物品或财富本身之基础上而是建立在差异之基础上”②。现代消费社会中关于竞争的意识形态已让位于所谓“自我实现”的哲学，新的主题不再是其物品，而是通过消费达到个性的实现。③ 理查德·赛奈特（Richard Sennett）用“自恋型自我”来描述这种情结。他指出，此种“自我”不清楚自身和世界的界线，而且要求其欲望的即时满足，而它的较大的语境只是社会关系仅被当做是个性表现的借口的“私秘社会”。赛奈特认为这种自我起源

---

① ［法］鲍德里亚著：《消费社会》，刘成富，全志钢译。南京大学出版社2000年版，第78~79页。

② 同①，第85页。

③ 盛宁：《人文困惑与反思——西方后现代主义思潮批判》，生活·读书·新知三联书店1997年版，第272页。

于19世纪欧洲的非个人化公共生活的消蚀。有三种主要的倾向应该为"18世纪末大革命之后和民族国家工业资本主义兴起的更现代的时期中关于公共和私人的观念的根本变化"负责：第一，工业资本主义自身发展的后果，例如"来自资本主义在19世纪资产阶级社会所鼓吹的私有化的压力"，这种私有化使核心家庭成为远离社会恐惧的避难所；第二，"内在的符码"的出现，这是依据"内在、直接、事实是实在所在和实在本身"，它并不要求依据"为了被理解而事前存在的方案"而解释；第三，公共生活向另一领域的转型，在那里"个人可以逃避理想化家庭生活的重负……以一种特殊的经验，个人穿行于陌生人中间，或更重要的是穿行于那些决定对他人漠然而视的人们中间"，于此，沉默被动的旁观大众可以看到少数鲍德里亚式的闲游者（fianeur）、浪漫派艺术家、政治领袖们过度表现的个性。而当代私秘社会甚至可以说取消了这种公共领域。于是政治学变成了手段，"超凡的"领袖的个性被电子传媒投射给大众，这使得大众完全被动而且相互之间在很大程度上被隔绝开来。但是，这个以及相关的现象是19世纪公共生活转变为一种个性表现手段的后果。"公众中的个性是一个矛盾的概念；它最终破坏了公众概念……于是公共生活信念的终结不是与19世纪资产阶级文化断裂，而是其意义的扩增。"① 鲍德里亚把这种"去同求异"个性表现归结为一种心理层面的反映。在讨论消费的差异性时，他经常引用边缘性差异这个概念（如在《消费社会》第二章里专门阐述了这种差异），对差异的满足是消费社会消费的直接来源。边缘性差异来自于美国心理学家里斯曼，他认为，现代社会有能力设计、生产、经销大量的不同产品，它们的差异只是边缘性的。在产品功能相同的情况下，边缘性差异就更多地指人们在审美层次上的差异。可口可乐和百事可乐的差异就是典型的边

① 参考［英］阿列克斯·考林尼柯斯（Alex Collinicos）著：《商品拜物教之镜：让·鲍德里亚和晚期资本主义文化》，王昶译。摘自 www.centurychina.com。

缘性差异，形态各异的汽车也是典型的边缘性差异。消费社会就是让人们戴上显微镜来看物品的差异，来孕育出更多的消费需求。鲍德里亚在转用该概念的同时，放宽了看待差异的视野，指出在消费社会中工业化垄断生产的条件下，这种差异是虚拟的，不真实的。垄断和差异在逻辑上是无法共荣的。它们之所以共存，恰恰因为差异并不是真正的差异，“如同自身的原始冲动消退之后才建立起了教堂或制度——对差异的崇拜正是建立在差异丧失的基础之上”①。这种深刻的逻辑共谋关系“把庞大的托拉斯和渺小的消费者联系起来，把生产的垄断性结构和消费的‘个性化’结构联系起来，一位个体所追求的‘被消费了的差异’也是普遍化生产的一个重要领域。”②

现代广告十分重视对受众行为、心理的调查研究，其用意就是不断地完善广告对消费者的浸透力。用霍尔的编码-解码模式来分析，广告就是逐步改进自己的编码体系，使之更贴近受者的解码体系，引发起共鸣，达到广告传播效果。在此，编码者与解码者在表面上是对等的，甚至解码者还更占主动地位。尽管广告的符号意义的诠释权在消费者，但或许正如鲍德里亚所言，消费商品的符号意义是先行的，广告和时尚杂志预先所编结的万花筒般的意义网络，无疑是搭起了商品符号的全部认知结构。消费者的诠释逃离不开这张网。消费是主动的，而消费主体却是被动的、软弱的，“只是玩弄游戏的抽象范畴（虽然表面上是主动的），而这个游戏由体系而来，主体并没有真正的发明力量”③。鲍德里亚对此予以了总结：“个体对市场行为适应以及总的社会态度，对生产者的需求和对技术结构目标的适应，就是体制的自然特征（最好说逻辑特征）。其

①② ［法］鲍德里亚著：《消费社会》，刘成富，全志钢译。南京大学出版社 2000 年版，第 83 页。

③ ［法］让·鲍德里亚著：《物体系》，林志明译。上海人民出版社 2001 年版，第 260 页。

重要性会随着工业体系的发展而增加。”①

与其他人对广告的解构不同的是，鲍德里亚没有仅仅停留在广告的意识形态层面的批判上，他更向前进了一步，把广告不再视为资本或是人的思维的创造物，而是独立的符号结构并能对主体施加决定性的影响。这是一个由意识形态到符号结构再到技术决定的逻辑蜕变过程。他声称：广告是这个时代最出色的大众媒介，它的大众传播功能并非出自其内容、传播模式以及明确的目的（经济的或心理的），也不是出自其容量或真正的受众（尽管这一切都具有一定的重要性并构成其支持），而是出自其自主化媒介的逻辑本身，这就是说它参照的并非是某些真实的物品、某个真实的世界或某个参照物，而是让一个符号参照另一个符号、一件物品参照另一件物品、一个消费者参照另一个消费者。这种论调被引申到了对电视的分析。电视在其自身技术优势下，构画着一个类象和超真实的仿真世界，“电视就是世界”。

在这一时期的鲍德里亚面对广告、电视在消费社会中的膨胀及符号意义的泛滥虽然持一种略带悲观色彩的批判态度，但还是积极地看待消费社会的出路。在他看来，符号本身还具有意义，蕴含着某种潜在的反抗消费社会的因素和力量。消费社会作为资本主义特性的控制模式，关键之处在于把人们的日常生活的方方面面如家具摆设、艺术品味等等都纳入其运作范围。鲍德里亚认为，要抵制这种让人迷茫的体制，应在生活风格、话语、身体、性、人际交往等微观方面进行革命。由于他认定工人阶级已成为资产阶级的共谋人，于是那些游离在消费社会之外的黑人、妇女、少数族裔等边缘群体成为反抗的理想寄托者，他们能体察出意义所在。然而，鲍德里亚所提出的反抗方式除了城市中的涂鸦外，便无具体的革命策略和实践方针。凯尔纳毫不客气地指出：“鲍德里亚同他所描绘的能

① ［法］鲍德里亚著：《消费社会》，刘成富，全志钢译。南京大学出版社 2000 年版，第 61 页。

够吞没一切反抗时间的系统力量之间存在着一种尖锐的矛盾。因为一场文化革命必将产生出新的实践、制度、符号、符码、价值等，而按照鲍德里亚的理论，一切时间与符号都会遭到全能符码（almighty code）——一个典型的含糊而且欠缺理论化的词汇的控制和吞没。由此观之，他惟一能够推荐的实践方式就是全盘拒绝、全盘否定以及其他一些激进的乌托邦幻想。”① 自身理论上的悖论，注定鲍德里亚所认定的具有意义的符号也将失去意义，消解在所谓全能符码的支配之中，而逃脱这种悖论的惟一途径就是死亡。在《符号交换与死亡》一书中，他悲观地感叹：“只有死亡才是没有相应回报的行为，没有价值的交换的行为。死亡意味着天赋表意符号的可逆性，是一种无视仿象、模式和代码的真正意义上的象征行为。”② 是什么使鲍德里亚产生了这一转变，从激烈地剖析和批判消费社会转向了对现实体制的无奈，答案就隐藏在他对媒体的分析之中。

第四节 鲍德里亚的后现代性媒介分析

一、法国的麦克卢汉

全球化的资本体系和传媒体系的迅速扩张、跨国公司的兴起、大众文化的流行、公民社会的式微、消费意识的膨胀、信息的爆炸、个人主体性的丧失、电脑空间和视觉形象的扩展等，让人们强烈感觉到了某种排山倒海般的时代裂变。后现代一词可能是描绘这一景象所能找到的最好的词语，对后现代的讨论成为社会科学中最时髦的话题之一。可以肯定的是，所谓后现代状态与传播媒体领域日新月异、一日千里的发展是密不可分的。鲍德里亚对媒介的分析

① ［美］道格拉斯·凯尔纳，斯蒂文·贝斯特著：《后现代理论——批判性的质疑》，张志斌译。中央编译出版社 2001 年版，第 151 页。

② ［美］马克·波斯特著：《第二媒介时代》，范静哗译。南京大学出版社 2000 年版，第 151 页。

是他作为后现代思想家的主要依据。而当问题的讨论开始涉及到所谓后现代时，往往促使人们的思考不能单单拘泥于某一理论范式内，这类带有后现代铭牌的问题通常是复合性的，不能同时在一种统一的话语下进行构建。正因为如此，对某种后现代理论的广泛置疑和争论也就不足为怪了。正像前文所述，鲍德里亚提出当前所见的最精密复杂的后现代性的大众传播批判，消费社会中消费行为的决定更大程度上是由传媒来决定的。在瞬间时尚、主题公园和后工业化的生活方式的侵染下，形成了消费的繁荣。高雅艺术与庸俗艺术、深奥与肤浅、文化与商品、能指与所指之间的距离在此种境况中逐步缩小，最后消亡殆尽。在鲍德里亚概念中，消费文化和大众传媒是互为因果的，遵循着一种循环论的轨迹。法国另一位社会学家皮埃尔·布尔迪厄定义了“新型文化媒介人”群体，它指的是那些在媒体、设计、时尚、广告及“准知识分子”的信息职业中的文化媒介人群。他们因工作需要，必须从事符号商品的服务、生产、市场开发和传播。符号商品的供给不断增长的一个必要条件是文化专家与文化媒介人的数量增强。布尔迪厄根据他的一贯思维，强调社会阶层或场域及其属性对传媒价值取向的影响，这与格拉斯哥大学媒介研究小组（Glasgow University Media Group）以媒体传者出身背景来分析媒介传播导向很相似。他认为这些新型文化媒介人掳掠各种传统与文化，目的是为了生产性的符号商品，并对使用这些商品的人提供必要的解释。他们认同了艺术家、知识分子们的习惯、秉性和生活方式的偏好，不过在艺术与知识商品逐步失去其垄断地位的条件下，他们在维持艺术与知识商品的声望和文化资本的过程中，又具有明显矛盾的心态，他们也正在使这片文化与艺术的领地大众化，使更多的读者更容易去接近它。鲍德里亚似乎对“媒介人”的因素视而不见或干脆把他们和大众媒介混为一体。媒介被当做一种技术手段，具有自我运作的自主功能，是社会符号结构的重要发生器之一。媒介、信息等等是与人分离的客体，属于物质的范畴，正是在媒介与人之间，或者说媒介客体性和人的主体性之间，鲍德里亚让两者展开了对话。电子传媒使信息透明化、中性化，人被这些传媒碎片化，历史经验被永远放逐出去。

鲍德里亚对媒介技术型的认识受到麦克卢汉很大的启发。麦克卢汉以“媒介即信息”、“媒介是人的延伸”等鲜明的未来派观点闻名于世。他的著作描绘了新媒介技术给社会带来的那些最深刻的变化，传播新形式是如何重塑时间、空间和人类时空感知。不同的传播模式如口语、书籍、电视等媒介对主体间社会关系的构建，在技术媒介论中可以得到全新的诠释。这是鲍德里亚和麦克卢汉的根本相似之处。“法国的麦克卢汉”形象地说明了两人的联系。对麦克卢汉来说，“现代性最大的特点就是时间和空间中永不停息的信息重置。传播系统让我们与不同的景象保持频繁与迅捷的接触。时间和空间消失了，这预告着由书本文化培育的具有个人主义意识的世界被‘所有人都与其他人紧密相连’的世界取代。新媒介的爆炸打乱了传播书写形式中的视觉倾向性，将全球居民又带回了和口语社会相似的文化共享中。地球村将有等级的、同一的、个人主义的印刷文化扫荡到一边，取而代之的是可以敏锐地洞知同时发生的一切的文化。”① 鲍德里亚注意到了麦克卢汉在现代技术中看到的一些“人类的外延现象”，他提出，仅此是不够的，更贴切地说，还须看到驱逐人类的现象，不管是通过具有驱除魔咒功能的语言，还是通过人类发明的所有技术赝象，在这些赝象的境遇中，人类正通过一种不可逆转的迁移和替代过程来消失自身(延用了符号消费的逻辑)。

1967年，鲍德里亚写过一篇关于麦克卢汉的名著《理解媒介》的书评，其中对麦克卢汉作出了批判，他指出，“麦克卢汉仍受到了所谓美国模式的意识形态的影响，认为这个模式即代表了人类的未来。由于无知于媒体的生产模式和作用在媒体上的权力组织结构(也就是缺乏历史和政治分析)，他的分析落入了唯名论式的唯心

① Nick Stevenson: Understanding Media Cultures: Social Theory and Mass Communication. Sage Publications, 1995, p. 121.

主义中；由于回避了任何团体经由媒体所建立的具体关系（缺乏了社会分析），他的‘地球村’预言成为一种技术决定论。”① 有意思的是，他对麦克卢汉的评价竟被后来的评论者用在了他自己身上：鲍德里亚也是一个技术决定论者。如此变迁，恐怕是鲍德里亚始料未及的。其中一个重要的原因，笔者认为，是他对符号学的转用，最终突破了马克思主义的界限，进而更加关注于符号结构是如何通过大众传媒把社会现实屏蔽掉，去营造一个超真实的仿真世界。

二、仿真、超真实、内爆

仿真（simulation）、超真实（hyperreality）和内爆（implosion）是鲍德里亚描述技术媒介运作规律的中心概念，也是电子媒体造成人的主体性沦丧的重要手段。在鲍德里亚的著作中，只要是讨论媒介的影响如电视、互联网等等，无不缠绕着这三个概念。因此，澄清它们是很有必要的。

列菲弗尔曾用“模拟程序”来看待消费社会中的许多现象，特别是广告这样的符号消费，鲍德里亚则把这种模式拓展到电子媒介所呈现的视觉图像和文字上，描述先进的电子媒介（电视、网络）是如何为大众建造一个虚拟、幻象的世界，创造一种“仿真文化”，并指出这种仿真文化正是目前历史阶段被符号主宰的主要方式。他无比敏锐地意识到，迄今为止，人类生活的意义通常是由历史提供的，无论是社会还是个人，此时此刻的行为都依赖着“过去”和“未来”，所有的“意义”只有在过去—现在—未来的连续进程之间才能体现。可以设想如果人类不是根据过去的经验来主动的创造未来，那“文明”就只能建立在动物性的本能之上。正如詹姆士·凯利所说：从文化的角度来看，时间意味着神圣的、道德的、历史的；空间则是现在，是未来，是技术的，世俗的。有

① ［法］让·鲍德里亚著：《物体系》，林志明译。上海人民出版社 2001 年版，译序第 14 页。

赖于消费社会和现代传媒的仿真文化，消解了时间与空间的维度，让人不再有过去与将来的概念，永远活在“现在”之中。

就鲍德里亚而言，类像（也称为仿拟、拟像）是亘古便有的，而仿真却是当前一定时期才有的。类像是对某个“没有本源、没有客体指涉的虚拟存在的拷贝”，而仿真文化并不是凭空产生的，它有一个嬗变的过程。鲍德里亚指出：仿真的三个序列与价值规律的衍变相对应，自文艺复兴时期以来，依次递进：（1）仿造是从文艺复兴到工业革命的“古典”时期的主要方式。（2）生产是工业时代的主要方式。（3）仿真是被代码主宰的目前历史阶段的主要方式。第一序列的拟象遵循自然价值规律，第二序列的拟象遵循商品价值规律，第三序列的拟象遵循结构价值规律。① 结构价值规律（即符号价值规律）是鲍德里亚在《物体系》、《消费社会》、《符号政治经济学批判》等著作里力图梳理成章的主导消费社会的规律。后工业生产确立了结构价值的地位，某种再生产原则贯彻于后工业生产中。瓦尔特·本雅明（Walter Benjamin）指出，在艺术、电视和摄影领域，再生产吸收了生产过程并改变了生产的目的、产品的地位和生产者。而鲍德里亚把这种再生产原则推广到所有生产领域，他认为“正是在时尚、媒体、广告业、信息通讯网络等生产层面上，换言之，正是在拟像和代码的领域之内，才得到整个资本过程的统一性”②。大量复制技术的运用变换了机械和劳动者的地位，仿真伴随着模型的出现而出现。鲍德里亚继续阐述道：“某个称为模式的生成核心向外辐射，这样我们就发现自己置身于第三序列的拟像中。第一序列中对原物的仿冒和第二序列中的纯粹系列都因为模型的出现而消失了……只有忠实于模型，才能生成和表达意义。所有的功能都没有终极目的，但都以模型为起点，

① 王民安，陈永国，马海良主编：《后现代性的哲学话语：从福柯到赛义德》，浙江人民出版社 2000 年版，第 317 页。

② 同①，第 319 页。

模型‘指涉的能指’，就像前面的终极性，只提供可信的结果，这就是现代意义上的仿真，工业化只是它的初级形式。”① “模型”这个概念的含义在鲍德里亚的叙述中显得十分模糊，这就是他的叙事风格，引用某种术语不加以阐明就直接发挥在他的著作中。倒是勒内·贝尔热对“模型”概念的解释可以用来帮助我们理解鲍德里亚的“模型”。贝尔热考察了模型概念的演化后认为，模型一词在现在和过去仍然是指值得模拟的东西。在价值体系中的模型参照系既是道德的，又是审美的，至此，模型的专门用法从用来指一个被再现、复制或获得专利的物体，逐渐地变成了以缩小的规模构成一个物体或机器的实体模型的同义词，即学者和技术人员通过数学和数据处理系列的综合手段对一个系统或过程所作的简化再现。拾取此一意义，贝尔热提出模型与技术发展紧密相关。人们不仅能够系统地阐述一种现象的理论影像，更能够在屏幕上使之形象化，追踪它的演化，模拟到了登峰造极的程度仿佛与现实所差无几。② 由此理解，仿真的对象不再是指涉物或某种物质，仿真是对人们在现实中的与物质现象接触的第一手感知和幻想的模拟，通过一系列的仿真技术，让人们在缺席于某种场景时，能够获得临场的感官享受和神经快感。电视的现场直播和电脑模拟技术就很能说明问题。在一部名叫“极品飞车”的电脑游戏中，游戏者可以选择各式顶级跑车，手握游戏操纵盘，在各种复杂危险的道路上飙车，体味速度带来的快感，而不必像真实的赛车手一样去冒生命的危险。

詹明信则用“拼贴”一词来描述类似仿真的现象，并把它看做后现代最显著的特点和手法，“拼贴”的提出完全接受了鲍德里亚的启迪。詹明信把模仿嘲弄原作的戏仿和拼贴作出一番对比，他总结道，戏仿者必须带有对“原作的某种隐秘的感应和隐秘的动

① 王民安，陈永国，马海良主编:《后现代性的哲学话语：从福柯到赛义德》，浙江人民出版社2000年版，第320页。

② ［法］雅克·施兰格等著，徐友渔选编：《哲学家和他的假面具》，社会科学文献出版社1999年版，第86页。

机，并附加于某种自身的情感，它与原作作者的不同仅存在于风格方面”，拼贴虽然也是对“一种特殊风格或独特风格的模仿，戴着文体的面具，说着已死的语言，但它是一种中性的模拟方式、空洞的戏仿，是失去了幽默感的戏仿”①。按鲍德里亚的说法就是一个没有原作，没有客体指涉的拷贝。无论仿真还是拼贴，都表达对逝去的现实和感觉的无意义或中性的模拟，它已经铸成了带有后现代性的当代西方社会的文化景观。詹明信所描述的拼贴，其实对我们来说并不陌生。2000 年 7 月，《新周刊》出版香港影星周星驰的专号《无厘头 . COM》，前言曰：“. COM 时代，凡人说话；. COM 时代，意义消解；. COM 时代，弱者狂欢。”在周星驰所谓最具后现代性的影片《大话西游》中，也最可品味出“拼贴”的意义。

仿真产生了一种普遍“超真实”的幻境。超真实乃是仿真的特性，是许多类像共同组成的一种新的现实次序②。顾名思义，所谓“超现实”就是指：真实与非真实的区别已经模糊不清了，非真实超过了真实，比真实还真实。真实不再只是自然的自在之物（如山川和海洋），它还包括了人为生产（再生产）出来的“真实”（模拟实境等等），它不是变得不真实或荒诞了，而是变得比真实更真实了，成了一种“在幻境式的（自我）相似”中被精心雕琢过的真实。③ 反过来真实的处境又如何呢？鲍德里亚宣布：“真实本身也在超真实中沉默了。复制媒介巨细无遗地临摹，真实在从媒介到媒介的过程中被挥发了，成了一种死亡寓言，真实成了为真实而真实的真实（就像为了欲望而欲望的欲望），膜拜逝去的客体，但这客体已经不是再现的客体，而是狂喜的否定和对自己仪

① ［美］弗雷德里克·詹明信著：《文化转向》，胡亚敏等译。中国社会科学出版社 2000 年版，第 5 页。

② ［美］马克·波斯特著：《第二媒介时代》，范静哗译。南京大学出版社 2000 年版，第 91 页。

③ ［美］道格拉斯·凯尔纳，斯蒂文·贝斯特著：《后现代理论——批判性的质疑》，张志斌译。中央编译出版社 2001 年版，第 154 页。

式的消除：成了超真实。"① 超真实成为仿真文化产生的一种结果，一种状态，同时，超真实的形成过程也就是真实与非真实的内爆过程。

"内爆"概念来自于麦克卢汉，主要是相对于信息的"外爆"提出来的。现代传媒技术使信息量的增长达到无以复加的程度，电视、网络、通讯系统等等媒介承载着政治、经济、娱乐各个方面的信息，信息的膨胀宛如宇宙大爆炸，无终止地向外扩张。麦克卢汉认为，印刷文字将美学、政治、经济、公共领域与私人领域隔离开来，人们被僵硬的等级界限包围着，而电子传媒技术和在信息"外爆"的冲击下，这种水平和垂直的界限将会重新予以构建，人们将会栖息在一个相互交叠的社会，没有文化等级也没有领域分工。地球在水平的、垂直的、瞬间地"爆聚"。就麦克卢汉看来，信息不仅会"外爆"而且会改变已有的社会结构；内爆就是消除区别的过程，各领域相互渗透，政治的、公共领域的、商业的。但内爆与资本的同一化不同，后者是把一切囊入自己的控制之下，内爆则更像是步入一种虚无、空渺的交互形式，一种没有权威的境界。麦克卢汉甚至指出，内爆的全面发生意味着人性在自我中坍塌，又回到了口语社会的村落特征中。但这并不表示麦克卢汉对媒介技术带来的变化持悲观态度，相反，他认为新兴的媒介技术将会产生更具参与性和交互性的全球性交往形式，增加公民的民主意识和参与感。鲍德里亚移用了内爆概念，他比麦克卢汉更激进地看待瞬间传播技术——电视、互联网。

鲍德里亚的内爆理论所描绘的是一种导致各种界限崩溃的社会"熵"增加过程，包括意义内爆在媒体之中，媒体和社会内爆在大众之中（Baudrillard，1983b）。辩证法已经失效，对立的矛盾双方不再对立，已成为和谐的共存。媒体所创造的符号信息渗透到社会领域，意义在中性化了的信息、娱乐、广告以及政治流中变得平淡

① 王民安，陈永国，马海良主编：《后现代性的哲学话语：从福柯到赛义德》，浙江人民出版社 2000 年版，第 325 页。

无奇。面对信息的无休止的狂轰滥炸，面对各种意图使人们去购买、消费、工作、选举、填写意见或参加社会活动的持续不断地鼓动和教唆，与麦克卢汉不同，媒体并不是增强了公众的参与感，而只是一种“单向度的给予”。鲍德里亚认为：“大众已经感到不堪其扰并充满了厌恶之情。于是，冷漠的大众变成了忧郁而沉默的大多数，一切意义、信息和教唆蛊惑均内爆于其中，就好像被黑洞吞噬了一样。社会也因此消失了，各个阶级之间、各种意识形态之间、各种文化形式之间以及媒体的符号制造术与真实之间的各种界限均告内爆（Baudrillard，1983a and 1983b）。”鲍德里亚不仅描绘了一系列的内爆（政治与娱乐之间、资本与劳动之间以及俗文化与雅文化之间界限的内爆），同时还宣称：“整个社会都已内爆。”①

三、视觉媒体与电视

“生活在理想的世界，也就是要把不可能的东西当做仿佛是可能的东西那样来处理。”歌德如是说。

自古以来，人从来没有脱离过对视觉感官的依赖，无论是古已有之的绘画、雕塑，还是现代化的摄影、电影、电视。图像的冲击感主导着人们的认知结构。心理研究表明，人所获得信息的80%以上是通过视觉来把握的。然而，公元前2000年时，人类已和自身的图像疏离了。有些人设法召回图像背后的原本意图，他们企图摧毁面前的景象以便重新开启通往世界的道路。他们的方法是将图像的构成元素从其平面撕下来再加以联结。他们发明线形书写符号，如此一来，便将魔术的圆圈型时间转变为历史的直线型时间的符码。我们可以在犹太教先知、某些希腊哲学家，特别是柏拉图（Plato）身上，看到这种对抗图像的使命感。文艺复兴以来，理性主义和现代性的彰显就是建立在对图像后面符号意义的丰富诠释

---

① ［美］道格拉斯·凯尔纳，斯蒂文·贝斯特著：《后现代理论——批判性的质疑》，张志斌译。中央编译出版社2001年版，第156~157页。

上。文字和书籍为人类找到了通往各种意象和意义的途径，让人的思考与现实影像拉开距离，从而为意义的丰富扩展空间。

如同电灯的发明改变了人的时空结构一样，20世纪发明的电视利用视觉感官和传播速度的优势，在对符号复制的同时，彻底改变了人的时空和认知结构，改变了人和现实的距离。消费社会的符号消费逻辑使得对视觉享受的要求重新占据了对意义的需求。电视的发明成为人们寻找“理想国”的最佳神器。瑰丽的山河、激烈的赛事、残酷的战争、平凡人家的生活、商品和公益广告、MTV的奇幻效果——被阴极管电子枪所发出的电子排列在不大的屏幕上。人们的身体延伸了。电视在最大程度上把不可能的东西当做了可能的东西。重要的是，电视被许多理论家看做见证后现代时代断裂的关键媒体。它被赋予了某种后现代性，对它的讨论往往要与后现代理论挂起钩来。电视传播的瞬间性、信息快捷的周转，把现实转化为图像等技术特性或许是电视成为后现代电视的主要原因。消费社会中的文化工业的复制技术导致现代人审美心理距离的消失，按鲍德里亚的理论，高雅文化和通俗文化之间，由于信息的无限膨胀，已经内爆了。詹明信认为，对于电视，出现在电视上的信息失去了“它性”。电视进入了你的生活，它上面出现的形象也可以说是属于你的。在电视这一后现代传媒中，所有其他传媒所含有的与另一现实的距离感完全消失了，这是个很奇特的过程，但这一过程可以说正是后现代主义的全部精髓。进入后现代语境的鲍德里亚对电视的关注逐渐从社会经济差异性结构层面的讨论转移到把电视视为超越了媒体性质，是无所指的符号消费社会的一种重要的发生机制。史蒂文森认为，鲍德里亚把主要注意力放在电视的分析上有两个重要意义：第一，作为消费社会的一种产品。作为客体的电视是一种“被符号化的社会身份的组成要素”（Baudrillard，1990b：73）。电视所执行的是具有在不同阶级之间建立差异性的客体功能，它还属于物的范畴，物的符号化再现。如电视在家庭内的空间摆放说明了某种社会地位差异。第二，由于受到麦克卢汉的影响，指出传播媒介是传播文化的一个核心特征,电视提供了一种无深度的包容模式,把世界转变为大块地可易消费的社会"现实"。电视并不在意主体与客体的现实交流,而是关注主体的阐释和通过意义联结起来的客体。

就鲍德里亚而言，电视过多地生产了威胁我们真实地感知现实世界的影像和信息，把社会和人带入后现代时代。这可以从三个方面来分析：

第一，电视的仿真性。

电视通过图像、声音、文字三合一的信息反映着现实世界。在鲍德里亚看来，由电视蒙太奇式的剪辑信息就是失去所指的能指的无尽指涉，在消费社会的符号结构中，电视反映的现实并不是真正的现实，而是超现实，一种真实和非真实内爆的现实。电视屏幕上的世界是仿真的世界，面对此种境况，人们有意识或无意识地把电视的拟像作为现实。就连具有理性、丰富阅历的成年人有时也会深迷其中，也难怪涉世未深的青少年儿童会去模仿电视中那些危险、刺激的东西了。凯尔纳举例说明了这种情况：在"电视世界"里，医生的形象或模型就经常被当成真正的医生，其中一位竟然收到了上千封求医问药的信。成功扮演过律师的演员收到了数千封寻求法律咨询和侦破帮助的信函，在电视剧里扮演恶男霸女的演员则只有在保镖的保护下才敢在大庭广众中露面。"一旦景象不再被其中的演员和演员的幻想骚扰，一旦行为在特定的荧幕和运算终端机上成形，剩下来的便只不过是一大块无用的东西，被丢弃、受到诅咒的东西。真实便这样成为一大块无用的玩意儿。"①

第二，电视的去历史性。

许多对电视的媒介分析都抱怨，电视信息周转速度太快，让观众无法充分体会其中的意义。在时间短促的新闻报道里，电视包含了许多重要的新闻，而且在第二天或第三天里，又有许多其他的信

① Baudrillard,《传播的迷狂》, 1995年，摘自互联网。

息出现在电视屏幕上。在媒体对新闻的穷追不舍下，人们无法专注于某一条重要的信息，重要的东西太多了，就没有重要的了，这是一种过犹不及的效果。人们只能专注于当下呈现在电视屏幕上的东西。麦克卢汉很早就注意到了这一状况，对此他作出了乐观的解读："一旦信息被人们需要，它就会被更新的信息取代。我们的电子世界强迫我们放弃数据分类的习惯，进入到新的认知模式中。我们不再一步一步按部就班，因为瞬间传播向我们保证，在经验和环境中存在的所有因素都会在互动中共存。"① 而后现代的思想者们却持另外一种观点。在这种状态下，"整个当代社会体系逐渐开始丧失保存它过去历史的能力，开始生活在一个永恒的现在和永恒的变化之中，而抹去了以往社会曾经以这种或那种能够的方式保留的信息的种种传统。"② 回到前面所提的"海湾战争"，鲍德里亚认为"海湾战争不存在"之说能成立的最大的理由就是，"在观众看来，与那场战争相关的媒体影像已经从电视上消失了，取而代之的是发生于波斯尼亚、卢旺达和海地的其他冲突。下一周，或者也许就在明天，大众的注意力就会'移焦'到别处。对于明显表现于这些事件上的时间与空间的混乱感和无序性，让人难以维系历史感。各种其他重要事件接连不断地快速出现意味着，这场海湾战争似乎发生于很早以前。使我们能想起这场战争的惟一的东西，就是报刊上偶尔再次出现的关于这场战争的故事、庆祝美国胜利的果实的录像带。"③

第三，单向度电视和主体性的沦丧。

现场新闻、刺激的娱乐节目、贴近情理的肥皂剧、眼花缭乱的MTV和广告等等，在被当做真实的现实一次次地冲洗着观众的大脑

---

① Nick Stevenson: Understanding Media Cultures: Social Theory and Mass Communication. Sage Publications, 1995, p. 124.

② [美] 弗雷德里克·詹明信著：《文化转向》，胡亚敏等译。中国社会科学出版社2000年版，第19页。

③ 同①，第194页。

时,人们会被囿围于各自单个的空间,心灵与外界精神上的交流对象更多地受之于电视。电视使人更加原子化(atomizing),文化过剩生产意味着被生产出来的信息数量超过了主体的阐释能力。鲍德里亚解释道:"已经存在的客体被认为比主体更圆滑,更玩世不恭,更具天赋。客体的蜕变和谋略超越了主体的理解力。"(鲍德里亚,1990a: 181)人们在心理上对电视的依赖程度得到了空前的强化,这是消费主义逻辑在媒介层面上的延展。德国哲学家威尔什正确地指出:在媒介时代,我们从视觉形象中接受的刺激越是丰富,越是强烈,我们对这些视觉形象的感知越是麻木和无动于衷。①"电视所提供的是一种文化快餐,是事先已经消化过的文化粮食,提供预先已形成的思想。"②观众只有在麻木和无动于衷中默默地承受着各式信息而不用对此有什么回应,这就是一种单向度的无法参与的接受状态,鲍德里亚把它喻之为"沉默的螺旋",这与麦克卢汉把电视视为所谓的"冷媒介"是截然不同的。同时,鲍德里亚也找到了一条对抗符号逻辑的出路——沉默,他认为"大众吸收媒介的仿真、不作任何回应,从而从根本上瓦解了这种代码"③。符号文化的胜利导致了一个仿真的世界的出现。记号与影像的激增消解了现实与想像世界的差别,电视传播的瞬时性抹平了时间与空间的距离。"电视是这个时代里终极的完美物体,随着电视的影响,我们的肉体和整个周围世界都变成了控制屏。人们不再把自己,把自己的情感,自己的再现,和自己关于占有、失落、悲悼和嫉妒的幻想投射到物体上,心理的向度就某种意义来说已经消逝;即使这个向度还能很巨细靡遗地被标示出来,我们感觉得到这已不是事物演出的真正舞台。"④在鲍德里亚

① 周宪:《视觉文化与现代性》,《文化研究(第1辑)》,天津社会科学出版社2000年版,第146页。

② [法]皮埃尔·布尔迪厄:《关于电视》,许钧译。辽宁教育出版社2000年版,第30页。

③ [美]马克·波斯特著:《第二媒介时代》,范静哗译。南京大学出版社2000年版,第154页。

④ Baudrillard,《传播的迷狂》,1995年,摘自互联网。

看来，主体不再像往常一样把他们的愿望表现在客体身上，相反，主体和客体两者之间的距离在仿真社会里被内爆。最终，主体现在占据的世界是一个文化信息已堵满了整个私人空间的世界。公民个人的最隐私的时刻也通过媒介技术被仪式般摆在公众面前（想一想广播中的感情热线、电视中的谈话节目（talk show）。不再有应避讳的主体，每件事都被揭露，被讨论，无论其多么微不足道。进入媒体的日常生活在鲍德里亚看来是用色情般的手法加以描述用来诱惑观众。现代文化确切地说是一种猥亵的文化，在这种文化中因为缺乏任何隐藏，媒介犹如一面玻璃墙，不带任何色彩的、中性的。外面的世界由此变成直接的、透明的。电视屏幕上的特写世界抹杀了批判性的思考，主体被化约为一种乏味的、快速的文化终端。客体使主体消亡。

在美国纽约曼哈顿，新开了一家名为“远距离休息室”酒吧，它主要是为来这里的客人在全球范围内寻找自己的伴侣的。电视、数码媒体、电动摇杆、即时信息等设备一应俱全，加上一派浪漫气氛，爱情只需扭动一下手腕便招之即来。这种变化对于纽约的酒吧文化是革命性的。这间酒吧内安装了近 100 台屏幕，另有约 70 个封闭式电路频道捕捉客人的一举一动。光顾者的每一个举动都可能出现在酒吧的网站上，任世人观赏。比起过去鸿雁传书的形式，这无疑来得更直接。史蒂文森所想像的场景成了现实。一个人坐在一间酒吧里，周围充满了电视机、广告海报、全球新闻和收音机的喋喋不休。这时候，我们体会到了什么呢？新奇？浪漫？还是像鲍德里亚所认为的那样，处于媒体技术的“永久电刑”（permanent electrocution）？在全球信息流的杂音之下，处于“深冻”状态？

第五节　鲍德里亚媒介观的现实意义

现代大众传播媒介的迅速发展，是 20 世纪最大的文化裂变。媒介的发达带来的最为直观的社会结果是信息的绝对量的增加。美国学者H. 费莱德里克曾经做过这样一个推算：如果以公元元年人类掌握的信息量为单位1，那么信息量的第一次倍增，花费了1500年；第二次倍增，花费了250年；第三次倍增，花费了150年；进入20世纪后的第四次信息量倍增，所需时间进一步缩短为50年。其后，倍增速度骤然加快，在50年代，10年内就实现了倍增；接着在60年代和70年代，时间周期进一步缩短为7年和5年。根据现在的推算，人类社会信息量倍增的时间仅仅需要18个月至5年的时间。① 如果对这个时间顺序稍加关注，就可联想到另一条发展次序——媒介的技术演变。从口语到文字，从书籍到活字印刷，从报纸到电报，从无线电到电视，直到目前如火如荼的电脑互联网，它们都在从根本上改变着人类社会的面貌。

特别是电视，已成为现代人生活中须臾不可缺少的东西，电视向人们提供本地、本国乃至世界的消息；电视提供娱乐，指导购物；电视甚至不知不觉地塑造着人们的情趣和灵魂；对不少人来说，电视不但是了解世界的窗口，简直就是生活和世界本身。“电视成了影响很大一部分人头脑的某种垄断机器。”② 更直接一言以蔽之：电视就是世界。张艺谋的电影《一个都不能少》这部片子无意识之中揭示了今天的中国社会的运作规律：真正充当拯救角色的恰恰是“电视”这样一种现代媒体，人们可以对自己身边衣衫褴褛的流浪儿熟视无睹，但在电视屏幕上出现的一切却让他们不能再无动于衷，这只能用鲍德里亚的理论来解释：“电视”里的现实比我们日常生活的现实更“真实”，更能刺激我们的神经。电视教会了我们什么是现实，如何去“看”现实，并且它的力量支配着所有人，包括那些完全生活在“现代”社会之外的，没有喝过“可乐”甚至没有看过电视的农村孩子的命运。

---

① 郭庆光：《传播学教程》，中国人民大学出版社1999年版，第36页。

② ［法］皮埃尔·布尔迪厄：《关于电视》，许钧译。辽宁教育出版社2000年版，第15页。

从物质技术层面上看，电视无疑代表着一种进步，但从精神层面上，就很难讲了。电视在给我们呈现五彩缤纷的世界、即时资讯的同时，是否也把高雅拉入了平庸，是否也扼住了人们思考的咽喉，人的思维成为单一、被动的？对此，鲍德里亚的回答是肯定的，而且还认为这是人类的必然，是无法逃脱的宿命。在早期对电视的关注中，鲍德里亚着重于把电视作为符号的载体，被某一团体控制的中介物。而后期他则直接地把电视作为权力发生的主体。布尔迪厄指出："50年代的电视要的是文化品位，从某种意义上说，它利用自己的垄断给众人强加了有文化追求的产品，培育公众的品味；可90年代的电视为了能尽可能地招揽最广大的观众，竭力地迎合并利用公众的趣味，给群众提供一些粗俗的产品……用于满足某种偷窥癖和暴露癖。"① 通过对消费社会的符号批判和后现代景观中电子媒体的解读，这位前卫的思想家深切感受到了符号体系压倒一切的力量，他认为社会发展到了现在这一阶段，符号控制是比资本控制更高一级的控制力量，人作为符号的动物，是逃脱不了被控制的宿命的。

按马克思主义的说法，在资本主义社会中，工人和劳动阶级的反抗是颠覆资本控制的中坚力量，而鲍德里亚在他的《生产之镜》一书中宣布了与马克思主义的决裂，他认为："马克思的理论与资本主义生产论是一种同谋关系，马克思主义和自由主义一样，在生产之镜中讲社会领域概念化，把资本主义自身形象呈现为一种镜映的颠倒形式回到资本主义。"② 即使社会发展到以符号消费为主导的消费社会，鲍德里亚还是把一些边缘群体视为反抗符号体系的依靠主体。然而到后期，鲍德里亚认为工人阶级和边缘群体这两者都承担不起媒介符号之重，于是他放弃了批判的努力，选择了虚无、

---

① ［法］皮埃尔·布尔迪厄：《关于电视》，许钧译。辽宁教育出版社2000年版，第55页。

② ［美］马克·波斯特著：《第二媒体时代》，范静哗译。南京大学出版社2000年版，第148页。

混沌的形而上学。这时期的鲍德里亚分析基本上是尼采式的——格言和诗化的哲学分析，力图重申他的仿真、超真实、内爆等观念并把它们推到了极致，去展望一个意义已经死亡，一个无深度的虚无世界。而不同于尼采所提出的那种积极的虚无主义，鲍德里亚的虚无主义没有欢乐、没有活力、没有对美好未来的期望："忧郁是功能系统的基本色调，也是当前的类像、程序化系统和信息系统的基本色调。忧郁是意义消逝模式的固有品质，也是操作系统中意义的挥发模式的固有品质。"① 也就是在这种色调中，主体性、历史、意义都终结了。鲍德里亚的这种态度无疑是离经叛道的，不能得到广泛的认同。与其他媒介社会理论相比，"鲍德里亚极度的悲观主义对某些昏沉沉的沉迷于符号的受众理论家来说无疑是一剂清醒剂，在这个意义上，在观察分析日益浮躁，玩世不恭的流行文化的消费者时，他的著作包含着某种描述上的合理性"②。

鲍德里亚对消费社会新颖独到的剖析，对媒介仿真文化的精彩论说却是极富价值的，特别是他讨论仿真、超真实以及内爆的著作，抓住了当代资本主义社会向仿真和超真实转变的特征，而且这些范畴对于分析当代媒体和文化趋势非常有用。凯尔纳感慨道："他有一种非常奇怪的习惯，总是抛弃他最好的观点，放弃最有希望的研究视角。"③ 不同的是，更多的文化精英从社会阶层结构、经济结构的角度予以分析，如阿多诺的文化工业、贝尔的后工业的文化危机等等。

许多人都对鲍德里亚怪诞的和疏于严密的理论论证的文风提出了批评，过于抽象的判断削弱了鲍德里亚理论的说服力，然而，互

① ［美］道格拉斯·凯尔纳，斯蒂文·贝斯特著：《后现代理论——批判性的质疑》，张志斌译。中央编译出版社 2001 年版，第 164 页。

② Nick Stevenson：Understanding Media Cultures：Social Theory and Mass Communication. Sage Publications，1995，p. 173.

③ ［美］道格拉斯·凯尔纳，斯蒂文·贝斯特著：《后现代理论——批判性的质疑》，张志斌译。中央编译出版社 2001 年版，第 186 页。

联网的出现，是近十年以来出现的比电视更具革命性的媒介。如果以前对鲍德里亚的媒介仿真论还存疑的话，那么互联网的出现便很有可能对该理论作出更经验主义的注解。网络媒体是传统媒体的集大成者，所以它的传播手段具有极大的兼容性：不仅有报纸媒体的文字、图片，也有广播媒体的声音，还有电视媒体的图像，更具有传统媒体望尘莫及的交互性和虚拟性的特点。点对点、点对面的信息互动，虚拟社区的去身份的交流，使之成为有史以来最优秀、最具发展潜力的媒体。“如果鲍德里亚对现代性的批判适用于当前信息和传播技术的飞速发展，也适用于媒体欣快症（euphoria）的环境氛围，那么互联网同样也为鲍德里亚的技术宿命论提供了一个可解读的文本，这种宿命论和投射到信息技术的看法，显著地成为在后现代文化中对现代性的挑战。正是由于互联网以一个可能的世界去替代另一个世界，它也最终提供了后现代世界的诱惑。”① 网络正以它的数字化符号虚拟世界去逐步营造鲍德里亚所描述的仿真世界，网络提供给人们的交互性是空前的，不像电视，观众只能被动地接受信息。在网络中已经出现的虚拟社会里，人人都可以在里面扮演另一个“自我”，干着与现实生活中一样的事情，工作、娱乐、做爱等等。比电视更优越的交互性和直接的虚拟性，也就容易使人更自愿、更甘心接受这种仿真世界。人们在网络里的感情投入并不比现实中少，相反，它极大地激发了人的潜能，在现实中不便有的、不可能有的感情在网络中得以展现，内向的性格可以成为外向的性格，男人心态可以变换成女人心态，年老的可以扮演年少的。事物的内爆在此袒露无遗，超真实就是网络的根本常态。鲍德里亚的仿真理论使我们拿到了为网络解魅的利器。美国未来学家乔治·吉尔德（George Gilder）认为：“不管是提供500个频道还是1000个频道，电视都与一个没有频道的世界无缘。在那个世界里，

① Mark Nunes: Baudrillard in Cyberspace: Internet, Virtuality, and Postmodernity, DeKalb College, 1995, p. 315.

当你想要什么的时候，你就可以准确地预订到什么；每一个终端都掌握着如今每一个广播台拥有的传播权力。"① 他大胆地宣布了电视的死亡。"互动式的信息和娱乐媒介将属于正在兴起的宽带传播网络王国和个人电脑，而不是过时的广播频道和电视机。"②

正是由于网络的出现，人类社会正在逐步逼近鲍德里亚描绘的虚无世界，与那些把鲍德里亚看做"肤浅和平庸的理论家"相反，笔者更愿意把他看做我们这个由技术主宰的世界的"激进先知"。或许对鲍德里亚来说，这就是他的宿命，一个开路先锋的宿命。他为人们打开了一扇通往对高科技社会进行探索的理论之门，而自己却抽身而退，隐身于虚无之中。

---

①② George Gilder: Life after Television: The Coming Transformation of Media and American Life (rev. ed.). New York: Norton, 1994. pp. 11-21. Roger Fidler, Mediamorphosis: Understanding New Media. California: Pine Forge Press, 1997.

第六章
女权主义的受众观

引　言

在传播学领域，经验学派和批判学派各自从事的受众研究都已硕果累累。批判学派更以强烈的批判色彩、否定精神和独特的研究视角，打破了经验学派受众研究的理论模式，为受众研究增添了一抹亮色。无论是以极端、悲观但最富批判性著称的法兰克福学派，还是以指涉面广、涵盖学科众多且以理性、乐观的受众视角为特征的文化学派，都得出了各自不同的结论。两派的结论虽然相反相异，但毕竟是殊途同归：不论"受众是被动的和稀泥角色"，还是"受众本是积极的、批判的解读群体"，都揭示出隐藏在大众传媒背后的权力结构和压迫（政治的、经济的、文化的及性别的）；而政治经济学派则在传播学研究领域发出"受众商品论"之声，可谓振聋发聩，其犀利的时代透视力独树一帜。

除了这些已有的研究流派，女权主义的受众研究更是独辟蹊径。它以女权主义的视角、借鉴批判学派受众理论的某些成果，重新审视传播现象及其规律，探讨女性与传播之间的特有关系，重点观照女性受众复杂多样的解读体验、收视活动中的性别压迫以及女性受众与文本之间奇特的互动方式。

女权主义的受众研究主要建立在女性学与传播学的理论基础之上。其宗旨有三：一是研究女性受众复杂的解读体验，女性受众与传播者和传播内容的关系；二是以女性的视角研究整个受众领域（男性受众和女性受众，既是传者也是受众的两栖群体）；三是从多学科的角度探讨传播领域女性解放与两性平等的途径。

当前，性别歧视现象在各个国家、各个领域都不同程度地存在着，而在覆盖面广、影响力大的大众传播领域，女性传播者、女性受众均受到不同方式、不同程度的性别歧视。而由男性主导的大众传媒则以各种男权策略传播着含有性别歧视的内容，并深刻影响着整个社会的文化价值观。女权主义者不仅意识到女性在整个父权/男权秩序中的附属地位，而且对大众传播领域里的性别歧视深感忧虑。传播学批判学派虽然在受众研究方面取得了不俗的理论成果，但对女性受众群体缺少应有的观照，更不能真正站在女性的立场，对女性受众的解读体验和妇女解放做出很深刻的研讨。因而，女权主义的受众研究有其不言而喻的特殊性和紧迫性，并且有着独特的理论意义和现实意义。

综观女权主义漫长的发展历程,评析以西方女权主义运动为研究背景的受众理论,笔者注意到:中国妇女,包括绝大多数女性受众和许多女性传播者,因为各种原因,明显"缺席"于女权主义:她们没有大规模女权运动的斗争经历,而是在中国特有的历史条件下,被赐与了法律上的平等权利。她们的女权意识、群体观念和主体精神弱于西方女性,并影响着她们对大众传播的解读体验与反应方式。

第一节　女权主义的兴起

一、什么是女权主义

"女权主义"的英文单词是 Feminism，一般而言，是鼓吹妇女权利（women's rights）的。“妇女权利”所指为何？自19世纪以来，从参政权、就业权、同工同酬权、身体自治权到精神平等权及话语权等，观点一直在变，也有人译作“女性主义”，侧重女性的视角和体验。比较而言，“女权主义”带有强烈的政治色彩和历史性，而“女性主义”则有着较强的学术色彩，且更为平和、更加贴近时代。鉴于“女权主义”这一概念早于“女性主义”，也为了论述的方便，笔者采用“女权主义”，实则涵盖了“妇女权利”和“女性视角”，泛指自觉地为取消对妇女的歧视、争取男女平等而工作的男男女女的一切实践活动及理论思想。

综观女权运动曲折的历史，习鉴类型众多而又难以绝对分门别类的女权理论，感受妇女解放的复杂艰难性，考虑到女权主义本身跨学科的性质，本章拟从不同的侧面给“女权主义”下定义。

首先，女权主义是一种学术作品与实践体系。从各种类型的女权主义学派及其理论，到经历了兴起—衰落—再度兴起的女权运动，它们共同构成了女权主义，而女权主义批评是其重要的组成部分。

先从女权主义理论的价值取向谈起。“反对自古以来的‘男性中心说’是其主要出发点，主张将女性世界和女性话语作为研究对象，重新解读西方文艺传统的实践，透视陈旧的社会文本和文化语境，向传统的文学史和文学理论挑战。”① 并延伸到广泛的大众文化及受众研究。因而，强烈的批判性是女权主义的基本特色。以此为根本主题，形成了女权主义的两大阵营：英美派和法国派。女权主义的英美派，从20世纪60年代的女性美学演变到80年代的性别差异比较研究，体现了女性视角的独特性。而法国派的女权主义，受德里达的解构主义和拉康的精神分析影响很深，其理论带有浓厚的解构色彩。

女性美学的主要代表人物及著作有：凯特·米勒特的《性政

① 王岳川：《后现代主义文化研究》，北京大学出版社1992年版，第383页。

治》、弗吉利亚·伍尔夫的《一间自己的屋子》、伊莱恩·肖瓦尔特的《妇女的解放与文学》、朱丽叶·米切尔的《心理分析学与女权主义》等。这些著作旨在分析小说作品中的女性形象及女性想像力有何特征，探寻女性作品中的女性意识及女性独有的审美体验，传统文学史因此受到质疑与挑战。

性别差异比较研究的主要代表人物及著作有：伊莱恩·肖瓦尔特的《新女权主义批评》，佳娅特丽·斯皮瓦克的《在其他世界里：文化政治论文集》（后殖民理论的主将、印度裔美国学者，曾成功地翻译介绍德里达的《论文字学》等作品，把解构主义与女权主义结合起来而使她的表述锐利无比），桑德拉·吉尔伯特和苏珊·格巴（合著）的《镜与妖女：对女权主义批判的反思》。这些著作主要从性别差异看女性写作与阅读的特点，并通过解构哲学、心理分析和语言学理论分析女性独特的审美心理与创作心态①。

法国派的主要代表人物有：西蒙·波伏娃的《第二性》，朱利亚·克里斯蒂娃的《中国妇女》，埃莱娜·西苏的《美杜莎的笑声》。法国学派的女权主义者认为，父权制度在确立男权中心时只表达了一个性别，以男性在场、言说/女性缺席、缄默的强制性模式把女性放逐到边缘位置。女性常常处于被意义不明的符号、物化了的形象所代表与界定的地位，在男性/女性二元对立中处于劣势而被压在社会的底层，因而男权中心话语必须被解构。

了解“妇女批评学”，可以进一步把握女权主义的含义。美国著名的女性主义文学评论家、理论家和史学家伊莱恩·肖瓦尔特创立了“妇女批评学”(Gynocriticism)②。她认为，“妇女批评学”具有两种形态，一种关涉作为读者的妇女（女性受众），称之为“女性主义批评”，它侧重于考察女性读者如何解读占主流位置的男性

① 王岳川：《后现代主义文化研究》，北京大学出版社1992年版，第388~389页。

② 参见刘涓：《“从边缘走向中心”：美、法女性主义文学批评与理论》，载于鲍晓兰主编的《西方女性主义研究评价》，生活·读书·新知三联书店1995年版，第112页。

文学作品，分析男性文学作品中妇女形象被贬低、歪曲的程度及根源，对文学评论中使妇女作家及其作品“边缘化”的现象提出了批评；另一种论及作为作家的妇女（女传播者），称之为“妇女批评”，它着重研究特定妇女作家及其作品、妇女文学的整体概貌，为妇女作家重新定位，一改她们“被动、附庸”为“主动、中心”的角色，致力梳理妇女文学的发展脉络，张扬妇女作家的文学创造性，分析文学作品中的体裁、主题、结构、心理描写、语言，并醒悟到妇女作家创作的“文本”将是不同于男性文学的一道亮丽的风景线①。正如日本的富士谷笃子在其著作《女性学》中所说，处于男权文化中的男作家忽视并歪曲了女性的形象，处于男权文化中的男性读者以守势来理解作品，而女性读者则以愤慨和不信任的情感来理解作品。

笔者认为，积极的文学感受应该是读者读完作品后更富有人情味，感到眼界开阔、心境清爽、勇气倍增，而不是作品与读者或男性与女性之间的斗争。

其次，女权主义更是一个关于妇女遭受压迫和以何种方式、方法赋予妇女权力的政治运动。美籍非洲裔的评论家贝尔·胡克斯称这项运动为“寻求发言权”：对于受压迫群体的妇女来说，尤其是那些从未享有过公共发言权的妇女和许许多多有色人种的妇女，寻求发言权就是一种反抗行为。她认为，在讨论两性之间的权力关系时，还应该考虑到种族关系和阶级关系。她甚至很尖锐地指出，西方女权主义理论不是来自于受性别压迫最深的黑人劳动女性，而是白人中产阶级女性的无病呻吟②。发言权既是妇女进行自我改造的一种仪式，也是妇女由客体转变为主体的一个程式。妇女只有成为主体，才能拥有发言权。

---

① 鲍晓兰主编:《西方女性主义研究评介》，生活·读书·新知三联书店 1995 年版，第 112 页。

② 同①，第 3 页。

本来，女性在幼年时（少不更事、性别特征尚不明显）是一个独立的人，长大成人后，身处男权社会的女性自觉或被迫把注意力转向男性、恋爱及婚姻，并放弃了自我，多数女性变成了被动的客体,发言权无从谈起。女性要想获得真正的自由，首要条件是使自己作为主体、实际存在的“人”而与男性保持平等的关系。

“男性书写”及“书写男性”曾经是书写人类文化思想史的既定规则。历史中要么没有女性的身影，要么就是按照男性价值标准被任意歪曲的女性。重读改写这部女性缺席、女性话语权被剥夺的历史，成为女权主义的一贯使命：撼动、颠覆千百年来盘根错节的父权制度和男性中心秩序。“它从西方马克思主义那里获得了否定意识和批判性话语；从解构主义那里获得了消解男性/女性二元对立和颠覆既定等级秩序的解放策略；从新解释学那里获得了重写文学史的视界和对历史重新阐释的最佳角度。”①

最后，从哲学渊源上看，女权主义是西方父权制残余同西方社会个体化发展相互矛盾、相互冲突的产物，是西方哲学思想——个体主义（individualism）的一个分支。一方面，西方文化、宗教、政治、经济和意识形态在其历史演变及整合过程中，“人的尊严”、“自治权”等理念在欧洲文艺复兴、宗教改革的推动下，成为西方个体主义思想的重要基础；另一方面，到了近代，以约翰·洛克为代表的自由主义将个体主义发展到更高的层次，强调个人具有生命、自由、财产等“天赋人权”，“家庭和国家相分离以保障个人的权利”，在家庭内部，父权制仍然盛行，男人照样大摇大摆地充当主宰。在传统父权制家庭中处于从属地位的女性，并不在享受个人平等权利的对象之列（“个人”是指“有财产权的男性户主”）。尽管后来由于女权主义者的斗争与努力，美国在1920年通过了《宪法第十九修正案》，“它禁止在选举方面基于性别的歧

① 王岳川：《后现代主义文化研究》，北京大学出版社1992年版，第383页。

视，但女性争取选举权运动就此偃旗息鼓，而财产权问题仍未得到解决”①。自由主义理论包含的内在矛盾成为19世纪中叶美国女权主义运动兴起的动因之一，而美国中上层妇女正是运用自由主义理论争取个人权利的。

二、女权主义兴起的社会历史背景

始于18世纪末期的女权主义运动先后在法、英、美、日等发达资本主义国家爆发，影响波及到世界各地，并呈现出兴起—衰落—再度兴起的阶段性；与女权主义运动相携共生的女权主义理论，在指导、总结女权运动的同时，也经历了激进—受挫—更为激进—走向成熟的曲折过程。

女权主义的兴起有其哲学渊源，也有社会、历史方面的原因。而女权主义运动诞生于新生的资产阶级妇女（在美国，主要是中上层白人妇女）中，最早受益于西方个体主义思想的启示，法国资产阶级革命和美国废奴运动更是女权主义运动的催化剂和养料库。本节主要以法国、英国、美国女权主义运动的最初爆发为主线，以女权主义兴起—衰落—再度兴起的时代背景为辅线，来梳理女权主义兴起的历史脉络。

（一）女权主义的诞生

1. 法国。18世纪末，废除封建土地所有制和贵族政体、解放生产力，为新生资本主义生产方式扫除障碍，成为法国资产阶级革命的首要目标。在革命中发挥领导作用的资产阶级，提出了“自由、平等、博爱”的口号。深受西方个体主义思想影响的法国资产阶级妇女也同男子一起汇入法国资产阶级革命的洪流。然而，她们很快发现，“自由、平等、博爱”的所谓“天赋人权”，只是男子的专利，法国大革命的《人权宣言》充其量是“男权宣言”，资

① ［美］迈克尔·埃默里：《美国新闻史》，湛江，殷文译。新华出版社2001年版，第246页。

产阶级革命使男子获得越来越多的个体权利，妇女的权利仍然遭到排斥。

大革命中发现自身“为他人作嫁衣”的法国妇女，进一步审视自己受歧视的命运，而且在质疑父权秩序的同时找寻男女不平等的多重根源，以“自由、平等、博爱”作为妇女解放的理由和坐标，把资产阶级的《人权宣言》当做妇女解放的参照物。

于是，当时的妇女领袖奥伦比·德·古日（Olympe de Gouges）在1791年针对《人权宣言》发表了著名的《女权宣言》。她在这篇妇女解放的战斗檄文中开宗明义地指出：“妇女与男人有同样的天赋人权：自由、产业、安全，尤其是反抗压迫。”“妇女生来就是自由人，和男人有平等的权利。社会的差异只能建立在共同利益的基础之上。”① 她还认为，妇女在行使天赋人权时遇到的最大障碍是男人们；男人们向妇女施加各种无休止的、霸道的限制，阻碍妇女获得天赋人权；通过自然法和理性，改革、去除对妇女的歧视性限制，是妇女获得自由平等的根本。

古日持有这样的观点并不算激进。西蒙·波伏娃曾经这样揭露女性地位的低下：一个女人若不结婚也不生孩子就会被视为大逆不道的娼妇，女人的本分就是为家庭奉献一切。“女人天生软弱无能”的神话监控、贬抑着女性，也造成了女性自身的自我限制。拉康的理论也表明，女性特质与母性特质在父权秩序中遭到歧视与贬抑，女性作为“他者”总是由于破坏了具有统治地位的意义秩序而被判为疯狂、边缘甚至变态。

再看看登峰造极的厌女主义话语。著名的人权主义者卢梭认为，人权只是男性的专利，女性是男人的附庸和陪衬，是人类（男性）以外的东西，不能成为人权的对象；拿破仑法典明文规定：未成年者、已婚妇女、犯人、精神病患者，没有行使法律的权

① 闵冬潮：《国际妇女运动——1789～1989》，河南人民出版社1991年版，第33页。

利。人们给予女性死的权利，却不准她们作为一个真正的人而生存，女人在法律上毫无地位可言。

因而，奥伦比·德·古日领导的女权运动在法国乃至整个欧洲大陆及全世界，具有开天辟地的意义。受示于《人权宣言》的思想灵魂——“天赋人权”的《女权宣言》所倡导的“法律、政治面前，男女应该平等”的思想，在当时的法国可谓振聋发聩。虽然《女权宣言》表现的自由平等观主要体现于婚姻、家庭等妇女私人生活领域，但在动荡年代，私人生活也是折射时代印迹的一面镜子。而古日，这位勇敢的女性，因为违背了社会给她规定的道德准则，在1793年被人以“丧失女性应有品德的阴谋家”的罪名送上了断头台，但她为妇女争取自由平等的女权主义之声却从此影响到整个欧洲大陆。

2. 英国是世界历史上最早爆发资产阶级革命的国家（1640年），但思想一向较为保守。和欧洲其他国家一样，资产阶级革命后的英国妇女并没有像男子一样获得所谓的“天赋人权”，即使是中上层资产阶级妇女也没有任何真正的权利。英国虽然承认女性王位继承权而与众不同于欧洲其他国家，也有伊丽莎白二世和玛格丽特·撒切尔首相这样的女领袖统治英国，但是相对于男性，女性仍然处于附属地位。

尤其是维多利亚时代，文雅、贤惠的家庭主妇是人们所赞美的女性形象，当时的主流文化对女性的限制和歧视达到极为严重的程度。更有甚者，当时作为国家领袖的女性未必就能够理解男女平等的思想，作为男权政治精神象征的“她”以一个准男性的视角看待自己所处的王位，却不愿站在女性的立场正视女性群体受歧视的状况；在仇视女权运动方面，和那些秉持男权文化的男性没什么两样。法国资产阶级革命爆发后，历史已过去了100年，维多利亚女王还颁布诏书说：“女权运动拖延时日，贻害无穷，是违反道德的疯狂行为。它使那些忘记了女性应有品行的可怜的同性丧失了理智。为此，女王呼吁一切响应号召的妇女团结起来，口诛笔伐，全力阻止这些可怜的女性所进行的女权运动。女王对这个问题的忍耐是有限度的。"① 相比于欧洲其他国家，英国在女权问题上的保守程度可谓根深蒂固。

哪里有性别压迫，哪里就有性别反抗。英国历史上，从来不乏女权主义之声。早在18世纪，启蒙运动提倡的理性原则极大地鼓舞着欧洲一些国家的思想界人士。社会原有的"人的权利""妇女问题""性别认同""自由平等"等理念，得到重新审视。女权主义者以理性为武器，以女性自己的视角，向世界发出女权主义的呼声。与法国只有一水之隔的英国，也受到了法国大革命的冲击。当时被男人们诬为"哲学脏婆"的玛丽·沃尔斯通克拉夫特（Mary Wollstonecraft，1759~1797），深受法国资产阶级革命及《人权宣言》的启示。1790年，她写了《为人权一辩》，公开支持法国资产阶级革命。次年，她干脆直接打出女权旗号，以她的《女权辩护》捍卫法国资产阶级革命所代表的原则，并对卢梭等启蒙主义作家歧视妇女的偏见进行抨击，她那有违男权秩序的大胆思想、独立自主的生活方式令许多保守者侧目。后来，妇女问题在英国逐渐得到重视，与玛丽·沃尔斯通克拉夫特等一代又一代女权主义者的不懈努力是分不开的。

3. 美国是由英国移民建立起来的。为了反抗本国日益严酷的苛捐杂税和政治上的不自由，许多英国人（包括妇女）脱离本土，踏上了美国这个"自由新天地"，并尝试建立新的共和制。经过独立革命，于1776年7月4日发表了著名的《独立宣言》，正式建立了美利坚合众国。

尽管很多妇女及黑人参加了独立革命，《独立宣言》也开宗明义地亮出"自由""平等""天赋人权"的旗帜：所有的人都是上帝平等地创造出来的，都由上帝赋予了确定的、不可剥夺的天赋权

① ［日］富士谷笃子：《女性学入门》中译本，张萍译。中国妇女出版社1986年版，第25~27页。

利，其中包括对生命、自由及幸福的追求，但是独立革命的成果却被白人男性独吞了，女性和黑人仍然不被当做“人”看。妇女和黑人发现自己充当的是“火中取栗的猫爪”角色。

后来，美国第二任总统约翰·亚当斯的妻子艾比盖尔·亚当斯，也曾告诫丈夫不要忘记妇女在独立革命中发挥的作用，认为没有女权制衡的无限男权会使男人变成暴君，并指出“为自由而战”的美国不应该存有蓄奴制度，黑人应该和白人一样享有自由的权利。约翰·亚当斯虽然最信任艾比盖尔，但却没有听进她关于妇女及黑人权利的劝告。可见当时美国对妇女和黑人的歧视之深。

到了19世纪30年代，美国兴起了轰轰烈烈的废奴运动，妇女也满腔热情地投入其中。同男人一样出生入死的妇女们，在看到奴隶苦难（尤其是女黑奴任人玩弄的悲惨处境）的同时，发现白人妇女自身也处于受压制和无权状态。她们投身废奴运动的积极性得不到男性成员的支持和重视，甚至不被男性成员承认。更有甚者，那些主张解放奴隶的男性理论家向参加废奴运动的妇女们施加种种压力，指责女人不应该公开介入社会问题，认为女人的本分是帮助丈夫做好家务，参加运动是男人的事。这使妇女们意识到自己在法律上没有地位，而且是被婚姻制度束缚的奴隶。

所以,尽管美国社会同意妇女作为美国代表团的成员参加1840年在伦敦召开的“反蓄奴制大会”,但并不表明女性得到了男性的承认和尊重,而是因为处于开拓地区的美国需要包括妇女在内的大量劳动力。美国妇女管理家务、养育子女及充当棒劳力的三重作用,让美国男人感到“食之无味,弃之可惜”;废奴运动中妇女们成立了“妇女反奴隶制联合会”,其战斗力与组织力是人们无法漠视的。

废奴主义者露克丽娅·莫特和伊丽莎白·斯坦顿（后来成为女权运动的创始人）随夫参加这次“反蓄奴制大会”时，美国废奴运动的男性代表坚决反对给予她们正式代表席位①。当有人提出

① 张岩冰：《女权主义文论》，山东教育出版社1998年版，第27页。

反对女性参加会议时，美国的男性代表们未作任何反驳便遵从了，当时与露克丽娅·莫特和伊丽莎白·斯坦顿一起对此提出抗议的男性代表只有一人。

因此，废奴运动成了美国第一次女权运动的导火线。妇女们通过黑人运动认识到美国“梦”（自由、平等、民主主义）不过是幻想。1848 年，首界女权大会在美国田纳西州召开，与会的 300 多名代表（其中包括 40 名男代表）都是废除蓄奴制论者。会议通过了伊丽莎白·斯坦顿起草的《女性独立宣言》。在宣言中，她要求把“人”这个词改为“男女”，列举了社会、经济和法律等领域对妇女的种种歧视，提出妇女要有参政权、受教育权与就业平等权，妻子应有法律地位等要求，并通过了妇女争取选举权的决议。到 20 世纪 20 年代，形成女权主义运动的第一次浪潮，也被视为女权主义的第一阶段。

（二）女权主义的衰落及再度兴起

女权主义的第二阶段（1920 年到 1960 年）是女权主义故步自封、走向衰落的阶段，其间既有经济萧条与第二次世界大战的影响，也有反女权主义者的叫嚣、女权主义阵营的分裂与保守者的动摇。从 20 世纪 60 年代到今天，是女权主义的第三阶段，这一期间，女权主义在 60 年代再度兴起，随后女权运动更趋激进，并逐渐走向成熟。限于篇幅，下文将以美国为例，简要介绍 20 世纪 60 年代女权主义再度兴起的社会背景。

20 世纪 20 年代，许多支持妇女参政的人都希望美国妇女今后能作为一个集团参与、影响政治，但获得了参政权使妇女们心满意足，政治热情逐渐降温。新一代妇女处于消费主义包围的时代，且与上一代妇女在思想、价值观、集体意识等方面有较大的差异，她们不再关心女权问题。30 年代的经济大萧条和 40 年代的第二次世界大战牵住了全国上下的注意力，女权组织无论在规模还是在战斗力上都趋于暂时衰落。

第二次世界大战结束，大批男性从战场上归来，重新占据了战争中曾由妇女占据的工作岗位。妇女又重归家庭做了“幸福的家庭主妇”，在历史循环中再一次充当了“火中取栗的猫爪”角色。她们在重做家庭主妇之际，逐渐感到每日生活的单调乏味。战时“填补男性空缺”所增长的见识与对自身社会能力的发现，更使她们在不安中质疑战后美国社会的女性观——妇女天生软弱，她们只能从充当母亲和妻子的双重角色中找到幸福。

1960 年，美国新闻界开始报道家庭妇女中存在的问题。暴露出来的事实表明“幸福的家庭妇女”并不幸福，而是重新陷入了困境。此时，身为市郊中产阶级家庭妇女一员的贝蒂·弗里丹开始关注这个问题。她通过大量的调查研究，于 1963 年出版了《女性的奥秘》。该书以大量触目惊心的事实和丰富的调查材料，揭露宣传工具以传统女性形象奴化、摧残妇女，号召妇女们像男子一样在家庭之外寻求生活的意义。贝蒂·弗里丹的著作唤醒了精神上濒临麻木却又感到苦闷的广大妇女，引起了许多中产阶级妇女的强烈共鸣，一时间洛阳纸贵，《女性的奥秘》成了畅销书，为女权主义在 20 世纪 60 年代的崛起做了强有力的舆论准备。

另外，20 世纪 60 年代美国的公民权运动，直接或间接地促进了“全国妇女组织”及其他妇女团体的产生。以实现种族平等为宗旨的公民权运动，使自由平等的观念渗透到整个美国社会，为妇女解放运动的发展提供了精神土壤，而且培养了大批妇女解放运动家。随后爆发的反越战抗议行动造成的不满情绪和人们原有价值观的崩溃，使人们对整个政治文化即父权制文化产生了强烈不满和质疑。比如，越战中许多母亲痛失儿子，可战争发动权从来都是掌握在男人手中。“千万兵士的血铸就一个元首（几乎全是男人）的辉煌”是男权政治的一个方面。

所有这一切，导致了女权主义的再度兴起。它所走过的曲折历程，折射了各个阶段的时代背景。而女权运动的曲折性和复杂性，则形成了各种类型的女权主义理论及其流派，并逐渐应用于文学批评及媒体批评。到了 20 世纪 80 年代，与人文领域相关的女权主义论著已经为数不少，涉及文学、电影、电视及女性杂志等研究领域，而女权主义的受众理论正是从不同的角度展示女权主义的受众观的。

第二节　女权主义流派及其受众观

对女权主义流派的划分，不同的研究者有不同的侧重点与表述方式。笔者认为，至少可分为自由派女权主义、马克思主义学派女权主义、激进派的女权主义、后结构主义的女权主义和后现代女权主义。

以上所列的女权主义流派，均从不同角度分析妇女受压迫的状况，并得出不同的原因和解决方法。以女权主义的视角研究传播现象及其规律，并具体到受众领域，形成了具有强烈批判色彩的受众理论，成为批判理论的一个分支。

一、女权主义流派

1. 自由派女权主义是历史最为悠久的女权主义。与马克思主义学派的女权主义和激进派的女权主义不同，自由派女权主义没有将妇女受压迫的原因归结于某种制度——资本主义制度或父权制度，而是选择了一个新角度，认为是男性对女性的偏见造成的，且这种偏见深深地根植于法律（或其他意识形态形式，例如传播文化）之中，或是通过将妇女排斥在某些特定的生活领域之外而体现出来的。

自由女权主义流派属于改革主义者，认为社会改革高于那种争取妇女参政或平等权利修正案等严格意义上的妇女事业。解决女性从属地位的方案应从体制内部寻找而不是采取革命的手段，力求在资本主义系统内获得平等的权利与自由。妇女应该努力在目前由男性掌握的机构中获得公平的控制权，以维护女性应有的权利。

2. 马克思主义学派的女权主义认为，女人受压迫的最终根源在于资本主义制度。男人对女人的统治可以看做资本家统治工人的必然结果。正是资本主义的社会结构和利益导向，塑造了一整套符合经济需要却置女性权利于边缘位置的女性概念。电视就是极好的例子。

电视已经被构建为经济及工业力量的重要环节，成为资本主义（最大的）商业、营利机构。电视中塑造的女性形象满足了资本主义制度的需要：经济需要是主观目的，得到巩固的男权中心秩序是客观结果。女性观众只不过是电视利用娱乐贩卖货物所产生的消费者。

为了摆脱父权象征对职业女性的剥削与操弄，女性应该而且可以对抗这种剥削。推翻资本主义制度是解决问题的关键。

3. 激进派的女权主义认为，女人受压迫是父权制度（男权中心主义，女人屈从于父权与夫权）的结果。这种制度赋予男人群体统治女人群体的权利。

父权制的法律、习俗及其他文化标准使女人处于“诗歌想像里占有最重要位置、在历史中全然缺席”的地位，即后来西蒙·波伏娃所述的“第二性”。女人被当做物、商品（客体），映衬着男人的主体地位与存在：她是男人的镜子，“有那种不可思议、奇妙的力量，能把男人的影子反照成原来的两倍大”①；她是男人作品中的审美客体，反映着男人的审美理想；她是丈夫的财产，标示着男人的贫乏或富有。“在安德鲁·麦森的一幅素描中，一个男人手拿铁锹，正在花园铲土；曼努说，‘女人像田野，男人像种子’，女人是她丈夫的战利品，他们的财产”②，惟独不被允许有“人”的精神内涵与尊严。

父权制度以强迫性的文化标准，把女人打入生活的底层，没有

① ［英］弗吉尼亚·伍尔夫：《一间自己的屋子》，王还译。三联书店 1989 年版，第 42 页。

② ［法］西蒙·波伏娃著：《女性的秘密》，晓宜、张亚莉等译。中国国际广播出版社 1988 年版，第 78 页。

法律地位、闲暇时间。中产阶级（其价值观在资本主义社会处于主流地位）和核心家庭（属于上层阶级的男总统，同样没让妻子例外于“女性的本分”）对父权制度的坚持与导引，使男性价值标准成为整个社会的规范模式。长期浸染在父权文化中的妇女，逐渐把男性主导、强迫的男权意识内化为自身的价值取向而趋于“沉默”。

激进的女权主义把女性看做完全不同于男性的性别，渴望建立分离的女性社群，以满足女性的特定需要与欲望；主张从根本上重新整顿社会、调整男女关系，即国家不仅要从法律上承认妇女的合法权利，而且要在一切领域、一切社会体制中改变男女之间的社会关系与权力结构；主张破坏男性占统治地位的机构或妇女完全脱离这些机构，并毫不妥协地与持歧视态度的习惯势力和风俗作斗争，以实现妇女的解放。

以上所述的三个学派之间有明显的差异，但都认定“存在一个与女性有关的真理”，这个真理被父权社会蒙蔽而无法彰显其价值——“女性”是一个有别于“男性”的独特群体；女性是根植于现实世界中的积极因素，以自己的清醒认识和仁慈（与男性崇尚暴力和好战的特性相反）保护着生命和自然，并使其具有人的品格（例如，印度的妇女们曾经以自己的身躯昂然面对举起利斧准备伐木的男人们，发起保护环境、造福后代的“抱树运动”）。因而，父权社会中的女性相比于男性，能够赋予人类更人性、更道德的生存模式，这种模式引导社会走向有益的目标。女性价值变成一种批判残酷、竞争、个人主义式的男性价值的标准，是对父权制度的一种威胁。已被男权制度驱逐到边缘位置的女性价值，必须被恢复并得到复兴。

4. 后结构主义的女权主义的理论基础是雅克·德里达的后结构主义、弗洛伊德的精神分析以及雅克·拉康的后结构主义精神分析学，主要议题是女性在大众文化中进行自我确认的心理过程。

对于颠覆父权体制规定的“女性特质”有多大的可能性，后结构女权主义对此持怀疑态度，但仍然坚持女权主义的立场。

后结构主义的女权主义企图了解的是：在父权文化中，构建女性主体地位的过程，而不是“女性特质”本身。

后结构主义的女权主义认为，“女性”并非独立于父权社会之外，而是整合于父权社会。假如可以改变并试图改变性别角色，就应分析既有的性别认同与父权社会之间的联结点，同时分析性别意识与主体性被构建的过程，还必须先了解最初形成性别认同的过程；如果要超越男性/女性或男性气概/女性特质等社会构建的定义，而社会的性别构建被铭记在“人”的整个形成过程之中，就不可避免地要进入心理分析的领域。

5. 后现代女权主义主张“解构”由男性统治、主导的意义系统，构建一个突现女性主体性视角的语言秩序，使女性的娱乐免受男权模式之虞。唐拉·哈拉威曾经用“不确定性”来概括我们所处时代的特征。她认为，后现代主义时代的最大特征是破除界线；解除男性、女性之间的性别界线，颠覆男权文化是极有可能实现的①。

同时，后现代女权主义提倡价值的多元化，不是刻意强调男人/女人的二元对立或女性一元论，强调男人/女人的互补关系，而不是使女性成为与男性对立的“准男性”，甚至对男性搞逆向歧视；主张消除冲突、对抗、压迫、暴力等男权统治话语，倡扬以对话、互补、和谐、共识为特征的两性世界。

后现代女权主义还主张模糊女权主义者和非女权主义者之间的界限。女权主义者不应该以权威或恩人自居而陷入“说教化政治”或新的“文化悲观主义”，反之，应从女权主义理论的象牙塔中走出来。女权主义不应该是一大堆定义、原则的简单堆砌与拼凑，而是一个内涵更加丰富、形式更加多样、视角更加多元的矛盾对立混合体。

---

① 鲍晓兰主编：《西方女性主义研究评介》，生活·读书·新知三联书店 1995 年版，第 12 页。

主张消除通俗审美与高雅审美、真实与模拟/虚拟之间的两极化标准。女性受众从大众文化中得到的乐趣不应该被贬为“低俗”或视之为“磨灭女性反抗父权制度的消极东西”，相反，应该分析“女人”从解读大众文化中如何习得积极的解放策略。

二、女权主义的受众理论

1. 自由派女权主义——戴安娜·梅韩的受众观

梅韩（Diana Meehan）的电视批评属于自由派女权主义。她的理论以量化的内容分析为主，通过计算电视节目中女性角色的种类与出现频率，揭示电视戏剧节目所反映的女性地位的变化——走出家庭、进入工作领域；职业女性的特征；家庭生活的品质、男性参与家中事务等。同时她又结合定性分析，批判电视不断以含有性别歧视的女性形象奴化女性观众，主张电视应该宣扬正面的女性形象。

梅韩的电视批判理论主要体现于她的论著《夜间女郎》（Ladies of the Evening）中。

这本论著有两个宗旨。其一，精确描述电视角色（尤其是女性）的行为及其变迁。她计算电视中女性角色的数量，发现女性经常被当做开玩笑的对象，女性成为暴力牺牲品的频率很高，同时涉及到女性角色无权力、软弱无力、易受攻击及女性优点等问题。这种量化分析与质化研究的结合基于这样的假设：电视对女性角色的呈现，反映了女性的生活，隐含了女性的信仰与价值观。其二，对电视中的女性角色与真实社会中的女性角色作一番比较分析，“将女性角色视为真实的人物”①。这基于她的另一个假设，即观众对电视里的女性形象“照单全收、确信无疑”，会利用电视的经验来评价现实社会中他人行为是否适当，真实生活与电视世界之间的

① ［美］伊安·卡普兰：《女权主义批评与电视》，载于［美］Robert C. Allen 编：《电视与当代批评理论》，李天铨译。台湾远流出版公司 1993 年版，第 232 页。

关系如此密切，观众们会把电视中的女性形象当做自己的规范。

梅韩不仅研究电视中的一系列女性角色，诸如“小淘气、好太太、悍妇、牺牲品、诱骗物、妓女、妖妇、女巫、女家长”①等，更对20世纪50~80年代之间一系列女性形象的改变作了完整的描述。结论有三：其一，电视中的种种女性形象综合表明，女人处于次等地位；女人是无私、忘我的，完全为男性奉献。其二，在天下太平的时候，女人是对世界秩序的扰乱与中断；在动荡不安的时候，女人是对世界秩序的威胁和解构力量。其三，除了极少数的例子，女性自主精神的表达，即使只是性别意识的表达，都被视为有害和危险的而被粗暴禁止。归根结底，电视以系列女性形象警告现实生活中的女性（观众）：女性的本分是无私、忘我、为男性奉献，而不应该追求自主、独立。

梅韩还发现电视中女性的职业角色特点是：女性几乎都是从事服务行业的，而男性则从事着控制他人的行业。结果，“电视对职业女性的描绘，实际上是家庭主妇的翻版”②。职业女性就像家庭主妇一样，依赖男性的监督和指挥。因此，社会上逐渐有一个两极化的现象——把家庭主妇与家庭、职业女性与单身联系在一起。即电视在告诉女性观众：职业女性只能从事服务行业、受男人的控制与领导，因为，女性天生不如男性；女强人会失掉幸福的家庭或不会有家庭，单身是她们的命运及生存模式。

梅韩通过对美国观众的调查得出结论：一是美国观众长期观看男性英雄及其冒险故事，在青少年时期就有一个模糊的想像，女性或是女巫、妓女或是母亲与小淘气。二是电视忽略了女性生活中最重要的部分，即她们的观念、感情、抱负、欲望与梦想。三是全面展现女性英雄故事的时机已经来临，即她们如何领导家庭、领导公司、征服恐惧以及处理变迁。女人应该而且能够在资本主义系统内

①② ［美］伊安·卡普兰：《女权主义批评与电视》，载于［美］Robert C. Allen编：《电视与当代批评理论》，李天铨译。台湾远流出版公司1993年版，第233页。

与男人平起平坐。电视应该以好的模式使女性与女性之间、女性与社会之间相联结。

梅韩同时还认为，电视没有完全反映出真实社会，电视内容在绝大程度上扭曲了观众的经验，而这种扭曲可视为一种幻想。梅韩以容格（Karl Jung）的观点为参考，论及作为神话之表达的"幻想"：电视所呈现的幻想也吸引女性（观众），但是大部分幻想是属于男性（观众）的，梅韩自己也有类似的理论：影像的真实性，在于人物角色的行动、事件与观众经验之间的相似性；好太太、悍妇、妓女所展示的，与观众在社会中所碰见的社会行为有所抵触。

笔者认为，梅韩的女权主义批评真切地展现了女性在通俗文化中的负面形象，揭露了电视试图以此类形象在观众意识中形成"女性天性就是劣等性别"的刻板偏见。但是她的理论也有不足。

其一，她把所有的观众都看成了被动的"和稀泥"角色，认为电视中的人物形象一定会深入观众心中，而观众会把电视人物视为真人加以模仿。她还假定这种模仿过程可以推至家庭，"小孩容易模仿父母的个性特质"。实际上，电视人物并非真人，不同的观众会对电视人物采取不同的看法。一部分观众具有解读电视的主观能动性，会从这些负面形象中滋生出反抗性别歧视的觉醒意识。另外，观众与电视人物的关系并不能完全等同于儿童与父母的关系。何况儿童在生活中对成人的认同过程非常复杂，既有儿童的无意识，也与儿童所处环境中语言秩序的影响有关。

其二，她没有论及这些负面形象产生的背景与根源，这些形象怎样影响女性观众。

其三，她没有认识到资本主义制度是造成电视中女性形象多为负面的根本原因。而马克思主义学派的女权主义者里丽安·罗宾逊则对此有不同的观点。

2. 马克思主义学派的女权主义——里丽安·罗宾逊的受众观

里丽安·罗宾逊（Lillian Robinson）运用早期马克思主义学派的女权主义观点来探讨电视节目及其观众。《我的台词是什么？电视戏剧与女性的工作》体现了她的主要思想。这篇文章发表于1976年，其目的是比较研究电视连续剧（包括肥皂剧）中职业女性的形象与社会中女性工作者的实际情况，并考察观众的解读方式。

罗宾逊认为，电视剧制造种种关于女性与工作的神话：女性是否要进入工作市场，为什么要进入工作市场；她们从事哪些职业，如何力求表现，以及她们如何与其他工作的人们产生互动。和梅韩相同的是，罗宾逊也从“真实的职业女性”来“检视”电视中的女性形象，发现了电视对女性形象的扭曲：电视形象将女性的职业认同和工作情况归结为性别意识，而真实的职业女性视自身为一个具有独立人格的人，“不仅仅只是工作场所中复杂的性别角色”①，相反，她们既是女性，更是工作者——受雇于老板，有工作职责，获取工作报酬，掌握工作情况，和男性工作者所处的社会角色没什么两样。

但罗宾逊有关受众的观点不同于梅韩。她认为，女性形象之所以被扭曲，原因在于：电视是娱乐工业的分支机构。电视利用“投观众所好”的娱乐吸引观众收看广告；电视为广告商吸引更多的观众，等于为企业吸引了现实或潜在的商品消费者。电视、广告商、生产商品的企业都是为了贩卖各自的商品以获取更多的利润。相对于电视，观众是消费者，消费的是电视节目（扭曲一下女性形象更能吸引观众）；相对于广告商，观众是商品，其使用价值是收看广告的“眼球注意力”；相对于资本主义企业，观众是其产品的消费者。

包括电视在内的娱乐工业提供大量生产且被完全异化的节目（只要能吸引观众，哪怕是扭曲女性形象）供观众收看/消费，也许，观众未必完全接受他们在电视中的形象，但这些被扭曲的形象只是影响女性意识的因素之一，并不能决定观众是否收看电视，是

① ［美］伊安·卡普兰：《女权主义批评与电视》，载于［美］Robert C. Allen 编：《电视与当代批评理论》，李天铨译。台湾远流出版公司1993年版，第236页。

否所有的观众都会收看/拒绝此类电视节目。

罗宾逊还发现，尽管电视戏剧有远离“以家庭为基础”的倾向，但电视中的职业女性所占的比例，只是现实中职业女性实际数字的一半。罗宾逊以《往事如烟》、《全家福》、《过一天算一天》等剧为例，指出剧中女性结婚和为人母通常意味着不再工作，电视中职业女性的比例被扭曲；她们从事的工作与真实生活中所从事的工作差距甚远：电视中职业女性从事着低级工作，不论是办公室内或办公室外，都倾向于从事“花瓶工作（cutesy jobs），这些工作需要交际，而且都是在多彩多姿的环境下，却常常与傻气的装扮、猫、狗、动物、小孩或屈辱的场合联结在一起”①。

罗宾逊进而指出：这些工作创造出一种气氛，向（女性）观众暗示：女性工作的理由、女性从事的工作性质以及女性的角色表现，都是傻里傻气的。但是罗宾逊的电视内容批评并未突出这些工作带给女性经济上的不平等——这些工作通常是非生产性的，而且对社会是无用的；这些工作大部分报酬很低，是暂时性的，这些职业女性遭到双倍的剥削。

罗宾逊的结论是，真实世界中的女性大部分在从事打字员、侍者与推销员等工作，而电视中的职业女性的职位比真实世界要高，但命运却很悲惨，这就警告了真实世界中的女性（观众）：目标不要太高，否则，没有好下场！尽管这个警告不甚成熟，却试图向观众表明：女性享有的地位比女权主义者所宣称的还要高；社会无需根本的变迁；女性拥有事业，对于女性特质、个人安定、家庭制度，都是非常现实的威胁。

总之，罗宾逊通过对电视的研究，企图说明父权象征如何剥削和操弄职业女性；父权象征所构建的女性形象要么是贬低女性的工作，要么就是警告现实生活中的女性观众要安于现状、安于受剥削

---

① ［美］伊安·卡普兰：《女权主义批评与电视》，载于［美］Robert C. Allen 编：《电视与当代批评理论》，李天铨译。台湾远流出版公司 1993 年版，第 237 页。

的命运。罗宾逊旨在揭露资本主义制度下父权象征的巨大威力，以及职业女性所遭受的剥削；资本主义最大的营利机构——电视，采取各种策略（不惜扭曲女性形象）吸引观众，以达到一箭双雕的目的：一是吸引观众为电视、广告商、资本主义企业带来更多的利润；二是维护父权秩序继而维护资本主义制度。

罗宾逊认为，女性可以对抗这种剥削，关键是从根本上推翻资本主义制度，使父权制失去为女性定位的社会基础与制度保证。

笔者认为，相对于梅韩而言，罗宾逊的女权主义批评更为深刻。但是，制度的改变并不意味着女性地位必然会随之改变。根深蒂固的父权秩序是压制女性的现实执行者，不消除它，无异于坐等男女平等从天而降。

3. 激进派女权主义——卡诺尔·艾雪（Carol Ashur）的受众观

激进的女权主义拒不接受男性的象征秩序，而是大加赞颂女性特质；主张彼此相互认同的女性，应该组成女性社群以保证女性之间的联系与团结，从而争取女性的主体性与整体性。卡诺尔·艾雪运用该派理论，以美国为例探讨电视对女性的各种歧视，并提出女性解放的途径。

她的观点可以归结为三点。一是电视把家庭生活描绘成解决一切问题的“灵丹妙药”：电视中绝大多数的通俗故事讲述的是异性之间的结合有多美妙（夸大了现实生活中婚姻的美满程度），描述的婚姻形象往往与现实生活有出入。电视既没有正面展现女性之间的联系与团结，又把男性塑造为“自然而然的主导”。二是电视对家庭生活的描绘，试图奴化女性观众，其终极目的是维护男权统治。三是女性应该发掘自我，脱离男性，与其他女性团结起来，摆脱被男性贬低与歧视的处境。

最能体现以上观点的是艾雪发表于1976年的《日间电视：你永远不会想要出门》（Daytime Television：You will Never Want to Leave Home）。在这篇文章中，艾雪开宗明义地揭露了电视游戏节目对女性的歧视与贬低，肥皂剧对女性观众的奴化企图。

艾雪首先对电视游戏节目提出了批判。

她认为，电视游戏节目塑造的男性主持人“总是显得魅力无比，让人不可抗拒，而参加此类游戏节目的女性个个显得幼稚庸俗；主持人性感无比，犹如富有的叔叔”①，而女性则像含苞欲放的少女；主持人利用主持节目的便利身份，接受这些女性由衷的拥抱；她们在这个不真实的、慷慨的世界中喜获各种免费礼物。总之，电视游戏节目塑造的女性角色是：女性是经济上毫无能力的消费者，依赖于男性的金钱。女性从事购买行为，仅仅限于拿着男性给予的金钱去选择商品，真正的消费权其实掌握在男性手里。

艾雪还揭露了肥皂剧所制造的种种神话，对真实生活中男性形象的美化，对男女不平等状况的掩盖，对女性观众的奴化。

其一，肥皂剧描绘的美国人几乎个个都是中产阶级，“家庭被当做爱、谅解、情感、尊重和两性关系的惟一储藏室”②；肥皂剧还竭力鼓吹这样的模式——在理想的家庭生活中，都是男性主宰着经济大权，大部分女性充当家庭主妇，即使有工作，也不以工作的身份露面。肥皂剧试图向观众表明，家庭是女性的生活中心（甚至是女性的一切），女性不可以远离家庭，更不能选择独居而发展真正的自我及主体性人格。艾雪对这种歧视女性的倾向表示明确的反对。她认为，女性特质具有无可比拟的优越性，女性完全可以脱离男性主导的秩序而建立由女性群体主导的独立世界，以满足女性的特定需要与欲望。

其二，肥皂剧不仅鼓吹所谓理想的家庭模式，而且掩盖男性强加在女性身上的权利所产生的种种负面效应。其中最重要的是，女性充当家庭主妇而不出去工作，没有独立的经济自主权，也谈不上其他的法律权利，在社会生活中长期处于缺席与沉默状态，逐渐把

---

① 转引自［美］Robert C. Allen 编：《电视与当代批评理论》，李天铨译。台湾远流出版公司 1993 年版，第 238 页。

② ［美］伊安·卡普兰：《女权主义批评与电视》，载于［美］Robert C. Allen 编：《电视与当代批评理论》，李天铨译。台湾远流出版公司 1993 年版，第 239 页。

男权秩序内化为自己的意识而丧失了自身全面发展的人权和个性，反过来却被男人讥为天性愚蠢、精神低下。

女性本来是根植于现实世界中的积极因素。与男性崇尚暴力和好战的特性相反，女性对生命的仁慈、对灾难的清醒认识，可以制约、平衡“残酷、竞争、个人主义式”的男权一极化标准。父权社会中的女性相比于男性，能够赋予人类更人性、更道德的生存模式，可以引导社会走向有益的目标。

肥皂剧还美化了现实生活中的男性形象，掩盖了现实生活中男女不平等状况，以达到这样的终极目的：劝告家庭主妇们（肥皂剧的主要观众）必须忠于家庭，“你们所拥有的生活可以满足你们的需要”。

其三，在肥皂剧中，男性往往被塑造成电视游戏节目主持人那样的角色：帮助、保护女性，给予女性幸福；没有一个父亲是严厉的，没有一个丈夫是打老婆的。却从不展现男性具有压抑、控制女性的主导权利。反之，比真实生活和其他戏剧节目呈现更多的男女平等。至于女性的孤独与寂寞，肥皂剧则竭力掩盖；女性不甘于孤独寂寞、开始寻求自我的觉醒意识与努力，肥皂剧对之采取压制态度。

艾雪认为，肥皂剧和电视游戏之类的通俗节目，以贬低、抑制女性并竭力使父权家庭理想化的方式，倡扬着父权秩序。女性要想获得解放，就必须拒绝男权象征，拒绝电视对女性形象的贬低；消灭男女角色制度、消灭一切压迫妇女的习俗，破坏男性占统治地位的机构或者完全脱离这些机构，建立女性独立自主的世界，加强女性之间的团结。归根结底，“要从根本上重新整顿社会，在一切领域、一切社会体制中改变男女之间的社会关系与权力结构，并毫不妥协地与持歧视态度的习惯势力和习俗作斗争”①。

① ［美］洛伊斯·班纳：《现代美国妇女》，侯文蕙译。东方出版社 1987 年版，第 4 页。

笔者认为，艾雪的女权主义理论尖锐地揭露了电视通俗节目倡扬的父权秩序，部分地揭示了女性受歧视的状况及根源，但没有看到资本主义制度也是女性受歧视的制度因素。同时，她寻求的妇女解放途径只是男女之间的性别替代途径，而不是社会替代途径。她所主张的解放途径过于激进，既有导致逆向歧视男性的可能，也因为带有强烈的乌托邦色彩而根本无法实现。原因有二：

其一，共同构成人类的男性、女性，二者是相互依存的，歧视、压迫女性是人类文明的缺陷；反之，排斥、仇视男性的构想也是无视人类文明史的恶性循环。男性文化为人类文化的繁荣奠定了基础、创造了条件；社会政治、经济的发展又为产生女性参与的文化奠定了坚实基础。其二，激进女权主义所依据的“泛姐妹情谊”，不仅漠视了女性之间在阶级、种族、民族、国家等方面存在的差异及利益冲突（受男权压迫的共同经历，不足以抵消或超过这些差异及冲突），而且过分夸大了女性集体意识的牢固性（激进女权主义对婚姻、家庭的攻击引起包括许多妇女在内的保守势力的强烈反感与恐惧）。歧视女性者并非没有女性，主张平等对待女性者也有男性。事实证明，激进女权主义后来逐渐走向改良，而真正比过去变得激进的是被激进女权主义视为保守的自由女权主义。

三、心理分析/女权立场——后结构主义的女权主义受众观

劳拉·玛尔菲、特尼亚·玛德烈斯基、珍尼丝·拉德维都属于后结构主义的女权主义学派。她们的受众理论存在着共同点：一是注重运用心理分析的方法研究受众，受后结构主义、精神分析学的影响较深。二是站在女权主义的立场，探讨女性受众在大众文化（通俗电影、肥皂剧或浪漫小说）中进行自我确认的心理过程，揭露女性（电影中的女性形象、女性观众）所受的歧视和压迫。

但是，玛尔菲、玛德烈斯基和拉德维各自的受众理论又有区别。研究对象分别是通俗电影、肥皂剧和浪漫小说，关于受众的理论自然各有不同。

1. 通俗电影——劳拉·玛尔菲的受众观

劳拉·玛尔菲（Laura Mulvey）在《视觉乐趣与叙事电影》中探讨了两个问题，一是好莱坞商业电影及其观众。玛尔菲指出，好莱坞电影无意识地但却具体地表现了父权制，还挑起了女性观众对这种通俗形式的兴趣。二是通俗电影如何产生、复制她所称的“男性眼光”①。她称她的研究方法为“政治/性心理分析”，其心理分析的理论被当做一种政治武器，用来揭示父权制社会的潜意识是如何构成电影表达形式的，即通俗电影过于注重为满足男性自我需要的神经官能需求服务。她主张消除通俗电影的乐趣，使女人们摆脱受剥削、受压迫（充当男性凝视的客体对象）的地位——摈弃通俗电影的错觉手法，使观众对电影镜头产生辩证的、充满激情的超脱热情，而不是将女人们当做（主动的）男性窥视的（被动）材料。

玛尔菲借用了弗洛伊德的两个机制——“窥视狂”（voyeurism）和“拜物主义”（fetishism），分析好莱坞电影中“男性”与“女性”之间无意识的对立，进而指出：好莱坞主流电影根植于三种“观看”之上，这些都是为了迎合、满足男性的潜意识——男人们看，女人们“供人看”。对于男性的视觉乐趣来说，女人是关键角色：在银幕上作为各个男性角色“看”的对象，在电影院里作为男性观众“看”的对象（女性观众也转用一种“男性眼光”看银幕上的女人，而对通俗电影产生兴趣）。

首先，是摄影机在拍摄情景中观看女性演员（称为前影片事件profilmic event）②：虽然技术是中立的，但它通常由男性来控制，因此，镜头所呈现的基本上是一种窥视的、男性视角的“观看”。其次，是电影叙事中男性角色的“观看”：透过镜头/反镜头拍摄，女性角色通常成为男性角色凝视的客体。最后，是观众的“观

① ［英］约翰·斯道雷：《文化理论与通俗文化导论》，杨竹山等译。南京大学出版社2001年版，第197页。

② ［美］伊安·卡普兰：《女权主义批评与电视》，载于［美］Robert C. Allen编：《电视与当代批评理论》，李天铨译。台湾远流出版公司1993年版，第241页。

看”。这种观看模拟前面两种“观看”，观众一是“观看”摄影机所看到的，二是随着男性角色的视线，去“观看”女性角色。

玛尔菲通过心理分析继续指出，女性的形象具有双重性：其一，她是男人欲望的对象；其二，她是阉割威胁的能指。通俗电影正是以女性形象的双重性操纵着观众的视觉乐趣。

玛尔菲对操纵观众视觉乐趣的通俗电影提出了批判。她认为最有力的武器就是破坏观众的“视觉乐趣”，而“对乐趣进行分析(揭露)就是一种破坏”。玛尔菲的剖析可以归结为以下三点。

其一，看的“乐趣”体现于两个方面。一是“窥视癖”得到满足(一种病态的、偏好窥视的本能，将别人当做一个性爱对象，对其进行观看从而获得娱悦)。二是男性的“拜物主义”情结得到满足(为了挽回“被阉割的恐惧”，就把女性当做“物”)。通俗电影正是使用“错觉手法”，使观众得到满足：电影院里的黑暗与银幕上不断变化的灯光色彩形成强烈的对比，营造这样的氛围，“一个完全密封的世界，突然神奇地打开，全然不顾在场的观众”①，从而激起观众窥视癖的幻想。

其二，通俗电影满足了观众的窥视癖，并使观众“由窥视癖向自恋方向发展”。如同一个孩子在镜子里认出自己，观众也从银幕上认出或误认自己。通俗电影导致了观众的窥视癖和自恋癖，观众得到两种自相矛盾的视觉享受。因为窥视癖意味着银幕上的客体(女性角色)与观众主体(男性观众或用男性眼光观看的女性观众)性爱身份的分离；而自恋癖则是观众迷恋和认出与银幕上和他/她一样的人，“对自我和银幕上的客体进行识别”②，找到一种认同感，并因此得到心理上的满足。

其三，观众在潜意识中，通过两种途径逃避一种阉割情结

---

① [英] 约翰·斯道雷：《文化理论与通俗文化导论》，杨竹山等译。南京大学出版社2001年版，第198页。

② [美] 劳拉·玛尔菲《视觉乐趣与叙事电影》，载《银幕世界》1975年第16期，第10页。

（女性形象是男人性欲的对象，是阉割威胁的能指）引起的恐惧，挽回“视觉乐趣”。

第一种逃避手段是对原先遭受创伤的时刻进行详细的调查，最终贬低、惩罚或挽救有罪的对象（女人），黑白故事片正好迎合了观众的逃避心理。第二种逃避手段是完全否认阉割，为恋物对象寻找一个替身或将被代表的人物本身转变为一个恋物，从而使之具有安慰性而不具有危险性。这使得观众充满性欲的“看”不再通过男主角的“看”产生。当镜头为了满足观众无中介的、充满性欲的“看”而显现女性的肉体，这种纯粹的色情演出往往是赢得观众“眼球”的招数之一。

好莱坞电影用窥视狂和拜物主义来构建观众（预设是男性观众），以迎合男性潜意识的需要——窥视女性的乐趣与自恋的乐趣。玛尔菲认为，摄影机运用这种病态的本能，把观众变成窥视狂。拜物主义也是摄影机善于运用的把戏。在此，女性身体被“物化”，以抵抗男性对性别差异的恐惧，也就是阉割的恐惧。玛尔菲还指出，如果观众是女性，她必须转换成男性的视角来欣赏，参与其中，成为“木口木面的准男性”①。

玛尔菲用心理分析的方法，研究好莱坞电影为了观众的期待而铺陈这种无意识的过程。她的研究方法对后来的女权主义研究产生了影响。一部分女权主义学者开始以不同于自由派、激进派、马克思主义学派的女权主义观点来从事女权主义研究。

在玛尔菲之后，女权主义的电影批评开始对所谓的“男性”凝视与可能的“女性”凝视感到兴趣，但这个理论只适用于“男性”电影类型（西部片、警匪片、冒险片与战争片）。女性学者则把目标转向以女性观众为诉求对象的电影类型——肥皂剧。这类有关电影及女性观众的问题，引起了广泛而持久的争议。有些学者认为，电影文本与观众之间的关系是互动的；有些持心理分析取向的

① 王岳川：《后现代主义文化研究》，北京大学出版社 1992 年版，第 384 页。

学者则认为，阅读主体是在阅读行为中被创造（被构建）的，文本之外没有读者，读者之外没有文本。

玛尔菲的电影理论如果套用于电视，是否恰当？把“男性凝视”的电影理论移植到电视上，效果是否相同？电影观众与电视观众的观看态度是否相同？电影观众主体构建的心理分析过程是否适用于电视观众？电视正文与女性观众间的互动和电影银幕与观众之间的互动有无区别？特尼亚·马德烈斯基关于肥皂剧及其观众的理论有助于了解这些问题。

2. 肥皂剧——特尼亚·马德烈斯基的受众观

特尼亚·马德烈斯基（Tania Modleski）对于“电视正文与女性观众间的互动，和电影银幕与观众之间的互动是否有区别”的看法及回答，集中于《收看肥皂剧的节奏：日间电视与妇女们的工作》。这篇发表于 1981 年的文章设下了许多争议的话题，引发了后来的学者研究肥皂剧的兴趣。

特尼亚·马德烈斯基运用雪德勒（Nancy Chodorow）和艾瑞格瑞（Luce Irigaray）的心理分析观点，研究肥皂剧及其观众。她提出了三点看法。

其一，肥皂剧力求打破观众认同电视角色所经历的过程，掩盖观众与电视角色之间的实际距离，竭力造成一种“观众与演员之间存在紧密关系”的假象，即艾瑞格瑞所说的“接近性”①，以满足女性观众追求认同感的心理需要。马德烈斯基借用有关母女关系的理论，描述女性观众因为收看肥皂剧而觉得自己已经社会化，把自己与虚拟文本中的角色混为一体。在母女联结中，女儿与母亲之间的“接近性”关系不可避免，其中包含一种共生关系——母女难辨。所以，女性观众往往过于认同肥皂剧中的虚拟角色，却未能注意到她与剧中虚拟角色之间的界限与距离。剧中角色在家庭及社

① 转引自［美］Robert C. Allen 编：《电视与当代批评理论》，李天铨译。台湾远流出版公司 1993 年版，第 243 页。

会中经历的一切，以家务为工作的女性观众并未经历。

其二，肥皂剧的成功取决于这样的技巧：不断完善肥皂剧的段落结构安排、节奏与模式，竭力配合女性观众（家庭主妇居多）的家务节奏，使她们沉溺、满足于这种虚幻之中——“剧中角色的社会经历等同于自己的经历”，泯灭女性观众参与社会、增长社会见识、做职业女性等主体性愿望。肥皂剧具有段落性和灵活多样的叙事结构，恰好配合了女性观众生活中“可以中断的”需要，例如接电话、与邻居交谈、收信、带小孩、做清洁、熨衣服、做饭等家务活动。

其三，肥皂剧和广告之间的交替显示了女性观众的双重功能——既是精神道德上的导引者，又是家务上的奴隶。肥皂剧不仅配合女性观众在家中的工作性质，本身可以间断，而且还有娱乐性；女性观众的娱乐和男性不同，必须在做家务时才能实现，因为她们的工作永无止境。因此，女性通俗文化（肥皂剧是典型代表）不仅表达了女性的愉悦，而且以此为麻痹家庭主妇（女性观众）的手段，使得她们从不质疑父权体制而心甘情愿永无止境地为家庭利益工作。

3. 浪漫小说——珍尼斯·拉德维的受众观

作为一位女权主义作家，珍尼斯·拉德维（Jennis Radway）的主要成就体现于她的著作《阅读浪漫小说》（1987 年）。她主要探讨“同一性/认同感”、“大众文化”和“乌托邦”等主题，并运用心理分析的方法，对浪漫小说及其读者（多为女性）进行了富有批判性的研究。

珍尼斯·拉德维在其专著中，以流行文化（popular culture）的主要形式之一——浪漫小说及其读者为研究对象，运用女权主义的观点、立场，借鉴文化研究的方法，吸纳文学批评、心理分析、民族志研究等，着力探讨一个看似悖论的奇怪现象：女权主义运动第二次高潮来临，一面是女性要求平等与解放，一面是浪漫小说的女读者们更加热情高涨地购买、阅读浪漫小说，而浪漫小说的内容不无歧视女性、奴化女性读者的内容及企图。

珍尼斯·拉德维以独到的眼光，把女权主义与文化研究有机结合起来，尖锐地指出阅读浪漫小说的双重作用：一是“温和的反抗”——女性读者不满于社会现实，渴望改变受男权压迫的现状；二是“女性的反抗意识被抑制”——陶醉于“男女两性和谐相处”的精神解脱，在理想化的、虚妄的消极期待中安于现状，丧失了反抗父权制度的切实行动①。

她的受众观可以归结为三点。一是受众研究应该采用心理分析的视角，以考证受众在大众文化（以浪漫小说为例）中自我确认、寻找认同感的过程。二是浪漫小说迎合、满足了女性读者的特殊需要（暂时逃避受歧视、受压迫的现实处境，从虚拟世界中寻求解脱与认同），使她们沉溺于带有强烈乌托邦色彩的虚拟世界——浪漫小说的结尾，往往是女性获得了权利与解放。三是浪漫小说采用种种技巧，使女性读者获得愉悦，出版商获得利润，而女性读者最终丧失了反抗父权压迫的批判精神。

（1）出版商的利润/读者的心理满足

首先，拉德维实地调查浪漫小说书店及其顾客，集中考察一小群热切的浪漫小说读者（42名女性，多数已婚且有子女），并考察了浪漫小说的生产背景。她发现，浪漫小说日益受读者欢迎，既与妇女们（女性读者）对浪漫幻想作品的需求不断增加有关，也与出版商复杂的销售技巧有关②——使浪漫小说随处可见、容易买到（尤其是女顾客经常光顾的地方）；给小说的浪漫价值评等级，向

① 参见余宁平：《女性主义政治与美国文化研究》，载于鲍晓兰主编《西方女性主义研究评介》，生活·读书·新知三联书店1995年版，第62、64页。

② 这些读者都是来自美国中西部一个名叫史密斯顿的小镇，是“道罗蒂·爱文斯”书店的常客。拉德维正是被道罗蒂的名气吸引而来。道罗蒂本人对浪漫小说充满着巨大兴趣与热情，出版了一份别出心裁的《道罗蒂阅读浪漫小说日记》，为小说的浪漫价值评等级，向顾客/读者提购书建议，产生一个很小但很有意义的象征性的浪漫小说读者群体。这个读者群成为拉德维调查研究的重点。参见［英］约翰·斯道雷：《文化理论与通俗文化导论》，杨竹山等译。南京大学出版社2001年版，第206页。

顾客/读者提建议（为浪漫小说制作排行榜），影响顾客的购书方式、营造特定的读者群。

拉德维还意识到，光凭书名、样本就对浪漫小说妄下结论远远不够。要理解浪漫小说阅读的文化意义，就必须注意大众的辨别力，注意顾客（女性读者）对浪漫小说的挑选与剔除过程：书店的顾客（女性读者）通过这种参加大众辨别的过程，获得了情感效益（主要心理效益来自一个永恒不变的、不断重复的两性神话——男性呵护、关爱女性）。

因此，大多数读者先读小说的结局，以确定该小说的内容能否满足她们的精神需求，使浪漫小说的父权制形式（小说的结尾都是女性得到男性的呵护与关爱，摆脱从属地位获得一定的权利与安全感）满足她们需要精神解脱的愿望。而浪漫小说的排行榜制作人及其他的评论家们注重的则是出版业的经济效益。

其次，拉德维吸收了南茜·考德罗的心理分析观点，从三个方面进一步考察通俗文化的女性消费者（女读者）及其阅读行为，把性别化主观性的一种复杂观念同自我确认的心理过程相联结，以此维系一种乌托邦政治：女性的自我是一种与别人相关的自我，而男性的自我则是一种自治和独立的自我，这是由男孩和女孩与他/她母亲之间的不同关系造成的。

①男孩往往是通过摆脱与自己母亲的同一性来建立自己的主体性，疏远或拒斥自己最初的依恋对象（母亲），是心理上“独立”所必须的；男孩对父亲的崇拜和认同，是因为男孩意识到“独立、自主”的重要性。相反，女孩对母亲的强烈认同使她不能表达自己独立的欲望。母亲们往往感到女儿比儿子更像自己。女孩较少得到鼓励使自己独立，因而更易于从心理上发展同他人之间的相互关系，更加注重情感之类的东西。

男性反感通俗文本（它们支持情感之类的东西）、女性喜欢浪漫小说。她由此认为，在考德罗所描述的心理事件与理想的浪漫小说之间存在着关联性：“在理想的浪漫小说故事的结尾……女主角成功地确立了这种为人所熟知的女性的自我、相关的自我。”①

②女人是带着俄狄浦斯情结（恋母情结）逐步成长的，她们不但需要将自己与若干个异性联系在一起，而且还要求与某个人订立一种强烈的感情契约，这个人要能够像母亲一样养育和保护她。要体验这种母性情感满足的回归，有三种选择的可能：“同性恋、与男人发生关系、通过其他手段来寻求满足。但是，我们的文化从本质上憎恶同性恋，限制了第一种可能；男性化的本质又限制了第二种可能；阅读浪漫小说算是第三种选择的一个例子。”②

因此，拉德维认为：正是这种幻想导致了浪漫小说的产生，这种幻想源自于那种渴望爱一位异性并被异性所爱的恋母情结式的欲望，以及那种历久不衰的前恋母情结式的愿望。这种愿望是女人内心的一部分，是一种希冀能再次得到母亲关爱以及这种爱所意味的一切（性乐趣、在母体内成熟和身份的确证）愿望。

③理想的浪漫故事的结局为女性读者提供了完美的三角满足：父亲般的保护、母亲般的关爱和充满激情的成人爱情；浪漫小说是某种形式的回归，女性读者通过浪漫小说在幻觉和感情上又回到了一个理想时期——她心仪的男人善解人意，无微不至地关心她，她是他关注的中心。阅读浪漫小说是一个幻想过程，在这个幻想过程中男主角最终成为一个关爱、重视别人的人，而读者则是从自己的恋母孩童时期以来，就从未体验过这样的关爱和重视。妇女们阅读浪漫小说，就是设身处地地体验那种在日常生活中给予别人而得不到足够回报的情感援助。

最后，拉德维的研究始终强调：阅读浪漫小说，有意识形态方面的复杂原因。她批判了那种只以读者为出发点的意义理论。她认为，浪漫小说的社会意义是读者的文化生活世界、意识形态和权力关系之间内在矛盾的产物，浪漫小说的生产者对其女性读者的自我

①② ［英］约翰·斯道雷：《文化理论与通俗文化导论》，杨竹山等译。南京大学出版社2001年版，第207、208页。

确认知之甚少。编码者和解码者之间的这种脱节由一个受读者信任的挑选人从中调节，妇女们从这个挑选人那儿购买浪漫小说。从这个意义上讲，挑选人能够缩小浪漫小说的资本主义生产与妇女业已表达的需求、愿望之间的距离。在判断妇女实际上阅读什么书方面，挑选人的作用远比浪漫小说生产者所进行的广告策略更为重要。

对妇女各种阐释性理解的考察表明：许多读者将阅读浪漫小说解读为女性胜利的象征。最成功的浪漫小说叙述了一种转变：冷酷、冷漠和孤独的男人，在故事的结尾变得关怀备至、有教养、有人情味。浪漫小说能够清楚地表达出男、女主人公之间那种深刻人性理解的能力。背离了这种可预知模式的小说常常使读者得不到满足。对那些令人失望的故事，挑选人告诫其他读者弃而不读；或者是，妇女们意识到小说结局不圆满，她们就不愿费心读完这种小说①。

拉德维认为，“这种浪漫的幻想并不侧重怎样找到一个非常有趣的生活伴侣，而在于表达一种要以特定的方式被人关心、被人爱的良好愿望”②。这是女人幻想得到报答的良好愿望，希望男人们给予女人们关心和重视，以回报女人给予男人的一切。女人的这些乌托邦愿望让人想起读者们实际上还处于一个强烈需要母爱的时期。

(2) 女性读者的乐趣/乌托邦式的抗议

拉德维认为，女性读者阅读浪漫小说的种种乐趣同她们在父权制家庭中的从属地位相关联。对妇女来说，阅读小说使她们为自己的休闲娱乐寻找某些社会空间，并对父权制度展开一定程度的批判。而浪漫小说刚好占据了两种心理之间的折缝——一种是父权制

---

① 参见［英］尼克·史蒂文森：《认识媒介文化》，王文斌译。商务印书馆 2001 年版，第 168～169 页。

② ［英］约翰·斯道雷：《文化理论与通俗文化导论》，杨竹山等译。南京大学出版社 2001 年版，第 207 页。

否认妇女自身的需求；另一种是妇女渴望更紧密的、感情上更持久的人际关系。妇女们所经历的乌托邦式的愿望在浪漫小说中得以实现（虚拟文本中的人际关系，从意识形态的角度讲，脱离了由男性定位的公共世界，女人可以摆脱遭受压制的恐惧，而“拥有”了某种权力）。

女人们出于对父权制不满的情绪去阅读浪漫小说。这种阅读包含着一种乌托邦式的抗议和对美好生活的向往。但浪漫小说的叙事结构似乎说明：男性的暴力和冷漠实际上是一种硬派、“扮酷”的爱的体现，等待着某个有缘的女人去破译。拉德维认为，想很快弄清阅读浪漫小说是否父权制社会体系中的一种意识形态手段，目前为时尚早。因为我们还不知道，不断阅读浪漫小说对女人们合上书本再回到日常活动以后的行为方式，会产生什么样的实际影响。

逃避现实是浪漫小说读者从阅读中得到的乐趣。拉德维从调查中得知，男人们常常发现女人们的读书行为对他们产生了威胁，所以他们要求妇女们将时间花在各种家务上。这些女性读者把阅读浪漫小说当做她们给予自己的“一份特殊的礼物”。拉德维引用了考罗德的观点对此进行解释：在父权制家庭里，男人们在社会和心理两方面都是由女人来塑造的，而女人们则主要是由她们自己塑造的。阅读浪漫小说为女读者们的情感塑造作出了不可低估的贡献：阅读小说使她们暂时忘却了父权制度对妇女的各种需求，并从为人妻、为人母的角色中解脱出来。女读者们“获得解放”的体验只是通过女主角的经历间接感受到的，但它所产生的乐趣却是实实在在的。

拉德维注意到，妇女对浪漫小说的享受，只有成功地对付了丈夫的文化嘲弄并消解她们自身的内疚心理，才得以实现。发生于阅读浪漫小说时带有内疚心理的快乐，在男权统治的社会秩序中，具有情感上的持久性。这种社会秩序力求约束妇女，使她们的各种需求从属于其他重要人物的需求。她们的阅读以一种心理得到补偿的方式进行：通过文本，向她们提供在与男人的个人关系中受到否定后的情感支撑。但这种颇具浪漫色彩的逃避仍然有赖于乌托邦式的接受能力——女性读者感到自己的需求正以一种体贴、接纳的方式得到满足。极具悖论意味的是，浪漫小说在意识形态方面有利于维系妇女在父权制关系中受压制的地位，同时又提供了保持更具怜悯心的人际关系的可能性。

最后，拉德维的结论是：目前还很难对阅读浪漫小说的文化意义妄下结论。分别以浪漫小说读者和浪漫小说本身为侧重点，会产生两种截然不同、相互对立的答案。第一种研究认为，女性读者阅读浪漫小说，会沉溺其中而暂时忘却/拒绝承认她们所担任的自我牺牲的社会角色。第二种研究认为，浪漫小说的叙事结构具体再现和介绍了父权制及其形成的社会实践和意识形态 。如果想透彻理解阅读浪漫小说的全部意义，就必须重点研究"读者阅读行为的意义"与"作品本身的意义"有何区别；浪漫小说的意识形态力量会遇到读者的抵抗即消费中的挑选行为，结果是浪漫小说试图强加给女性读者的意识形态企图遭遇到读者的反抗，"其意识形态的强加作用和读者的反抗实践在各自的影响范围内会争夺对各种意识形态形式的控制权"①。

总之，拉德维的受众理论站在女权主义的立场上，展现了妇女们寻求更具自主性的社会关系的心理过程。她认为，要想发生"真正"的社会变革，妇女们必须从对浪漫小说的沉溺中走出来，转而成为女权主义的积极分子。

但是，拉德维在作自我评价时，又主张浪漫小说的研究不应该是绝对的：女权主义文化政治学不应该成为"一种焚书的立法机关"，女权主义也不应该陷入道德主义或独裁的误区中。

拉德维受众理论的贡献在于：她对受众的阅读行为进行了最全面的学术探索（夏朗蒂·布朗斯顿语）；正如尼克·史蒂文森所评

① ［英］约翰·斯道雷：《文化理论与通俗文化导论》，杨竹山等译。南京大学出版社 2001 年版，第 212 页。

价的，她提出了一些与“认同感”相关的难题，这些难题一直为话语分析和主流媒体研究所忽略，许多问题尚待解答；她提出受众理论应该同心理分析的视点形成更为紧密的关系，这是她著述的最大贡献所在。但是，英·昂对英文版的《阅读浪漫小说》持肯定态度的同时，也对拉德维的研究方法提出了批评，对拉德维将女权主义和浪漫小说截然分开的做法不太满意，“拉德维不应该自命为真理之路的守卫者；拉德维的分析缺少对‘乐趣’本身的讨论，即使有，也是从它的非真实性方面着手的——它的替代性、补偿性、虚假性；这样的研究方法过于重视后果，没有对受众获得乐趣的心理机制给予足够重视；拉德维应该将乐趣看成某种能够赋予妇女们力量的积极因素，而不是某种损害她们实际利益的东西”①。女性读者不一定会因为阅读浪漫小说而丧失对父权制度的反抗。

妇女们从通俗文化（现代的大众文化）中得到的乐趣，到底是损害她们实际利益的消极东西，还是能够赋予妇女们反抗力量的积极因素？前面所述的四种女权主义受众观虽然各有不同，但都对受众的乐趣持一种悲观的批判态度，与法兰克福学派有些共通之处；而英·昂则站在后现代女权主义的角度，对受众的乐趣持乐观、肯定的态度。下面将对此作详细探讨。

第三节　受众的乐趣/积极的反抗

——后现代女权主义的受众观

正如浪漫小说备受女性读者的青睐，肥皂剧的观众、妇女杂志的读者也多为女性。

后现代女权主义对这类通俗文化所作的受众研究，主要侧重于两点：一是强调商业文化（本章以肥皂剧、妇女杂志为论述点）

① ［英］约翰·斯道雷：《文化理论与通俗文化导论》，杨竹山等译。南京大学出版社2001年版，第213页。

的重要作用，即为受众乌托邦式的解读和超越同一性/认同感，提供一个空间，对受众的乐趣抱着积极、乐观的支持态度，认为妇女会从肥皂剧、妇女杂志所含有的性别歧视内容中，滋生出新的反抗性别歧视的积极意识。二是如何挽救妇女的娱乐，使之免受过分的男权模式、男权定位之虞。

英·昂、珍尼斯·温史普等女权主义者以“既是女权主义者又是通俗文化的女性受众”的双重身份，运用后现代女权主义的独特视角，分别对女性与肥皂剧、女性与妇女杂志之间的关系，作出孜孜探求。她们的受众理论虽然充满着乌托邦色彩，却能够从女性受众的实际立场出发，将女性受众的收视体验放在核心地位，使女性体验的价值合法化，为女权主义的受众研究领域增添了一抹亮色。

一、受众的乐趣/积极的反抗——英·昂的受众观

对女性观众与肥皂剧之间关系的经典研究，当属英·昂考察美国电视连续剧《达拉斯》所得出的理论成果——《〈达拉斯〉与大众文化意识形态》①。

20世纪80年代，肥皂剧《达拉斯》（又译《豪门恩怨》）风靡美国、欧洲和拉美等地。英·昂调查了该剧的女性观众，发现有四种观看态度与反应：一是厌恶；二是嘲讽式地观看；三是表面讽刺、暗地里喜欢；四是直言不讳地喜欢。女性观众承认剧中错综复杂的家庭关系和超豪华的环境是非现实的，但仍旧接受剧中人物情绪化的表演，认为剧中的吵闹、阴谋、快乐和痛苦都是“现实的”。

通过对女性观众的收视乐趣进行阐释性的理解，以及英·昂自己对这一节目的明显欣赏，英·昂试图解释这一肥皂剧走红的原因，受众为什么每星期都收看这部电视剧？秉持大众文化意识形态

① 也有人将这部著作译为《观看达拉斯》。该专著最初于1982年在荷兰出版发行，现在人们讨论的版本是1985年翻译成英语的修订本。

的观众与坚持平民主义立场的观众如何解释她们收看该剧时的快乐?

英·昂最后得出两点结论:一,观众并不关心剧中那些有关世界的知识是否现实,而是注重主体对世界的体验,认为剧中人物“情感的悲剧性建构”是真实的。二,观看肥皂剧,并非就是一个被动消极的收视行为,相反,人们常常公开、能动地讨论肥皂剧的剧情、剧中人物,并作出各自的价值判断。女性读者从中得到了复杂多样的收视乐趣,还因此产生了反抗意识。

(一)“肥皂剧”《达拉斯》

20世纪80年代早期,美国“黄金时间播出的肥皂剧”《达拉斯》在世界上取得空前的成功(该剧在90多个国家播放)。在荷兰,有52%的固定观众收看此剧。随着《达拉斯》获得巨大的成功,该剧很快成为公众(受众)热烈讨论的焦点——从大众报刊的官方报道到印有“我恨JR”的纪念帽子。该剧还吸引了像法国文化部长雅克·让这样的评论家。他们认为该剧是美国文化帝国主义的最新例证,是对民族特性的威胁。也有人觉得该剧是观众(多半是妇女)快乐的源泉。不管最后定论如何,80年代早期该剧确实在世界范围内产生了巨大的影响。

基于这样的背景,英·昂在荷兰妇女杂志《生活》上刊登了一则广告,首先表明她本人也是《达拉斯》的忠实观众,同时注意到观众们对《达》剧有各种各样令人匪夷所思的反应,因而希望得知他们为什么喜欢或不喜欢观看这个节目。

这则广告刊登后,她收到了42封观众来信(其中31封来源于已婚妇女或姑娘们)。由于收看该剧的观众绝大部分是女性,因而这些信件成为她研究“观看《达拉斯》、享受快乐”的经验基础。她所关心的不是那些用来满足早已存在的需求的快乐,诸如暂时忘记受歧视、受压迫的现实处境,逃脱琐碎的家务、与剧中人物同悲同乐的愉悦,而是那些“激发快乐的机制”。女性受众在解读肥皂剧时具有主观能动性,不仅没有接受性别歧视的意识形态目的,反而滋生出新的反抗性别歧视的意识。

她不仅作为一名知识分子和女权主义者来写作，而且自身也是一个肥皂剧迷。她站在女性观众的实际立场，多方位地考察女性观众的解读体验及肥皂剧对她们产生的影响。

英·昂根据观众来信中体现出来的阅读态度，把他们分为四类：第一类，讨厌该节目的观众；第二类，嘲讽型的观众；第三类，喜欢该剧的观众；第四类，民粹主义者（狂热地喜欢该剧）。前三种阅读态度产生于她所称的“大众文化意识形态”①。像任何一种意识形态一样，大众文化的意识形态是通过对个人特定的主体位置进行质询来发挥作用的。最后一种阅读态度是由民粹主义意识形态所形成的，这种态度有助于那些狂热者。民粹主义意识形态的核心观念是，一个人的品味创造与另一个人的品味具有相等的价值，主张颠覆高雅文化与通俗文化的区分标准。

（二）四类观念看《达拉斯》

1. 讨厌该肥皂剧的来信观众以大众文化意识形态的标准，把肥皂剧归为通俗文化的范围。认为肥皂剧会消磨女性反抗性别歧视的意志力，是低俗的。英·昂认为，喜欢《达拉斯》并不排除对它的制作语境或它的意识形态内容予以政治的或道德的谴责。但是，讨厌该肥皂剧的来信观众并没有这样去联系。

这类观众根据大众文化意识形态标准，谴责肥皂剧陷入了“商业化”和“公式化”模式。英·昂认为，这类观众使用这样的谴责字眼，是出于心理上的安全感。这些字眼不仅使她们/他们能够将自己的憎恶合法化，使之可信、可以理解，而且使她们/他们

---

① 大众文化意识形态阐明这样的观点：通俗文化是资本主义商业生产的产品，因而它受到资本主义市场经济规律的制约，结果是造成低劣商品无限制地四处流通。这样做的惟一真正意义是可以为制造者们创造利润。英·昂把它视为马克思的资本主义商品生产分析中扭曲和不平衡的一面。它允许“交换价值”完全掩盖“使用价值”。对此，她跟马克思一样，坚持认为人们不可能从产品的生产方式中看出某一产品是如何消费的。参见约翰·斯道雷：《文化理论与通俗文化导论》，杨竹山等译。南京大学出版社 2001 年版，第 218 页。

确信自己是正确的，以便可以毫无遮拦地展示愤怒。理由极其简单：由于《达拉斯》是大众文化，所以它很明显是坏的，那就是我不喜欢它的原因。因此，大众文化意识形态起到了一种抚慰和宽心的作用。它为这类观众提供了看似令人信服、合法合理的解释模式，而寻求比较详细的个人化解释似乎是多余的。

英·昂却认为，对《达拉斯》的憎恶并非一定要恰如其分地归属在大众文化意识形态的名下，一个人不喜欢这个连续剧，也可能有其他因素。从这类观众的来信结构中可以看出这种意识形态的影子，避而不谈她们/他们观看节目的方式和观看节目的意义。观众讨厌《达拉斯》并非有错，但观众不假思索、很自信地作出讨厌的反应，就值得思考。她们/他们为什么不喜欢《达拉斯》，令人困惑不解。但很显然的一点就是：观众缺乏批判力。

2. 嘲讽型的观众喜欢《达拉斯》，同时又坚持大众文化的意识形态。大众文化意识形态给她们带来的道德感，与观看《达拉斯》体验到的快感相矛盾。她们通过"嘲弄与讽刺"化解这种矛盾心理。这类观众把《达拉斯》当成嘲弄的对象，采取一种讽刺的立场观看该剧。她们在信中表白自己的讽刺立场时，流露出明显的快感。

她们讽刺式的观看态度包含着一个重要的内容——提出评论。根据米歇尔·福柯的理论，评论是一种旨在支配评论对象的话语类型，人们通过对某事物提出评论，肯定了一种居于那事物之上的关系。《达拉斯》也受到了这些观众嘲讽性评论的"支配"，被"置于困境"。这种嘲弄讽刺的观看态度，使大众文化意识形态的规则（"我必须觉得《达拉斯》坏"）与快感的体验得以调和——"因为《达拉斯》这么坏，所以，我觉得它很有趣"①。

① 罗钢，刘象愚：《文化研究读本》，中国社会科学出版社2000年版，第382页。英·昂收到的一些观众来信写道："我的感觉在大部分情况下非常不俗，因为有那么多的白痴。我可以嘲笑它。我经常发现它太多情。它有一个好处：绝不呆板……你也许注意到这部电视剧我看了不少，我之所以觉得它有趣（你可能觉得这话听上去有些摸不着头脑），恰恰是因为它糟透了（你应该明白我的意思）。"

这类观众使用讽刺式的评论，使她们自己与《达拉斯》隔开了一段距离，似乎与“低俗”的文化形式划清了界限。这样，那些依从大众文化意识形态规范的人们也可以暗地里喜欢《达拉斯》。于是，讽刺成了掩盖自己内心喜欢肥皂剧的烟幕弹，大众文化意识形态的规范在很大程度上决定了嘲讽者的观看态度①。

观看态度成了首先体验快感的必要条件：嘲讽的武器使她们没有必要压制观看《达拉斯》引起的快感，嘲讽使她们能够心安理得地欣赏它。因此，大众文化意识形态的规范与喜欢《达拉斯》之间的冲突消失了：嘲讽在作为“坏的东西”的《达拉斯》与它的观众之间，创造了一种距离，成为喜欢《达拉斯》的一种方式。这类观众并不以作品所期望表现的方式来看待文本，相反，还通过讽刺性的评论来歪曲作品希望表达的含义。观众的快乐源自这个事实：大众文化意识形态鄙视大众文化，这与讽刺性的观看态度得到了很好的统一。于是，坏的快乐与坏的大众文化放在一起恰好相配，暗地里喜欢《达拉斯》的观众也打消了收看时的罪恶感。

对于讨厌型和嘲讽型的观众而言，大众文化的意识形态是作为常识性的基本原则来运作的，利于这两类观众作出显而易见、不言自明的判断。她们的判断似乎无需辩驳。两种观看态度都在这种意识形态的标准规范内发挥作用，但两者的差别在于乐趣问题：嘲讽者可以在确信无疑地知道大众文化是不好的情况下，毫无负罪感地享受快乐。讨厌者也毫无疑问地清楚这一点，但如果她们不能逃脱其诱惑力并严正表明自己的讨厌立场，仍然抵抗不住它的诱惑而继续观看，她们就会面对感情冲突的危险——悲喜剧式的感情起伏，就会饱受感情冲突的折磨。讨厌《达拉斯》的观众毫不困难地为她们的厌恶找到理由，即可以动用大众文化意识形态作即时判断。而嘲讽型的观众的依据更得力：嘲讽式地喜欢《达拉斯》，可以使她们开心，而不喜欢《达拉斯》则会同时伴随着不快和怒气（这

① 罗钢，刘象愚：《文化研究读本》，中国社会科学出版社 2000 年版，第 382 页。

是不好的情感)。因此，不喜欢《达拉斯》肯定是一种充满矛盾、难以言传的复杂体验！

3. 喜欢《达拉斯》的观众被讨厌型、嘲讽型的观众认为是“不加挑剔与嘲弄地喜欢这个肥皂剧”、“受了大众文化的愚弄与欺骗”、“几乎是白痴”①。那些“有品味的人”、“文化专家”或“不受商业文化产业的廉价噱头引诱的人”与喜欢《达拉斯》的观众显得誓不两立。

讨厌者和嘲讽者依据大众文化意识形态，充满自信地推理证明自己的主张：《达拉斯》的目的只是大赚其钱——试图通过性、美女、财富等观众感兴趣的情节与画面吸引观众，观众总会信以为真、上当受骗。他们/她们用自以为是的方式勾勒出喜欢《达拉斯》的观众们的身份——品味低俗，判断力差，容易被肥皂剧的策略所骗，并尽量拉开自身与这些“白痴们”的距离。

为了对付这种以恩人自居、肆意评判别人审美趣味的人，喜欢《达拉斯》的观众们必须采取不同的策略。其一，“拿来”大众文化意识形态的判断，并把它们内化，即将它们“消化吸收”，融为自己的一部分，承认《达拉斯》的“危害”。但为了从节目中获得乐趣，宣称具有应付这些“危害”的能力。其二，勇敢地对抗大众文化意识形态，承认自己并非消极被动地收看肥皂剧。有人认为《达拉斯》平庸琐碎、空洞无物，她们却从中读出丰富的内涵。但是当她们必须在两种对立的观点——有内涵或无内涵、好或坏的不同关系中对《达拉斯》进行重新定位时，却坚定地站在大众文化意识形态一边，没有超出其推理的限制范围：她们“只能在大众文化意识形态创造的话语空间之内进行‘谈判’，没有站在一个对立的意识形态立场上来发表意见”②。其三，使用讽刺，以作为反

① 参见罗钢，刘象愚：《文化研究读本》，中国社会科学出版社2000年版，第384、385、391页。

② 同①，第390页。

对大众文化意识形态的辩护机制，并用来对付它的条条框框。但是，这种讽刺并非毫无疑义地与观看《达拉斯》的体验融为一体，而是表达一种矛盾冲突的观看体验：一面是冷漠的讽刺，一面是亲昵的卷入，二者似乎难以调和，而在社交场合观看《达拉斯》时，讽刺会占上风。

与第二类观众（嘲讽地观看《达拉斯》，暗地里喜欢该剧却拒绝承认）不一样的是，第三类观众虽然也使用这种“表面讽刺”策略，却能承认自己喜欢《达拉斯》。她们通过讽刺来指责剧中的角色，称这些角色为“可怕”的人物；讽刺又表明她们熟知剧情，在很大程度上置身于故事的发展和人物的关系演变之中。喜欢《达拉斯》的观众，被夹在意识形态的影响力和观看《达拉斯》所获得的乐趣之间。一方面接受大众文化意识形态的正确性，至少在社会语境下如此（与朋友们一起观看时，追随前者，而当她独自观看时，追随后者，或与朋友们一起观看时偷偷追随后者），另一方面却真的喜欢《达拉斯》，与这种意识形态的规则相悖。因此，这里的讽刺是浮在“社会表面”的，其功能是为自己喜欢该剧作辩护。讽刺成了最好的防御机制。第三类观众利用该防御机制，即遵循（不如说是屈服于）大众文化意识形态制定的社会规范，以维护自己喜欢《达拉斯》的合法性。

英·昂为第三类观众下的结论是：①喜欢《达拉斯》的观众，似乎是完全自愿地遵从大众文化意识形态，其规范给她们施加的压力令她们觉得有必要按照它来定位乐趣。她们感到有必要为自己辩护。②她们动用了各种各样的辩护策略，或“消化吸收”这种意识形态，或与它在其话语框架内“商讨谈判”，或使用“表面讽刺”来保护她们的乐趣，对抗这种意识形态狂轰滥炸式的攻击。③她们似乎没有一个显豁有力的辩护策略，因为没有可以用来对抗大众文化意识形态的、截然分明的替代物，至少没有在信服度和严密性上可以胜出后者的替代。因而，她们就在各种话语策略中寻找庇护，却没有一种话语策略像大众文化意识形态那样完备而系统，大众文化意识形态终归属于主流意识形态。

英·昂还指出，喜欢《达拉斯》的观众和讨厌型、嘲讽型的观众之间进行的是一种不平衡的斗争：后者躲在大众文化意识形态的威力和保护之下进行辩论，而前者则在大众文化意识形态冷漠无情的限制下进行对抗。

喜欢《达拉斯》的观众似乎不能确定一个有效的意识形态立场——认同感身份，不能摆脱大众文化意识形态的禁锢而坚定地亮明自己喜欢《达拉斯》的真实原因。因为缺乏一种坚定的意识形态基础，这些女性观众的立场非常软弱。她们喜欢《达拉斯》及其收视乐趣未能合法化。结果，讨厌型和嘲讽型的观众把喜欢肥皂剧的观众说成"文化野人"、"没有品味的人"、"听任自己迷失于商业文化产业诡计的人"（这样就暗示了他们/她们自己不是这样的人）。而喜欢肥皂剧的观众，手头没有这样一套好听且振振有词的说法，她们无法以同样否定、鄙视的形象以牙还牙，只能抵抗那些攻击者给她们定好的否定性身份。

4. 民粹主义者的观看态度是由民粹主义（平民主义）意识形态形成的。这种意识形态的核心是：一个人的品味与另一个人的品味具有同等的价值，没有雅俗之分；品味是一个独立的范畴，不断受到个人变化的影响，不会因人而异，因此对他人的喜好作出美学上的判断显然是毫无意义的。这种意识形态的功能在于：它为主体提供的立场使所有企图对人们的审美情趣作出判断的努力成为一种主观先验的、必须抛弃的东西，因为干涉他人的审美自由是不道义的。它假定的身份以完全自主为特点（"个人的决定权""人各有所好"之类），提供的身份可以有力地对抗大众文化意识形态的准则。

假定这种意识形态是一种理想的话语，可以借此来保护某人在观看《达拉斯》时所获得的乐趣，但第四类观众信中很少采用这种话语。这是因为民粹主义意识形态的功能主要在实践层面，由人们日常生活中自发地、无意识地持有的常识性观念所组成，与具有极强理性和严密性的大众文化意识形态相比，它处于从属、边缘地位，可使用的词汇极其有限。如果某人翻来覆去地说“人们趣味各异，这是无法解释的”，相信重复几遍之后，这个理由就开始显得有点底气不足了。而大众文化意识形态却取得了文化合法地位，组织起《达拉斯》的社会意义得以构建的方式。当来信观众被问及为什么喜欢或不喜欢这个肥皂剧时，他们发现想逃避大众文化意识形态的规范话语很困难，“边缘”难敌“主流”。

然而，对于大众文化意识形态，仍然有逃避的方法，这就是该话语的“理论”特性所显露的局限：“它的影响范围主要限于人们的意见和理性意识，限于人们谈论文化时所使用的话语。这些看法和理性认识不一定要规定人们的文化实践。”① 这一点可以部分地解释一些观众所经历的各种矛盾：大众文化意识形态的精神统治与民粹主义思想滋生散发的现实吸引力之间的冲突。

民粹主义意识形态的吸引力来自何处？来自它直截了当的方式——通俗易懂、满足观众的平民情怀，能够产生和确保直接的肯定性，其话语是反理论的。它为第四类观众拒绝服从大众文化意识形态对“乐趣”、“偏好”等硬性规定，提供了直接的正当理由，使他们可以忠于自己的偏好与趣味。有些民粹主义观众试图削弱大众文化意识形态，不仅抵抗它强加于她们的否定性身份，而且报复性地把讨厌《达拉斯》的观众置于否定的位置，用的就是揭穿老底的方式：我明明注意到你们和我一样，真的喜欢看这肥皂剧，只是不愿意老实承认罢了。你们往往觉得它甜得腻人，但是，你们如果没尝过这份甜味，咋知道它甜得腻人呢？

英·昂指出，接受民粹主义思想也面临着困难，就是它的“庸俗性和铜臭气”——它已经被文化工业所利用，其目的是为了获取最大的利润。马克思主义学派的女权主义受众理论强调了这一点。但是，这种民粹主义意识形态与布尔迪厄所称的通俗“审美”相关联，这种大众美学强调“偶然性、多元性、快感与乐趣”，并

① 罗钢，刘象愚：《文化研究读本》，中国社会科学出版社 2000 年版，第 395 页。

取代了中产阶级品味的道德范畴。“快感与乐趣”是后现代女权主义所维护的，它坚决反对大众文化意识形态的家长式统治。

英·昂揭露了大众文化意识形态的家长式统治。这种意识形态悲天悯人地将妇女视为“肥皂剧所具有的欺骗性主题的被动受害者”①，武断地充当观众的导师，对于高雅/低俗、好/坏、正确/错误之类指手画脚。观众喜欢通俗文化就被视为不合主流价值的低俗行为，全然不考虑她们有获得乐趣的权利，即使考虑到乐趣，也只是把乐趣当做女权主义妇女解放目标的一个障碍而备加谴责。

如果那些妇女喜欢观看令其感动流泪的作品和肥皂剧，如果那些感情上有受虐狂倾向的妇女通过识别自我的过程享受到了乐趣，那么这种乐趣是否与这些妇女们要求得到解放、反抗性别歧视的政治态度相对立？在下文的结论中，英·昂给予了否定的回答。

（三）英·昂的回答

英·昂的回答是：幻想与小说不会取代生活的其他方面，诸如社会实践、道德或政治意识等，相反地还与它们相依相伴。肥皂剧、浪漫小说之类的通俗文化是受众乐趣的源泉。这类通俗文化把现实置于次要位置，为真实的矛盾制定了想像中的解决办法。这种想像中的解决办法以通俗文化本身的简单性和简单的表现形式，脱离了现存的统治与隶属的社会关系的那种无聊沉闷的复杂性。

肥皂剧、浪漫小说等通俗文化的作用是让人们眼前的生活过得充实、愉快而又轻松。这丝毫不排除或妨碍受众产生激进的政治活动或意识。相反地，它意味着女权主义者必须坚持不懈地努力创造新的幻想，并为其争得一席之地。然而，文化消费仍然有一个评价幻想“进步性”的固定标准。个人也许具有政治性，但个人与政治性并非总是携手共进的。

最后，英·昂总结道：快感是大众文化意识形态所忽略的范

① ［英］约翰·斯道雷：《文化理论与通俗文化导论》，杨竹山等译。南京大学出版社2001年版，第223页。

畴。在大众文化意识话语里，“快感似乎是非存在物，反之却使责任、批评距离或审美纯洁性等成为中心。这些道德范畴使快感成了一种不相干的、不合法的标准；大众文化意识形态把自己关在‘理论’的象牙塔里，忽视通俗审美及其形成的通俗文化实践。”①令人担心的是，把放弃娱乐当做媒体理论的中轴将会导致20世纪70年代女权主义的说教化政治和新形式的文化悲观主义（cultural pessimism）。

作为一位大众文化学派的学者，英·昂的后现代女权主义立场过于美化了大众文化，正如早期的法兰克福学派高估了艺术，她的受众理论也得到一些否定性评价。

达纳·保兰对英·昂的受众理论提出了三点批评。一是她将快乐的问题简单化了，没有进行戏剧心理分析。二是她的理论只是通过颠覆高雅文化和通俗文化的区分标准，来攻击大众文化意识形态。三是她仅仅指出大众文化的狂热者直接、公开享受乐趣的权利，“面临着被上层强加的、虚伪势利的价值观所腐蚀的危险”②，而没有指出高雅文化的消费者所担心的危险——高雅品味作为某种完全主观性的自由表达，总是被低级庸俗的习惯贬低、挤对。

尼克·史蒂文森批评她过于关注如何保护《达拉斯》剧迷们的权利，维护自身的审美趣味，以至于她对性别构建进行心理分析方面的理解缺少关注，并忽视了受众所处的社会语境。她的研究忽视了女权主义所关注的范围更广的政治利益③。

笔者认为，用“绝对正确”与“绝对错误”的字眼来评价本在发展中的理论是不合适的。但是英·昂的受众理论确实有创新意义。首先，她以乐观、积极的态度，肯定了受众的乐趣和解读通俗

① 罗钢，刘象愚：《文化研究读本》，中国社会科学出版社2000年版，第396页。

② ［英］约翰·斯道雷：《文化理论与通俗文化导论》，杨竹山等译。南京大学出版社2001年版，第224页。

③ 参见［英］尼克·史蒂文森：《认识媒介文化》，王文斌译。商务印书馆2001年版，第167页。

文本时的主观能动性，相异于自由派、激进派、马克思主义学派和后结构主义的女权主义。其次，英·昂站在女性受众的立场，同时运用女权主义的视角，全面分析了女性受众的收视乐趣，而不是简单批评了事。女性受众的收视体验本是复杂的，对肥皂剧之类的反应也是因人、因时而异的。最后，她对受众乐趣的辩护，恰好击中了后现代主义时期绷得最紧的那根弦——通俗与高雅、精英文化与平民文化、权威与民主有无必要划清界限？商业文化的利润原则、受众的乐趣会削弱、妨碍政治与道德吗？（女性）受众都是消极被动地解读通俗文化吗？

笔者认为，肥皂剧深受女性观众喜欢并得以流行，原因有三。

一是性别分工的因素。女性观众多半是家庭主妇，具备看电视的时间与空间便利；因为被排除在公共领域之外或至少没有男人参与社会的机会多，她们觉得压抑与无聊，渴求一种轻松、乐趣与寄托。

二是心理学上的指涉。肥皂剧从某些角度促生了她们对社会生活的好奇与了解，其中隐含或明目张胆的性别歧视内容产生的并不仅仅是愤怒，或者根本就没有使某些女性观众不快乐，反而会刺激部分女性观众的逆反心理。性别歧视对她们而言早已有之，只是她们尚未冲破父权秩序厚重的桎梏，并不等于她们不会进行批判性的反思。观众解读肥皂剧时具有各自的主观能动性。无论是含有性别歧视的剧情内容，还是麻痹妇女自主意识的种种策略，这类肥皂剧反而会提醒她们：明目张胆的性别歧视在炫耀父权制度的胜利，警告妇女接受既成秩序；这些乌托邦式的男女平等画面与现实不符！其目的是试图掩盖现实中性别歧视的程度。

三是与经济学上的利润策略有关。媒介精妙的利润策略在前面已有论述。

二、“密室”读者与妇女杂志——珍尼斯·温史普的受众观

珍尼斯·温史普本人喜欢阅读妇女杂志，自称“密室”读者，

同时也是一位女权主义者。她以这种双重身份，悉心研究妇女杂志及其读者（多半是女性），总结出富有后现代色彩的受众理论。她的女权主义受众思想主要体现于她的专著——《妇女杂志探幽》(Inside Women' Magazines)。

在这本著作的序言中，她解释了自己1969年以来从事妇女杂志研究的历程。几乎是在同一段时间里，她开始成为女权主义者。她以自己喜欢阅读妇女杂志和批评妇女杂志的辩证态度，阐明了“吸引与反对”的辩证法对于女权主义文化政治学的重要性。因此，她的受众思想可以归结为三点：一是为妇女杂志辩护，并肯定了女性读者享有的乐趣；二是批判妇女杂志及其广告的利润动机，以及对女性读者的负面影响；三是主张抢占、利用妇女杂志开辟的女性话题阵地，为女权主义政治服务。

（一）珍尼斯·温史普的辩护

珍尼斯·温史普站在女性读者和后现代女权主义的角度，研析妇女杂志及其读者，以辩证、积极、乐观的态度，肯定了妇女杂志对女性读者所起的正面作用，并为女性读者的阅读乐趣辩护。

首先，她驳斥了妇女杂志“政治上不太重要”之说。她认为，对妇女杂志不屑一顾就是漠视成千上万女性读者的生活。女性读者在父权秩序中备受压抑和歧视，她们渴望逃避附属地位并寻找一种精神寄托与满足。在没有能力颠覆强大的父权秩序/男权秩序之前，她们又很矛盾地按照男权秩序规定的女性气质来塑造自己，沉溺于妇女杂志对女性气质的导引，在男权话语系统内与之进行谈判、协商与妥协。指责女性读者品味低、鉴别力差，是剥夺女性读者获取快乐权利的家长式做法，也漠视了女性读者客观存在的大众审美意识，同时也是对她们持有多元化价值观的武断否定。珍尼斯·温史普和其他女性读者一样，从阅读中获得许多乐趣并以此方式来逃避现实。

珍尼斯·温史普在研究中发现，妇女杂志自从18世纪晚期问世以来，已经为其读者提供了一个忠告与娱乐的综合场所，不管这些妇女杂志的政治功能怎样，但它们一直充当女性读者们的“生存手册”，为女性读者提供建议，教她们如何在父权制文化的统治中求得生存却是不争的事实。

其次，女性读者是决定妇女杂志生命力的终极因素，妇女杂志、广告商、各种商家的利润实现都离不开她们。请看这个模式：女性读者购买妇女杂志—注意杂志上的广告—购买广告推荐的商品—杂志吸引广告商刊登广告—商家多卖商品赚钱（女人花钱或鼓动花钱）。如果全是明目张胆的性别歧视，丝毫不顾女性读者潜在的主体意识，妇女杂志最终会失去大多数女性读者的信任，整个经济利益链条就会断裂。因而，一些妇女杂志采取一种明确的女权主义政治学形式，忠告女性读者培养独立自主的意识；有的妇女杂志大量刊载妇女战胜逆境和厄运的故事，对女性读者起着向导、启发者的作用；有的妇女杂志再现女性的悲惨命运和父权/男权秩序的厚重，激起女性读者反抗性别歧视、颠覆父权秩序的主体意识。正如英·昂认为的那样，阅读不仅产生乐趣，而且可以赋予妇女们积极的力量。各种妇女杂志似乎有各自相异的政治定位，但其范式却大同小异。

更重要的是，她认为“吸引与反对”的辩证法有利于确立一种合理的女权主义文化政治观：既要正面肯定妇女杂志给予读者的忠告及生存建议、女性读者在阅读中得到的快乐与满足，也不回避妇女杂志的负面因素：强化、巩固妇女的附属地位，把女性读者塑造成符合父权/男权秩序的消费者。妇女杂志塑造了一整套“女人味”神话——大肆张扬女性气质的外表，鼓动女性读者为家人营建温馨家园而去学烹调，最好购买什么牌子的浴缸，秘授讨得男人喜欢的诀窍……这些内容巩固了妇女的附属地位，但她们不是完全消极被动地接受妇女杂志包含的意识形态企图，她们仍然渴望自己能从附属地位中解放出来。

（二）珍尼斯·温史普的批判

珍尼斯·温史普不仅肯定了妇女杂志“忠告与娱乐”程式对

读者和女权主义者的吸引力，而且以辩证的态度研究其局限性。她对妇女杂志的批判主要体现在四个方面。

其一，从经济的角度看读者与广告之间的关系。妇女杂志、广告代理商和制售各种商品的商家，共同把女性读者塑造成最大的消费者，以实现各自的利润目标。

妇女杂志一般由两个读者群构成：购买杂志的妇女和在杂志上刊登广告的广告商。一本妇女杂志如果只是吸引某一部分特定的女性读者，而不是吸引某一特定的广告市场，大部分杂志将不得不以提高售价来维持利润，这会增加读者的经济负担。因而，广告收入高—妇女杂志售价低—读者量大—吸引更多的广告商，呈现这种良性循环的妇女杂志才有生存能力和发展潜力。

杂志要谋求生存，就必须确保在定位准确的广告与品味相当的读者类型之间找到一个结合点。妇女杂志首先要确定广告收入的来源，然后再以"给该广告赢得适当的读者群"① 为指导思想，为妇女杂志量体裁衣——商家要促销什么产品，这些广告需要刊登什么内容，哪些人可能会买这些商品。

市场的压力不仅在很大程度上决定着妇女杂志可能拥有的读者范围，而且也常常决定着妇女杂志的实际内容。结果是，妇女杂志的主要内容，是为商品销售这一终极目标服务的。

其二，为了促使女性读者成为消费者，妇女杂志采用了种种策略：刊登虚构的广告画面，把各种商品促销信息巧妙地扮成"消费指南"，登载既能迎合女性心理又能刺激女性气质养成的小说故事等等。

广告商以夸优藏劣的原则，借用色彩、摄影角度、剪接等美化手段，并利用名人效应，制作虚构的广告画面。广告画面不仅具有虚构和策划的特征，还有夸大商品功效、将名人与商品牵强附会联

① ［英］约翰·斯道雷：《文化理论与通俗文化导论》，杨竹山等译。南京大学出版社 2001 年版，第 226 页。

系在一起的虚假倾向。精美、排场的广告画面以较强的视觉冲击力，满足了读者的视觉审美。

比如，广告刊登一位身着泳装的美丽姑娘潜入蓝色海洋的照片，“但这幅照片却以超现实的手法把海洋与浴缸的水龙头连在一起”①。女性读者即使没有购买东西的欲望，也能从杂志的广告中得到极大的视觉乐趣。这些视觉乐趣猎获了女性读者的“眼球注意力”，迟早会挑起她们的购买欲。

本是商品促销信息，却以服务周到的“消费指南”面目出现，似乎除了处处为读者着想之外，别无他意。

把女性读者当做杂志的“上帝”，刊载各种迎合女性心理的小说——从浪漫的爱情故事连载到5分钟的短篇小说；既有社会名流、达官显贵的故事，也有普通男女平凡生活的报道。实际上，广告商的需求与意图是妇女杂志真正关注的，读者只是其实现利润的客体对象。

归根结底，妇女杂志以迎合女性心理的内容和策略多样的表现方式，让女性读者既获得阅读的乐趣和满足，又得到美化家居、购买商品等服务周到的建议，进而购阅妇女杂志，最终进入各种消费世界。

其三，出于经济利益考虑的种种策略，不仅刺激女性读者消费各种商品，而且制造了一整套关于女性气质的“女人味”神话，强化、巩固了女性的附属地位——作为男人审美的客体、充当家务的奴隶。

妇女杂志开辟了丰富多彩的栏目，从小说连载、评论、广告到时装、化妆品、家庭装饰品和厨具，诸如此类，不一而足。最终卖给女性读者的，是成功的、赏心悦目的女性气质。这种女性气质总是体现于这样的女性——她们似乎能游离于社会和文化组织威力无

① ［英］约翰·斯道雷：《文化理论与通俗文化导论》，杨竹山等译。南京大学出版社2001年版，第226页。

比的限制之外，是众多女性羡慕、男性赞同认可的神话般的人物。

怎样才能拥有成功的、赏心悦目的女性气质？妇女杂志会暗示女性读者：只要听从杂志提供的有用建议，或者按照消费指南购买某个产品，就会成为更惹人爱慕的恋人，更受人敬重、受人爱戴的合格母亲，更加善解人意、温柔体贴的妻子，更有品味、更有亲和力的优雅女人。于是，女性读者不可避免地通过消费来确定、塑造自身的女性气质。女性读者的消费欲望被挑起，只能通过她们的日常活动（最典型的就是购物）来满足。

其四，妇女杂志为了吸引更多的读者，竭力构造女性“虚构的集体性”①。

以妇女杂志为读者们排忧解难的栏目为例。读者的问题是私人的，也希望寻求个人解决办法。妇女杂志提供的排忧解难之法，并非适用于每一个读者。拿“她”的办法来解决“你”的问题很可能让人感到隔靴搔痒或只会找到令人失望的答案。

以“读者来信”栏为例。编辑在与读者之间的来信交流中，不断使用推心置腹的字眼“我们”，让女性读者拥有“我们妇女”的感觉②。尽管这些女性读者来自不同的文化团体，但这种“我们”、“我们的世界”等观点不断地削弱、消除这些分裂，在妇女杂志里面给人一种团结统一的外表。但是，当读者合上妇女杂志时，她再也不是某某“读友”及其同类的朋友。但是，当“我们女性是一个大集体”的感觉持续时，女性读者们会从中得到虽然虚妄却令她们满怀信心的精神慰藉。

因为，妇女们在意识形态上被束缚到个人活动的狭小空间，被排斥于公共活动之外或处于边缘地位。“答读者问”专栏的知心阿姨和妇女杂志本身，以“女性的知心朋友”面目出现——她们通过文字把妇女们从天南地北聚集在一起，却不向这些女性读者传授

①② ［英］参见约翰·斯道雷：《文化理论与通俗文化导论》，杨竹山等译。南京大学出版社 2001 年版，第 228 页。

实际而又因人制宜的知识，女性读者也就无从了解妇女们共同的生活状况及其历史。令人遗憾而又极具讽刺意味的是，她们走进妇女当中，期望和鼓励这些妇女单独去做那些只能以集体方式完成的事情，而女读者的集体性只是妇女杂志虚构出来的。

（三）珍尼斯·温史普的建议

虽然妇女杂志有种种局限性，但也有化害为利的潜力。珍尼斯·温史普主张：抢占、利用妇女杂志开辟的女性话题阵地，为女权主义政治服务。

妇女杂志再现了女性气质的美丽外衣，这是女人快乐的源泉。但从某种程度上讲，又成为女权主义憧憬未来的原材料——借妇女杂志吸引女性读者的商业形式，抢占利用它们的女性话题阵地，为女性读者创造出各种独立自主的新形象，建立一种具有公共形式的女权主义乌托邦政治，促使更多的女性读者平等地参与公共世界，以便实现女权主义的政治理想——男人不再凌驾于妇女之上，妇女不再遭受男权压迫。

在大众文化的商业形式中，寻找一种具有反叛精神的主观能动性的勃兴是后现代女权主义的政治愿望。但是，实现这种愿望必须有以下保证：一是包括女性读者在内的所有妇女，“都能进入多元化的公共交往渠道，并能平等享有参与公共世界的权利，同时不受金钱的制约，更不受男性霸权的影响”①。二是所有的妇女（包括女性读者），无论是在公共领域，还是身处私人环境，都会质疑男权统治的各种形式。相对于父权秩序的根深蒂固和撼动其根基的艰难程度，后现代女权主义的政治愿望只是一个乌托邦梦想而已。

笔者认为，珍尼斯·温史普和英·昂一样，以贴近时代和尊重事实的心态，肯定了女性受众从通俗文本解读中得到的种种乐趣与快乐；以积极、乐观的视角，努力从通俗文化的商业形式中寻找受

① 参见［英］尼克·史蒂文森：《认识媒介文化》，王文斌译。商务印书馆 2001 年版，第 177 页。

众具有反叛精神的主观能动性，期望/坚信女性受众会从通俗文化中得到反抗父权/男权制度的力量。

同其他四个女权主义流派相比，后现代女权主义的受众理论更加积极、民主、务实，因而乌托邦色彩也最重。但既是从各自不同的侧重点与表述方式划分的五个流派，就无所谓高下之分。相反，女权主义从来就不是一个统一体，“它作为一个充满矛盾的空间存在，正视各流派的差异及彼此相互矛盾的不可避免性，倡导不同思想的交锋，恰是它赖以存在和发展的生命力之所在”①。而且五个流派在受众研究领域，既有各自的特色，又有一些共同之处。

第四节　女权主义受众理论的特征

女权主义经过发展，开始走进传播领域，并逐步形成女权主义的受众理论，主要涵盖文学、电影、电视、妇女杂志和音像制品等大众传播形式。它兴起于20世纪70年代末，兴盛于80年代。

女权主义走进文学领域是在20世纪60年代，并逐步形成女权主义文学理论，贝蒂·弗里丹写有《女性的奥秘》、凯特·米勒特以其《性政治》轰动当时的文学界，还有其他著作（第一章已经涉及），她们似乎都受到西蒙·波伏娃的《第二性》影响。

有关电影中女性形象的研究，可溯自20世纪60年代的“全国女性组织”以及1970年至1972年之间出版的先锋期刊《女性与电影》。以女权主义研究为中心架构的电影期刊有《跳接》（Jump Cut）。而崛起于1976年的期刊《暗箱》（Camera Obscura），特别专注于女权主义的电影理论。该刊物受到英、美两国电影理论的影响，成为美国学生和研究者论著的主要参考来源。

20世纪70年代兴起的许多场电影研讨会，使女性更加熟悉自

① 鲍晓兰主编：《西方女性主义研究评介》，生活·读书·新知三联书店1995年版，第4页。

己。不仅由于这些女性学者所书写的独立论著，更因为出现了许多女性导演的作品。这些事件与批评研究的发展，促使女权主义理论成为电影研究的一支。

20世纪70年代末到80年代，女权主义的电视研究由开始逐步走向兴盛。

一、强烈的批判色彩

（一）特色

一般而言，不同的批判性社会科学具有三项共同特色。第一，注重了解人的复杂体验。第二，注重审视社会状况，目的在于发现那些隐藏着的结构。第三，努力使理论和行动两相融合。①

批判性的传播研究涉及的课题有：语言、组织结构、个体与个体间的互动关系、媒体。②具有强烈批判色彩的女权主义，已经应用于传播领域里的受众研究，并对传播文化中的女性歧视和性别压迫进行了阐释性的分析与批判。尽管女权主义的现实成就尚未达到它理想的预期目标，但其鲜明的解构色彩、否定精神和批判性取向，使女权主义的受众研究成为传播学批判理论的一个重要分支。

女权主义的受众理论以女权主义和传播学为理论基础，重点研究大众文化的女性受众，同时也涉及到与之相关的领域——男性受众、传者及文本（这里主要研究现代的大众文化即通俗文化）。它主要有三个宗旨：一是研究女性受众复杂的解读体验，即女性为什么接收媒介？怎样接收、阐释媒介？媒介对她们产生什么影响？二是女性受众与传播者和传播内容的关系，即“女性受众与媒介文本之间的互动如何影响性别话语的获得、协商和维持”③？三是揭露大众传播活动中的性别压迫、权利关系，并从多学科的角度探讨

①② 参见［美］Robert C. Allen编：《电视与当代批评理论》，李天铨译。台湾远流出版公司1993年版，第230~240页。

③ 陈阳：《传播学研究的一个“边缘”课题：女性与传播》，载《人文》2001年第1期，第159页。

传播领域女性解放与两性平等的策略与途径。

（二）角度

首先，女权主义的受众研究从传播者、受众两个角度，揭示了传播领域各个角落里存在的不平等和性别歧视。

男性受众以“窥视狂和拜物主义”的主体方式，观看文本中的女性，并获得快感。比如，电影中的女性既是电影文本中男性角色的色欲目标，也是观众席上男性观众的色欲目标。这种主体位置并不属于女性观众，她们以丧失女性的主体性地位为代价，转换成男性的眼光观看，成为“准男性受众”，从电影中获得快感。

女性传播者在“强大的父权秩序中有可能成为流亡者——被驱逐出自己的母系系统而操着父系语言，并亲自滥用欺诈的权力”①。过去，中外女诗人、女作家身处庞大的封建伦理体系，只能以主流话语的补充形式，借着女性独特的视角，以男性可以接受的方式展示女性话语，“在文本的空白、缝隙及错位处，透露出几丝女性体验的信息”②。现在，仍有许多男性传者（例如男作家、男导演）津津乐道地编造“一个男人妻妾成群，众妻妾争相邀宠而勾心斗角”的俗套故事，失落于男性中心霸权的动摇。

其次，女权主义的受众研究，对传播领域里的性别压迫提出挑战，赋予女性获得解放之道。

以文学为例。当代女权主义批评的焦点集中于妇女的阅读（女性读者或同时又是其他文本形式的传者）和写作（女性传者或同时又是其他文本形式的读者）。女权主义批评的首要目标就是：把一个赞同型读者变成一个反抗型读者，通过这种反抗行为，开始把根植于女性心中的男权意识根除掉。女性读者对文学文本意义的解读，离不开阅读文本时所依赖的理论框架。而理论话语是历史地形成的，必然在历史语境的意义解读活动中，不断掺入现代人所关心的问题。

①② 王岳川：《后现代主义文化研究》，北京大学出版社1992年版，第384页。

阅读根本不可能是对所谓“原意”的回溯或复原，相反地，读者并非都是被动消极的，他们也有主观能动性，他们对文本意义的把握无非是一种意义的自我置入和自我把握，从某种程度上讲，阅读就是误读。女性读者对文本的解读，是现实社会中女性体验的自我表达，也可以看做是受压抑的女性通过文本中的性别构建来重新阐释自己。

女权主义的受众理论根据女性受众群体的复杂体验，提出了值得关注的一些问题：一些女性受众并未因为文本中的性别歧视内容感到不快，反而从中得到了享受和愉悦，喜欢这样的内容，并促生出积极的反抗意识。这表明女权主义者与女性受众之间存在一定的鸿沟，受众的解读并非是消极被动的。后现代女权主义的政治愿望为女性解放提供了一幅美好蓝图。

其三，女权主义的受众研究着重指出，量化研究虽然对女权理论有用，但不足以深刻揭示女性所处的困境。

比如,文本在语言中对女性隐存的偏见,对于两性间传播形成何种影响？男性控制收视的情况对女性接受传播产生何种不便(家庭收视中的权利关系)？传播领域女性受众、女性传播者的缺席说明了什么？只在女性内部交流、只为女性解读的“中国女书”①现象是什么原因造成的？这些都是量化的研究方法无法完全回答的。

女性在传播中处于“弱者”地位，女性少有表达自己意见的机会，“而大规模的量化调查，又用简单的数据抹杀了数据背后女性微弱但丰富的意见”②。为了深刻揭示女性受众的解读体验和传

---

① 王岳川:《后现代主义文化研究》，北京大学出版社 1992 年版，第 386 页。近年来，“中国女书”的发现引起欧美女权主义者的注意。历史中的中国女书作为只在女性内部交流、只为女性所认识的独特文字，显示出女性精神失语症已经使得女性闭锁起自己的心灵世界，并阻断与男性对话的意向（或借此放逐父权制度）。女性的独特体验、情感、语言因丧失了朝向世界（男权秩序）一维，只能内向回流而成为一种独特的、只为女性所解读的文字，一种受压抑的女性内心独白，一种漂泊灵魂的象征。

② 陈阳:《传播学研究的一个“边缘”课题:女性与传播》,载《人文》2001 年第 1 期，第 160 页。

播领域存在的性别压迫与歧视，除了量化的研究方法，还需要与其他研究方法结合起来。

其四，女权主义的受众理论是开放的、跨学科的，并采用了量化与质化相结合的研究方法。

作为传播学批判理论的重要组成部分，女权主义的受众理论涉及传播学、女性学、社会学、符号学、历史学、心理学、政治学、经济学等众多学科，深得后结构主义、后现代主义、文化研究等当今国际学术界最富创造性的学术思潮之精华。

女权主义的受众理论，不仅关注肥皂剧、通俗电影、浪漫小说、妇女杂志等通俗文化中所包含的女性歧视内容对女性受众的影响，而且还从多学科的角度、以定量分析与定性研究相结合的方法，深刻剖析了女性受众复杂多样的解读体验。它与法兰克福学派、文化学派、政治经济学派的受众理论有某种程度的相通之处。

笔者认为，自由派女权主义的受众理论把（女性）观众意识看成一张白纸，而法兰克福学派的受众理论把受众看成“被动的和稀泥”角色；马克思主义学派认为“女性观众既受电视的父权奴化，又是电视构建成的商品”，与政治经济学派的“受众商品论”有着直接的渊源关系；女性受众不是消极被动地解读含有性别歧视的通俗文本，反会滋生出反抗父权制度的积极意识，这与文化学派“能动的受众、积极地解读”理论是共通的。

同时，女权主义的受众理论和文化研究中的性别理论更有难以避免的交叉点。更重要的是，女权主义的受众理论将女性受众的体验放在核心地位，使女性体验具有合法化的价值。

二、立体化的研究方式

大众文化是女权主义受众研究重点观照的领域，无论是研究大众文化的受众、传播者，还是考察传播内容，都可看出两性关系中的压抑本质。而“压抑”本质在某种意义上形成了女性受众复杂的解读体验和男性受众在家庭收视活动中的霸权地位。

受众不是一个孤立的概念,它与传播者、传播内容之间是彼此关联的。传与受是密切相关的矛盾体。传者以大众传媒为载体,以体现传者主体意识的传播内容影响受众,而受众则以协商、对抗或赞同等多种解读方式使传播活动成为现实,从而成为接收过程的主体。

以女权主义的视角研究受众,同样离不开对传播者、传播内容的立体考察。传播者在性别上的不平等影响着(甚至决定着)传播内容中的性别歧视,从而影响着男女受众不同的解读方式和反应。

（一）传播者

较之于男性传播者,女性传播者在报纸、电视、电影等大众媒体中处于弱势地位——传播界仍然存在性别歧视。

首先,工作范围主要限定于“私人领域”。妇女大量参与媒体,作为主持人、记者和新闻评论人在电视和广播中出现得很频繁,但实际上仍然受排斥。女性记者通常被派去采访有关家庭、健康、儿童、艺术、教育、消费等“软新闻”领域,而男性记者则往往采访政治、经济、技术、工业等“硬新闻”领域;从事国际新闻报道的记者也多为男性。

其次,难以享有决策权。尽管从事媒体工作的妇女人数增长很快,能走上决策岗位的机会却不多。“媒体正在妇女化”的印象和妇女在决策机构的附属地位形成强烈反差。妇女到达传媒机构的领导地位,相比于男性,其难度要大得多。“在30个国家的传媒组织中,只有7个是由妇女领导的,另外还有7个机构中有女性担任副职——所有这些都是在拉美。”①

最后,容易成为性别歧视的牺牲品。妇女大量参与媒体只是表象,策划权、决策权等等仍然由男性掌握。“在黄金时间娱乐节目的领域,女制片人、女导演、女作曲家依然寥若晨星;电影业历来是被男子牢牢占据的堡垒,在此领域,女性难以谋取最高职位;虽

① 英健:《性别与媒介:在表象的背后》,转引自《新闻与传播研究》2000年第3期。

然互联网为女性提供了成功的机会，但在决策和报酬方面的真正平等还远远没有达到。”① 相比于男性传播者，女性传播者更容易受到伤害。她们不仅被排除在决策圈之外，而且在职业前程方面经常受到各种隐晦或明目张胆的性别歧视。在媒体中，女性传播者的地位通常远远不如男性传播者的地位稳固。根据教科文组织亚洲大众传播研究与信息中心（AMIC）的调查，德国因重新统一而开展的合理化方案致使前民主德国1989年至1992年裁撤了30%的记者职位，妇女首当其冲为这一方案的实施付出了代价，她们在职业市场所占份额从总数的60%降到38%。

女性传播者未能摆脱附属地位有复杂的客观原因——男权制度的强大与根深蒂固未能例外于传播界；也有女性自身的主观原因——因为不能，所以不愿。在强大的女性集体意识与实践行动形成之前，单个女性的反抗意味着代价与自我牺牲。

（二）传播内容

从某种程度上讲，男性传播者的主导地位决定着大众传播的性别歧视内容。男性传播者受益于男权制度已成惯性，难以真正地站在女性的立场不传播或反对传播性别歧视内容。

无论是广告、音像、影视、浪漫小说、女性杂志，还是新闻报道，在大众文化领域，都或多或少地传播着带有性别歧视的内容。正如第四次世界妇女大会所指出的，在大多数国家，大众传媒并没有用均衡、客观的方式描绘妇女对社会的贡献，而是避重就轻，避积极的一面就阴暗的一面，过于宣传妇女的传统角色，或过度渲染暴力、色情等行为，向观众灌输“女人的名字（应该）是弱者，女人要依附男人”的意识。

不同的传播内容在不同的时期、不同的国家，其性别歧视的表现有所不同，传播者使用的策略、持有的动机也不同。近20年来，

---

① ［美］埃德温·埃默里，迈克尔·埃默里著：《美国新闻史》，展江，殷文译。新华出版社2001年版，第609页。

北欧传播研究中的各种女权主义视角异彩纷呈，从两性平等、性别角色、女性与文化、女性与法律等学科的角度，研究妇女与传播的相互关系。

研究结果表明，新闻报道等非虚构性传播内容中的女性形象，与电影、电视剧等虚构性传播内容中的女性形象反差较大：非虚构性节目中的女性角色，总是受压抑、对现实不满、深感被男性歧视、自卑的女性形象；而虚构性节目塑造的女性，却是有能力的、独立的、自强的、不受任何束缚的、开放的自主形象。

非虚构性传播内容能够反映女性受歧视的社会现实，可以归结为四点原因。

其一，新闻报道之类的非虚构性传播，毕竟是以反映社会现实为主，其性质决定了它必须折射出当代妇女仍然处于不平等地位的社会现实，否则会失去受众的信任。

其二，男性传播者一直在主导、控制着大众媒介，而女性传播者是一个没有实力的存在。因而，男权策略有极大的使用空间——传播者以男权视角，心安理得地把性别歧视“反映一下”，摆出“解放女性”的高姿态，安抚现实生活中的女性：性别歧视问题已经得到重视了，你们还有什么不满的？传播者并未打算彻底动摇这种不平等的现实根基。

其三，传播者“反映一下”无妨，现实中性别歧视依旧。大众传媒隐存着这样的“画外音”：男女两性永远无法真正平等，古往今来世界列国概莫能外，存在的即是合理的，你们还反抗什么？

其四，一部分传播者（既有女性，也不乏男性），即使能真正地以女权主义的视角透析女性被歧视的多重根源，但要彻底撼动这个根基，仅有传播者一方是不够的，毕竟声音微弱，力量远未达到地动山摇之强度。

电影、电视剧等虚构性传播内容表现的女性形象是独立自主、享有平等权利的。可以从三个角度看待这种现象：①从某种程度上反映了当今时代发生的变迁与社会影响。②男女平等是时代必然的审美特征与趋势。这类虚构性传播内容的受众主要是女性，迎合受众的心理是大众传播的经济性特征所必需的。③出于维护男权秩序的男权策略——试图缓解女性的不满情绪，使女性沉溺于虚幻的平等而丧失反对男权制度的力量（英·昂对女性受众的主观能动性却很乐观），与非虚构性传播内容的策略有异曲同工之妙。

但是，并非所有的国家，也并非任何时候，大众传播的性别歧视内容都呈现这种反差，相反地，实际情况要复杂得多。虚构性的传播内容并不表现独立自主的女性形象，而是贤妻良母、男人审美的客体、色欲的目标等等；非虚构性的传播内容表现的女性形象却是独立自主的，这就不能用以上的分析来解释了。

笔者以为，中国的大众传播内容就是这种状况的最好例证。在虚构性的内容传播中（最典型的是广告），女性歧视已经堂而皇之、无需遮掩，达到了明目张胆的程度。经济利益淹没了女性要求自主的微弱呼声。女性的独立自主程度、群体意识与权利观念不容乐观；在非虚构性的内容传播中（最典型的是新闻报道），女性受歧视的真实状况被掩盖，女性获得的自主权被夸大。中国大众传播界的状况虽然与北欧传播学者的结论有相异之处（有其复杂的原因，此处篇幅所限，不作详细探讨），但其本质都是殊途同归的——慑于女性受众的自主意识和大众传播反映现实的客观要求；出于维护男权秩序的男权策略；受制于经济杠杆的威力。

现以广告、新闻报道为例，简要论述中国大众文化传播呈现的性别歧视内容。

广告的传播内容属于“虚构性”范畴。时下广告中的女性形象，或以贤妻良母的传统角色，或以男性审美的客体出现。从“我们可以使你看起来更年轻”、“做女人‘挺’好”等形诸于有声语言的女性化妆品、健美品宣传，到诉求于各式美女身体语言的酒类广告，诸如此类，不一而足。它们周而复始、明目张胆地表达出一个牢不可破的男权主题：女人是商品文化的廉价作料，应该伺悦男性，屈服于男性霸权。

以“真实”为最高原则的新闻报道，属于“非虚构性”范畴。它以两种方式传播含有性别歧视的内容。

一方面，有一部分新闻报道（其中不乏格调很高的媒体），在涉及女性犯罪时，虽然对事实作出了准确而翔实的报道，但字里行间仍然渗透着作者对女性的歧视和有失公允的评判。在台湾，名噪一时的许晓丹事件便是一个突出的事例①。许晓丹宣称以“裸体开放”促进“政治开放”，但媒体却热衷于报道“男与女的战争”，显现出男性对女性裸露身体的“惩罚与亵玩”心态，至于这一事件本身的“公共”性质，却完全没有讨论。“女性根本无法以其提出的政治议题来彰显形象，媒体所反映的是原有的父权体系下对女性的角色认知和价值判断。”②

另一方面，绝大多数主流媒体没有堂而皇之的性别歧视内容，甚至彰显女性自主意识，主要是为了配合某些时期、某些政治需要的策略之举。倘若有真正为女性解放鼓与呼的声音，也只是沧海一粟。比如，在人权状况遭到国际攻击的特殊时期，为在国际上树立一个男女平等的形象，主流媒体有选择性地报道那些自主独立的女性个体；突击性地展现与提倡男女平等、事后歧视女性照常的“3月8日”现象。这些“正面宣传”出来的女性自主形象掩盖了女性受歧视的真实状况，夸大了男女平等的程度。

总之，不论传播内容是属于虚构性还是非虚构性的范畴，也不论是在中国还是其他国家，大众传播的内容都存在着一个相似的价值结构，即深层的意识形态结构。这个结构以男性为权力的掌控者，以满足男权策略的需要为标准，决定着大众传播的内容。正如约翰·伯格在其著作《看的方法》所认为的那样：“女人的模样就是她处在一个被支配的权力位置中的模样。”③

① 张锦华，柯永辉著：《女人的媒体、媒体的女人》，硕人出版有限公司1995年版，第6页。

②③ 同①，第7页。

（三）受众与传播者、传播内容之间的关系

对于大众传播中的性别歧视内容，女性受众作何反应？许多女权主义者在批判媒介性别歧视内容的同时，容易以教导者自居，向女性受众指出什么内容是“好的”，什么内容是“坏的”，把受众的主体意识当成零。但是女性受众在接收媒介含有性别歧视内容时的反应，却是复杂多样的：或不快，或讨厌文本内容却沉溺其中（符合女性受众的悲剧性情感结构），或愉悦，或从传播内容中滋生出反抗性别歧视的积极意识，也有女性受众选择缺席（拒之不看）。

女权主义者要跨越自身和受众之间的鸿沟，就需要了解受众的想法和观点。许多女性在接受媒介内容时（哪怕含有性别歧视）得到了享受和愉悦，女权主义者对此如何评价？这样的媒介形式对女性受众意味着什么？是自觉或不自觉地接受了性别歧视的内容，还是促生出新的、程度更甚的反抗性别歧视的主体意识？或者说媒介中的性别歧视内容对女性的消极影响是否没有研究者所认为的那样严重？“如果关心通俗文化的意义和重要性，关心其商业形式如何在意识形态层面和政治层面上起作用，就需要理解传播内容在受众那里是怎样被理解的。”① 这些都是受众研究必须涉及的问题。

传播者决定着传播内容。受众是解读传播内容的主体，而传播内容反过来又影响着受众的解读反应。虽然受众复杂的解读体验有多种原因，也涉及到多门学科知识，但各个女权主义流派在进行受众研究时，无不以立体化的研究方式考察了传播内容及传播者。

结语：中国的女性受众

综观女权主义漫长的发展历程，分析以西方女权主义运动为研究背景的受众理论，笔者注意到：中国妇女，包括相当数量的女性

① 陈阳：《传播学研究的一个“边缘”课题：女性与传播》，载《人文》2001年第1期，第159页。

受众和许多女性传播者，“漠然”于女权主义理论，“缺席”于女权主义运动。中国妇女没有大规模女权运动的斗争经历，而是在中国特有的历史条件下，被赋予了法律上的平等权利。她们的女权意识、群体观念和主体精神弱于西方女性，这影响着她们对大众传播的解读体验与反应方式。

我国的女性受众如何接触大众传媒？在解读含有女性歧视的传播内容时，女性受众与男性受众采取的态度有何不同？产生这些差异的原因何在？笔者试图借鉴国内外已有的研究成果，以女权主义的视角作出尝试性的探讨。

女权主义运动诞生在西方，走过了一个多世纪的斗争历程。性别歧视，世界各国概莫能外。但是，西方国家的女性是以女权运动的方式获取自身地位的改善，她们的女权意识、性别群体意识较强。中国的女性没有经过漫长的、集体规模的女权运动，所得到的女性权利是在西方女权运动的浪潮和中国特定的政治历程中被赋予的，她们的女权意识、性别群体意识较弱，对性别歧视的容忍程度/麻木程度甚于西方女性，这些都影响着中国女性受众的解读体验，尤其是她们对性别歧视内容的反应。

曾有人用一句戏言来描述我国的女性受众：“女人看新闻节目时，一看便睡着；看娱乐节目时，睡着了还在看。”① 根据北京师范大学艺术系于1998年12月到1999年1月间就中央电视台和北京电视台的电视栏目收视情况所作的受众调查，得出以下结论：

男性看电视，关注的是政治、经济、军事和科技等领域的硬新闻，这些内容常常被归于公共领域，恰是资源、声望、地位之所在，与“女主内、男主外”这一传统角色定位相辅相成。女性则较关注保健、家居、娱乐及电视连续剧等，即使看新闻节目，也多是时尚、娱乐、社会新闻之类的软新闻，这些内容常常被归于私人

① 黄蓉芳：《我国新闻受众中的女性缺席》，载《新闻与传播研究》2000年第3期，第29页。

领域，与“女性是第二性”这一刻板成见有相通之处。对于硬新闻，她们多半是被动收看。例如，为了等着收看电视连续剧而不得不让插播的新闻类节目“飘进耳朵”。

由此可见，中国的女性受众在新闻传播中处于缺席状态，关注的是虚构性节目；男性则是新闻传播的主体受众，关注的是非虚构性节目，对非现实类传播内容则选择“缺席”。

只要全方位、深层次地考察中国的女性状况，就会发现：中国仍是一个男权中心的社会。在新中国，尽管法律已经保障了男女平等，女性也始终是传播媒介的着眼点之一，但由于复杂的政治、经济、文化等因素的历史积淀，在传播者、传播内容和受众领域里，都不同程度地存在着性别歧视和男性霸权。正如王岳川所说：“男性所具有的意识形态话语权，使他们毫不费力地在文化领域拥有了文化符号体系操纵权、话语理论创造权和语言意义解释权。”① 以女权主义的视角考察中国的传播者、传播内容，可以探究女性受众被动或拒绝收看新闻节目的部分原因。

在中国的大众传播界，女性传播者处于弱势地位。其状况如前面综述所言。在第四次世界妇女大会后，女性在传播界就业、参与决策、主导传播等诸方面受到的歧视不见减弱，反而更加恶化。一些中央级新闻单位，女性在编委一级的数量呈减少趋势，而进入副总编辑一层的女性为数极少。控制媒体的多是男性，女性不能有效参与重要传播项目的抉择和创新设计，而男性又很难完全以女性的视角反映女性的心声。即使有关于女性的新闻或电视连续剧，其中不乏反映女性命运和权益的，但难以彻底、深刻地代表女性的声音、反映女性的权益，更不用说广告、音像等传播形式中明目张胆的女性歧视了。

因而，部分女性受众要么被动收看“与我有何相干”的硬新闻，要么消极躲进“赚女人眼泪”的电视连续剧中，或者拒看。

① 姜红：《大众传媒与社会性别》，载《新闻与传播研究》2000年第3期，第18页。

由男性传播者主导的传播内容含有不同程度的性别歧视，是女性受众选择“被动收看、拒绝收看”的重要原因之一。当然，也有主体意识较强的女性受众。她们是批判地收看，并从中探究、思量女性的命运与解放途径。

除此之外，中国的女性受众一直处于边缘位置和“被消音”的地位，没有自己的话语权。她们没有能力、没有精力，更没有意识去参与主流的新闻传播活动，这有多方面的原因：

一是我国女性整体素质较低，参与新闻传播或收视的智力门槛制约着她们对新闻的理解，知难而弃，失去了对新闻的兴趣。据有关统计资料显示①：全国 12 岁以上的文盲和半文盲人口有 2.23 亿，其中 1.56 亿是妇女，占 70%；5 亿妇女，文盲占 30%；女性就业领域多半属于非知识密集型的，在知识密集型行业和科教文及党政机关的不到 30%，而且多半是从事事务性工作（比如党政机关），或顶多是男性不热衷的行业，才给女性一定的就业机会（比如基础教育行业或医护战线）。

二是女性受众愿意或不得不把更多的时间与精力投入家务之中。中国的传统文化深刻地影响着人们接触媒介的行为方式和传播内容：男性更加看重自己在社会上的角色和事业上的成就，对硬新闻和精英文化有着更高的要求与获取动力；女性“相夫教子”“温存、娴静、柔顺”被视为天经地义，因而软新闻成为她们的兴趣所在。尽管当今社会具有强烈主体意识的女性越来越多，大众传播内容中的女性形象也日渐丰富，但与强大的市场经济对女性尊严的挤对相比，显得微弱而无力。女性受众面对的是一张无形且厚实的网，这一方面是长期的男权文化惯势使然，另一方面是女性先天的生理弱态与后天的被压抑、限制与监控而形成的自我弱化与暗示，消解了“冲破厚网”的力量。

---

① 黄蓉芳：《我国新闻受众中的女性缺席》，载《新闻与传播研究》2000 年第 3 期，第 32 页。

总体来说，中国的女性受众状况不容乐观，原因是多方面的，但探寻女性解放的努力却从来没有停止过，包括女性平等参与传播、收视没有性别歧视的传播内容并最终达到两性和谐发展的理想，因为从事这种努力的并不仅仅是女性，研究者中男性的比例也在逐渐增加。

今日的大众传播几乎深入到了每个人的日常生活。大众传播所构建的文化价值观，必然对性别观念的塑造与形成，产生着重大影响。关心女性发展、探寻性别歧视的根源，必然要涉入传播领域。“对传播领域中男女平等的呼吁并不是极端的女权主义要求，而是人权问题”①，是在社会中争取民主斗争的重要组成部分。如果女性与男性尚不能在平等的基础上从事传播工作、在家庭中享受平等收视的权利，如果传播内容中的性别歧视不彻底根除，女性的解放仍将是遥遥无期的，一个社会的民主生活终归是有缺憾的。

本章的主旨是女权主义的受众观，然而，正如台湾传播学者张锦华所言，以女权主义的视角来批判大众传播中的性别歧视，并非是批判“男性”本身，因为并不是所有的男性都把持男权观点，也并非所有的女性都反对男权观点。“一个人采取什么观点，与他的性别并不存在着绝对的关系，而是依据他对社会规范或文化价值观的认知与反省。”②同样，女性的真正解放并非意味着重新站在两性对立的角度去压迫男性，而应使两性处于自然和谐、平等互尊的良态。鉴于男权秩序的根深蒂固，男性个体得益于女性的附属地位已成惯性。这些愿望虽然美好，却仍然带有强烈的乌托邦色彩。实现两性和谐发展、消除性别歧视，艰难程度无异于与虎谋皮，但并不表明全无谋得虎皮的可能。

---

①② 张锦华，柯永辉著：《媒体的女人、女人的媒体》，硕人出版有限公司 1995 年版，第 8 页。

主要参考文献

1 ［美］赫伯特·马尔库塞著．单向度的人：发达工业社会意识形态研究．刘继译．上海：上海译文出版社，1989

2 张锦华．传播批判理论．台北：黎明文化事业公司，1994

3 ［美］马丁·杰伊著．法兰克福学派史．单世联译．广州：广东人民出版社，1996

4 ［美］弗雷德里克·杰姆逊著．后现代主义与文化理论．唐小兵译．西安：陕西师范大学出版社，1986

5 ［美］丹尼尔·贝尔著．资本主义文化矛盾．赵一凡，蒲隆，任晓晋译．北京：生活·读书·新知三联书店，1989

6 ［英］汤林森著．文化帝国主义．冯建三译．上海：上海人民出版社，1999

7 ［美］威尔伯·施拉姆，威廉·波特著．传播学概论．陈亮等译．北京：新华出版社，1984

8 徐耀魁主编．西方新闻理论评析．北京：新华出版社，1998

9 王勤田主编．现代西方文化思潮鉴评．北京：当代中国出版社，1993

10 陆俊．马尔库塞．长沙：湖南教育出版社，1999

11 ［英］阿伦·布洛克著．西方人文主义传统．董东山译．北京：

生活·读书·新知三联书店，1997
12 金重远．炮火中的文化——文化和第二次世界大战．杭州：浙江人民出版社，1991
13 明安香主编．信息高速公路与大众传播．北京：华夏出版社，1999
14 加 马歇尔·麦克卢汉著．理解媒介——论人的延伸．何道宽译．北京：商务印书馆，2000
15 毛泽东新闻工作文选．北京：新华出版社，1983
16 毛泽东选集（第五卷）．北京：人民出版社，1977
17 ［英］丹尼斯·麦奎尔，［瑞典］斯文·温德尔．大众传播模式论．祝建华，武伟译．上海：上海译文出版社，1987
18 ［美］本·巴格迪坎著．传播媒介的垄断．林珊等译．北京：新华出版社，1986
19 白润生．中国新闻通史纲要．北京：新华出版社，1998
20 刘建明．天理民心——当代中国的社会舆论问题．北京：今日中国出版社，1998
21 刘建明．穿越舆论隧道——社会力学的若干定律．北京：中共中央党校出版社，2000
22 陈力丹．精神交往论——马克思、恩格斯的传播观．北京：开明出版社，1994
23 陈雪薇主编．十一届三中全会以来重大事件和决策调查．北京：中共中央党校出版社，1998
24 ［美］韦尔伯·施拉姆等著．报刊的四种理论．中国人民大学新闻系译．北京：新华出版社，1980
25 ［英］威廉姆·奥斯维特著．哈贝马斯．沈亚生译．哈尔滨：黑龙江人民出版社，1999
26 单世联．现代性与文化工业．广州：广东人民出版社，2001
27 ［英］弥尔顿著．论出版自由．吴之椿译．北京：商务印书馆，1958

28 ［英］约翰·基恩著．公共生活与晚期资本主义．马音等译．北京：社会科学文献出版社，1999
29 ［美］罗伯特·戈尔曼编．“新马克思主义”传记辞典．赵培杰等译．重庆：重庆出版社，1990
30 ［德］哈贝马斯著．重建历史唯物主义．郭官义译．北京：社会科学文献出版社，2000
31 ［德］哈贝马斯著．作为“意识形态”的技术与科学．李黎等译．上海：学林出版社，1999
32 ［德］哈贝马斯著．公共领域的结构转型．曹卫东等译．上海：学林出版社，1999
33 ［德］哈贝马斯著．交往与社会进化．张博树译．重庆：重庆出版社，1989
34 ［德］哈贝马斯著．交往行动理论（第一卷）．洪佩郁，蔺青译．重庆：重庆出版社，1994
35 ［德］哈贝马斯著．交往行动理论（第二卷）．洪佩郁，蔺青译．重庆：重庆出版社，1994
36 袁军，龙耘，韩运荣．传播学在中国——传播学者访谈．北京：北京广播学院出版社，1999
37 殷晓蓉．战后美国传播学的理论发展——经验主义与批判学派的视域及其比较．上海：复旦大学出版社，2000
38 童兵．马克思主义新闻思想史稿．北京：中国人民大学出版社，1989
39 傅永军等著．批判的意义——马尔库塞、哈贝马斯文化与意识形态批判理论研究．济南：山东大学出版社，1997
40 蔡定剑．国家监督制度．北京：中国法制出版社，1991
41 ［美］J. 阿特休尔．权力的媒介．北京：华夏出版社，1989
42 ［德］得特勒夫·霍尔斯特著．哈贝马斯传．章国锋译．上海：东方出版中心，2000
43 ［英］拉克劳，莫菲著．文化霸权和社会主义的战略．陈墇津

译．台北：台湾远流出版公司，1994
44 [美] 罗伯特·艾伦编．重组话语频道．麦永雄，柏敬泽等译．北京：中国社会科学出版社，2000
45 [美] 丹尼斯·姆贝著．组织中的传播和权力：话语、意识形态和统治．陈德民，陶庆，薛梅译．北京：中国社会科学出版社，2000
46 赵一凡．欧美新学赏析．北京：中央编译出版社，1996
47 [英] 安吉拉·默克罗比著．后现代主义与大众文化．田晓菲译．北京：中央编译出版社，2001
48 [意] 安东尼奥·葛兰西著．狱中札记．曹雷雨，姜丽，张跣译．北京：中国社会科学出版社，2000
49 [法] 高概讲演．话语符号学．王东亮编译．北京：北京大学出版社，1997
50 [法] 道格拉斯·凯尔纳，斯蒂文·贝斯特著．后现代理论——批判性的质疑．张志斌译．北京：中央编译出版社，2001
51 [法] 尚·布希亚著．物体系．林志明译．上海：上海人民出版社，2001
52 [法] 让·鲍德里亚著．消费社会．刘成富，全志钢译．南京：南京大学出版社，2000
53 [法] 让·鲍德里亚著．完美的罪行．王为民译．北京：商务印书馆，2000
54 [美] 马克·波斯特著．第二媒介时代．范静哗译．南京：南京大学出版社，2000
55 [美] 马克·波斯特著．信息方式——后结构主义与社会语境．范静哗译．北京：商务印书馆，2000
56 [英] 约翰·斯道雷著．文化理论与通俗文化导论．杨竹山，郭发勇，周辉译．南京：南京大学出版社，2001
57 [英] 多米尼克·斯特尼纳蒂著．通俗文化理论导论．阎嘉译．

北京：商务印书馆，2001
58 盛宁．人文困惑与反思——西方后现代主义思潮批判．北京：生活·读书·新知三联书店，1997
59 [法] 雅克·施兰格等著．哲学家和他的假面具．徐友渔选编．北京：社会科学文献出版社，1999
60 [英] 约翰·斯特罗克编．结构主义以来——从列维-斯特劳斯到德里达．渠东，李康，李猛译．沈阳：辽宁教育出版社，牛津：牛津大学出版社，1998
61 方生．后结构主义文论．济南：山东教育出版社，1999
62 [英] 迈克·费瑟斯通著．消费文化与后现代主义．刘精明译．北京：译林出版社，2000
63 [德] 恩斯特·卡西尔著．人论．甘阳译．上海：上海译文出版社，1985
64 徐崇温．"西方马克思主义"论丛．重庆：重庆出版社，1989
65 李青宜．"西方马克思主义"的当代资本主义理论．重庆：重庆出版社，1990
66 [美] 费雷德里克·詹姆逊著．文化转向．胡亚敏等译．北京：中国社会科学出版社，2000
67 [美] 弗雷德里克·詹姆逊著．快感：文化与政治．王逢振等译．北京：中国社会科学出版社，1998
68 [美] 詹明信著．张旭东编．晚期资本主义的文化逻辑：詹明信批评理论文选．陈清侨等译．北京：生活·读书·新知三联书店，1997
69 [法] 皮埃尔·布尔迪厄著．关于电视．许钧译．沈阳：辽宁教育出版社，2000
70 [美] 乔治·里茨尔著．社会的麦当劳化——对变化中的当代社会生活特征的研究．顾建光译．上海：上海译文出版社，1999
71 汪民安，陈永国，马海良主编．后现代性的哲学话语：从福柯

到赛义德．杭州：浙江人民出版社，2000
72 王岳川．后现代主义文化研究．北京：北京大学出版社，1992
73 张锦华，柯永辉．女人的媒体 媒体的女人．台北：硕人出版有限公司，1995
74 ［美］凯瑟琳·米勒著．组织传播．袁军等译．北京：华夏出版社，2000
75 ［法］洛特非·马赫兹．世界传媒概览．师淑云等译．北京：中国对外翻译出版公司，1999
76 张岩冰．女权主义文论．济南：山东教育出版社，1998
77 王政．女性的崛起．北京：当代中国出版社，1995
78 王政，杜芳琴．社会性别研究选译．北京：生活·读书·新知三联书店，1998
79 ［美］洛伊斯·班纳．现代美国妇女．侯文惠译．北京：东方出版社，1987
80 ［日］富士谷笃子著．女性学入门．张萍译．北京：中国妇女出版社，1986
81 叶舒宪．性别诗学．北京：社会科学文献出版社，1999
82 廖妙薇．第二性：90年代女性生活新策略．台北：尖端出版有限公司，1990
83 叶汉明．社会史与中国妇女研究．香港：香港中文大学，香港：香港亚太研究所，1992
84 王丽容．妇女与社会政策．台北：巨流图书公司，1995
85 文宣编译．女性的魅力：女性自我改造新观念．台北：长弓出版社，1984
86 刘良纯．妇女法律地位之研究．台北：台湾商务印书馆股份有限公司，1977
87 张彩云等编．另一半天空：战后香港妇女运动．香港：香港新妇女协进会，1992
88 郭觉义．幸福与陷阱：献给勇于追求幸福的女性．台北：上砚

出版有限公司，1987
89 洪秀蕊编译．内在美的魅力．香港：宜家出版社，1983
90 卡洛林·贝蒂著．未来职业妇女的趋势．郭美金译．台北：世茂出版社，1987
91 弗里德曼著．明智的女性谈．郑乃萍译．台北：世茂出版社，1987
92 康泠主编．妇女发展与对策:第四次全国妇女理论研讨会论文集．北京:当代中国出版社,1998
93 ［法］吉尔·里波韦兹基著．第三类女性．田常晖，张峰译．长沙：湖南文艺出版社，2000
94 罗钢，刘象愚．后殖民主义文化理论．北京：中国社会科学出版社，1999
95 张京媛．后殖民理论与文化批评．北京：北京大学出版社，1991
96 ［英］拉曼·塞尔登著．文学批评理论：从柏拉图到现在．刘象愚，陈永国译．北京：北京大学出版社，2000
97 ［澳大利亚］玛格丽特·桑顿．不和谐与不信任——法律职业中的女性．信春鹰，王莉译．北京：法律出版社，2001
98 ［美］约翰·费斯克著．传播符号学理论．张锦华译．台北：台湾远流出版公司，1995
99 ［英］大卫·莫利著．电视、观众与文化研究．冯建三译．台北：台湾远流出版公司，1995
100 戴锦华主编．书写文化英雄——世纪之交的文化研究．南京：江苏人民出版社，2000
101 陶东风，金元浦，高丙中编．文化研究（第1辑）．天津：天津社会科学出版社，2000
102 ［英］尼克·史蒂文森著．认识媒介文化：社会理论与大众传播．王文斌译．北京：商务印书馆，2001
103 ［德］霍克海默，阿多诺．启蒙辩证法：哲学片断．洪佩郁，

蔺月峰译．重庆：重庆出版社，1990
104 罗钢，刘象愚．文化研究读本．北京：中国社会科学出版社，2000
105 丁树芳，张颖．试论我国人大监督及其完善．政法论坛，1998（6）
106 王寅丽，陈君华．浮上水面的潜流．华东师范大学学报（哲社版），1998（6）
107 石义彬，单波．比较与整合：西方媒介理论的新动向．国际新闻界，2000（3）
108 朱士群．公共领域的兴衰：汉娜·阿伦特政治哲学述评．社会科学，1994（6）
109 庄正安．从欧洲主要国家公共电视看我国公共电视之发展．新闻学研究（台湾），第34期
110 刘步云．实施依法治国论纲．学习与探索，1999（3）
111 刘俊武．市民社会与现代法的精神．法学，1995（8）
112 李希光．警犬新闻、公共新闻与新闻调查．青年记者，2001（5）
113 张汝伦．哈贝马斯与帝国主义．读书．1999（9）
114 张庭宾．阳光下的富豪　公众化的责任．21世纪经济报道，2001-10-29
115 李瞻．英国的公共电视．新闻学研究（台湾）：第33期
116 ［德］哈贝马斯．关于公共领域的问答．社会学研究，1999（3）
117 ［德］哈贝马斯著．公共领域．汪晖译．天涯，1999（3）
118 唐士其．“市民社会”、现代国家以及中国的国家与社会的关系．北京大学学报（哲社版），1996（6）
119 陶东风．大众传播与公共性的重建．文艺争鸣，1999（2）
120 唐晓群．哈贝马斯交往行为理论．中国社会科学院研究生院学报，1997（6）

121 郭定平．我国市民社会的发展与政治转型．社会科学，1994（12）
122 梁木生．论商品社会政治监督的法治建构．探索，1997（5）
123 曹卫东．从“公私分明”到“大公无私”．读书，1998（6）
124 盛晓明．从公共性到主体间性．浙江学刊，1999（5）
125 盛晓明．哈贝马斯的重构理论及其方法．哲学研究，1999（10）
126 焦文锋．哈贝马斯公共领域理论述评．江苏社会科学，1999（4）
127 薛民．哈贝马斯交往合理化理论评析．复旦大学学报（社科版），1991（6）
128 戴育贤．重返公共领域：哈贝马斯、女权主义、罗逖、文化研究．新闻学研究（台湾）：第62期
129 季桂宝．让·鲍德里亚的大众传播理论述评．学术月刊，1999（6）
130 ［美］R. 麦金尼．后现代主义的熵分析．国外社科快报，1991（9）
131 金元浦．谁在出售商品阅听人．读书，1999（7）
132 王华之．媒体与今日之现实．读书，1999（8）
133 陈昕．消费文化：鲍德里亚如是说．读书，1999（8）
134 石平．“消费”、“信息”、“欲望”．读书，1999（8）
135 唐文明．现代人的道德追求．读书，1999（8）
136 南帆．双重视野与文化研究．读书，2001（4）
137 冯象．从卡拉OK与人体写真想到的．读书，2001（8）
138 赵斌．依旧怀念1968．读书，1999（9）
139 王淑贤．《行动纲领》中12个重大领域简介．妇女研究论丛，1996（2）
140 Alan Wells. World Broadcasting：A Comparative View. Norwood：Ablex Publishing Corporation，1996

141 Andrew Crisell. An Introductory History of British Broadcas-ting. London: Routledge, 1997
142 Michael Tracey. The Decline and Fall of Public Service Broadcasting. Oxford University Press, 1998
143 Nick Stevenson. Understanding Media Culture. Sage Publication of London, 1995
144 Paddy Scannell & David Cardiff. A Social History of British Broadcasting. Basil Blackwell, 1991
145 Renee Dickason. British Television Advertising: Cultural Identity and Communication. University of Luton Press, 2000
146 Tom BuRns. The BBC: Public Institution and Private World. London: Macmillan, 1997
147 David Morley & Kuan-Hsing Chen eds. Stuart Hall—Critical Dialogues in Cultural Studies. Routledge, 1996
148 Stuart Hall, Chas Critcher, Tony Jefferson, John Clarke, Brian Roberts. Policing the Crisis—Mugging, the State, and Law and Order. The Macmillan Press, 1978
149 Stuart Hall, Martin Jacques eds. The Politics of Thatcherism. Lawrence and Wishart, 1983
150 Graeme Turner. British Cultural Studies—An Introduction. Routledge, 1996
151 Stuart Hall. The Hard Road to Renewal. London: Verso, 1988
152 Stuart Allan. News Culture. Open University Press, 1999
153 Tamar Liebes & James Curran eds. Media, Ritual and Identity. Routledge, 1998
154 Nicholas Mirzoeff. An Introduction to Visual Culture. Routledge, 1999
155 John Storey. An Introduction to Cultural Theory and Popular Culture. The University of Georgia Press, 1997

156 Susan Bassnett ed. Studying British Cultures: An Introduction. Routledge, 1997
157 Francis Mulhern. Culture/Metaculture. London and New York: Routledge, 2000
158 David Croteau, William Hoynes. Media/Society: Industries, Images and Audience. Pine Forge Press, 2000
159 Shaun Moores. Media and Everyday Life in Modern Society. Edinburgh University Press, 2000
160 Denis McQuail. Theory of Mass Communication, 3rd edtion. SAGE Publications Ltd., 1994
161 James Lull. Media, Communication, Culture—A Global Approach. Columbia University Press, 1995
162 Robert C. Allen ed. Television and Contemporary Criticism—Channels of Discourse. the University of North Carolina Press, 1987
163 Raymond Williams. A Vocabulary of Culture and Society. Oxford University Press, 1985
164 M. Gurevitch. Culture, Society and the Media. London: Methuen, 1982
165 Nick Stevenson. Understanding Media Cultures—Social Theory and Mass Communication. Sage Publication Ltd., 1995
166 Jean Baudrillard & Sylvere Lotringer eds. The Ecstasy of Communication. Semiotext, 1988
167 Mark Nunes. Baudrillard in Cyberspace: Internet, Virtuality, and Postmodernity. DeKalb College, 1995
168 Raymond Williams. Television: Technology and Culture Form. New York: Schocken, 1975
169 Morris.M & C. Ogan. Internet as Medium. Journal of Communication, 1996: 46 (1) 39-50

170 David Frisby. Simmel and Since. London: Routledge, 1992
171 David Riesman. The Lonely Crowd. New Haven and London: Yale University Press, 1961
172 Mark. Poster ed. Jean Baudrillard: Selected Writings. Stanford University Press, 1988
173 Jean Baudrillard. The Mirror of Production. Telos Press, 1975
174 Douglas Kellner. Jean Baudrillard: From Marxism to Post-modernism and Beyond. Cambridge: Polity, 1989
175 Scott Lash. Sociology of Postmodernism. London: Routledge, 1990

后　　记

20 世纪 80 年代以来，随着西方传播学的引进以及西方传播理论与思想研究的兴起，人们已经看到了不少关于当代西方传播学理论流派以及传播学者思想研究的著述和文章，但却较少看到比较集中地评析当代重要的传播学者，尤其是立足我国社会发展的现状，对西方传播学批判学派的理论与思想进行比较深入、系统地研究的专著，本书的写作，正是企图弥补这方面的缺憾，希望对人们整体性地认识和把握当代西方传播思想研究的现状及发展趋向，能够有所帮助。

我从事传播学教学和研究多年，深感传播学研究的学术空间和发展前景辽阔、博大，总想能够为之多做点什么。因此，我一直比较关注当代西方重要的传播学者的相关信息以及西方传播学批判理论的发展和动态。本书的理论框架早在三年多前已经酝酿形成，不少内容在研究生的课程教学中已经讲述过。由于篇幅所限，还有一些重要的西方传播学学者未能列进去，这不能不说是一个遗憾。本书的撰写和出版，得到了武汉大学社科部的大力支持，并被列入武汉大学“九五”重点规划项目；也得到了武汉大学海德传播研究院的资助；同时，在本书的撰写过程中，武汉大学新闻与传播学院的同事及从事传播学研究的同行们也都给予了热情的关注和鼓励，我的研究生纪莉、侯晓艳、邓伟进、李钦、张艳红等参与了资料收集、整理及初稿中部分章节的撰写等工作，在此，一并表示由衷的感谢。

最后，还要特别感谢武汉大学出版社对本书的极大支持和热情。同时需要说明的是，我深知这项研究是一个十分艰难和富有挑战性的研究，它是我国传播学研究正待开发的一片疆域，可供参考和借鉴的资料和学术积累甚少，而研究对象在社会、历史、文化背景方面与我们的鸿沟和距离，都可能造成准确把握的困难，加之时间仓促，学识不足，粗疏之处在所难免，我期待着专家学者以及同行们的批评和指正。

作 者

2002 年 5 月